毕业就当系列丛书

·造价员系列·

理论实际相联·快速适应职场的葵花宝典

理论+经验 → 基础+实务

以专家的高度·给您面对面的指导和帮助

毕业就当造价员
市政工程

主编 杨 伟

哈尔滨工业大学出版社
HARBIN INSTITUTE OF TECHNOLOGY PRESS

内 容 简 介

本书以《建设工程工程量清单计价规范》(GB 50800—2008)和《全国统一市政工程预算定额》(GYD 301—309)等为依据，系统地介绍了市政工程定额计价与清单计价的基本理论与实际应用。全书内容包括市政工程概述、市政工程施工图识读、市政工程定额计价体系、市政工程定额工程量计算规则及应用、市政工程工程量清单编制与计价、市政工程清单工程量计算规则及应用、市政工程造价工作的审查与管理。

本书内容翔实、通俗易懂、实例丰富、可操作性强，可供初涉市政工程造价工作岗位的洋毕业生参考使用，也可作为市政设计、施工、建设、造价管理等相关工作人员的常备工具书。

图书在版编目(CIP)数据

毕业就当造价员：市政工程/杨伟主编. —哈尔滨：哈尔滨工业大学出版社,2011.5
(毕业就当系列丛书·造价员系列)
ISBN 978 – 7 – 5603 – 3258 – 1

Ⅰ.①毕… Ⅱ.①杨… Ⅲ.①市政工程-工程造价- Ⅳ.①TU723.3

中国版本图书馆 CIP 数据核字(2011)第 064707 号

责任编辑	郝庆多
封面设计	刘长友
出版发行	哈尔滨工业大学出版社
社　　址	哈尔滨市南岗区复华四道街 10 号　邮编 150006
传　　真	0451 – 86414749
网　　址	http://hitpress.hit.edu.cn
印　　刷	东北林业大学印刷厂
开　　本	787mm×1092mm　1/16　印张 20　字数 490 千字
版　　次	2011 年 5 月第 1 版　2011 年 5 月第 1 次印刷
书　　号	ISBN 978 – 7 – 5603 – 3258 – 1
定　　价	38.00 元

(如因印装质量问题影响阅读,我社负责调换)

编 委 会

主 编 杨 伟

编 委 丁旭东　丁艳虎　王文娟　王新华
　　　　　田福发　白雅君　刘洪羽　张文超
　　　　　张永超　张光权　张　鸿　李亚男
　　　　　李　靖　周明松　徐立东　高艳明
　　　　　黄　鑫　曾文华

前 言

伴随着我国国民经济的快速增长及城市化进程的不断加快,加大城市基础设施投资力度,扩大城市的知名度,创造良好的外资投资环境,已成为全国各地区城市建设的一项重要组成部分,直接影响着一个城市的城市化进程和城市品位的提升。因此,市政工程建设就格外引人关注,市政工程项目的造价随之成为关注的焦点,对市政工程的造价管理也就显得尤为重要。如何在现行的市政体制下开展市政工程的造价管理工作,已成为造价管理人员迫切需要解决的问题。

为满足我国市政工程造价人员培训教学和热爱市政工程造价工作的人员自学需求,同时特别考虑到刚步入工作岗位的大学生是市政工程造价工作中最薄弱的部分,所以本书以《建设工程工程量清单计价规范》(GB 50800—2008)和《全国统一市政工程预算定额》(GYD 301—309)等为依据,体例上分为【基础】与【实务】两部分,着重介绍市政工程定额计价与清单计价两种计价方法及其在实际中的应用。希望本书的出版能够为即将或已经步入市政工程造价工作领域的人员提供一定的帮助。

目前,我国建设工程造价管理正处于改革和发展时期,建设工程造价的相关规范也在不断修订、调整和完善,加之编者水平有限,因此,本书难免存在不妥甚至错误之处,敬请有关专家、学者和广大读者批评指正。

编 者

2011.3

目 录

第1章 概　述 ··· 1
  1.1　市政工程建设概述 ·· 1
  1.2　市政工程建设的项目组成和特点 ·· 7
  1.3　市政工程造价的构成与计算 ·· 10
  1.4　市政工程造价的计价特征 ··· 21

第2章 市政工程施工图识读 ··· 24
  2.1　市政工程施工图的一般规定 ·· 24
  2.2　道路工程施工图的识读 ·· 30
  2.3　桥涵、隧道施工图的识读 ··· 37
  2.4　交通工程施工图的识读 ·· 47
  2.5　市政管网施工图的识读 ·· 52

第3章 市政工程定额计价体系 ·· 60
  3.1　市政工程施工定额 ·· 60
  3.2　市政工程概算定额 ·· 67
  3.3　市政工程预算定额 ·· 69
  3.4　市政工程单位估价表 ··· 76
  3.5　市政工程设计概算 ·· 82
  3.6　市政工程施工图预算 ··· 86

第4章 市政工程定额工程量计算规则及应用 ··································· 96
  4.1　通用项目定额工程量计算 ··· 96
  4.2　道路工程工程量计算 ··· 120
  4.3　桥涵工程工程量计算 ··· 126
  4.4　隧道工程工程量计算 ··· 142
  4.5　市政管网工程工程量计算 ··· 152

第5章 市政工程工程量清单编制与计价 ··· 177
  5.1　工程量清单计价概述 ··· 177
  5.2　工程量清单的组成及编制 ··· 180
  5.3　市政工程工程量清单编制 ··· 190
  5.4　市政工程工程量清单计价的编制 ·· 193

第6章 市政工程清单工程量计算规则及应用 ··································· 201
  6.1　土石方工程工程量计算 ·· 201
  6.2　道路工程工程量计算 ··· 219

  6.3 桥涵护岸工程工程量计算……………………………………………………… 229
  6.4 隧道工程工程量计算………………………………………………………… 241
  6.5 市政管网工程工程量计算…………………………………………………… 253
  6.6 地铁工程工程量计算………………………………………………………… 272
  6.7 钢筋与拆除工程工程量计算………………………………………………… 280
第7章 市政工程造价工作的审查与管理 …………………………………………… 283
  7.1 市政工程造价工作的审查…………………………………………………… 283
  7.2 市政工程合同价款的约定与支付…………………………………………… 292
  7.3 市政工程竣工结算…………………………………………………………… 297
  7.4 市政工程造价的管理………………………………………………………… 300
附录 市政工程常用图例 …………………………………………………………… 303
参考文献 ………………………………………………………………………………… 309

第1章 概 述

1.1 市政工程建设概述

【基 础】

◆**市政工程的概念**

城市(镇)公共基础设施建设工程简称市政工程。市政建设工程按照专业不同,主要包括给水、排水工程,城市道路工程,城市桥梁、隧道工程,城市防洪工程,城市燃气、热力工程,城市轨道交通工程,城市道路及其他公共照明工程等。市政建设工程属于建筑行业范畴,它不仅是国家工程建设的一个重要组成部分,也是城市(镇)发展和建设水平的一个衡量标准。在新建、扩建的城市(镇)中,若没有配套的市政基础设施,城市(镇)居民就无法生活和工作。改革、开放30余年以来,我国各级人民政府加强了市政建设的力度和建设的步伐,并且取得了辉煌成就。

◆**市政工程的分类**

市政工程是一个总概念,按照专业工种的不同和建设方式的不同,可以按照图1.1对其进行分类。

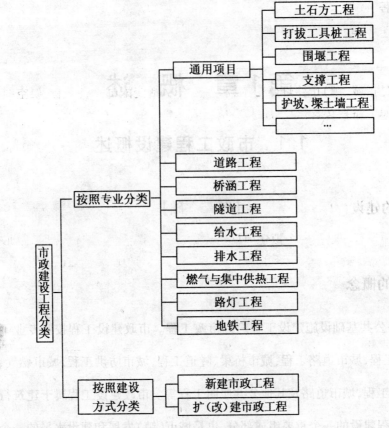

图1.1 市政建设工程分类框图

◆ **市政工程的内容**

按照市政工程建设的分类,市政工程建设的内容如下。

1. 城(镇)市道路

城(镇)市道路建设主要有城(镇)市中的主干道、次干道、广场、停车场及路边的绿化和美化工程等。

2. 桥涵隧道

城(镇)市桥涵隧道是指不同造型和结构的桥梁、涵洞、隧道,例如人行街道桥、立交桥、高架桥、跨线桥、地下通道及箱涵、板涵、拱涵等。

3. 给排水工程

城(镇)市给排水工程是指城(镇)区的主干线、次干线,郊区、开发区的规划线,厂区的工业和生活的给排水;建筑群、社区的给排水;大型给水、排水工程及建(构)筑物工程;地下水特殊处理、工业废水处理、城市污水处理、污泥处理;地面和地下水源取水及配水厂、净水厂等工程。

4. 燃气与集中供热工程

燃气工程是指城市天然气或煤气供应干、支线输送管网,天然气加压站、减压站、输配站、煤气厂、煤气罐站,贮配气站,煤气调压站;集中供热工程是指热源工程、供热管网工程和热交换站等。

5. 地铁工程

地铁工程是指地下铁路工程。它主要包括进站口、出站口、地下站台、隧道、轨道及电力工程等。

6. 路灯工程

路灯工程是指城(镇)市路灯照明工程,它主要包括变配电设备工程、架空线路、电缆敷设、配管配线、照明器具安装和防雷接地装置安装工程等。

【实　　务】

◆市政工程的建设程序

市政工程建设程序是指一个拟建项目从设想、论证、评估、决策、设计、施工到竣工验收和交付使用整个过程中各项工作进行的先后顺序。它既是对市政工程建设工作的科学总结,也是市政工程建设过程所固有的客观规律的集中体现,还是市政工程建设项目科学决策和顺利建设的重要保证,它的具体内容如下。

1. 项目建议书

项目建议书是对拟建市政工程项目的设想。它的主要作用是市政建设部门根据国民经济和社会发展的长远规划及市、区、县城(镇)的发展规划,结合工、农业等生产资源条件和现有给水、排水、供热等的供给能力和布局状况,城(镇)市公共交通运输能力及布局状况,在通过广泛调查、预测分析、收集资料、勘察地址,基本弄清项目建设的技术、经济条件后以项目建议书的形式,向国家推荐项目。它不仅是确定建设项目和建设方案的重要文件,还是编制设计文件的依据,项目建议书一般包括以下内容。

(1)提出建设项目的目的、意义和依据。

(2)建设规模、工程的主要内容、工程用地、居民拆迁安置的初步设想。

(3)城市(镇)性质、历史特点、行政区划、人口规模及社会经济发展水平。

(4)建设所需资金的估算数额和筹措设想。

(5)项目建设工期的初步安排。

(6)要求达到的技术水平和预计取得的经济和社会效益。

2. 可行性研究

可行性研究是对工程项目的投资兴建在技术上是否先进,经济上是否合理,效益上是否合算的一种科学论证方法。它既是建设项目前期工作的一项重要工作,也是工程项目建设决策的重要依据,必须运用科学研究成果,对拟建项目的经济效果和社会效益进行综合分析、论证和评价。国家规定:"所有新建、扩建的大中型项目,无论用什么资金安排的,都必须先由主管部门对项目的产品方案和资源地质情况,及原料、材料、煤、电、水、运输等辅助配套条件,经过反复、周密的论证和比较之后,提出可行性研究报告"。可行性研究报告的内容根据项目性质和行业不同而有所区别,不同行业各有侧重,但是基本内容是相同的。市政工程建设可行性研究的内容如下。

(1)可行性研究的依据。市政工程可行性研究以批准的项目建议书和委托书为依据,它的主要任务是:在充分的调查研究、评价预测和必要的勘察工作基础上,对项目建设的必要性、经济合理性、技术可行性、实施可行性,进行综合性的研究和论证,对不同的建设方案进行比较,提出推荐建设方案。

市政工程可行性研究的最终成果是提出可行性研究报告,批准后的可行性研究报告是编制设计任务书和进行初步设计的依据。

(2)可行性研究的内容。市政工程建设的专业工种较多,各专业工种可行性研究的内容各不相同,例如城市道路工程可行性研究报告,一般要求的内容如下:

1)工程项目的背景,建设的必要性及项目的研究过程。
2)现状评价及建设条件。
3)道路规划及交通量预测。
4)采用的规范和标准。
5)工程建设必要性论证。
6)工程方案内容。(进行多方案比选)
7)环境评价。
8)新技术的应用及科研项目的建议。
9)工程建设的阶段划分和进度计划的安排设想。
10)征地拆迁及主要工程数量。
11)资金筹措。
12)投资估算及经济评价。
13)结论和存在的问题。

(3)可行性研究的作用。市政工程建设项目可行性研究报告的主要作用如下。
1)项目投资决策的依据。
2)向银行申请贷款的依据。
3)与有关单位商谈合同、协议的依据。
4)建设项目初步设计的基础。
5)安排建设计划和开展各项建设前期工作的参考。

3. 工程设计

工程设计就是给拟建工程项目从经济上和技术上做一个详尽的规划。它是指运用工程设计理论及技术经济方法,按照国家现行的设计规范、技术标准及工程建设的方针政策,对新建、扩建、改建项目的生产工艺、设备选型、房屋建筑、公用工程、环境保护、生产运行等方面所作的统筹安排和技术经济分析,并且提供作为建设项目实施过程中的直接依据的设计图纸和设计文件的技术活动。

工程设计是把先进的科学技术成果运用于国民经济建设的重要途径。它在工程建设工作中处于主导地位,是工程建设工作的一个重要阶段。设计的质量、深度和技术水平,对未来的工程质量、建设周期、投资效果和经济效益有着决定性的作用。所以,可行性研究报告经批准后,根据建设项目规模的大小,项目的主管部门或业主可委托具有相应设计资质的单位按照可行性研究报告规定的内容承担设计任务,编制设计文件。只要是有条件的大中型项目都应采用公开招标的方式,选择设计单位,这样有利于进行公平竞争。

工程设计应根据批准的可行性研究报告书进行。大中型建设项目通常采用两阶段设计,即初步设计和施工图设计。对于技术复杂而又缺乏经验的项目,经主管部门同意,可按三个阶段进行设计,即初步设计、技术设计和施工图设计。

(1)初步设计。初步设计是从技术上和经济上,对建设项目进行综合、全面的规划和设计,论证技术上的先进性、可能性和经济上的合理性,初步设计具有一定程度的规划性质,它是拟建工程项目的"纲要"设计。部门不同,初步设计的内容也就不完全相同,例如市政工程建设方面的城市道路工程初步设计,主要包括以下内容。

1)设计说明书——道路地理位置图(包括道路在地区交通网络中的关系及沿线主要建筑物的概略位置),现状评价及沿线自然地理状况,工程状况,工程设计图。

2)工程概算。

3)主要材料及设备表。

4)主要技术经济指标。

5)设计图纸。(包括平面总体设计图、平面设计图、纵断面图、典型横断设计图等)

经过批准的初步设计和总概算,是进行施工图设计或技术设计,确定建设项目总投资,编制工程建设计划,签订工程总承包合同和工程贷款合同,控制工程价款,进行主要设备订货和施工准备等工作的依据。

经上级主管部门审查批准的初步设计和总概算,通常不得随意修改。涉及总平面布置(包括路面和路基宽度、路面结构种类及强度、交通流量的情况、车速、排水方式等)、主要设备、建筑面积、技术标准及设计技术指标和总概算等方面的修改,需报经原设计审批机关批准。

(2)技术设计。技术设计是对一些技术复杂而又缺乏设计经验的项目,在初步设计之后进行的一个设计阶段。需要增加技术设计的工程项目,需经主管部门指定才能进行。技术设计是初步设计的深化,它使建设项目的设计工作更加具体、完善,它的主要任务是解决类似以下的问题。

1)特殊工艺流程、新型设备、材料等的试验、研究和确定。

2)大型、特殊建(构)筑物中某些关键部位或构件的试验、研究和确定。

3)某些新技术的采用,应慎重对待的问题的研究和确定。

4)某些复杂工艺技术方案的逐项落实,关键工艺设备的规格、型号和数量等的进一步落实。

5)对有关的建筑工程、公用工程和配套工程的项目、内容和规格的进一步研究和确定。

技术设计的具体内容,国家没有统一的规定,应视工程项目的特点和具体的需要情况而定,但是其设计深度应满足施工图设计的要求,技术设计阶段必须编制修正总概算。

(3)施工图设计。施工图设计是根据已批准的初步设计或技术设计进行的,它是初步设计或技术设计的进一步具体化。施工图设计是建设项目进行建筑安装施工的依据,设计深度必须满足以下要求。

1)施工图必须绘制正确、完整,以便据此进行工程施工和安装。

2)据此安排设备、材料的订货和采购及非标设备的制造。

3)满足工程量清单和施工图预算的编制。

4. 招标投标

工程建设招标和投标是改革工程建设管理制度以来大力推行的一种承建建设工程的交易方式,在建筑业已基本形成制度。实行工程招标的目的是为列入计划的建设项目选择一个社会信誉高、技术装备先进、组织管理水平高的承包单位,使拟建项目能如期优质完成。有关工程招标的特点和优越性等问题见《中华人民共和国招标投标法》及原国家计委2000年5月1日发布的《工程建设项目招标范围和规模标准规定》。但是市政工程建设项目的勘察、设计、施工、监理及与工程建设有关的重要设备、材料等的采购,达到下列标准之一的,必须进行招标。

(1)施工单项合同估算价在200万元人民币以上的项目。

(2)重要设备、材料等货物的采购,单项合同估算价在100万元人民币以上的项目。

(3)勘察、设计、监理等服务的采购,单项合同估算价在50万元人民币以上的项目。

(4)项目总投资额在3 000万元人民币以上,但是分标单项合同估算价低于第(1)、(2)、(3)项规定标准的项目原则上也必须招标。

5. 工程施工

工程施工是市政工程建设项目的实施阶段。在做好施工前期工作和准备工作后,工程就可全面开工,进入施工和安装阶段。工程施工前期工作虽然千头万绪,但是归结起来主要包括编制施工组织设计和开工报告两方面内容。其中,施工组织设计是为施工准备、指导现场施工而编制的技术经济性文件。

施工组织设计可分为施工组织总设计和单位工程施工组织设计。单位工程的施工组织设计,要受施工组织总设计的约束和限制。

施工组织设计应根据工程的规模、种类、特点、施工复杂程度等编制,其在内容和深度上差异很大,但是通常施工组织设计应包括以下主要内容。

(1)工程概况、特点和主要工程量。

(2)工程的施工进度、施工方法和施工力量。

(3)施工组织技术措施,它包括以下内容。

1)工程质量措施。

2)安全技术措施。

3)环境污染保护措施。

(4)施工现场总平面图布置,它包括以下内容。

1)设备、材料的运输路线和堆放位置的设计。

2)场内临时建筑物位置的设计。

3)合理安排施工顺序,例如厂房的施工,应先进行土建,后进行安装。

(5)人力、物力的计划与组织。

(6)调整机构和部署任务。

(7)对有特殊工艺要求的工人进行技术培训的方案。

6. 验收投产(使用)

任何一个市政工程建设项目,建成后都必须办理交工验收手续。工程验收后,还要经过试运转和试生产(使用)阶段,待生产(使用)正常后,经考核全面达到设计的要求,由地方和主管部门组织验收,办理交工验收。

(1)市政建设工程竣工验收和交付应具备的条件。

1)工程质量情况。工程质量应符合国家现行有关法律、行政法规、技术标准和设计合同规定的要求,并且经质量监督机构核定为合格或优良者。

2)任务完成情况。施工企业完成工程设计和合同中规定的各项工作内容,达到国家规定的竣工条件。

3)设备、材料使用情况。工程所使用的设备和主要材料、构件应具有产品质量出厂检验合格证明和技术标准规定必要的进场试验报告。

4)完整的设计和施工技术资料档案。

(2)组织验收。

1)大中型和限额以上的项目。大中型和限额以上的建设项目和技术改造项目,由国家发改委或国家发改委委托的项目主管部门或地方政府部门组织验收。

2)小型和限额以下的项目。小型和限额以下的工程建设和技术改造项目,由主管部门或地方政府部门组织验收。

3)参加单位。主管单位、建设单位、施工单位、勘察设计单位、施工监理单位及有关单位等参加验收工作。

1.2 市政工程建设的项目组成和特点

【基 础】

◆市政工程建设的项目组成

市政工程建设是按照国家主管部门的统一规定,将建设工程划分为建设项目、单项工程、单位工程、分部工程、分项工程等五个等级。此规定适用于任何部门的基本建设工程。

1. 建设项目

建设项目通常是指市政工程建设中按照一个总体设计来进行施工,经济上实行独立核算,行政上具有独立的组织形式的建设工程,例如大连市的地铁工程,就是一个建设项目。从行政和技术管理角度来说,它是编制和执行工程建设计划的单位,所以,建设项目也称建设单位。但是,严格来说,建设项目和建设单位并非完全一致,建设项目是指总体建设工程的物质内容,而建设单位是指该总体建设工程的组织者代表。

一个建设项目可以是一个独立工程,也可以包括较多的工程,通常以一个企事业单位或独立的工程作为一个建设项目。例如,工业建设中的一座工厂、一座矿山;民用建设中的一所学校、一幢住宅;市政建设中的一条城市(镇)道路、一条给水或排水管网、一座立交桥、一座涵洞等,都是一个建设项目。

2. 单项工程

单项工程又称工程项目。单项工程是建设项目的组成部分,一般是指在一个建设项目中,具有独立的设计文件,竣工后能够独立发挥生产能力或使用效益的工程。工业建设项目的单项工程,一般是指各个主要生产车间、辅助生产车间、行政办公楼、职工食堂、宿舍楼、住宅楼等;非工业建设项目中的商业大厦、影剧院、教学楼、门诊楼、展销楼等;市政建设项目中的防洪渠、隧道、地铁售票处等。单项工程既是具有独立存在意义的一个完整工程,也是一个极为复杂的综合组成体,通常由多个单位工程所构成。

3. 单位工程

单位工程一般是指具有独立设计文件,可以单独组织施工,但是建成后不能独立进行生产或发挥效益的工程。它是单项工程的组成部分。为了便于组织施工,通常根据工程具体情况和独立施工的可能性,把一个单项工程划分为若干个单位工程,这样便于按设计专业计算各单位工程的造价。

民用建设项目的单位工程比较容易划分,例如一幢综合办公楼,通常可以划分为"一般土建工程""室内给排水工程""暖通空调工程""电气工程"和"信息网络工程"等;工业项目的单位工程也比较容易划分,例如一个化工企业的主要生产车间,通常可以划分为"一般土建工程""工艺设备安装工程""工艺管道安装工程""电动设备安装工程""电气照明工程""防雷接地工程""自动化仪表设备安装工程""给排水工程(含消防)"等多个单位工程;但是市政项目由于内在关系联系紧密,并且有时出现交叉,所以单位工程的划分较为困难。例如一条城市道路工程,通常可以划分为土石方工程,道路工程,给排水工程,隧道(涵洞)工程,桥梁工程,路灯工程,树木、草被绿化工程等多个单位工程。但是市政工程的单位工程与工业或民用项目的单位工程比较,有其突出的特点,即有的单位工程既是单位工程,又是单项工程,还可以是一个建设项目,例如道路工程、桥梁工程、隧道(涵洞)工程等。

4. 分部工程

单位工程仍然是由许多结构构件、部件或更小的部分组成的综合体。在单位工程中,按照部位、材料和工种或设备种类、型号、材质等进一步分解出来的工程,称为分部工程。例如城市道路工程可以分解为路床(槽)整形、道路基层、道路面层、人行道侧平石及其他分部工程;路灯工程可以分解为变配电设备工程、架空线路工程、电缆工程、配管配线工程、照明器具安装工程和防雷接地工程等多个分部工程。分部工程是由许多的分项工程组成的,应做进一步分解。

5. 分项工程

从对市政建设工程估价角度来说,分部工程仍然很大,不能满足估价的需要,因为在每个分部工程中,影响工料消耗多少的因素仍然很多。例如,同样是"石灰、粉煤灰、土基层",由于拌和方法不同——人工拌和、拌和机拌和、厂拌人铺;石灰、粉煤灰、土配合比例不同——12∶35∶53、8∶80∶12;铺设厚度不同——15 cm、20 cm 等,则每一计量单位"石灰、粉煤灰、土基层"工程所消耗的人工、材料、机械等数量有较大的差异。所以,还必须把分部工程按照不同的施工方法、不同的构造、不同的材料及规格等,加以更细致的分解,分解为通过简单的施工过程就能生产出来,并且可以用适当的计量单位计算工料消耗的基本构造要素,例如"简易路面(磨耗层)""沥青贯入式路面""黑色碎石路面"等都属于分项工程。

分项工程是分部工程的组成部分。它没有独立存在的意义,只是为了便于计算市政建设项目工程造价而分解出来的假定"产品"。在不同的市政建设项目中,完成相同计量单位的分项工程,所需要的人工、材料和施工机械台班等的消耗量,基本上是相同的。因而,分项工程单位是最基本的计算单位。

综上所述,通过对一个市政建设项目由大到小的逐步分解,找出最容易计算工程造价的计量单位,然后分别计算其工程量及价值。按照一定的计价程序计算出来的价值总和,就是市政建筑安装工程的直接工程费。接着,再按照国家或地区规定的各项应取费用标准,以直接工程费为基础,计算出直接费、间接费、利润和税金等。直接费、间接费、利润和税金之和,就是市政建设工程项目的建筑安装单位工程造价。各个单位建筑安装工程造价相加之和,就是一个"工程项目"的造价,各个工程项目造价相加之和,再加上国家规定的其他有关费用,就可以得到市政建设项目总造价。因此,市政建设项目工程造价确定的方法是:将一个庞大、复杂的建设项目,先由大→小→大,逐层分解,逐项计算,逐个汇总而求得。

◆市政工程建设项目的特点

市政工程建设属建筑行业的范畴,但是从设计、施工等方面与建筑工程相比较,它具有以下特点。

1. 涉及面广

市政工程建设项目覆盖面广,受益的用户多。例如建设一条给水干管或集中供热干管,沿线的用户可以是一个区域以至一个地区或半个城市(镇)。而建设一幢楼房或一个小区建筑群体只限于一个局部范围内,与市政工程项目相比较,受益者就少,设计师构思的各方面因素就少,施工期间给市民带来诸多不便,影响范围当然也小。

2. 建设环境复杂

市政工程施工(特别是老城区),地下管网、线路交错纵横,收集掌握的地下管网、线路资料有限,而且难以保证其准确性,都会给新建项目施工造成不便,若处理失误,将会导致极大的不良后果。

3. 不安全因素多

市政工程建设项目多数是建在地下的隐蔽工程,例如地下隧道、涵洞、管沟、线缆沟等,都必须挖掘很深的土方。土方工程不仅工程量大、劳动强度大,需要劳动力多,而且施工条件复杂多变,极易形成塌方,造成人员伤亡事故。

4. 工期要求紧迫

市政工程通常位于市区,管路、线路埋地沟槽开挖,道路铺设作业,桥梁、隧道、涵洞施工等都会给城市(镇)交通及市民生活带来一定程度的影响,这就要求项目施工必须以最短的工期完成,从而使其对城市生产、市民生活的影响降到最低。

5. 安全文明施工要求高

市政建设施工项目一般都是公共工程,具有很大的公益性,而且其施工过程直接暴露在民众的视野中,被市民密切关注,从而对项目的安全文明施工要求很高。

【实　务】

◆市政工程建设的项目界限划分

1. 道路、桥梁工程

城市(镇)区域内的道路、桥梁、涵洞均属市政工程。由其他有关部门或厂矿企业自行设计、自行投资建设的专用道路、桥梁、涵洞或高速公路不属于市政工程。

2. 给水、排水管道敷设工程

由市政工程设计单位设计、建设的室外公共给水、排水管道工程及其构筑物等设施属于市政工程。由市政总管或干管接至小区、庭院及厂(矿)区的支线划分是：给水工程原则上以水表井为分界线，无水表井者，以与市政管道碰头点为分界线；排水工程也以与市政管道碰头点为分界线。

3. 燃(煤)气、热力管道安装工程

从城市燃(煤)气干管至小区、庭院及厂(矿)区的支线以与市政管道的设计红线或碰头点为分界线。

热力管道从热力厂(站)外第一块流量孔板(或管件、焊口)起，至热力用户建筑墙外1.5 m止，或户外第一个闸门止为分界线，分界线以外为城市热力工程。

4. 防洪工程

城市内防洪、防汛筑堤及附属设施工程，河湖围堰及疏浚都属于市政工程。但是公园、旅游点内的人造河湖的围堰疏浚等属于园林工程。

1.3　市政工程造价的构成与计算

【基　础】

◆建筑安装工程费用项目组成

建筑安装工程费用项目组成见表1.1。

表 1.1 建筑安装工程费用项目组成表

建筑安装工程费	直接费	直接工程费	1. 人工费
			2. 材料费
			3. 施工机械使用费
		措施费	1. 环境保护
			2. 文明施工
			3. 安全施工
			4. 临时设施
			5. 夜间施工
			6. 二次搬运
			7. 大型机械设备进出场及安拆
			8. 混凝土,钢筋混凝土模板及支架
			9. 脚手架
			10. 已完工程及设备保护
			11. 施工排水、降水
	间接费	规费	1. 工程排污费
			2. 工程定额测定费
			3. 社会保障费
			(1) 养老保险费
			(2) 失业保险费
			(3) 医疗保险费
			4. 住房公积金
			5. 危险作业意外伤害保险
		企业管理费	1. 管理人员工资
			2. 办公费
			3. 差旅交通费
			4. 固定资产使用费
			5. 工具用具使用费
			6. 劳动保险费
			7. 工会经费
			8. 职工教育经费
			9. 财产保险费
			10. 财务费
			11. 税金
			12. 其它
	利润		
	税金		

◆ 直接费的构成

直接费由直接工程费和措施费组成。

1. 直接工程费

直接工程费是指施工过程中耗费构成工程实体的各项费用,包括人工费、材料费和施工机械使用费。

(1)人工费。它是指直接从事建筑安装工程施工的生产工人开支的各项费用,它包括以下内容。

1)基本工资。它是指发放给生产工人的基本工资。

2)工资性补贴。它是指按规定标准发放的物价补贴,煤、燃气补贴,交通补贴,住房补贴及流动施工津贴等。

3)生产工人辅助工资。它是指生产工人年有效施工天数以外非作业天数的工资,主要包括职工学习、培训期间的工资,调动工作、探亲、休假期间的工资,因气候影响的停工工资,女工哺乳时间的工资,病假在六个月以内的工资及产、婚、丧假期的工资。

4)职工福利费。它是指按照规定标准计提的职工福利费。

5)生产工人劳动保护费。它是指按照规定标准发放的劳动保护用品的购置费及修理费,徒工服装补贴,防暑降温费,在有碍身体健康环境中施工的保健费用等。

(2)材料费。它是指施工过程中耗费构成工程实体的原材料、辅助材料、构配件、零件和半成品的费用,它包括以下内容。

1)材料原价(或供应价格)。

2)材料运杂费。它是指材料自来源地运至工地仓库或指定堆放地点所发生的全部费用。

3)运输损耗费。它是指材料在运输装卸过程中不可避免的损耗。

4)采购及保管费。它是指为组织采购、供应和保管材料过程中所需的各项费用,它包括采购费、仓储费、工地保管费和仓储损耗。

5)检验试验费。它是指对建筑材料、构件和建筑安装物进行一般鉴定、检查所发生的费用,它包括自设试验室进行试验所消耗的材料和化学药品等费用。它不包括新结构、新材料的试验费和建设单位对具有出厂合格证明的材料进行检验,对构件做破坏性试验及其他特殊要求检验试验的费用。

(3)施工机械使用费。它是指施工机械作业所发生的机械使用费、机械安拆费和场外运费。施工机械台班单价的组成包括以下内容。

1)折旧费。它是指施工机械在规定的使用年限内,陆续收回其原值及购置资金的时间价值。

2)大修理费。它是指施工机械按规定的大修理间隔台班进行必要的大修理,以恢复其正常功能所需的费用。

3)经常修理费。它是指施工机械除大修理以外的各级保养和临时故障排除所需的费用。它包括为保障机械正常运转所需替换设备与随机配备工具附具的摊销和维护费用,机械运转中日常保养所需润滑与擦拭的材料费用,及机械停滞期间的维护和保养费用等。

4)安拆费及场外运费。安拆费是指施工机械在现场进行安装与拆卸所需的人工、材料、机械和试运转费用,及机械辅助设施的折旧、搭设、拆除等费用;场外运费是指施工机械整体或分体自停放地点运至施工现场或由一施工地点运至另一施工地点的运输、装卸、辅助材料及架线等费用。

5）人工费。它是指机上司机（司炉）和其他操作人员的工作日人工费及上述人员在施工机械规定的年工作台班以外的人工费。

6）燃料动力费。它是指施工机械在运转作业中所消耗的固体燃料（煤、木柴）、液体燃料（汽油、柴油）及水、电等。

7）养路费及车船使用税。它是指施工机械按照国家规定和有关部门规定应缴纳的养路费、车船使用税、保险费及年检费等。

2. 措施费

措施费是指为完成工程项目施工，发生于该工程施工前和施工过程中非工程实体项目的费用，它包括以下内容。

（1）环境保护费。它是指施工现场为达到环保部门要求所需的各项费用。

（2）文明施工费。它是指施工现场文明施工所需的各项费用。

（3）安全施工费。它是指施工现场安全施工所需的各项费用。

（4）临时设施费。它是指施工企业为进行建筑工程施工所必须搭设的生活和生产用的临时建（构）筑物和其他临时设施费用等。

1）临时设施包括临时宿舍、文化福利及公用事业房屋与构筑物，仓库、办公室、加工厂及规定范围内道路、水、电、管线等临时设施和小型临时设施。

2）临时设施费用包括临时设施的搭设、维修、拆除或摊销费。

（5）夜间施工费。它是指因夜间施工所发生的夜班补助费、夜间施工降效、夜间施工照明设备摊销及照明用电等费用。

（6）二次搬运费。它是指由于施工场地狭小等特殊情况而发生的二次搬运费用。

（7）大型机械设备进出场及安拆费。它是指机械整体或分体自停放场地运至施工现场或由一个施工地点运至另一个施工地点，所发生的机械进出场运输及转移费用，及机械在施工现场进行安装、拆卸所需的人工费、材料费、机械费、试运转费，安装所需的辅助设施的费用。

（8）混凝土、钢筋混凝土模板及支架费。它是指混凝土施工过程中所需的各种钢模板、木模板、支架等的支、拆、运输费用及模板、支架的摊销（或租赁）费用。

（9）脚手架费。它是指施工需要的各种脚手架搭、拆、运输费用及脚手架的摊销（或租赁）费用。

（10）已完工程及设备保护费。它是指竣工验收前，对已完工程及设备进行保护所需费用。

（11）施工排水、降水费。它是指为确保工程在正常条件下施工，采取各种排水、降水措施所发生的各种费用。

◆间接费的构成

间接费由规费、企业管理费组成。

1. 规费

规费是指政府和有关权力部门规定必须缴纳的费用，它包括以下内容。

(1)工程排污费。它是指施工现场按规定缴纳的工程排污费。

(2)工程定额测定费。它是指按规定支付工程造价(定额)管理部门的定额测定费。

(3)社会保障费。包括养老保险费、失业保险费和医疗保险费。

1)养老保险费。它是指企业按规定标准为职工缴纳的基本养老保险费。

2)失业保险费。它是指企业按照国家规定标准为职工缴纳的失业保险费。

3)医疗保险费。它是指企业按照规定标准为职工缴纳的基本医疗保险费。

(4)住房公积金。它是指企业按规定标准为职工缴纳的住房公积金。

(5)危险作业意外伤害保险。它是指按照建筑法的规定,企业为从事危险作业的建筑安装施工人员支付的意外伤害保险费。

2.企业管理费

企业管理费是指建筑安装企业组织施工生产和经营管理所需的费用,包括以下内容。

(1)管理人员工资。它是指管理人员的基本工资、工资性补贴、职工福利费和劳动保护费等。

(2)办公费。它是指企业管理办公用的文具、纸张、账表、印刷、邮电、书报、会议、水电、烧水和集体取暖(包括现场临时宿舍取暖)用煤等费用。

(3)差旅交通费。它是指职工因公出差、调动工作的差旅费、住勤补助费,市内交通费和误餐补助费,职工探亲路费,劳动力招募费,职工离退休、退职一次性路费,工伤人员就医路费,工地转移费及管理部门使用的交通工具的油料、燃料、养路费及牌照费。

(4)固定资产使用费。它是指管理和试验部门及附属生产单位使用的属于固定资产的房屋、设备仪器等的折旧、大修、维修或租赁费。

(5)工具用具使用费。它是指管理使用的不属于固定资产的生产工具、器具、家具、交通工具和检验、试验、测绘、消防用具等的购置、维修和摊销费。

(6)劳动保险费。它是指由企业支付离退休职工的易地安家补助费,职工退职金,六个月以上的病假人员工资,职工死亡丧葬补助费,抚恤费,按规定支付给离休干部的各项经费。

(7)工会经费。它是指企业按职工工资总额计提的工会经费。

(8)职工教育经费。它是指企业为职工学习先进技术和提高文化水平,按职工工资总额计提的费用。

(9)财产保险费。它是指施工管理用财产、车辆保险。

(10)财务费。它是指企业为筹集资金而发生的各种费用。

(11)税金。它是指企业按规定缴纳的房产税、车船使用税、土地使用税、印花税等。

(12)其他。它包括技术转让费、技术开发费、业务招待费、绿化费、广告费、公证费、法律顾问费、审计费和咨询费等。

◆利润及税金的构成

1.利润

利润是指施工企业完成所承包工程获得的盈利。

2.税金

税金是指国家税法规定的应计入建筑安装工程造价内的营业税、城市维护建设税及教育费附加等。

【实 务】

◆ 直接费的计算

1. 直接工程费

$$\text{直接工程费} = \text{人工费} + \text{材料费} + \text{施工机械使用费} \tag{1.1}$$

（1）人工费。

$$\text{人工费} = \sum(\text{工日消耗量} \times \text{日工资单价}) \tag{1.2}$$

$$\text{日工资单价}(G) = \sum G_i \, (n=5) \tag{1.3}$$

1）基本工资。

$$\text{基本工资}(G_1) = \frac{\text{生产工人平均月工资}}{\text{年平均每月法定工作日}} \tag{1.4}$$

2）工资性补贴。

$$\text{工资性补贴}(G_2) = \frac{\sum \text{年发放标准}}{\text{全年日历日} - \text{法定假日}} + \frac{\sum \text{月发放标准}}{\text{年平均每月法定工作日}} + \text{每工作日发放标准} \tag{1.5}$$

3）生产工人辅助工资。

$$\text{生产工人辅助工资}(G_3) = \frac{\text{全年无效工作日} \times (G_1 + G_2)}{\text{全年日历日} - \text{法定假日}} \tag{1.6}$$

4）职工福利费。

$$\text{职工福利费}(G_4) = (G_1 + G_2 + G_3) \times \text{福利费计提比例}(\%) \tag{1.7}$$

5）生产工人劳动保护费。

$$\text{生产工人劳动保护费}(G_5) = \frac{\text{生产工人年平均支出劳动保护费}}{\text{全年日历日} - \text{法定假日}} \tag{1.8}$$

（2）材料费。

$$\text{材料费} = \sum(\text{材料消耗量} \times \text{材料基价}) + \text{检验试验费} \tag{1.9}$$

1）材料基价。

$$\text{材料基价} = [(\text{供应价格} + \text{运杂费}) \times (1 + \text{运输损耗率}\%)] \times (1 + \text{采购保管费率}\%) \tag{1.10}$$

2）检验试验费。

$$\text{检验试验费} = \sum(\text{单位材料量检验试验费} \times \text{材料消耗量}) \tag{1.11}$$

（3）施工机械使用费。

$$\text{施工机械使用费} = \sum(\text{施工机械台班消耗量} \times \text{机械台班单价}) \tag{1.12}$$

$$\begin{aligned}\text{机械台班单价} = &\text{台班折旧费} + \text{台班大修费} + \text{台班经常修理费} + \\ &\text{台班安拆费及场外运费} + \text{台班人工费} + \text{台班燃料动力费} + \\ &\text{台班养路费及车船使用税}\end{aligned} \tag{1.13}$$

2. 措施费

下述为通用措施费项目的计算方法，各专业工程的专用措施费项目的计算方法由各地区或国务院有关专业主管部门的工程造价管理机构自行制定。

(1) 环境保护。

$$环境保护费 = 直接工程费 \times 环境保护费费率(\%) \tag{1.14}$$

$$环境保护费费率(\%) = \frac{本项费用年平均支出}{全年建安产值 \times 直接工程费占总造价比例(\%)} \tag{1.15}$$

(2) 文明施工。

$$文明施工费 = 直接工程费 \times 文明施工费费率(\%) \tag{1.16}$$

$$文明施工费费率(\%) = \frac{本项费用年平均支出}{全年建安产值 \times 直接工程费占总造价比例(\%)} \tag{1.17}$$

(3) 安全施工。

$$安全施工费 = 直接工程费 \times 安全施工费费率(\%) \tag{1.18}$$

$$安全施工费费率(\%) = \frac{本项费用年平均支出}{全年建安产值 \times 直接工程费占总造价比例(\%)} \tag{1.19}$$

(4) 临时设施费，临时设施费由以下三部分组成。

1) 周转使用临建，例如活动房屋。
2) 一次性使用临建，例如简易建筑。
3) 其他临时设施，例如临时管线。

$$临时设施费 = (周转使用临建费 + 一次性使用临建费) \times [1 + 其他临时设施所占比例(\%)] \tag{1.20}$$

其中包括：

① 周转使用临建费。

$$周转使用临建费 = \sum \left[\frac{建筑面积 \times 每平方米造价}{使用年限 \times 365 \times 利用率(T)} \times 工期(天) \right] + 一次性拆除费 \tag{1.21}$$

② 一次性使用临建费

$$一次性使用临建费 = \sum 临建面积 \times 每平方米造价 \times [1 - 残值率(\%)] + 一次性拆除费 \tag{1.22}$$

③ 其他临时设施在临时设施费中所占比例，可由各地区造价管理部门根据典型施工企业的成本资料经分析后综合测定。

(5) 夜间施工增加费。

$$夜间施工增加费 = \left(1 - \frac{合同工期}{额定工期}\right) \times \frac{直接工程中的人工表合计}{平均日工资单价} \times 每工日夜间施工费开支 \tag{1.23}$$

(6) 二次搬运费。

$$二次搬运费 = 直接工程费 \times 二次搬运费费率(\%) \tag{1.24}$$

$$二次搬运费费率(\%) = \frac{年平均二次搬运费开支额}{全年建安产值 \times 直接工程费占总造价比例(\%)} \tag{1.25}$$

(7) 大型机械进出场及安拆费。

$$大型机械进出场及安拆费 = \frac{一次进出场及安拆费 \times 年平均安拆次数}{年工作台班} \tag{1.26}$$

(8) 混凝土、钢筋混凝土模板及支架费。
1) 模板及支架费 = 模板摊销量 × 模板价格 + 支、拆、运输费 (1.27)

$$模板摊销量 = 一次使用量 \times (1 + 施工损耗) \times \left[\frac{1 + (同转次数 - 1) \times 补损率}{周转次数} - \frac{(1 - 补) \times 50\%}{周转次数} \right]$$
(1.28)

2) 租赁费 = 模板使用量 × 使用时间 × 租赁价格 + 支、拆、运输费 (1.29)

(9) 脚手架搭拆费。
1) 脚手架搭拆费 = 脚手架摊销量 × 脚手架价格 + 搭、拆、运输费 (1.30)

$$脚手架摊销量 = \frac{单位一次使用量 \times (1 - 残值率)}{耐用期 + 一次使用期}$$
(1.31)

2) 租赁费 = 脚手架每日租金 × 搭设周期 + 搭、拆、运输费 (1.32)

(10) 已完工程及设备保护费。
已完工程及设备保护费 = 成品保护所需机械费 + 材料费 + 人工费 (1.33)

(11) 施工排水、降水费。

$$排水降水费 = \sum 排水降水机械台班费 \times 排水降水周期 + 排水降水使用材料费、人工费$$
(1.34)

◆ 间接费的计算

间接费的计算方法按取费基数的不同分为以下三种。
(1) 以直接费为计算基础。

间接费 = 直接费合计 × 间接费费率(%) (1.35)

(2) 以人工费和机械费合计为计算基础。

间接费 = 人工费和机械费合计 × 间接费费率(%) (1.36)

间接费费率(%) = 规费费率(%) + 企业管理费费率(%) (1.37)

(3) 以人工费为计算基础。

间接费 = 人工费合计 × 间接费费率(%) (1.38)

1. 规费费率

根据本地区典型工程发承包价的分析资料综合取定规费计算中所需的数据。
(1) 每万元发承包价中人工费和机械费含量。
(2) 人工费占直接费的比例。
(3) 每万元发承包价中所含规费缴纳标准的各项基数。

规费费率的计算公式如下。
1) 以直接费为计算基础。

$$规费费率(\%) = \frac{\sum 规费缴纳标准 \times 每万元发承包价计算基数}{每万元发承包价中的人工费含量} \times 人工费占直接费的比例(\%)$$
(1.39)

2) 以人工费和机械费合计为计算基础。

$$规费费率(\%) = \frac{\sum 规费缴纳标准 \times 每万元发承包价计算基数}{每万元发承包价中的人工费含量和机械费含量} \times 100\%$$
(1.40)

3)以人工费为计算基础。

$$规费费率(\%) = \frac{\sum 规费缴纳标准 \times 每万元发承包价计算基数}{每万元发承包价中的人工费含量} \times 100\% \quad (1.41)$$

2. 企业管理费费率

企业管理费费率计算公式如下。

(1)以直接费为计算基础。

$$企业管理费费率(\%) = \frac{\sum 生产工人年平均管理费}{年有效施工天数 \times 人工单价} \times 人工费占直接费的比例(\%) \quad (1.42)$$

(2)以人工费和机械费合计为计算基础。

$$企业管理费费率(\%) = \frac{生产工人年平均管理费}{年有效施工天数 \times (人工单价 + 每一日机械使用率)} \times 100\% \quad (1.43)$$

(3)以人工费为计算基础。

$$企业管理费费率(\%) = \frac{生产工人年平均管理费}{年有效施工天数 \times 人工单价} \times 100\% \quad (1.44)$$

◆ 利润及税金的计算

根据建设部第107号部令《建筑工程施工发包与承包计价管理办法》的规定,发包与承包价的计算方法包括工料单价法和综合单价法。

1. 工料单价法计价程序

工料单价法是以分部分项工程量乘以单价后的合计为直接工程费,直接工程费根据人工、材料、机械的消耗量及其相应价格确定。直接工程费汇总后加间接费、利润、税金生成工程发承包价,其计算程序分为以下三种。

(1)以直接费为计算基础。以直接费为计算基础的工料单价法计价程序见表1.2。

表1.2 以直接费为计算基础

序号	费用项目	计算方法	备注
1	直接工程费	按预算表	
2	措施费	按规定标准计算	
3	小计	1+2	
4	间接费	3×相应费率	
5	利润	(3+4)×相应利润率	
6	合计	3+4+5	
7	含税造价	6×(1+相应税率)	

(2)以人工费和机械费为计算基础。以人工费和机械费为计算基础的工料单价法计价程序见表1.3。

表 1.3 以人工费和机械费为计算基础

序号	费用项目	计算方法	备注
1	直接工程费	按预算表	
2	其中人工费和机械费	按预算表	
3	措施费	按规定标准计算	
4	其中人工费和机械费	按规定标准计算	
5	小计	1+3	
6	人工费和机械费小计	2+4	
7	间接费	6×相应费率	
8	利润	6×相应利润率	
9	合计	5+7+8	
10	含税造价	9×(1+相应税率)	

(3)以人工费为计算基础。以人工费为计算基础的工料单价法计价程序见表 1.4。

表 1.4 以人工费为计算基础

序号	费用项目	计算方法	备注
1	直接工程费	按预算表	
2	直接工程费中的人工费	按预算表	
3	措施费	按规定标准计算	
4	措施费中的人工费	按规定标准计算	
5	小计	1+3	
6	人工费小计	2+4	
7	间接费	6×相应费率	
8	利润	6×相应利润率	
9	合计	5+7+8	
10	含税造价	9×(1+相应税率)	

2. 综合单价法计价程序

综合单价法是以分部分项工程单价为全费用单价,全费用单价经综合计算后生成,其内容包括直接工程费、间接费、利润和税金。(措施费也可按此方法生成全费用价格)

各分项工程量乘以综合单价的合价汇总后,生成工程发承包价。由于各分部分项工程中的人工、材料、机械含量的比例不同,各分项工程可根据其材料费占人工费、材料费、机械费合计的比例(以字母"C"代表该项比值)选择以下三种计算程序中一种的计算其综合单价。

(1)当 $C > C_0$(C_0 为本地区原费用定额测算所选典型工程材料费占人工费、材料费和机械费合计的比例)时,可采用以人工费、材料费、机械费合计为基数计算该分项的间接费和利润,以直接费为计算基础的综合单价法计价程序见表 1.5。

表 1.5 以直接费为计算基础

序号	费用项目	计算方法	备注
1	分项直接工程费	人工费 + 材料费 + 机械费	
2	间接费	1 × 相应费率	
3	利润	(1 + 2) × 相应利润率	
4	合计	1 + 2 + 3	
5	含税造价	4 × (1 + 相应税率)	

(2)当 $C < C_0$ 值的下限时,可采用以人工费和机械费合计为基数计算该分项的间接费和利润。以人工费和机械费为计算基础的综合单价法计价程序见表 1.6。

表 1.6 以人工费和机械费为计算基础

序号	费用项目	计算方法	备注
1	分项直接工程费	人工费 + 材料费 + 机械费	
2	其中人工费和机械费	人工费 + 机械费	
3	间接费	2 × 相应费率	
4	利润	2 × 相应利润率	
5	合计	1 + 3 + 4	
6	含税造价	5 × (1 + 相应税率)	

(3)若该分项的直接费仅为人工费,无材料费和机械费时,可采用以人工费为基数计算该分项的间接费和利润,以人工费为计算基础的综合单价法计价程序见表 1.7。

表 1.7 以人工费为计算基础

序号	费用项目	计算方法	备注
1	分项直接工程费	人工费 + 材料费 + 机械费	
2	直接工程费中的人工费	人工费	
3	间接费	2 × 相应费率	
4	利润	2 × 相应利润率	
5	合计	1 + 3 + 4	
6	含税造价	5 × (1 + 相应税率)	

3. 税金

税金的计算公式如下:

$$税金 = (税前造价 + 利润) \times 税率(\%) \tag{1.45}$$

税率的计算公式如下:

(1)纳税地点在市区的企业。

$$税率(\%) = \frac{1}{1 - 3\% - (3\% \times 7\%) - (3\% \times 3\%)} - 1 \tag{1.46}$$

(2)纳税地点在县城、镇的企业。

$$税率(\%) = \frac{1}{1 - 3\% - (3\% \times 5\%) - (3\% \times 3\%)} - 1 \tag{1.47}$$

(3)纳税地点不在市区、县城、镇的企业。

$$税率(\%) = \frac{1}{1 - 3\% - (3\% \times 1\%) - (3\% \times 3\%)} - 1 \tag{1.48}$$

1.4 市政工程造价的计价特征

【基　础】

◆市政工程造价的概念

市政建设工程造价就是市政建设工程的建造价格,它具有两种含义。其一是指建设一项工程预期开支或实际开支的全部固定资产投资费用,也就是一项市政工程通过策划、决策、立项、施工等一系列生产经营活动所形成相应的固定资产、无形资产所需用的一次性费用的总和;其二是指为建成一项市政工程,预计或实际在土地市场、设备市场、技术劳务市场及工程承包市场等交易活动中所形成的市政建筑安装工程的价格和市政建设项目的总价格。

市政建设工程造价的两种含义是从不同角度把握同一事物的本质。从市政建设工程的投资者角度来说,面对市场经济条件下的市政工程造价就是项目投资,是"购买"要付出的价格,同时也是投资者在作为市场供给主体出售项目时定价的基础。对承包商来说,市政工程造价是他们作为市场供给主体出售商品和劳务价格的总和,或是指特定范围的工程造价,如建筑安装工程造价、园林工程造价等,市政工程造价的两种含义是对客观存在的概括。它们既是一个统一体,又是相互区别的。最主要的区别在于需求主体和供给主体在市场上追求的经济利益不同,因而管理的性质和管理的目标不同。从管理性质来看,前者属于投资管理范畴,后者属于价格管理范畴。但两者又相互联系,相互交叉。

◆市政工程造价的特点

市政工程造价主要有以下几方面特点。

1. 造价的大额性

能够发挥投资效用的任何一项市政工程,不仅实物形体庞大,而且造价高昂,动辄数百万、数千万、数亿、数十亿,特大型工程项目的造价可达百亿、千亿元人民币。市政工程造价的大额性使其关系到相关各方面的重大经济利益,同时还会对宏观经济产生重大影响。这就决定了工程造价的特殊地位,也说明了造价管理的重要意义。

2. 造价的个别性、差异性

任何一项市政工程都有它特定的用途、功能和规模。所以,对每一项市政工程的结构、造型、空间分割、设备配置和装饰装修都有具体的要求,因此使工程内容和实物形态都具有个别性和差异性。工程的差异性决定了工程造价的个别性,同时,每项工程所处地区、地段和地理环境的不同,使得工程造价的个别性更加突出。

3. 造价的动态性

任何一项市政工程从决策到竣工交付使用,都有一个较长的建设期,而且由于不可控因素的影响,在预计工期内,许多影响工程造价的动态因素,例如工程变更,设备材料价格,工资标准及费率、利率、汇率会发生变化,这些变化必然会影响造价的变动。所以,市政工程造价在整个建设期中处于不确定状态,直到竣工决算后才能最终确定工程的实际造价。

4. 造价的层次性

市政工程造价的层次性取决于市政工程的层次性。一个市政建设项目通常含有多个能够独立发挥设计效能的单项工程(例如隧道、过人天桥、立交桥等)。一个单项工程又是由能够各自发挥专业效能的多个单位工程(例如土建工程、管道安装工程等)组成。与此相适应,市政工程造价有三个层次:建设项目总造价、单项工程造价和单位工程造价。若专业分工更细,单位工程(例如土建工程)的组成部分——分部、分项工程也可以成为交换对象,例如大型土方工程、基础工程、路灯工程等,这样工程造价的层次就增加了分部工程和分项工程而成为五个层次。

5. 造价的兼容性

市政工程造价的兼容性首先表现在它具有两种含义,其次表现在工程造价构成因素的广泛性和复杂性。在工程造价中,成本因素十分复杂。其中为获得建设工程用地支出的费用、项目可行性研究和规划设计费用、与政府一定时期政策(特别是产业政策和税收政策)相关的费用占有相当的份额。再次,盈利的构成也较为复杂,资金成本较大。

【实　　务】

◆市政工程造价的计价特征

了解市政工程造价的特征,对市政工程造价的确定和控制是非常必要的。市政工程造价主要具有以下计价特征。

1. 单件性计价

市政工程项目生产过程的单件性及其产品的固定性,导致了它不能像一般商品那样,统一定价。每项工程都有其专门的功能和用途,都是按不同的使用要求、不同的建设规模、标准和造型等,单独设计、单独生产的。即使用途相同,按同一标准设计和生产的产品,也会因其具体建设地点的水文地质及气候等条件的不同,引起结构及其他方面的变化,这就造成工程项目在建造过程中,所消耗的活劳动和物化劳动差别很大,其价值也必然不同。为衡量其投资效果,就需要对每项工程产品进行单独定价。其次,每项工程,其建造地点在空间上是固定不动的,这势必导致施工生产的流动性。施工企业必须在不同的建设地点组织施工,各地不同的自然条件和技术经济条件,使构成工程产品价格的各种要素变化很大,例如地区材料价格、工人工资标准和运输条件等,另外,工程项目建设周期长、程序复杂、环节多、涉及面广,在项目建设周期的不同阶段构成产品价格的各种要素差异较大,最终导致工程造价的千差万别。总之,工程项目在实物形态上的差别和构成产品价格要素的变化,使得工程产品不同于一般商品,不能统一定价,只能就各个项目,通过特殊的程序和方法单件计价。

2. 多次性计价

市政建设工程周期长、规模大、造价高,所以按建设程序要分阶段进行,相应的在不同阶段多次性计价,以保证工程造价确定和控制的科学性。多次性计价是个逐步深化、逐步细化和逐步接近实际造价的过程,其过程如图1.2所示。

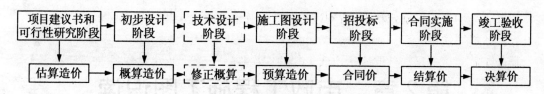

图 1.2　工程多次性计价示意图

连线表示对应关系,箭头表示多次计价流程及逐步深化过程,

"┌ ─ ─ ─ ┐"表示经批准才可增加的设计阶段。

3. 组合性计价

市政工程造价的计算是分步组合而成的,该特征和建设项目的组合性有关。一个建设项目是一个工程综合体。它可以分解为许多有内在联系的独立使用和不能独立使用的工程。建设项目的这种组合性决定了计价的过程是一个逐步组合的过程。此特征在计算概算造价和预算造价时尤为明显,所以也反映到合同价和结算价,其计算过程和计算顺序如下:

分部分项工程造价→单位工程造价→单项工程造价→建设项目总造价

4. 计价方法的多样性

市政工程为适应多次性计价有各不相同计价依据,及对造价的不同精确度要求,计价方法具有多样性特征。计算和确定概、预算造价的方法包括单价法和实物法,计算和确定投资估算造价的方法包括设备系数法、资金周转率法和系数估算法等。不同的方法利弊不同,适应条件也不同,所以计价时要结合具体情况加以选择。

5. 计价依据的复杂性

由于影响造价的因素多,计价依据复杂,种类较多,除《建设工程工程量清单计价规范》(GB 50500—2008)规定的依据以外,实际工作中的依据主要还有以下七类。

(1)计算设备和工程量依据,包括项目建议书、可行性研究报告和设计文件等。

(2)计算人工、材料、机械等实物消耗量依据,包括投资估算指标、概算定额、预算定额和工程量消耗定额等。

(3)计算工程单价的价格依据,包括人工单价、材料价格、材料运杂费和机械台班费等。

(4)计算设备单价依据,包括设备原价、设备运杂费和进口设备关税等。

(5)计算间接费和工程建设其他费用的依据,主要是相关的费用定额和费率。

(6)政府规定的税、费。

(7)物价指数和工程造价指数、造价指标。

第2章 市政工程施工图识读

2.1 市政工程施工图的一般规定

【基 础】

◆ **市政工程施工图的概念**

市政工程设计人员,按照国家的市政工程建设的方针政策、设计规范、设计标准,结合有关资料(例如建设地点的水文、地质、气象、资源和交通运输条件等)及建设项目委托人提出的具体要求,在经过批准的初步设计或扩大初步设计的基础上,运用制图学原理,采用国家统一规定的图例、线型、符号、代号、数字和文字来表示市政工程建设项目的建(构)筑物及建筑设备各部位或区间之间的空间关系及其实际形状尺寸的图样,并用于项目施工建造和编制施工组织设计、施工进度作业计划和确定工程造价的一整套图纸,就称为市政工程施工图。它通常需要的份数较多,因而需要复制。由于复制出来的图纸多为蓝色,所以又称为施工蓝图,简称蓝图。

◆ **市政工程施工图的一般规定**

1. 图线

设计人员绘图所采用的各种线条称为图线。为了使图面整洁、清晰、主次分明,市政工程施工图常用图线有6种类型14个规格,具体见表2.1。

表2.1 常用图线规格

名称		线型	线宽	一般用途
实线	粗	——————	b	主要可见轮廓线
	中	——————	$0.5b$	可见轮廓线
	细	——————	$0.25b$	可见轮廓线、图例线
虚线	粗	— — — —	b	见各有关专业制图标准
	中	— — — —	$0.5b$	不可见轮廓线
	细	— — — —	$0.25b$	不可见轮廓线、图例线
单点长画线	粗	—·—·—	b	见各有关专业制图标准
	中	—·—·—	$0.5b$	见各有关专业制图标准
	细	—·—·—	$0.25b$	中心线、对称线等
双点长画线	粗	—··—··—	b	见各有关专业制图标准
	中	—··—··—	$0.5b$	见各有关专业制图标准
	细	—··—··—	$0.25b$	假象轮廓线、成型前原始轮廓线
折断线		─/\─	$0.25b$	断开界限
波浪线		∼∼∼	$0.25b$	断开界限

第 2 章 市政工程施工图识读

表 2.1 中的各种图线均有粗、中、细之分。图线的宽度 b,通常宜从 2.0、1.4、1.0、0.7、0.5、0.35(mm)中选取。这六种图线宽度是 b 的倍数递增的,应用时,应根据图样的复杂程度和比例大小选用基本线宽。在市政工程施工图中,图线的选用应符合表 2.2 的规定。

表 2.2 图线宽度　　　　　　　　　　　　　　单位:mm

线宽比	线宽粗					
b	2.0	1.4	1.0	0.7	0.5	0.35
$0.5b$	1.0	0.7	0.5	0.35	0.25	0.18
$0.25b$	0.5	0.35	0.25	0.18	—	—

注:1.需要微缩的图纸,不宜采用 0.18 mm 及更细的线宽。
　　2.同一张图纸内,各不同线宽中的细线,可统一采用较细的线宽组的细线。

市政工程施工图纸的图框线和标题栏线,应采用表 2.3 的线宽。

表 2.3 图框线、标题栏线的宽度　　　　　　　　单位:mm

幅面代号	图框线	标题栏外框线	标题栏分格线、会签栏线
A_0、A_1	1.4	0.7	0.35
A_2、A_3、A_4	1.0	0.7	0.35

2. 图纸幅面

一张由边框线围成的空白纸面,称为图纸的幅面。我国制图标准规定的图纸幅面共分五类,即 $A_0 \sim A_4$,见表 2.4,其中尺寸代号的意义如图 2.1 所示,图纸的短边通常不得加长,长边可以加长,加长后的图纸幅面尺寸见表 2.5。

表 2.4 图纸幅面及图框尺寸　　　　　　　　　　单位:mm

尺寸代号　幅面代号	A_0	A_1	A_2	A_3	A_4
$b \times l$	840×1 189	594×841	420×594	297×420	210×297
c	10			5	
a	25				

表 2.5 图纸长边加长尺寸　　　　　　　　　　　单位:mm

幅面尺寸	长边尺寸	长边加长后尺寸								
A_0	1 189	1 486	1 635	1 783	1 932	2 080	2 230	2 378		
A_1	841	1 051	1 261	1 471	1 682	1 892	2 102			
A_2	594	743	891	1 041	1 189	1 338	1 486	1 635	1 783	1 932	2 080
A_3	420	630	8 41	1 051	1 261	1 471	1 682	1 892		

注:有特殊需要的图纸,可采用 $b \times l$ 为 841 mm × 891 mm 和 1189 mm × 1261 mm 的幅面。

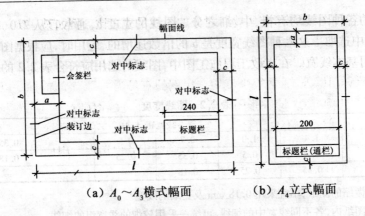

图 2.1 图纸幅面

3. 标题栏与会签栏

标题栏又称图标或图签栏,是用以标注图纸名称、工程名称、项目名称、图号、张次、设计阶段、更改和有关人员签署等内容的栏目。标题栏的方位通常在图纸的下方或右下方,但其尺寸大小必须符合相关规定。标题栏中的文字方向应为看图方向,即图中的说明、符号均应以标题栏的文字方向为准。此外,标题栏规格应为 240 mm × 30(40) mm 和 200 mm × 30(40) mm,但是在实际使用中,各设计单位一般都结合各自的特点作了变化,某设计单位的图纸标题栏见表 2.6。

表 2.6 某设计单位图纸标题栏格式

××工业部第××设计院			××市磁性材料厂		年 郑州
职责	签字	日期	设计项目		2#住宅楼
制图			设计阶段		施工图
设计			图号:		
校核					
审核					
审定			比例	第 张	共 张

会签栏是指供各有关工种设计人员对某一专业(例如建筑或结构专业)所设计施工图的布置等方面涉及本专业(例如给排水、电气等)设计时的相关问题(例如位置、标高、走向等)而进行会审时签名使用的栏目。会签栏的位置通常设在图面的左上方或左下方,其规格为 100 mm × 20 mm。某设计单位的会签栏格式见表 2.7。

表 2.7 某设计单位图纸会签栏格式

职责	签字	日期	会	专业	总图	建筑	结构	电气	…
描图				姓名					
校描			签	日期					

4. 比例

市政建设项目施工图上设计的物体,有的很大,例如道路、桥梁、隧道;有的很小,例如精密的机械零件等。由于受到图纸幅面的限制,实际工作中设计人员不可能以物体原有的大小将它们绘制在图纸上,而必须采用缩小或放大的方法绘制出来。因此,缩小或放大都必须有比例。比例就是图纸所画图形与实物相对应的线性尺寸之比。例如某一实物长度为 1 m,即 1000 mm,若在施工图上画为 10 mm,就是缩小了 100 倍,即此图形的比例为 1∶100。比例的大小是指比值的大小,例如 1∶10 大于 1∶100。市政工程设计中一般都是用缩小比例,采用放大比例的构件除详图以外,通常很少使用。比例的符号为"∶",比例的标注以阿拉伯数字表示,例如 1∶1、1∶2、1∶50 等。同一张图中所有图形使用一个比例时,其比值设计人员一般都是写在图纸标题栏内,但是也有些设计人员写在图名的右侧,字的基准线与图名取平,比例的字高比图名的字高小一号或两号,如图 2.2 所示;图纸中各个图形所用比例大小不同时,其比值分别标注在各自图名的右侧。

辽河东路平面图　　1∶100　　⑨1∶50

图 2.2　比例的注写

市政工程施工图中所使用的比例,通常是根据图样的用途与被绘对象的繁简程度而确定的。市政工程施工图常用比例如下。

总平面图　1∶500、1∶1 000、1∶2 000、1∶5 000。
基本图纸　1∶100、1∶200、1∶500。
详　　图　1∶2、1∶5、1∶10、1∶20、1∶50。

5. 标高

市政工程施工图中建筑物各部分的高度和被安装物体的高度都用标高来表示。表示方法采用符号"▽"或"△"。总平面图中室外地坪标高用"▼"符号表示。

标高分为绝对标高和相对标高。绝对标高又称海拔标高,是以青岛市的黄海平面作为零点而确定的高度尺寸。相对标高是选定建筑物某一参考面或参考点作为零点而确定的高度尺寸。市政工程施工图除总平面图以外均采用相对标高。它一般采用室内地面或楼层平面作为零点而计算高度。标高的标注方法以"±0.000"为零点标高,读做"正负零点零零零",标高数值以"m"为单位,标注到小数点后第三位。在总平面图中,可注写到小数点后第二位。市政工程施工图中常见的标高标注方法如图 2.3 所示。

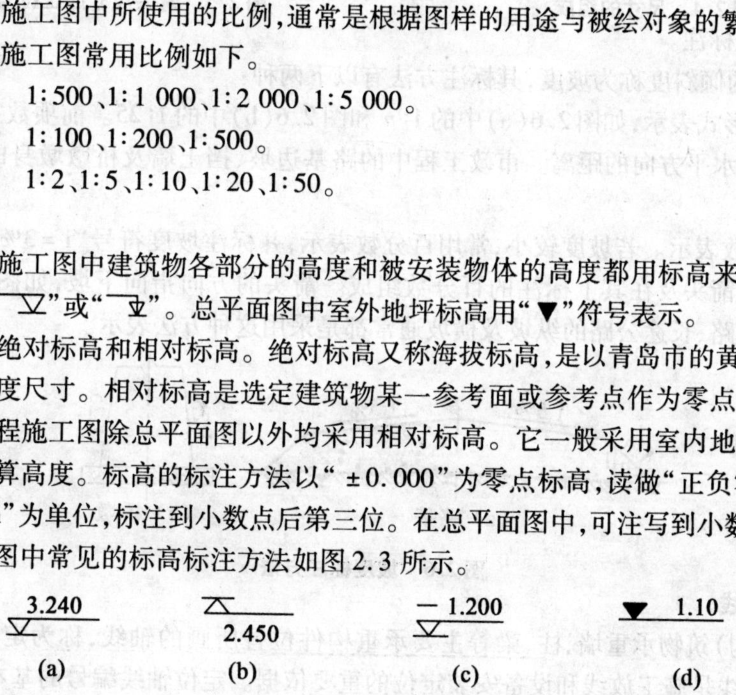

3.240　　　　　　　　　　　　　　　-1.200　　　　　▼ 1.10
▽　　　　　　　　　△　　　　　　▽
　　　　　　　　　2.450
(a)　　　　　　(b)　　　　　　(c)　　　　　　(d)

图 2.3　标高的标注方法

标高符号尖端指至标注的高度,横线上的数字表示该处的高度。若标高符号的尖端下面有一引出横线,则用于立面图或剖面图,尖端向下的,表示该处的上表面高度;尖端向上的,表示该处的下表面高度,如图 2.3(a)、(b)、(c)、(d)所示。比相对标高"±0.000"高的部位,其数字前不冠以"+"号,但是比"±0.000"低的部位,在其数字前必须冠以"-"号。如图 2.3(c)表示该处比相对标高"±0.000"低 1.20 m。市政工程施工图除水准点标注至小数点后第三位以外,其余标注至小数点后第二位,但是房屋建筑图上标注至小数点后第三位。

6. 尺寸标注

所有工程施工图,除了画出建(构)筑物、设备等的形状图形以外,还必须完整、准确和清晰地标注出建(构)筑物及设备各部分的尺寸,及它们相互之间的尺寸,以便进行施工和作为确定造价计算实物工程量的依据。

(1)尺寸的组成。一个图样上完整的尺寸是由尺寸界线、尺寸线、尺寸起止符号和尺寸数字四个要素构成的,如图2.4所示。尺寸线、尺寸界线都用细实线绘制,尺寸界线用中粗短线绘制,其倾斜方向与尺寸界线成顺时针45°角,长度为2~3 mm。半径、直径、角度和弧长的尺寸起止符号采用箭头表示,如图2.5所示。

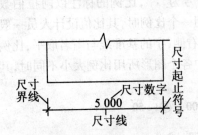 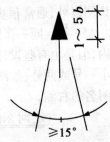

图2.4 尺寸的组成　　　　　图2.5 箭头尺寸起止符号

(2)坡度的标注。

图样斜线的倾斜度称为坡度,其标注方法有以下两种:

1)用比例形式表示,如图2.6(a)中的$1:n$和图2.6(b)中的$1:25$。前项数字为竖直方向的高度,后者为水平方向的距离。市政工程中的路基边坡、挡土墙及桥墩墩身的坡度都用这种方法表示。

2)用百分数表示。若坡度较小,常用百分数表示,并标注坡度符号"$i=3\%$"。坡度符号由细实线、单边箭头及在其上标注的百分数组成。箭头的方向指向下坡,如图2.6(a)中的1.5%。城市道路、长途公路的纵坡及横坡通常都是采用这种方法表示。

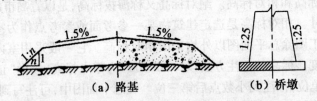

图2.6 坡度标注方法

7.定位轴线

标明建(构)筑物承重墙、柱、梁等主要承重构件位置所画的轴线,称为定位轴线。施工图中的定位轴线是施工放线和设备安装定位的重要依据。定位轴线编号的基本原则是:在水平方向上,用阿拉伯数字从左至右顺序编写;在垂直方向上,采用大写拉丁字母由下至上顺序编写(I、O、Z不得用作轴线编号);数字和字母分别用细点画线引出,轴线标注式样如图2.7所示。

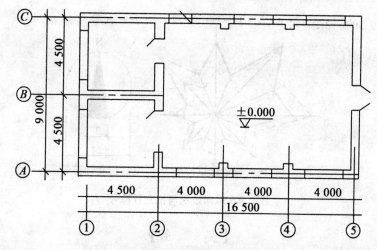

图 2.7　定位轴线及编号

对于一些与主要承重构件相联系的次要构件,施工图中通常采用附加轴线表示其位置,其编号用分数表示。如图 2.8(a)中分母表示前一轴线的编号,而分子表示附加轴线的编号。

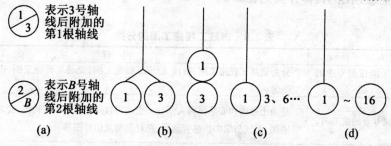

图 2.8　定位轴线编号的不同注法

若一个详图适用于几根定位轴线,应同时注明各有关轴线的编号。如图 2.8(b)表示详图适用于两根轴线,图 2.8(c)表示详图适用于两根或三根以上的轴线,图 2.8(d)表示详图适用于三根以上连续编号的轴线。

8. 风向玫瑰与指北针

风向玫瑰又称风向频率标记。为表明工程所在地一年四季的风向情况,在市政工程平面图(特别是总平面图)上需标明风向频率标记(符号)。它由于形似一朵玫瑰花,所以又称为风向频率玫瑰图。它是根据某一地区多年平均统计的各个方向刮风次数的百分值,按一定比例绘制而成的。它通常用 16 个方位表示,图上所表示的风的吹向是指从外面吹向地区中心的。图 2.9(a)是某地区××工程总平面图上标注的风向频率标记,其箭头表示正北方向,实线表示全年的风向频率,虚线表示夏季(6~8月)的风向频率。

指北针就是表明工程所在地东西南北四个方向的符号,指北针的形状如图 2.9(b)所示,其圆的直径通常为 24 mm,用细实线绘制,指北针尾部的宽度通常为 3 mm,指北针的上端应标注"北"或"N"字。

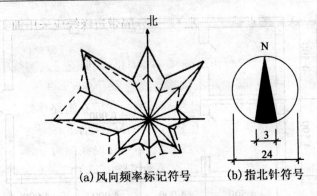

图2.9 风向玫瑰与指北针符号

【实　务】

◆市政工程施工图的具体分类

市政工程施工图的具体分类见表2.8。

表2.8　市政工程施工图的分类

分类标准	内容
市政工程施工图按照专业的不同	分为道路工程施工图,桥涵、隧道工程施工图,交通工程施工图,市政管网工程施工图等
市政工程不同专业的施工图	分为土建图和安装图两大部分。土建图包括建筑图和结构图;安装图包括给排水管道图、燃气与集中供热管道图、路灯照明及信号图等
市政工程每个专业的施工图根据功能作用的不同	分为基本图和详图两部分。基本图表明全局性的内容,例如城市道路工程的平面图、横断面图、纵断面图,都属于基本图;详图是基本图的补充,它分为标准详图和非标准详图两种

2.2　道路工程施工图的识读

【基　础】

◆路线平面图的图示内容

城市道路路线平面图是向下俯视大地所看到的道路路线、河流、桥梁和房屋等地形地物的缩影而绘制的平面图形。

1. 道路路线部分的图示内容

(1)道路规划红线是道路的用地界限,通常用双点画线表示。

(2)城市道路中线应采用细点画线绘制。中央分隔带边缘线应采用细实线绘制,路基边缘线应采用粗实线绘制。

(3)导线、边坡线、护坡道边缘线、边沟线、切线、引出线、原有道路边线等,均应采用细实线绘制。用地界线应采用中粗点画线绘制,规划红线应采用粗双点画线绘制。

(4)路线平面图上应注写里程桩号。里程桩号的标注应在道路中线上从路线起点至终点,按从小到大、从左到右的顺序排列。公里桩宜标注在路线前进方向的左侧;百米桩宜标注在路线前进方向的右侧,用垂直于路线的短线表示,也可在路线的同一侧,采用垂直于路线的短线表示公里桩和百米桩。若里程桩号直接注写在道路中心线上,则"+"号的位置即为桩的位置。

(5)在图线中用路线转点编号标注出平曲线特殊点的位置,例如JD1表示为第一个路线转点。图中标出的第一缓和曲线起点、圆曲线起点、圆曲线中点、第二缓和曲线终点、第二缓和曲线起点、圆曲线终点的位置宜在曲线内侧用引出线的形式表示,并应标注点的名称和桩号。

(6)列表标注平曲线要素有交点编号、交点位置、圆曲线半径、缓和曲线长度、切线长度、曲线总长度、外距等,高等级公路还应列出导线点坐标表。

2. 地形部分的图示内容

(1)根据地形地物情况选择不同的图样比例,例如1:1 000,1:500等。

(2)方位确定。地形图样中需要箭头表示其方位。方位确定的方法包括坐标网或指北针。X轴为南北方向,Y轴为东西方向。

(3)地形地物情况。地形情况通常采用等高线或地形点表示,图中用"▼"表示测点,其标高数值标注在其右侧。

地物情况通常采用图例表示。缩图中的主要构筑物应按图2.10所示标注。图中的文字说明一般都采用引出线的形式标注,如图2.11所示。图中原有管线应采用细实线绘制,设计管线应采用粗实线绘制,规划管线应采用粗虚线绘制,边沟水流方向应采用单边箭头表示。

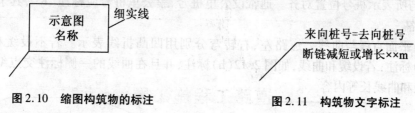

图2.10 缩图构筑物的标注　　　图2.11 构筑物文字标注

◆路线纵断面图的图示内容

假想沿着道路中心线竖直剖切,然后展开进行正投影即为路线纵断面图。由于自然因素的影响及经济性要求,路线纵断面总是一条有起伏的空间线。路线纵断面图是道路设计的重要文件之一,它反映了路线所经范围的中心地面起伏情况与设计标高之间的关系。把它与平面图结合起来,就能反映出道路线形在空间的位置。

路线纵面图上有两条主要的线:一条是地面线,另一条是设计线。地面线是根据中线上各桩点的高程而绘制的一条不规则的折线,它反映了沿着中线地面的起伏变化情况,地面上各点的标高称为地面标高;设计线是经过技术上、经济上及美学上等多方面比较后定出的一条具有规则形状的几何线,它反映了道路路线的起伏变化情况。

道路路线纵断面图采用直角坐标,以横坐标表示水平距离,纵坐标表示垂直高程,纵断面图主要由图样部分和资料表两部分组成。

1. 图样部分的图示内容

(1)图样中水平方向表示路线长度,垂直方向表示高程,为了清晰地反映垂直方向的高差,规定垂直方向的比例按水平方向比例放大10倍,例如水平方向为1∶1 000,那么垂直方向为1∶100。图上所画出的图线坡度较实际坡度大,这样看起来明显。

(2)图样中不规则的细折线表示沿道路设计中心线处的原地面线,是根据一系列中心桩的地面高程连接形成的,可同设计高程结合反映道路的填挖情况。

(3)路面设计高程线,图上比较规则的直线和曲线组成的粗实线为路面设计高程线,它反映了道路路面中心的高程。

(4)竖曲线。在设计线纵坡变更处设置竖曲线,分为凸形和凹形。

(5)在路线纵断面图的相应桩号位置以相关图例按规定绘制出路线中的构筑物,注明桩号及构筑物的名称和编号。

(6)按规定标出交叉口的位置,在设计高程线的上方标注水准点的编号、高程及相对路线的位置。

2. 资料表部分的图示内容

道路路线纵断面图的资料表设置在图样下方并且与图样对应,格式分多种,有简有繁,视具体道路路线情况而定,具体内容包括以下几方面。

(1)地质情况。道路路段土质变化情况,注明各段土质名称。

(2)坡度与坡长,注出边坡的大小与坡长尺寸。

(3)设计高程。注明各里程桩的路面中心设计高程,单位为米。

(4)原地面标高。根据测量结果填写各里程桩处路面中心的原地面高程,单位为米。

(5)填挖情况,反映设计标高与原地面标高的高差。

(6)里程桩号。由左向右排列里程桩号,应将所有固定桩和加桩桩号示出。桩号数值的字底应与所表示桩号位置对齐。通常设公里桩号,整公里桩号应标注"K",其余桩号的公里数可省略。

(7)平面直线与曲线。道路左、右转弯分别用凹凸折线表示。若不设缓和曲线,如图2.12(a)标注;若设缓和曲线,如图2.12(b)标注,并且在曲线的一侧标注交点编号、桩号、偏角、半径和曲线长等内容。

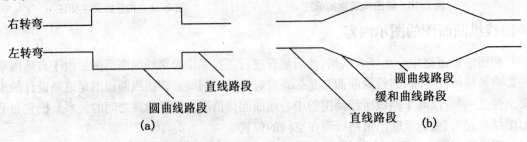

图2.12 平曲线的标注

◆路线横断面图的制图规定

道路路线横断面图是道路中心线法线方向的剖面图,其图示内容与识读规定如下。

(1)路面线、路肩线、边坡线、护坡线都应采用粗实线绘制,路面厚度应采用中粗实线绘制,原有地面线应采用细实线绘制,设计或原有道路中线应采用细点画划线绘制,如图2.13所示。

(2)若道路分期修建、改建,应在同一张图纸中示出规划、设计、原有道路横断面,并且注明各道路中线之间的位置关系。规划道路中线应采用细双点画线绘制,规划红线应采用粗双点画线绘制。在设计横断面图上,应注明路侧方向。

(3)在横断面图中,管涵和管线的横断面应采用相应图例,其高程应根据设计要求标注。

(4)道路的超高、加宽应在横断面图中示出。

(5)用于施工放样及土方计算的横断面图应在图样下方标注桩号。图样右侧应标注填高、挖深、填方、挖方的面积,并且采用中粗点画线示出征地界线。

(6)若防护工程设施需标注材料名称,断面阴影线可省略,材料图例可不画。

(7)若路面结构类型单一,用竖向引出线标出材料层次及厚度;若路面结构类型较多,可分别按各路段不同的结构类型绘制,并标出材料层次及厚度。

(8)在路拱曲线大样图的垂直和水平方向上,应按不同比例绘制。

(9)在同一张图纸上的路基横断面,应按桩号的顺序排列,从图纸的左下方开始,先由下向上,再由左向右排列,如图2.13(b)所示。

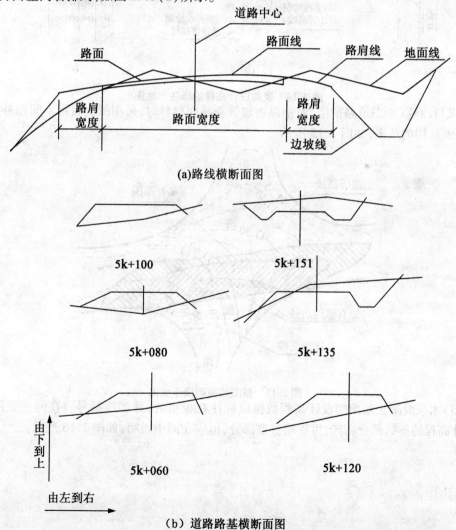

图2.13 城市道路横断面图的图示内容与识读

◆**道路的平交与立交制图规定**

道路交叉口施工图一般包括交叉口平面设计图和立面设计图。其图示内容与识读方法如下。

(1)较简单的交叉口可只标注控制点的高程、排水方向及坡度,排水方向用单边箭头表示。用等高线表示的平交路口,等高线宜用细实线绘制,并每隔四条细实线绘制一条中粗实线;用网格高程表示的平交路口,其高程数值宜标注在网格交点的右上方,并且加括号。若高程数值相同,可省略。网格应采用平行于设计道路中线的细实线绘制,如图2.14所示。

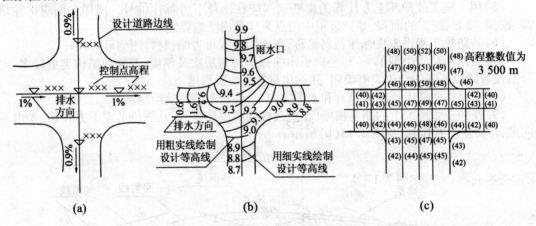

图 2.14　竖向设计高程的标注示意图

(2)交叉口改建(新旧道路衔接)及旧路面加铺新路面材料时,采用图例表示不同贴补厚度及不同路面结构的范围,如图2.15所示。

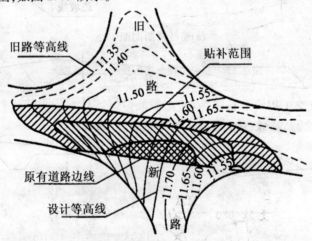

图 2.15　新旧路面衔接示意图

(3)水泥混凝土路面的设计高程数值应标注在板角处,并加注括号。在同一张图纸中,若设计高程的整数部分相同,可省略整数部分,但应在图中说明,如图2.16所示。

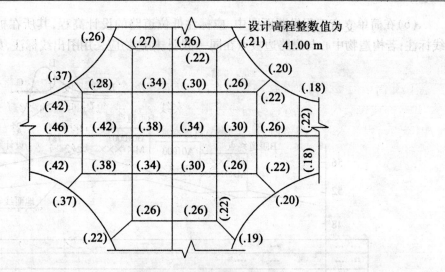

图 2.16 水泥混凝土路面高程标注示意图

(4)在立交工程纵断面图中,机动车与非机动车的道路设计线均应采用粗实线绘制,其测设数据可在资料表中列出。上层构造物宜采用图例表示,并表示出底部高程,图例的长度为上层构造物底部全宽,如图 2.17 所示。

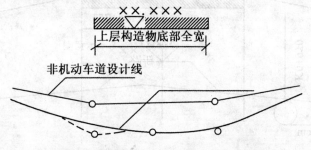

图 2.17 立交工程上层构筑物标注示意图

(5)在互通式立交工程线形布置图中,匝道的设计线应采用粗实线绘制,干道的道路中线应采用细点画线绘制,如图 2.18 所示。图中的交点、圆曲线半径、控制点位置、平曲线要素及匝道长度都应列表示出。匝道端部的位置、桩号应采用竖直引出线标注,在图中适当位置用中粗实线绘制线形示意图和标注各段的代号,如图 2.19 所示。

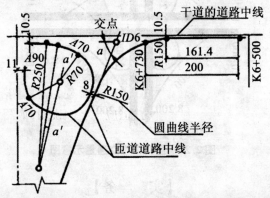

图 2.18 立交工程线形布置示意图

(6)在简单立交工程纵断面图中,应标注低位道路的设计高程,其所在桩号应采用引出线标注;若构造物中心与道路边坡点在同一桩号,构造物应采用引出线标注,如图2.20所示。

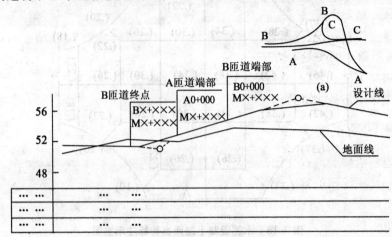

图2.19 互通式立交纵断面图

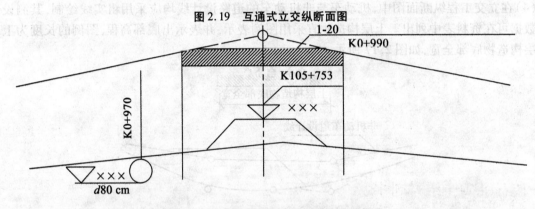

图2.20 简单立交中低位道路及构造物标注

(7)立交工程交通量示意图中,交通量的流向应采用涂黑的箭头表示,如图2.21所示。

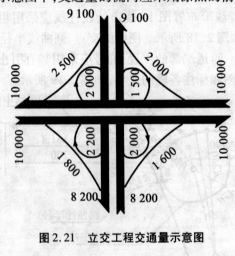

图2.21 立交工程交通量示意图

【实　　务】

◆ 道路平面图的识读

(1)了解地形地物情况。

(2)了解道路设计情况,了解道路中心线、规划红线、机动车道、非机动车道、人行道、分隔带、交叉口及道路中曲线设置情况。

(3)了解道路方位和走向,路线控制点坐标和里程桩号等。

(4)了解图中所标注水准点位置和编号,绝对高程,原有建(构)筑物的拆除范围等。

◆ 道路纵断面图的识读

(1)读懂道路沿线的高程变化,对照资料表了解准确的高程。

(2)读懂图样中注明的各项曲线几何要素,例如切线长、曲线半径、外矢距和转角等。

(3)了解沿线设置的水准点,查出已知高程。

(4)根据里程桩号、路面设计高程和原地面高程,了解路线填挖情况。

(5)根据资料表中坡度、坡长、平曲线示意图及相关数据,了解路线线型的空间变化。

2.3 桥涵、隧道施工图的识读

【基　础】

◆ 砖石、混凝土结构制图规定

(1)砖石、混凝土结构图中的材料标注,可在图形中适当位置,用图例表示,如图2.22所示。当材料图例不便绘制时,可采用引出线标注材料名称和配合比。

(2)边坡和锥坡的长短线引出端,应为边坡和锥坡的高端。坡度用比例标注,其标注应符合图2.23的规定。

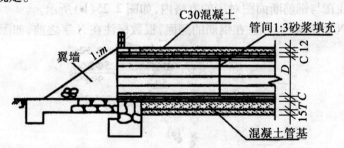

图2.22　砖石、混凝土结构的材料标注

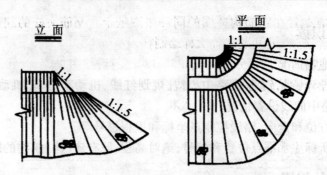

图 2.23 边坡和锥坡的标注

(3)在绘制构造物的曲面时,可采用疏密不等的影线表示,如图 2.24 所示。

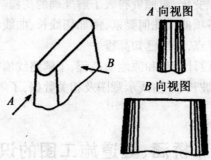

图 2.24 曲面的影线表示法

◆钢筋混凝土结构制图规定

(1)钢筋构造图应置于一般构造之后。若结构外形简单,二者可绘于同一视图中。

(2)在一般构造图中,外轮廓线应以粗实线绘制,钢筋构造图中的轮廓线应以细实线绘制,钢筋应以粗实线的单线条或实心黑圆点表示。

(3)在钢筋构造图中,各种钢筋应标注数量、直径、长度、间距和编号,其编号应采用阿拉伯数字表示。当钢筋编号时,宜先编主、次部位的主筋,后编主、次部位的构造筋,编号格式应符合下列规定。

1)编号宜标注在引出线右侧的圆圈内,圆圈的直径为 4~8 mm,如图 2.25(a)所示。

2)编号可标注在与钢筋断面图对应的方格内,如图 2.25(b)所示。

3)可将冠以 N 字的编号,标注在钢筋的侧面,根数标注在 N 字之前,如图 2.25(c)所示。

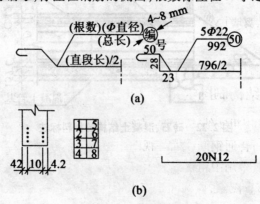

图 2.25 钢筋的标注

(4)钢筋大样应布置在钢筋构造图的同一张图纸上。钢筋大样的编号宜按图2.25标注。若钢筋加工形状简单,也可将钢筋大样绘制在钢筋明细表内。

(5)钢筋末端的标准弯钩可分为90°、135°、180°三种,如图2.26所示。当采用标准弯钩时(标准弯钩即最小弯钩),钢筋直段长的标注可直接标注于钢筋的侧面,如图2.25所示。

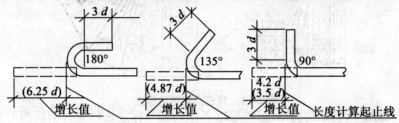

图2.26 标准弯钩

注:图中括号内数值为圆钢的增长值。

(6)若钢筋直径大于10 mm,应修正钢筋的弯折长度。45°、90°的弯折修正值可按《道路工程制图标准》(GB 50162—1992)附录二采用。除标准弯折以外,其他角度的弯折应在图中画出大样,并且示出切线与圆弧的差值。

(7)焊接的钢筋骨架可按图2.27标注。

(8)箍筋大样可不绘出弯钩,如图2.28(a)所示,若为扭转或抗震箍筋,应在大样图的右上角,增绘两条倾斜45°的斜短线,如图2.28(b)所示。

(9)在钢筋构造图中,若存在指向阅图者弯折的钢筋,应采用黑圆点表示;若存在背向阅图者弯折的钢筋,应采用"×"表示,如图2.29所示。

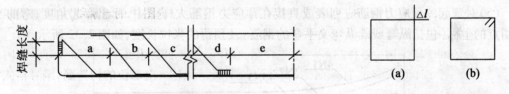

图2.27 焊接钢筋骨架的标注　　　　　　　图2.28 箍筋大样

(10)若钢筋的规格、形状和间距完全相同,可仅用两根钢筋表示,但是应将钢筋的布置范围及钢筋的数量、直径、间距示出,如图2.30所示。

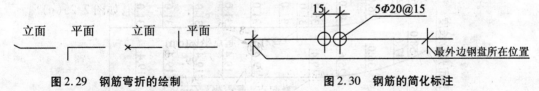

图2.29 钢筋弯折的绘制　　　　　　　图2.30 钢筋的简化标注

◆预应力钢筋混凝土结构制图规定

(1)预应力钢筋应采用粗实线或2 mm直径以上的黑圆点表示。图形轮廓线应采用细实线表示。若预应力钢筋与普通钢筋在同一视图中出现,普通钢筋应采用中粗实线表示。一般构造图中的图形轮廓线应采用中粗实线表示。

(2)在预应力钢筋布置图中,应标注预应力钢筋的数量、型号、长度、间距和编号,编号应用阿拉伯数字表示,编号格式应符合下列规定。

1)在横断面图中,宜将编号标注在与预应力钢筋断面对应的方格内,如图2.31(a)所示。

2)在横断面图中,若标注位置足够,可将编号标注在直径为4~8 mm的圆圈内,如图2.31(b)所示。

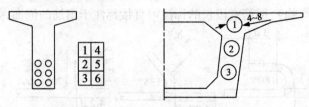

图2.31 预应力钢筋的标注

3)在纵断面图中,若结构简单,可将冠以N字的编号标注在预应力钢筋的上方。若预应力钢筋的根数大于1,也可将数量标注在N字之前;若结构复杂,可自拟代号,但是应在图中说明。

(3)在预应力钢筋的纵断面图中,可采用表格的形式,以每隔0.5~1 mm的间距,标出纵、横、竖三维坐标值。

(4)预应力钢筋在图中的几种表示方法应符合下列规定。

1)预应力钢筋的管道断面:○

2)预应力钢筋的锚固断面:⊕

3)预应力钢筋断面:+

4)预应力钢筋的锚固侧面:⊢──

5)预应力钢筋连接器的侧面:══

6)预应力钢筋连接器断面:⊙

(5)对弯起的预应力钢筋应列表或直接在预应力钢筋大样图中,标出弯起角度、弯曲半径切点的坐标(包括纵弯或既纵弯又平弯的钢筋)及预留的张拉长度,如图2.32所示。

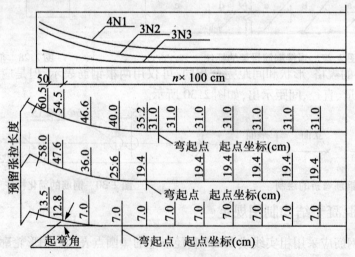

图2.32 预应力钢筋大样

◆钢结构制图规定

(1)钢结构视图的轮廓线应采用粗实线绘制,螺栓孔的孔线等应采用细实线绘制。

(2)常用的钢材代号规格的标注应符合表 2.9 的规定。

表 2.9 常用型钢的代号规格标注

名称	代号	规格
钢板、扁钢	▭	宽×厚×长
角钢	∟	长边×短边×边厚×长
槽钢	[	高×翼缘宽×腹板厚×长
工字钢	I	高×翼缘宽×腹板厚×长
方钢	□	边宽×长
圆钢	φ	直径×长
钢管	φ	外径×壁厚×长
卷边角钢	∟	边长×边长×卷边长×边厚×长

注:当采用薄壁型钢时,应在代号前标注"B"。

(3)型钢各部位的名称应按图 2.33 规定采用。

(4)螺栓和螺栓孔代号的表示应符合下列规定。

1)已就位的普通螺栓代号:●

2)高强螺栓、普通螺栓的孔位代号:＋或⊕

3)已就位的高强螺栓代号:◆

4)已就位的销孔代号:⊙

5)工地钻孔的代号:⊬或⊕

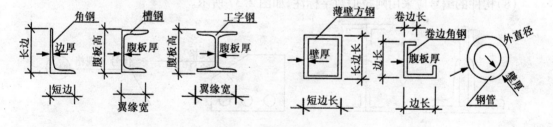

图 2.33 型钢各部位名称

6)当螺栓种类繁多或在同一册图中与预应力钢筋的表示重复时,可自拟代号,但是应在图纸中说明。

(5)螺栓、螺母和垫圈在图中的标注应符合下列规定。

1)螺栓采用代号和外直径乘长度标注,例如:M10×100。

2)螺母采用代号和直径标注,例如:M10。

3)垫圈采用汉字名称和直径标注,例如:垫圈 10。

(6)焊缝的标注除应符合现行国家标准有关焊缝的规定以外,尚应符合下列规定。

1)焊缝可采用标注法和图示法表示,绘图时可选其中一种或两种。

2)标注法的焊缝应采用引出线的形式将焊缝符号标注在引出线的水平线上,也可在水平线末端加绘作说明用的尾部,如图 2.34 所示。

3)一般不需标注焊缝尺寸,若需要标注,应按现行的国家标准《焊缝符号表示法》(GB/T 324—2008)的规定标注。

4)标注法采用的焊缝符号应按现行国家标准的规定采用。

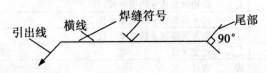

图 2.34　焊缝的标注法

5)图示法的焊缝应采用细实线绘制,线段长 1~2 mm,间距为 1 mm,如图 2.35 所示。

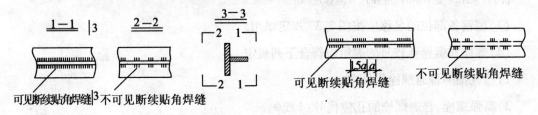

图 2.35　焊缝的图示法

(7)若组合断面的构件间相互密贴,应采用双线条绘制。若构件组合断面过小,可用单线条的加粗实线绘制,如图 2.36 所示。

(8)构件的编号应采用阿拉伯数字标注,如图 2.37 所示。

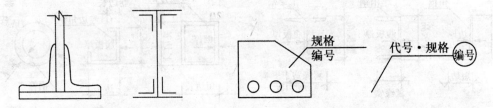

图 2.36　组合断面的绘制　　　　**图 2.37　构件编号的标注**

(9)表面粗糙度常用的代号应符合下列规定。

1)"∀"表示采用"不去除材料"的方法获得的表面,例如:铸、锻、冲压变形、热轧、冷轧和粉末冶金等,或用于保持原供应状况的表面。

2)"Ra"表示表面粗糙度的高度参数轮廓算术平均偏差值,单位为微米(μm)。

3)"√"表示采用任何方法获得的表面。

4)"∀"表示采用"去除材料"的方法获得的表面,例如:进行车、铣、钻、磨、剪切、抛光等加工获得。

5)粗糙度符号的尺寸,应按图 2.38 标注。图中 H 等于 1.4 倍字体高。

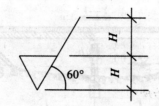

图 2.38 粗糙度符号的尺寸标准

(10)线性尺寸和角度公差的标注应符合下列规定。

1)当采用代号标注尺寸公差时,其代号应标注在尺寸数字的右边,如图 2.39(a)所示。

2)当采用极限偏差标注尺寸公差时,上偏差应标注在尺寸数字的右上方;下偏差应标注在尺寸数字的右下方,上、下偏差的数字位数必须对齐,如图 2.39(b)所示。

3)当同时标注公差代号和极限偏差时,则应将后者加注圆括号,如图 2.39(c)所示。

4)当上、下偏差相同时,偏差数值应仅标注一次,但是应在偏差值前加注正、负符号,并且偏差值的数字与尺寸数字字高相同。

5)角度公差的标注同线性尺寸公差,如图 2.39(d)所示。

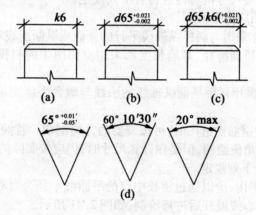

图 2.39 公差的标注

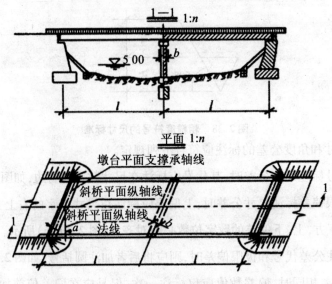

图 2.40 斜桥视图

◆斜桥涵、弯桥、坡桥、隧道、弯挡土墙视图制图规定

(1)斜桥涵视图和主要尺寸的标注应符合下列规定。

1)斜桥涵的主要视图应为平面图。

2)斜桥涵的立面图宜采用与斜桥纵轴线平行的立面或纵断面表示。

3)各墩台里程桩号、桥涵跨径、耳墙长度都采用立面图中的斜投影尺寸,但是墩台的宽度仍应采用正投影尺寸。

4)斜桥倾斜角 α,应采用斜桥平面纵轴线的法线与墩台平面支承轴线的夹角标注,如图 2.40 所示。

(2)在绘制斜板桥的钢筋构造图时,可按需要的方向剖切。若倾斜角较大而使图面难以布置,可按缩小后的倾斜角值绘制,但是在计算尺寸时,仍应按实际的倾斜角计算。

(3)弯桥视图应符合下列规定。

1)若全桥在曲线范围内,应以通过桥长中点的平曲线半径为对称线;立面或纵断面应垂直对称线,并且以桥面中心线展开后进行绘制,如图 2.41 所示。

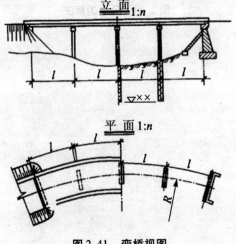

图 2.41 弯桥视图

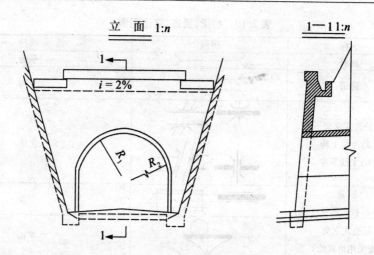

图 2.42　隧道视图

2)若全桥仅一部分在曲线范围内,其立面或纵断面应平行于平面图中的直线部分,并且以桥面中心线展开绘制,展开后的桥墩或桥台间距应为跨径的长度。

3)在平面图中,应标注墩台中心线间的曲线或折线长度、平曲线半径及曲线坐标,曲线坐标可列表示出。

4)在立面和纵断面图中,可略去曲线超高投影线的绘制。

(4)弯桥横断面宜在展开后的立面图中切取,并且应表示超高坡度。

(5)在坡桥立面图的桥面上应标注坡度。墩台顶、桥面等处,均应注明标高。竖曲线上的桥梁也属坡桥,除应按坡桥标注以外,还应标出竖曲线坐标表。

(6)斜坡桥的桥面四角标高值应在平面图中标注;立面图中可不标注桥面四角的标高。

(7)隧道洞门的正投影应为隧道立面。无论洞门是否对称都应全部绘制。洞顶排水沟应在立面图中用标有坡度符号的虚线表示。隧道平面与纵断面可仅表示洞口的外露部分,如图 2.42 所示。

(8)弯挡土墙起点和终点的里程桩号应与弯道路基中心线的里程桩号相同。弯挡土墙在立面图中的长度,应按挡土墙顶面外边缘线的展开长度标注,如图 2.43 所示。

图 2.43　挡土墙外边缘

【实　　务】

◆桥梁、通道、隧道图例

市政工程施工图桥梁、通道、隧道等构筑物图例见表 2.10。

表2.10 桥梁、通道、隧道图例

序号	名称	图例	项目
1	涵洞		平面
2	通道		平面
3	分离式立交 (a)主线上跨 (b)主线下穿		平面
4	桥梁 (大、中桥按实际长度绘)		平面
5	互通式立交 (按采用形式绘)		平面
6	隧道		平面
7	养护机构		平面
8	管理机构		平面
9	防护网		平面
10	防护栏		平面
11	隔离墩		平面
12	箱涵		纵断
13	管涵		纵断
14	盖板涵		纵断
15	拱涵		纵断
16	箱型通道		纵断
17	桥梁		纵断
18	分离式立交 (a)主线上跨 (b)主线下穿		纵断
19	互通式立交 (a)主线上跨 (b)主线下穿		纵断

2.4 交通工程施工图的识读

【基　础】

◆**交通标线制图规定**

(1)交通标线应采用线宽为 1~2 mm 的虚线或实线表示。

(2)车行道中心线的绘制应符合下列规定,其中 l 值可按制图比例取用。中心虚线应采用粗虚线绘制;中心单实线应采用粗实线绘制;中心双实线应采用两条平行的粗实线绘制,两线间净距为 1.5~2 mm;中心虚、实线应采用一条粗实线和一条粗虚线绘制,两线间净距为 1.5~2 mm,如图 2.44 所示。

(3)车行道分界线应采用粗虚线表示,如图 2.45 所示。

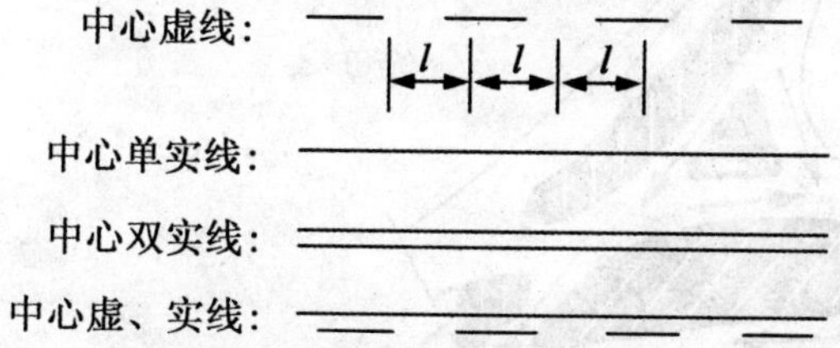

中心虚线：

中心单实线：

中心双实线：

中心虚、实线：

图 2.44　车行道中心线的画法 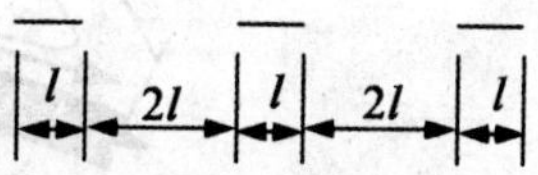　　**图 2.45　车行道分界线的画法**

(4)车行道边缘线应采用粗实线表示。

(5)停止线应起于车行道中心线,止于路缘石边线,如图 2.46 所示。

(6)人行横道线应采用数条间隔 1~2 mm 的平行细实线表示,如图 2.46 所示。

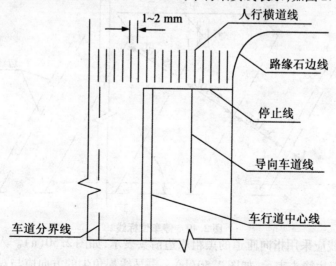

图 2.46　停车线位置

(7)减速让行线应采用两条粗虚线表示。粗虚线间净距宜采用 1.5~2 mm,如图 2.47 所示。

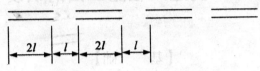

图 2.47 减速让行线的画法

(8)导流线应采用斑马线绘制。斑马线的线宽及间距宜采用 2~4 mm。斑马线的图案,可采用平行式或折线式,如图 2.48 所示。

(9)停车位标线应由中线与边线组成。中线采用一条粗虚线表示,边线采用两条粗虚线表示。中、边线倾斜的角度 α 值可按设计需要采用,如图 2.49 所示。

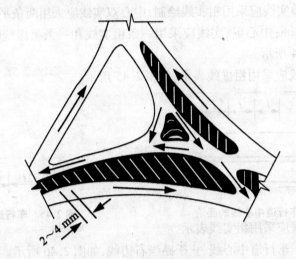

图 2.48 导流线的斑马线

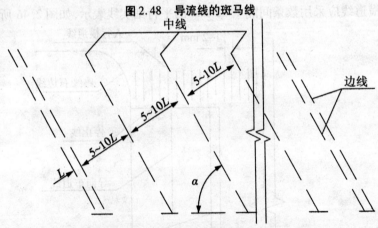

图 2.49 停车位标线

(10)出口标线应采用指向匝道的黑粗双边箭头表示,如图 2.50(a)。入口标线应采用指向主干道的黑粗双边箭头表示,如图 2.50(b)。斑马线拐角尖的方向应与双边箭头的方向相反。

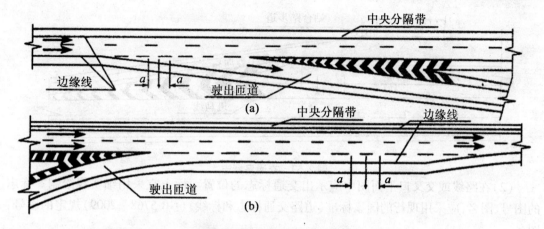

图 2.50　匝道出口、入口标线

(11)港式停靠站标线应由数条斑马线组成,如图 2.51 所示。

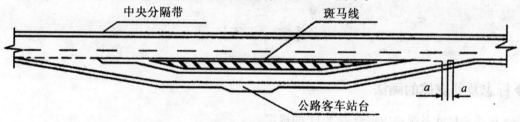

图 2.51　港式停靠站

(12)车流向标线应采用黑粗双边箭头表示,如图 2.52 所示。

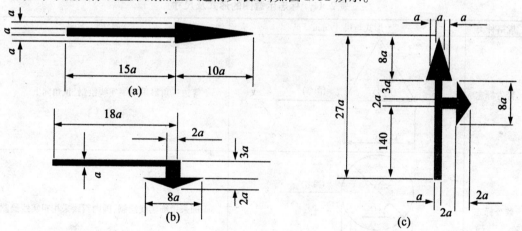

图 2.52　车流向标线

◆交通标志制图规定

(1)交通岛应采用实线绘制。转角处应采用斑马线表示,如图 2.53 所示。

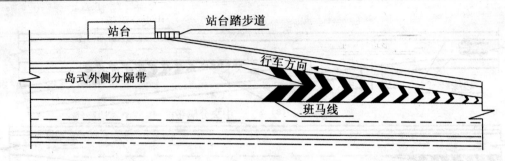

图 2.53 交通岛标志

(2)在路线或交叉口平面图中应示出交通标志的位置。标志宜采用细实线绘制。标志的图号、图名,应采用现行的国家标准《道路交通标志和标线》(GB 5768—2009)规定的图号、图名。

(3)标志的支撑图式应采用粗实线绘制。

【实　务】

◆标志及其支撑的画法

标志的尺寸及画法应符合表2.11的规定。

表2.11　标志示意图的形式及尺寸

规格种类	形式与尺寸/mm	画法
警告标志	(等边三角形,图号、图名,底边15~20)	等边三角形采用细实线绘制,顶角向上
禁令标志	(圆内45°斜线,图号、图名,直径15~20)	圆采用细实线绘制,圆内斜线采用粗实线绘制
指示标志	(圆,图号、图名,直径15~20)	圆采用细实线绘制

续表2.11

规格种类	形式与尺寸/mm	画法
指路标志	(图名)/(图号)，9/9，25~50	矩形框采用细实线绘制
高速公路指路标志	××高速/(图名)/(图号)，a/3 各段，a，a	正方形外框采用细实线绘制,边长为30~50 mm。方形内的粗、细实线间距为1 mm
辅助标志	(图名)/(图号)，9/9，30~50	长边采用粗实线绘制,短边采用细实线绘制

标志的支撑的画法应符合表2.12的规定。

表2.12 标志的支撑图式

名称	单柱式	双柱式	悬臂式	门式	附着式
图式	○	▭	▭┤	├─┤	将标志直接标注在结构物上

2.5 市政管网施工图的识读

【基　　础】

◆**给排水工程制图规定**

(1)设计应以图样表示,不得以文字代替绘图。若必须对某部分进行说明,说明文字应通俗易懂、简明清晰,有关全工程项目的问题应在首页说明,局部问题应注写在本张图纸内。

(2)在工程设计中,本专业的图纸应单独绘制。

(3)在同一个工程项目的设计图纸中,图例、术语、绘图表示方法应一致。

(4)在同一个工程子项的设计图纸中,图纸规格应一致。若存在困难,不宜超过2种规格。

(5)图纸编号应遵守下列规定。

1)规划设计采用水规－××。

2)初步设计采用水初－××,水扩初－××。

3)施工图采用水施－××。

(6)图纸的排列应符合下列要求。

1)初步设计的图纸目录应以工程项目为单位进行编写;施工图的图纸目录应以工程单体项目为单位进行编写。

2)工程项目的图纸目录、使用标准图目录、图例、主要设备器材表、设计说明等,若一张图纸幅面不够使用,可采用两张图纸编排。

3)图纸图号应按下列规定编排。

①系统原理图在前,平面图、剖面图、放大图、轴测图、详图依次在后。

②平面图中应地下各层在前,地上各层依次在后。

③水净化(处理)流程图在前,平面图、剖面图、放大图、详图依次在后。

④总平面图在前,管道节点图、阀门井示意图、管道纵断面图或管道高程表、详图依次在后。

【实　　务】

◆**给排水工程图样画法**

1. 总平面图的画法

(1)建(构)筑物、道路的形状、编号、坐标、标高等应与总图专业图纸一致。

(2)给水、排水、雨水、热水、消防和中水等管道宜绘制在一张图纸上。若管道种类较多、地形复杂,在同一张图纸上表示不清楚,可按不同管道种类分别绘制。

(3)绘出城市同类管道及其连接点的位置、连接点井号、管径、标高、坐标和流水方向。

(4)绘出各建(构)筑物的引入管、排出管,并标注出位置尺寸。

(5)图上应注明各类管道的管径、坐标或定位尺寸。

1)用坐标时,标注管道弯转点(井)等处坐标,构筑物标注中心或两对角处坐标。

2)用控制尺寸时,以建筑物外墙或轴线、或道路中心线为定位起始基线。

(6)仅有本专业管道的单体建筑物局部总平面图,可从阀门井、检查井绘引出线,线上标注井盖面标高;线下标注管底或管中心标高。

(7)图面的右上角应绘制风玫瑰图,若无污染源,可绘制指北针。

2. 给水管道节点图的绘制

(1)管道节点位置、编号应与总平面图一致,但是可不按比例示意绘制。

(2)管道应注明管径、管长。

(3)节点应绘制所包括的平面形状和大小、阀门、管件、连接方式、管径及定位尺寸。

(4)必要时,阀门井节点应绘制剖面示意图。

3. 管道纵断面图绘制

(1)压力流管道用单粗实线绘制。

注:若管径大于400 mm,压力流管道可用双中粗实线绘制,但是对应平面示意图用单中粗实线绘制。

(2)重力流管道用双中粗实线绘制,但是对应平面示意图用单中粗实线绘制。

(3)设计地面线、阀门井或检查井、竖向定位线用细实线绘制,自然地面线用细虚线绘制。

(4)绘制与本管道相交的道路、铁路、河谷及其他专业管道、管沟及电缆等的水平距离和标高。

(5)若重力流管道不绘制管道纵断面图,可采用管道高程表,管道高程表应按表2.13的规定绘制。

表2.13 管道高程表

序号	管段编号		管长/m	管径/mm	坡度/%	管底坡降/m	管底跌落/m	设计地面标高/m		管内底标高/m		埋深/m		备注
	起点	终点						起点	终点	起点	终点	起点	终点	

4. 取水、水净化厂(站)绘制高程图

(1)构筑物之间的管道以中粗实线绘制。

(2)各种构筑物必要时按形状以单细实线绘制。

(3)各种构筑物的水面、管道、构筑物的底和顶应注明标高。

(4)构筑物下方应注明构筑物名称。

5. 绘制水净化系统流程图
(1)水净化流程图可不按比例绘制。
(2)水净化设备及其附加设备按设备形状以细实线绘制。
(3)水净化系统设备之间的管道以中粗实线绘制,辅助设备的管道以中实线绘制。
(4)各种设备用编号表示,并附设备编号和名称对照说明。
(5)初步设计说明中可用方框图表示水的净化流程图。

◆供热工程图样画法

1. 锅炉房图样画法
(1)流程图。
1)流程图可不按比例绘制。
2)流程图应表示出设备和管道间的相对关系及过程进行的顺序。
3)流程图应表示全部设备及流程中有关的构筑物,并标注设备编号或设备名称。设备、构筑物等可用图形符号或简化外形表示,同类型设备图形应相似。
4)图上应绘出管道和阀门等管路附件,标注管道代号和规格,并宜注明介质流向。
5)管道与设备的接口方位宜与实际情况相符。
6)绘制带控制点的流程图时,应符合自控专业的制图规定。若自控专业不另外出图时应绘出设备和管道上的就地仪表。
7)管线应采用水平方向或垂直方向的单线绘出,转折处应画成直角。管线不宜交叉,若有交叉,应使主要管线连通,次要管线断开,管线不得穿越图形。
8)管线应采用粗实线绘制,设备应采用中实线绘制。
9)宜在流程图上注释管道代号和图形符号,并且列出设备明细表。
(2)设备、管道平面图和剖面图。
1)锅炉房的平面图应分层绘制,并且应在一层平面图上标注指北针。
2)有关的建筑物轮廓线及门、窗、梁、柱、平台等应按比例绘制,并且应标出建筑物定位轴线、轴线间尺寸和房间名称,在剖面图中应标注梁底、屋架下弦底标高及多层建筑的楼层标高。
3)所有设备应按比例绘制并编号,编号应与设备明细表相对应。
4)应标注设备安装的定位尺寸及有关标高。宜标注设备基础上表面标高。
5)应绘出设备的操作平台,并标注各层标高。
6)应绘出各种管道,并且应标注其代号和规格;应标注管道的定位尺寸和标高。
7)应绘出有关的管沟和排水沟等,宜标注沟的定位尺寸和断面尺寸等。
8)应绘出管道支吊架,并且注明安装位置。支吊架宜编号。支吊架一览表应表示出支吊架型式和所支吊管道的规格。
9)非标准设备、需要详尽表达的部位和零部件应绘制详图。
(3)鼓、引风系统管道平面图和剖面图
1)鼓、引风系统管道平面图和剖面图可单独绘制。

2)图中应按比例绘制设备简化轮廓线,并且应标注定位尺寸。

3)烟、风管道及附件应按比例逐件绘制。每件管道及附件均应编号,并且应与材料或零部件明细表相对应。

4)图中应详细标注管道的长度、断面尺寸及支吊架的安装位置。

5)需要详尽表达的部位和零部件应绘制详图和编制材料或零部件明细表。

(4)上煤、除渣系统平面图和剖面图。

1)图中应按比例绘制输煤廊、破碎间、受煤坑等建筑轮廓线,并且应标注尺寸。

2)图中应按比例绘制输煤及碎煤设备,并且应标注设备定位尺寸和编号。

3)在水力除渣系统灰渣沟平面图中,应绘出锅炉房、沉渣地、灰渣泵房等建筑轮廓线,并且应标注尺寸。应标注灰渣沟的坡度和起止点、拐弯点、边坡点、交叉点的沟底标高。

4)水力除渣系统平面图和剖面图中应绘出冲渣水管和喷嘴等附件,应标注灰渣沟的位置、长度和断面尺寸。

5)沉渣池和灰渣泵房的设备、管道平面图和剖面图的图样画法应符合"(2)设备、管道平面图和剖面图"中的有关规定。

6)胶带输送机安装图应绘出胶带、托辊、机架、滚筒、拉紧装置、清扫器、驱动装置等部件,并且应标注各部件的安装尺寸和编号,还应与零部件明细表相对应。

7)绘制多斗提升机、埋刮板输送机和其他上煤、除渣设备安装图应符合上一条的规定。

8)非标准设备、需要详尽表达的部位和零部件应绘制详图。

2. 热网图样画法

(1)热网管线平面图。

1)热网管线平面图应在供热区域平面图或地形图的基础上绘制。供热区域平面图或地形图应绘制下列内容。

①反映现状地形、地貌、海拔标高、街区等有关的建筑物或建筑红线;反映有关的地下管线及构筑物,应绘出指北针。

②标注道路名称。对于地下管线应注明其名称(或代号)和规格,并且应标注其位置。

③对于无街区、道路等参照物的区域,应标注坐标网。若采用测量坐标网,可不绘制指北针。

2)应注明管线中心与道路、建筑红线或建筑物的定位尺寸,在管线起止点、转角点等重要控制点处宜标注坐标。非90°转角,应标注两管线中心线之间小于180°的角度值。

3)应标出管线的横剖面位置和编号。对枝状管网其剖视方向应从热源向热用户方向观看。横剖面形式相同时,可不标注横剖面位置。

4)地上敷设时,可用管线中心线代表管线,管道较少时也可绘出管道组示意图及其中心线;管沟敷设时,可绘出管沟的中心线及其示意轮廓线;直埋敷设时,可绘出管道组示意图及其管线中心线。不需区别敷设方式和不需表示管道组时,可用管线中心线表示管线。

5)应绘制管路附件或其检查室及管线上为检查、维修、操作所设其他设施或构筑物。地上敷设时,尚应绘出各管架;地下敷设时,应标注固定墩、固定支座等支座;标注上述各部位中心线的间隔尺寸,上述各部位宜用代号加序号进行编号。

6)供热区域平面图或地形图上的内容应采用细线绘制。若用管线中心线代表管线,管线中心线应采用粗实线绘制。管沟敷设时,管沟轮廓线应采用中实线绘制。

7)表示管道组时,可采用同一线型加注管道代号和规格,也可采用不同线型加注管道规格来表示各种管道。

8)宜在热网管线平面图上注释所采用的线型、代号和图形符号。

(2)热网管道系统图。

1)图中应绘出热源、热用户等有关的建(构)筑物,并标注其名称或编号,其方位和管道走向应与热网管线平面图相对应。

2)图中应绘出各种管道,并且标注管道的代号及规格。

3)图中应绘出各种管道上的阀门、疏水装置、放水装置、放气装置、补偿器、固定管架、转角点、管道上返点、下返点和分支点,并宜标注其编号,编号应与管线平面图上的编号相对应。

4)管道应采用单线绘制。若用不同线型代表不同管道,所采用线型应与热网管线平面图上的线型相对应。

5)将热网管道系统图的内容并入热网管线平面图时,可不另外绘制热网管道系统图。

(3)管线纵剖面图。

1)管线纵剖面图应按管线的中心线展开绘制。

2)管线纵剖面图应由管线纵剖面示意图、管线平面展开图和管线敷设情况表组成,这三部分相应部位应上下对齐。

3)绘制管线纵剖面示意图应符合下列规定。

①距离和高程应按比例绘制,铅垂直方向和水平方向应选用不同的比例,并且应绘出铅垂直方向的标尺,水平方向的比例应与热网管线平面图的比例一致。

②应绘出地形、管线的纵剖面。

③应绘出与管线交叉的其他管线、道路、铁路和沟渠等,并且标注与热力管线直接相关的标高,用距离标注其位置。

④地下水位较高时应绘出地下水位线。

4)在管线平面展开图上应绘出管线、管路附件及管线设施或其他构筑物的示意图。在各转角点应表示出展开前管线的转角方向。非90°角还应标注小于180°的角度值,如图2.54所示。

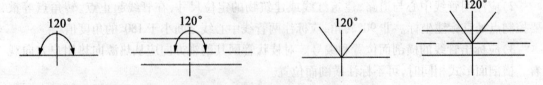

图2.54 管线平面展开图上管线转角角度的标注

5)管线敷设情况表应采用表2.14的形式。表头中所列栏目可根据管线敷设方式等情况编排、取舍,也可增加有关项目。

表 2.14 管线敷设情况表

桩号				
编号				
设计地面标高/m				
自然地面标高/m				
管底标高/m				
管架顶面标高/m				
管沟内底标高/m				
槽底标高/m				
距离/m				
里程/m				
坡度/距离/m				
横剖面编号				
管道代号及规格				

6)设计地面应采用细实线绘制,自然地面应采用细虚线绘制,地下水位线应采用双点画线绘制,其余图线应与热网管线平面图上采用的图线对应。

7)标高的标注应符合下列规定。

①在管线始端、末端、转角点等平面控制点处应标注标高。

②在管线上设置有管路附件或检查室处应标注标高。

③管线与道路、铁路、涵洞及其他管线的交叉处宜标注标高。

各点的标高数值应标注在表 2.14 中该点竖线的左侧,标高数值书写方向应与竖线平行。若一个点的前、后标高不同,应在该点竖线左右两侧标注。

8)各管段的坡度数值至少应计算到小数点后第三位,若要求计算精度更高,可计算到小数点后第五位。

(4)管线横剖面图。

1)管线横剖面图的图名编号应与热网管线平面图上的编号一致。

2)图中应绘出管道和保温结构外轮廓;管沟敷设时应绘出管沟内轮廓,直埋敷设时应绘出开槽轮廓;管沟及架空敷设时应绘出管架的简化外形轮廓。

3)图中应标注各管道中心线的间距,标注管道中心线与沟、槽、管架的相关尺寸和沟、槽、管架的轮廓尺寸。

4)应标注管道代号、规格和支座的型号。(或图号)

5)管道轮廓线应采用粗线绘制,支座简化外形轮廓线应采用中线绘制,支架和支墩的简化外形轮廓应采用细线绘制,保温结构外轮廓线及其他图线应采用细线绘制。

(5)管线节点、检查室图。

1)节点俯视图的方位宜与热网管线平面图上该节点的方位相同。

2)图中应绘出检查室、保护穴等节点构筑物的内轮廓,并且应绘出检查室的入孔,宜绘出爬梯和集水坑。管沟敷设时,应绘出与检查室相连的一部分管沟。地上敷设时,有操作平台的节点应绘出操作平台或有关构筑物的外轮廓和爬梯。

3)阀门的绘制应符合《供热工程制图标准》(CJJ/T 78—1997)的有关规定,并且应采用简化外形轮廓的方式绘制补偿器等管路附件。

4)图面上应标注下列内容。
①管道代号和规格。
②管道中心线间距、管道与构筑物轮廓的距离。
③管路附件的主要外形尺寸。
④管路附件之间的安装尺寸。
⑤检查室的内轮廓尺寸、操作平台的主要外轮廓尺寸。
⑥标高。
图面上宜标注下列内容。
①供热介质流向。
②管道坡度。
5)图中应绘出就地仪表和检测预留件。
6)补偿器安装图应注明管道代号及规格、计算热伸长量、补偿器型号、安装尺寸及其他技术数据,有多个补偿器时可采用表格列出上述项目。
(6)防腐保温结构图。
1)图中应绘制出管道的防腐层、保温层和保护层的结构型式,并且表示出相互关系,注明施工要求。
2)图中应按管道规格列出保温层的厚度表,并宜标注保护层的厚度和注明其他要求。
3)应列出所用材料的主要技术指标。
4)管道外轮廓线应采用粗实线绘制,保温结构外轮廓线应采用中实线绘制。
(7)水压图。
1)水压图应绘制坐标系。纵坐标和横坐标可采用不同的比例。纵坐标应表示高度和测压管水头,横坐标应表示管道的展开长度,纵坐标和横坐标的名称和单位应分别注明。
2)在坐标系下方应用单线绘出有关的管道平面展开简图。
3)在坐标系中应绘出沿管线的地形纵剖面,并宜绘出典型热用户系统的充水高度及与供水温度汽化压力数值对应的水柱高度。
4)应绘出静水压线及主干线的动水压线,必要时还应绘制支干线的动水压线。管线各重要部位在供、回水管水压线上所对应的点应编号,并且标注水头的数值,各点的编号应与管道平面展开简图相对应。
5)静水压线、动水压线应采用粗线绘制,管道应采用粗实线绘制,热用户系统的充水高度应采用中实线绘制,热用户汽化压力的水柱高度应采用中虚线绘制,地形纵剖面应采用细实线绘制。

3.热力站和中继泵站图样画法

(1)设备、管道平面图和剖面图。
1)建筑物轮廓应与建筑图一致,并且应标出定位轴线、房间名称,绘出门、窗、梁、柱和平台等。
2)一层平面图上应标注指北针。
3)各种设备均应按比例绘制,并宜编号。编号应与设备明细表或设备和主要材料表相对应。

4)设备、设备基础和管道应标注定位尺寸和标高,应标注设备、管道及管路附件的安装尺寸。

5)各种管道均应标注代号和规格,并宜用箭头表示介质流向。

6)管道支吊架可在平面图或剖面图上用图形符号表示。采用吊架时,应绘制吊点位置图。若支吊架类型较多,宜编号并列表说明。

7)若一套图样中有管系图,剖面图可简化。

(2)管系图。

1)管系图可按轴测投影法绘制。它应表示管道系统中介质的流向、流经的设备及管路附件等的连接、配置状况,设备及管路附件的相对位置应符合实际,并且使管道、设备不重叠,管系图的布图方位应与平面图一致。

2)管道应采用单线绘制。

3)管道应标注标高。

4)各种管道均应标注代号和规格,并宜用箭头表示介质流向。

5)设备和需要特指的管路附件应编号,并应与设备和主要材料表相对应。

6)应绘出管道放气和放水装置。

7)管道支吊架可在图上用图形符号表示。

8)可在管系图上绘出设备和管路上的就地仪表;在绘制带控制点的管系图时,应符合自控专业的制图规定。

9)宜注释管道代号和图形符号。

第3章 市政工程定额计价体系

3.1 市政工程施工定额

【基　础】

◆ **施工定额的概念**

施工定额是以同一性质的施工过程或工序为测定对象,确定建筑安装工人在正常施工条件下,为完成单位合格产品所需劳动、机械和材料消耗的数量标准。建筑安装企业定额通常称为施工定额。它是施工企业直接用于建筑工程施工管理的一种定额,由劳动定额、材料消耗定额和机械台班定额组成,是最基本的定额。

◆ **施工定额的作用**

施工定额是施工企业进行科学管理的基础,它的作用如下。
(1)它是施工企业编制施工预算、进行工料分析和"两算对比"的基础。
(2)它是编制施工组织设计、施工作业设计和确定人工、材料及机械台班需要量计划的基础。
(3)它是施工企业向工作班(组)签发任务单、限额领料的依据。
(4)它是组织工人班(组)开展劳动竞赛、实行内部经济核算、承发包、计取劳动报酬和奖励工作的依据。
(5)它是编制预算定额和企业补充定额的基础。

◆ **施工定额的编制水平**

定额水平是指规定消耗在单位产品上的劳动、机械和材料数量的多少。施工定额的水平不仅直接反映劳动生产率水平,还反映劳动和物质消耗水平。

平均先进水平,是指在正常条件下,多数施工班组或生产者经过努力可以达到,少数班组或生产者可以接近,个别班组或生产者可以超过的水平。一般它低于先进水平,略高于平均水平。它使先进的班组和工人感到有一定压力,而使大多数处于中间水平的班组或工人感到可望也可及。平均先进水平使少数落后者产生努力工作的责任感,尽快地达到定额水平。所以,它是一种鼓励先进、勉励中间和鞭策后进的定额水平,认真贯彻"平均先进"的原则,才能促进企业科学地管理和不断提高劳动生产率,从而达到提高企业经济效益的目的。

【实　务】

◆劳动定额的编制

1. 劳动定额的概念

劳动定额又称人工定额，它是建筑安装工人在正常的施工（生产）条件下，在一定的生产技术和生产组织条件下，在平均先进水平的基础上制定的。它体现了每个建筑安装工人生产单位合格产品所必须消耗的劳动时间，或在单位时间所生产的合格产品的数量。

2. 劳动定额的编制

（1）分析基础资料，拟定编制方案。

1）影响工时消耗的因素。

①技术因素。包括完成产品的类别，材料、构配件的种类和型号等级，机械和机具的种类、型号和尺寸，产品的质量等。

②组织因素。包括操作方法和施工的管理和组织，工作地点的组织，人员组成和分工，工资和奖励制度，原材料和构配件的质量及供应的组织，气候条件等。

2）计时观察资料的整理。对每次计时观察的资料进行整理之后，要对整个施工过程的计时观察资料进行系统的分析研究和整理。

整理观察资料的方法通常采用平均修正法。它是一种在对测时数列进行修正的基础上，求出平均值的方法。修正测时数列是指剔除或修正那些偏高或偏低的可疑数值，目的是保证不受偶然性因素的影响。

若测时数列受到产品数量的影响，采用加权平均值则是比较合适的。因为采用加权平均值可在计算单位产品工时消耗时，考虑到每次观察中产品数量变化的影响，进而使我们也能获得可靠的值。

3）日常积累资料的整理和分析，日常积累的资料主要包括以下四类。

①现行定额的执行情况及存在问题的资料。

②企业和现场补充定额资料，例如因现行定额漏项而编制的补充定额资料，因解决采用新技术、新结构、新材料和新机械而产生的定额缺项所编制的补充定额资料。

③已采用的新工艺和新的操作方法的资料。

④现行的施工技术规范、操作规程、安全规程和质量标准等。

4）拟定定额的编制方案，编制方案的内容主要如下一些。

①提出对拟编定额的定额水平总的设想。

②拟定定额分章、分节、分项的目录。

③选择产品和人工、材料、机械的计量单位。

④设计定额表格的形式和内容。

（2）拟定施工的正常条件。

1）拟定工作地点的组织。工作地点是工人的施工活动场所。在拟定工作地点的组织时，要特别注意使人在操作时不受妨碍，所使用的工具和材料应按使用顺序放置在工人最便于取用的地方，从而减少疲劳和提高工作效率，工作地点应保持清洁和秩序井然。

2）拟定工作组成。它是指将工作过程按照劳动分工的可能划分为若干工序，以达到合理地使用技术工人的目的,它包括两种基本方法。

①把工作过程中简单的工序,划分给技术熟练程度较低的工人去完成。

②分出若干个技术程度较低的工人,去帮助技术程度较高的工人工作。后一种方法就把个人完成的工作过程,变成小组完成的工作过程。

3)拟定施工人员编制。它是指确定小组人数、技术工人的配备,及劳动的分工和协作。原则是使每个工人都能充分地发挥作用,均衡地担负工作。

(3)确定劳动定额消耗量的方法。时间定额是在拟定基本工作时间、辅助工作时间、不可避免中断时间、准备与结束的工作时间,及休息时间的基础上制定的。

1)拟定基本工作时间。基本工作时间在必需消耗的工作时间中占有最大比重。在确定基本工作时间时,必须细致、精确,基本工作时间消耗通常应根据计时观察资料来确定。其做法是,首先确定工作过程每一组成部分的工时消耗,然后再综合出工作过程的工时消耗。若组成部分的产品计量单位和工作过程的产品计量单位不符,就需要先求出不同计量单位的换算系数,进行产品计量单位的换算,最后再相加,求得工作过程的工时消耗。

2)拟定辅助工作时间和准备与结束工作时间。辅助工作和准备与结束工作时间的确定方法与基本工作时间相同。但是,若这两项工作时间在整个工作班工作时间消耗中所占比重不超过5%~6%,则可归纳为一项,用工作过程的计量单位表示,确定出工作过程的工时消耗。

若在计时观察时不能取得足够的资料,也可采用工时规范或经验数据来确定。若具有现行的工时规范,可以直接利用工时规范中规定的辅助和准备与结束工作时间的百分比来计算。例如,根据工时规范规定,各个工程的辅助、准备、结束工作、不可避免中断、休息时间等项,在工作日或作业时间中各占的百分比。

3)拟定不可避免的中断时间。在确定不可避免中断时间的定额时,必须注意由工艺特点所引起的不可避免的中断才可列入工作过程的时间定额。

不可避免的中断时间需要根据测时资料通过整理、分析获得,也可以根据经验数据或工时规范,以占工作日的百分比表示此项工时消耗的时间定额。

4)拟定休息时间。休息时间应根据工作班作息制度、经验资料、计时观察资料,及对工作的疲劳程度做全面的分析来确定。同时,应考虑尽可能利用不可避免中断时间作为休息时间。

从事不同工种、不同工作的工人,疲劳程度差别很大。为了合理确定休息时间,往往要对从事各种工作的工人进行观察和测定,及进行生理和心理方面的测试,以便确定其疲劳程度。国内、外通常按工作轻重和工作条件好坏,将各种工作划分为不同的级别。划分出疲劳程度的等级,就可以合理规定休息需要的时间,按六个等级划分的休息时间见表3.1。

表3.1 休息时间占工作日的比重

疲劳程度	轻便	较轻	中等	较重	沉重	最沉重
等级	1	2	3	4	5	6
占工作日比重/%	4.16	6.25	8.33	11.45	16.7	22.9

5)拟定定额时间。确定的基本工作时间、辅助工作时间、准备与结束工作时间、不可避免中断时间和休息时间之和,即为劳动定额的时间定额。根据时间定额可计算出产量定额,时间定额和产量定额互成倒数。

利用工时规范,可以计算劳动定额的时间定额。计算公式如下:

$$\text{作业时间} = \text{基本工作时间} + \text{辅助工作时间} \tag{3.1}$$

$$\text{规范时间} = \text{准备与结束工作时间} + \text{不可避免的中断时间} + \text{休息时间} \tag{3.2}$$

$$\text{工序作业时间} = \text{基本工作时间} + \text{辅助工作时间} \tag{3.3}$$

或

$$\text{工序作业时间} = \text{基本工作时间}/[1 - \text{辅助时间}(\%)] \tag{3.4}$$

$$\text{定额时间} = \frac{\text{作业时间}}{1 - \text{规范时间}(\%)} \tag{3.5}$$

◆ 机械台班使用定额的编制

1. 机械台班使用定额的概念

机械台班使用定额又称机械台班消耗定额,是指在正常施工条件下,合理的劳动组合和使用机械,完成单位合格产品或某项工作所必需的机械工作时间,它包括准备与结束时间、基本工作时间、辅助工作时间、不可避免的中断时间及使用机械的工人生理需要与休息时间。

2. 机械台班使用定额的编制

(1)确定正常的施工条件。拟定机械工作正常条件,主要是拟定工作地点的合理组织和合理的工人编制。

工作地点的合理组织,就是对施工地点机械和材料的放置位置、工人从事操作的场所,做出科学、合理的平面布置和空间安排。它要求施工机械和操纵机械的工人在最小范围内移动,但是又不阻碍机械运转和工人操作;使机械的开关和操纵装置尽可能集中地装置在操纵工人的附近,以节省工作时间和减轻劳动强度;最大限度发挥机械的效能,减少工人的手工操作。

拟定合理的工人编制,就是根据施工机械的性能和设计能力,工人的专业分工和劳动工效,合理地确定操纵机械的工人和直接参加机械化施工过程的工人的编制人数。拟定合理的工人编制,要求保持机械的正常生产率和工人正常的劳动工效。

(2)确定机械1 h纯工作正常生产率。在确定机械正常生产率时,必须首先确定出机械纯工作1 h的正常生产率。

机械纯工作时间,是指机械的必需消耗时间。机械1 h纯工作正常生产率,是指在正常施工组织条件下,具有必需的知识和技能的技术工人操纵机械1 h的生产率。

根据机械工作特点的不同,机械1 h纯工作正常生产率的确定方法也不同。

对于循环动作机械,确定机械纯工作1 h正常生产率的计算公式如下:

$$\text{机械一次循环的正常延续时间} = \sum \begin{pmatrix} \text{循环各组成部分} \\ \text{正常延续时间} \end{pmatrix} - \text{交叠时间} \tag{3.6}$$

$$\text{机械纯工作1 h循环次数} = \frac{60 \times 60(\text{s})}{\text{一次循环的正常延续时间}} \tag{3.7}$$

$$\frac{\text{机械纯工作1 h}}{\text{正常工作率}} = \frac{\text{机械纯工作1 h}}{\text{正常循环次数}} \times \frac{\text{一次循环生产}}{\text{的产品数量}} \tag{3.8}$$

可见,计算循环机械纯工作1h正常生产率的步骤是:根据现场观察资料和机械说明书确定各循环组成部分的延续时间,将各循环组成部分的延续时间相加,减去各组成部分之间的交叠时间,求出循环过程的正常延续时间;计算机械纯工作1h的正常循环次数;计算循环机械纯工作1h的正常生产率。

对于连续动作机械,确定机械纯工作1h正常生产率要根据机械的类型和结构特征,及工作过程的特点来进行。其计算公式如下:

$$连续动作机械纯工作1h正常生产率 = \frac{工作时间内生产的产品数量}{工作时间(h)} \quad (3.9)$$

工作时间内的产品数量和工作时间的消耗,要通过多次现场观察和机械说明书来获得数据。

对于同一机械进行作业属于不同的工作过程,例如挖掘机所挖土壤的类别不同,碎石机所破碎的石块硬度和粒径不同,均需分别确定其纯工作1h的正常生产率。

(3)确定施工机械的正常利用系数。它是指机械在工作班内对工作时间的利用率。机械的利用系数和机械在工作班内的工作状况有着密切的关系。因此,要确定机械的正常利用系数,必须要拟定机械工作班的正常工作状况,保证合理地利用工时。

确定机械正常利用系数,要计算工作班正常状况下准备与结束工作、机械启动、机械维护等工作所必须消耗的时间,及机械有效工作的开始与结束时间。进而计算出机械在工作班内的纯工作时间和机械正常利用系数。机械正常利用系数的计算公式如下:

$$机械正常利用系数 = \frac{机械在一个工作班内纯工作时间}{一个工作班延续时间(8h)} \quad (3.10)$$

(4)计算施工机械台班定额。它是编制机械定额工作的最后一步。在确定了机械工作正常条件、机械1h纯工作正常生产率和机械正常利用系数之后,利用下列公式计算施工机械的产量定额:

$$施工机械台班产量定额 = 机械1h纯工作正常生产率 \times 工作班纯工作时间 \quad (3.11)$$

或

$$施工机械台班产量定额 = 机械1h纯工作正常生产率 \times 工作班延续时间 \times 机械正常利用系数 \quad (3.12)$$

$$施工机械时间定额 = \frac{1}{机械台班产量定额指标} \quad (3.13)$$

◆材料消耗定额的编制

1.材料消耗定额的概念

材料消耗定额是指在正常的施工(生产)条件下,在节约和合理地使用材料的情况下,生产单位合格产品所必须消耗的一定品种、规格的材料、半成品、配件等的数量标准。

材料消耗定额是编制材料需要量计划、运输计划、供应计划,计算仓库面积,签发限额领料单和经济核算的依据。制定合理的材料消耗定额,是组织材料的正常供应,保证生产顺利进行,以及合理利用资源,减少积压、浪费的必要前提。

2.材料消耗定额的制定方法

材料消耗定额必须在充分研究材料消耗规律的基础上制定。科学的材料消耗定额是材料消耗规律的正确反映。材料消耗定额是通过施工生产过程中对材料消耗进行观测、试验及根据技术资料的统计和计算等方法制定的。

(1)观测法。观测法又称现场测定法,是在合理地使用材料的条件下,在施工现场按一定的程序对完成合格产品的材料耗用量进行测定,通过分析、整理,最后得出一定的施工过程单位产品的材料消耗定额。

利用现场测定法主要是编制材料损耗定额,也可以提供编制材料净用量定额的数据。它的优点是能通过现场观察、测定,取得产品产量和材料消耗的情况,为编制材料定额提供技术依据。

观测法的首要任务是选择典型的工程项目,其施工技术、组织和产品质量,都要符合技术规范的要求;材料的品种、型号和质量也应符合设计要求;产品检验合格,操作工人能合理使用材料和保证产品质量。在观测前要做好充分的准备工作,例如选用标准的运输工具和衡量工具,采取减少材料损耗措施等,观测的结果是要取得材料消耗的数量和产品数量的数据资料。

观测法是在现场实际施工中进行的。它的优点是真实可靠,能发现一些问题,也能消除一部分消耗材料不合理的浪费因素。但是,用这种方法制定的材料消耗定额,由于受到一定的生产技术条件和观测人员的水平等限制,仍然不能把所消耗材料不合理的因素全部揭露出来。同时,还可能把生产和管理工作中的某些与消耗材料有关的缺点保存下来。对观测取得的数据资料要进行分析和研究,区分哪些是合理的,哪些是不合理的,哪些是不可避免的,以制定出在一般情况下都可以达到的材料消耗定额。

(2)试验法。试验法是指在材料试验室中进行试验和测定数据,例如以各种原材料为变量因素,求得不同强度等级的混凝土的配合比,进而计算出每立方米混凝土的各种材料耗用量。

利用试验法,主要是编制材料净用量定额。通过试验,能够对材料的结构、化学成分和物理性能及按强度等级控制的混凝土、砂浆配比得出科学的结论,为编制材料消耗定额提供有技术根据的、比较精确的计算数据。但是,试验法不能取得在施工现场实际条件下,各种客观因素对材料耗用量影响的实际数据。试验室试验必须符合国家有关标准规范,计量要使用标准容器和称量设备,质量要符合施工和验收规范要求,以保证获得可靠的定额编制依据。

(3)统计法。统计法是指通过对现场进料和用料的大量统计资料进行分析计算,获得材料消耗的数据。该方法由于不能分清材料消耗的性质,因而不能作为确定材料净用量定额和材料损耗定额的精确依据。

对积累的各分部分项工程结算的产品所耗用材料的统计分析,是根据各分部分项工程的拨付材料数量、剩余材料数量和总共完成产品数量来进行计算。

采用统计法,必须要保证统计和测算的耗用材料和相应产品一致。在施工现场中的某些材料,通常难以区分用在各个不同部位上的准确数量。所以,要有意识地加以区分,才能得到有效的统计数据。

用统计法制定材料消耗定额通常采取以下两种方法。

1)经验估算法。它是指以有关人员的经验或以往同类产品的材料实耗统计资料为依据,通过分析研究并考虑有关影响因素的基础上制定材料消耗定额的方法。

2)统计法。它是对某一确定的单位工程拨付一定的材料等工程完工后,根据已完产品数量和领退材料的数量,进行统计和计算的一种方法。它的优点是不需要专门人员测定和实验。由统计得到的定额有一定的参考价值,但是其准确程度较差,应对其进行分析研究后才能采用。

(4)理论计算法。理论计算法是根据施工图,运用一定的数学公式,直接计算材料耗用量。它只能计算出单位产品的材料净用量,材料的损耗量仍要在现场通过实测取得。采用此方法必须对工程结构、图纸要求、材料特性和规格、施工及验收规范和施工方法等先进行了解和研究。该方法适宜于不易产生损耗,并且容易确定废料的材料,例如木材、钢材、砖瓦和预制构件等材料。由于这些材料根据施工图纸和技术资料从理论上都可以计算出来,所以不可避免的损耗也有一定的规律可循。

理论计算法是材料消耗定额制定方法中比较先进的方法。但是,用该方法制定材料消耗定额,要求掌握一定的技术资料和各方面的知识,以及具有较丰富的现场施工经验。

3. 周转性材料消耗量的计算

在编制材料消耗定额时,某些工序定额、单项定额和综合定额中涉及周转材料的确定和计算,例如劳动定额中的架子工程和模板工程等。

周转性材料在施工过程中不是属于通常的一次性消耗材料,而是可多次周转使用,经过修理和补充才逐渐消耗尽的材料。例如模板、钢板桩和脚手架等,实际上,它也是作为一种施工工具和措施。在编制材料消耗定额时,应根据多次使用、分次摊销的办法确定。

周转性材料消耗的定额量是指每使用一次摊销的数量,其计算必须考虑一次使用量、周转使用量、回收价值和摊销量之间的关系。

(1)一次使用量是指周转性材料一次使用的基本量,即一次投入量。周转性材料的一次使用量应根据施工图计算,其用量同各分部分项工程部位、施工工艺和施工方法有关。

(2)周转使用量是指周转性材料在周转使用和补损的条件下,每周转一次的平均需用量,根据一定的周转次数和每次周转使用的损耗量等因素来确定。

1)周转次数是指周转性材料从第一次使用起可重复使用的次数。它与不同的周转性材料、使用的工程部位、施工方法及操作技术有关。正确规定周转次数,对准确计算用料,加强周转性材料管理和经济核算起重要作用。

2)损耗量是周转性材料使用一次后由于损坏而需补损的数量,所以在周转性材料中又称"补损量",按一次使用量的百分数计算,该百分数为损耗率。

(3)周转回收量是指周转性材料在周转使用后除去损耗部分的剩余数量,即尚可以回收的数量。

(4)周转性材料摊销量是指完成一定计量单位产品,一次消耗周转性材料的数量。其计算公式如下:

$$材料的摊销量 = 一次使用量 \times 摊销系数 \qquad (3.14)$$

其中

$$一次使用量 = 材料的净用量 \times (1 - 材料损耗率) \tag{3.15}$$

$$摊销系数 = \frac{周转使用系数 - [(1 - 损耗率) \times 回收价值率]}{周转次数 \times 100\%} \tag{3.16}$$

$$周转使用系数 = \frac{(周转次数 - 1) \times 损耗率}{周转次数 \times 100\%} \tag{3.17}$$

$$回收价值率 = \frac{一次使用量 \times (1 - 损耗率)}{周转次数 \times 100\%} \tag{3.18}$$

3.2 市政工程概算定额

【基　础】

◆ 概算定额的概念

概算定额是指生产一定计量单位的经扩大的市政工程所需的人工、材料和机械台班的消耗数量及费用的标准。它是在预算定额的基础上,根据有代表性的工程通用图和标准图等资料,进行综合、扩大和合并而成的。

概算定额与预算定额都是以建(构)筑物各个结构部分和分部分项工程为单位表示的,内容也包括人工、材料和机械台班使用量定额三个基本部分,并且列有基准价。概算定额所要表达的主要内容、表达的主要方式及基本使用方法都与综合预算定额相近。

定额基准价 = 定额单位人工费 + 定额单位材料费 + 定额单位机械费

= 人工概算定额消耗量 × 人工工资单价 +

$\sum$(材料概算定额消耗量 × 材料预算价格) +

$\sum$(施工机械概算定额消耗量 × 机械台班费用单价) (3.19)

概算定额与预算定额的不同之处在于项目划分和综合扩大程度上的差异。同时,概算定额主要用于设计概算的编制。因概算定额综合了若干分项工程的预算定额,所以使概算工程量计算和概算表的编制,比编制施工图预算简化了很多。

在编制概算定额时,应考虑到能适应规划、设计、施工各阶段的要求。概算定额与预算定额应保持一致水平,即在正常条件下,反映大多数企业的设计、生产及施工管理水平。概算定额的内容和深度是以预算定额为基础的综合和扩大。在合并时不得遗漏或增加细目,以保证定额数据的严密性和正确性。概算定额务必要达到简化、准确和适用。

【实　务】

◆ 概算定额的编制

1. 概算定额编制的原则

为了提高设计概算质量,加强基本建设经济管理,合理地使用国家建设资金,降低建设成本,充分地发挥投资效果,在编制概算定额时必须遵循以下原则。

(1)使概算定额适应设计、计划、统计和拨款的要求,更好地为基本建设服务。

(2)概算定额水平的确定,应与预算定额的水平基本一致。必须是反映正常条件下大多数企业的设计和生产施工管理水平。

(3)概算定额的编制深度,要适应设计深度的要求;项目划分,应该坚持简化、准确和适用的原则。以主体结构分项为主,合并其他相关部分,进行适当地综合扩大;概算定额项目计量单位的确定,与预算定额要尽量一致;还应考虑统筹法和应用电子计算机编制的要求,以简化工程量和概算的计算编制。

(4)为了稳定概算定额水平,统一考核尺度和简化计算工程量。在编制概算定额时,原则上必须根据规则计算。对于设计和施工变化多而影响工程量多、价差大的,应依据有关资料进行测算,综合取定常用数值;对于其中还包括不了的个性数值,可适当地做一些调整。

2. 概算定额的编制依据

(1)现行的全国通用的设计标准、规范和施工验收规范。

(2)现行的预算定额。

(3)标准设计和有代表性的设计图纸。

(4)过去颁发的概算定额。

(5)现行的人工工资标准、材料预算价格和施工机械台班单价。

(6)有关施工图预算和结算资料。

3. 概算定额的编制方法

(1)定额计量单位确定。概算定额计量单位基本上按照预算定额的规定执行,但是单位的内容扩大,仍用 m、m^2 和 m^3 等。

(2)确定概算定额与预算定额的幅度差。因为概算定额是在预算定额基础上进行适当的合并与扩大。所以,在工程量取值、工程的标准和施工方法确定上需要综合考虑,而且定额与实际应用必然会产生一些差异。此差异国家允许预留一个合理的幅度差,以便依据概算定额编制的设计概算能控制住施工图预算。概算定额与预算定额之间的幅度差,国家规定通常控制在5%以内。

(3)定额小数取位。概算定额小数取位与预算定额相同。

3.3 市政工程预算定额

【基　　础】

◆ **预算定额的概念**

预算定额是指在合理的施工组织设计、正常的施工条件下,生产一个规定计量单位合格产品所需的人工、材料和机械台班的社会平均消耗量标准,它是计算建筑安装产品价格的基础。

预算定额是工程建设中一项重要的技术经济规范,其各项指标反映出完成规定计量单位符合设计标准和施工及验收规范要求的分项工程消耗的活劳动和物化劳动的数量限度。该限度最终决定着单项工程和单位工程的成本和造价。

◆ **预算定额的作用**

(1)预算定额是确定建筑安装工程造价的基础。施工图设计一经确定,工程预算造价就取决于预算定额水平及人工、材料和机械台班的价格,预算定额起着控制劳动消耗、材料消耗和机械台班使用的作用,起着控制建筑产品价格的作用。

(2)预算定额是编制施工组织设计的依据。施工组织设计的重要任务之一,是确定施工中所需人力、物力的供求量,并且做出最佳安排。施工单位在缺乏本企业的施工定额的情况下,根据预算定额,也能比较精确地计算出施工中各项资源的需要量,为有计划地组织材料采购、预制件加工、劳动力和施工机械的调配,提供了可靠的计算依据。

(3)预算定额是工程结算的依据。工程结算是指建设单位和施工单位按照工程进度对已完成的分部分项工程实现货币支付的行为。按进度支付工程款,需要根据预算定额将已完的分项工程的相应费用计算出来。单位工程验收后,再按竣工工程量和预算定额计算出完整的工程造价,并且结合施工合同的规定进行结算,以保证建设单位建设资金的合理使用和施工单位的经济收入。

(4)预算定额是施工单位进行经济活动分析的依据。预算定额规定的物化劳动和劳动消耗指标,是施工单位在生产经营中允许消耗的最高标准。施工单位必须把预算定额作为评价企业工作的重要标准,作为努力实现的目标。施工单位应根据预算定额对施工中的劳动、材料和机械的消耗情况进行具体的分析,以便找出并且克服低功效、高消耗的薄弱环节,提高竞争能力。只有在施工中尽量地降低劳动消耗,采用新技术,提高劳动者的素质,提高劳动生产率,才能取得较好的经济效益。

(5)预算定额是编制概算定额的基础。概算定额是在预算定额的基础上综合扩大编制的。以预算定额为编制依据,不仅可以节省编制工作的大量人力、物力和时间,收到事半功倍的效果,还可以使概算定额在水平上同预算定额保持一致,以免造成执行中的不一致。

(6)预算定额是合理地编制招标标底和投标报价的基础。在深化改革中,预算定额的指令性作用将日益削弱,而施工单位按照工程个别成本报价的指导性作用依然存在,所以预算定额作为编制标底的依据和施工企业报价的基础性作用仍将存在,这是由预算定额本身的科学性和权威性决定的。

◆预算定额的种类

(1)按专业性质分,预算定额包括建筑工程定额和安装工程定额。

建筑工程定额按专业对象分为建筑工程预算定额、市政工程预算定额、铁路工程预算定额、公路工程预算定额、房屋修缮工程预算定额和矿山井巷工程预算定额等。就市政工程预算定额而言,按照工种的不同,又分为通用项目、道路工程、桥涵工程、隧道工程、给水工程、排水工程、燃气与集中供热工程、路灯工程和地铁工程等九种定额。

安装工程预算定额按专业对象分为电气设备安装工程预算定额、机械设备安装工程预算定额、热力设备安装工程定额、消防及安全防范设备安装工程预算定额、工业管道安装工程预算定额、静置设备与工艺金属结构制作安装工程预算定额和自动化控制仪表安装工程预算定额等。

(2)从管理权限和执行范围划分,预算定额可以分为全国统一定额、行业统一定额和地区统一定额等。

(3)预算定额按物资要素分为劳动定额、机械定额和材料消耗定额,但是它们相互依存并且形成一个整体,作为编制预算定额的依据,各自不具有独立性。

【实　　务】

◆预算定额的编制

1.市政工程预算定额编制的原则

为确保预算定额的编制质量,充分地发挥预算定额的作用和实用性及简便性,在编制工作中应遵循以下原则。

(1)按社会平均水平确定预算定额的原则。

预算定额是确定和控制建筑安装工程造价的主要依据。所以它必须遵照价值规律的客观要求,按照生产过程中所消耗的社会必要劳动时间确定定额水平,即按照"在现有的社会正常的生产条件下,在社会平均的劳动熟练程度和劳动强度下制造某种使用价值所需要的劳动时间"来确定定额水平。因此预算定额的平均水平,是指在正常的施工条件下,合理的施工组织和工艺条件、平均劳动熟练程度和劳动强度下,完成单位分项工程基本构造要素所需的劳动时间。

预算定额的水平以大多数施工单位的施工定额水平为基础。但是,预算定额绝不是简单地套用施工定额的水平。首先,在比施工定额的工作内容综合扩大的预算定额中,包含了更多的可变因素,需要保留合理的幅度差。其次,预算定额是平均水平,而施工定额是平均先进水平,两者相比,预算定额水平相对要低一些,但是应限制在一定范围之内。预算定额水平低是指它物化劳动消耗量多,反之,则为定额水平高。

(2)简明适用的原则。预算定额项目是在施工定额的基础上进一步综合扩大,一般将建筑物分解为分部工程和分项工程。简明适用是指在编制预算定额时,对主要的、常用的、价值量大的项目,分项工程划分宜细;次要的、不常用的、价值量相对较小的项目则可以划分的粗一些,以达到项目少、内容全、简明扼要的目的。

定额项目的多少,与定额的步距有关。步距大,定额的子目就会减少,精确度就会降低;步距小,定额子目就会增加,精确度也会提高。所以,在确定步距时,对于主要工种、主要项目、常用项目,定额步距要小一些;对于次要工种、次要项目、不常用项目,定额步距可以适当大一些。

预算定额项目要齐全。要注意补充因采用新技术、新结构和新材料而出现的新的定额项目。若项目不全、缺项多,就会使计价工作缺少充足的、可靠的依据。

对定额的活口也要设置适当。活口是指在定额中规定当符合一定条件时,允许该定额另行调整。在编制中要尽量不留活口,对实际情况变化较大,影响定额水平幅度大的项目,的确需要留的,也应该从实际出发尽量少留;即使留有活口,也应注意尽量规定换算方法,避免采取按实计算。

简明适用还要求合理地确定预算定额的计算单位,简化工程量的计算,尽可能地避免同一种材料使用不同的计量单位和一量多用,尽量地减少定额附注和换算系数。

(3)坚持统一性和差别性相结合原则。统一性是指从培育全国统一市场规范计价行为出发,计价定额的制订规划和组织实施由国务院建设行政主管部门归口,并且负责全国统一定额的制定或修订,颁发有关工程造价管理的规章、制度和办法等,这样有利于通过定额和工程造价的管理实现建筑安装工程价格的宏观调控。通过编制全国统一定额,不仅使建筑安装工程具有一个统一的计价依据,也使考核设计和施工的经济效果具有一个统一尺度。

差别性是指在统一性的基础上,各部门和省、自治区、直辖市主管部门可以在自己的管辖范围内,根据本部门和地区的具体情况,制定部门和地区性定额、补充性制度和管理办法,从而适应我国幅员辽阔、地区间发展不平衡和差异大的实际情况。

2. 市政工程预算定额编制的依据

(1)现行劳动定额和施工定额。预算定额是在现行劳动定额和施工定额的基础上编制的。预算定额中人工、材料和机械台班消耗水平,需要根据劳动定额或施工定额取定;预算定额的计量单位的选择,也要以施工定额为参考,从而保证两者的协调性和可比性,减轻预算定额的编制工作量,缩短编制时间。

(2)现行设计规范、施工及验收规范,质量评定标准和安全操作规程。

(3)具有代表性的典型工程施工图及有关标准图册。

(4)推广的新技术、新结构、新材料和先进的施工方法等。

(5)有关科学实验、技术测定和统计、经验资料。

(6)现行的预算定额、材料预算价格、人工工资标准、机械台班单价及有关文件的规定等。

3. 市政工程预算定额编制的步骤

市政工程预算定额的编制步骤可以分为准备工作、编制定额、报批和修改稿整理三个阶段。各阶段的工作互有交叉,有些工作还有多次反复。

(1)准备工作阶段。

1)由工程建设定额管理部门主持和组织编制定额的领导机构和专业小组。

2)拟定编制定额的工作方案,提出编制定额的基本要求,确定编制原则、适用范围、定额项目划分、工作内容、计量单位、定额表的形式及工作进度的安排等。

3)分头调查研究、收集各种编制依据和资料等。

(2)编制初稿阶段。

1)深入细致地分析和研究已收集到的各种资料,确定取舍内容。

2)按编制方案中项目划分的规定和所选定的典型施工图纸计算分项工程工程量,并且根据编制方案中确定的有关依据,计算各个分项工程项目中的人工、材料和机械台班消耗量指标,编制出定额项目表。

3)测算定额水平。征求意见稿编出之后,应进行新旧定额水平测算,测算新编定额水平是提高还是降低,并且分析定额水平高低的主要原因。

(3)修改定稿阶段。

1)定额编制初稿完成后,需要征求各有关方面意见和组织讨论,反馈意见。在统一意见的基础上整理、分类,制定修改方案。

2)按照修改方案的决定,将初稿按照定额的顺序进行修改,经审核无误后形成报批稿,经批准后交付印刷。

3)为顺利地贯彻执行定额,需要撰写新定额编制说明。它的内容包括人工、材料和机械的内容范围;资料的依据和综合取定情况;定额中允许换算和不允许换算规定的计算资料;人工、材料和机械单价的计算及资料;施工方法、工艺的选择及材料运距的考虑;各种材料损耗率的取定资料;调整系数的使用;其他应该说明的事项和计算数据、资料。

4)定额编制资料是贯彻执行定额中需查对资料的唯一依据,也为修编定额提供历史资料数据,应作为技术档案永久保存。

4. 市政工程预算定额编制的方法

市政工程预算定额的编制方法主要包括调查研究法;统计分析法;技术测定法;计算分析法等,下述主要介绍计算分析法。

(1)主要工作内容,采用计算分析法编制定额的主要工作内容包括如下一些。

1)确定工程名称、工程内容及施工方法。在编制市政工程预算定额时,应根据规定的编制依据,参照施工定额分项项目,进一步综合扩大,确定预算定额各分部分项工程名称、工程内容及施工方法,使编制的市政工程预算定额的项目简明适用。与此同时,还必须保证预算定额和施工定额两者之间协调一致并可以比较,以减轻预算定额的编制工作。

2)确定计量单位。计量单位的确定(包括定额计量单位和工料计量单位)与定额的准确性及预算编制工作的繁简等,都有密切的关系。所以,在编制市政工程预算定额时,应根据施工定额的分项工程计量单位来考虑预算定额的分项计量单位,以确切地反映单位产品的工料消耗量,保证定额的准确性为目的。计量单位通常应根据安装件、支承件及结构件或分项工程的特征及变化规律来确定。

市政工程预算定额的计量单位通常是按物理计量单位和自然计量单位来表示。物理计量单位,按照法定计量单位执行;自然计量单位,按照台、套、组、个等度量。

长度的单位：mm、cm、m、km。
面积的单位：mm^2、cm^2、m^2。
体积或容积的单位：m^3、L。
质量的单位：kg、t。

定额计量单位的确定，应该以有利于减少定额项目，简化工程量计算，使用方便为原则。

3) 确定工、料、机消耗量。为了确定各分项或子项工程"工、料、机"消耗量，首先应根据定额编制组选定的典型设计图纸和资料计算出相应分项或子项工程的数量，并且在此基础上确定出各分项或子项工程所包括的工作内容、工程内容和工程量的比重，然后再根据施工定额分别确定出人工、材料和施工机械台班消耗定额指标。

人工、材料和机械台班消耗量指标，应根据定额编制原则和要求，采用理论与实际相结合、图纸计算与施工现场测算相结合、编制人员与现场工作人员相结合等方法进行计算和确定，使定额不仅符合政策要求，还与客观情况一致，便于贯彻执行。

(2) 定额"三项"消耗量指标的确定。"三项"消耗量指标是指人工、材料和机械台班消耗量指标。它们是计算和确定工程基本构造要素的人工费、材料费、施工机械使用费和定额单价(基价)的基本依据。定额三项(工、料、机)消耗指标的确定方法如下。

1) 人工工日消耗指标的确定方法。市政工程预算定额中人工消耗指标包括基本用工和其他用工两部分。人工消耗指标的计算包括两种方法：一种是以现行的《建筑安装工程统一劳动定额》或《建设工程劳动定额(市政工程)》为基础确定；另一种是采用计时观察法测定。下述是以劳动定额为基础计算人工消耗指标的方法。

①基本用工。它是指完成某一合格分项工程所必须消耗的技术工种用工。它按技术工种相应劳动定额工时定额计算，以不同工种列出定额工日。其计算公式如下：

$$相应工序基本用工数量 = \sum (某工序工程量 \times 相应工序的时间定额) \quad (3.20)$$

式中 某工序工程量——按所选定的典型设计图纸和资料计算取定的工程量；

相应工序的时间定额——劳动定额中规定完成某一分项工程单位工序工程量所需要工日数(工日/单位工程量)。

②其他用工。它是辅助基本用工完成生产任务而所耗用的人工。按其工作内容的不同，可分为下述三类。

a. 辅助用工。它是指技术工种劳动定额内不包括而在预算定额内又必须考虑的工时。例如机械土方配合用工，材料加工(筛砂、淋灰用工)及电焊点火用工等，都属于辅助用工。其计算公式如下：

$$辅助用工 = \sum (某工序工程量 \times 相应时间定额) \quad (3.21)$$

b. 超运距用工。它是指预算定额中规定的材料、半成品的平均水平运距超过劳动定额规定运输距离的用工。它的计算公式如下：

$$超运距工 = \sum (超运距运输材料数量 \times 相应超运距的时间定额) \quad (3.22)$$

$$超运距 = 预算定额取定运距 - 劳动定额已包括的运距 \quad (3.23)$$

c. 人工幅度差。它是指劳动定额中未包括，但是在一般施工作业中又不可避免的、而且无法计量的用工，它一般包括有以下几项主要内容。

(a)各工种间的工序搭接及交叉作业所需停歇的时间。

(b)施工机械在单位工程之间转移及临时水电线路在作业过程中移动所造成的停歇用工。

(c)工程质量检查和隐蔽工程验收工作影响作业的时间。

d. 由于场内单位工程之间操作地点转移而造成的作业停歇时间。

e. 工序交接时对前一工序不可避免的检查和修复用工。

f. 施工作业中不可避免的其他零星用工等。

人工幅度差用工 = (基本用工 + 超运距用工 + 辅助用工) × 人工幅度差系数   (3.24)

式中,人工幅度差系数,一般土建工程为10%;安装工程为12%。

可见,市政工程预算定额各分项工程的人工消耗指标就等于该分项工程的基本用工数量与其他用工数量之和,即:

某分项工程的人工消耗指标 = 相应分项工程基本用工数量 + 相应分项工程其他用工数量   (3.25)

其中:

其他用工数量 = 辅助用工数量 + 超运距用工数量 + 人工幅度差用工数量   (3.26)

《全国统一市政工程预算定额》(GYD 301—309)各册中的人工消耗量指标就是按照上述方法计算的。例如定额总说明第六条关于"人工工日消耗量"的确定中称:"本定额人工工日不分工种、技术等级,一律以综合工日表示。内容包括基本用工、超运距用工、人工幅度差和辅助用工。"

2)材料消耗指标的确定方法。市政工程预算定额中的材料消耗指标是指在正常施工条件下,完成单位合格产品所必须耗用合格材料的数量。定额中的材料,按其构成工程实体所发挥的作用和用量的大小不同,可划分为以下四类。

①主要材料——直接构成工程实体的材料,例如砖、瓦、灰、砂、石、木材、钢筋和铁件等。

②辅助材料——直接构成工程实体,但是用量较小的材料,例如胶带、胶布、焊条、铅丝、麻丝、垫木和钉子等。

③周转材料——多次使用,但是不构成工程实体的材料,又称工具性材料,例如脚手架杆、模板等的摊销量(费)。

④其他材料——用量少、价值小、难以计量的零星用料,例如砂纸、棉纱头、粉笔、色粉、弹线和画线或标记用油漆等。

市政工程预算定额中材料消耗指标由材料的净用量和损耗量组成。例如定额说明称:"本定额中的材料消耗量包括主要材料、辅助材料、零星材料等,凡能计量的材料、成品、半成品均按品种、规格逐一列出数量,并计入了相应损耗"。材料消耗量的确定,通常采用以下三种方法。

①计算法。计算法又称理论计算。具备以下条件之一者都可采用计算法,求得定额材料净用量或材料损耗量。

a. 所有有标准规格的材料,按照规范要求计算定额计量单位耗用量,例如机砖、镶贴块材、防水卷材、玻璃、防腐保温材料及钢铁等。

b. 所有设计图纸标注尺寸及下料要求的按照设计图纸尺寸计算材料净用量,例如门窗制作用料、钢(木)屋架、檩条及钢桥架(梁)制作用料,管件制作用料,管道支架制作用料,电气控制箱、盘、板、台、柜非标准设备制作用料等。

②换算法。它是指各种胶结、油漆涂料等材料的配合比用料,可以根据设计要求条件换算,得出材料用量。

③测定法。它包括试验室试验法和现场观察法。例如市政工程中的各种强度等级的混凝土及砌筑砂浆配合比的耗用原材料数量的计算,须按照规范要求试配,经过试压合格以后,并且经过必要的调整后得出的水泥、砂子、石子、水的用量。对新材料、新结构又不能用其他方法计算定额耗用量时,需采用现场测定方法来确定。例如,可根据不同条件采用"写实记录法"和"观察法"得出定额的消耗量。

材料损耗量是指在正常施工条件下不可避免的材料损耗,例如施工场堆放损耗、现场运输损耗、施工操作损耗等。其计算公式如下:

$$Q_x = Q_{ji} \tag{3.27}$$

$$i = (Q_x/Q_j)\% \tag{3.28}$$

$$材料消耗量 = 材料净用量 + 材料损耗量 = 材料净用量 \times (1 + i) \tag{3.29}$$

式中 Q_x——材料损耗量;

Q_j——材料净用量;

i——材料损耗率(%)。

3)机械台班使用量指标的确定方法。机械台班使用量指标的确定方法可分为根据施工定额确定和以现场测定资料为基础确定。根据劳动定额的确定方法是指按劳动定额中机械台班产量加机械幅度差来计算预算定额的机械台班使用量,其计算公式如下:

$$预算定额机械使用台班 = 劳动定额机械使用台班 \times (1 + 机械幅度差率) \tag{3.30}$$

注:机械幅度差,是指在劳动定额中未包括,而在合理的施工组织条件下,机械所必须的停歇时间。目前大型机械幅度差系数为:土方机械25%,打桩机械33%,吊装机械30%,其他机械(例如钢筋加工、木材加工、水磨石等各项专用机械)10%。砂浆、混凝土搅拌机由于按小组配用,以小组产量计算机械台班产量,不另外增加机械幅度差。

(3)编制定额表和拟定有关说明。"三项"消耗量指标计算完成后,应编制定额项目表和定额编制说明。定额项目表的一般格式是:横向排列为各分项工程的项目名称,竖向排列为分项工程的人工、材料和施工机械消耗量指标。有的项目表下部还有附注,以说明设计有特殊要求时如何进行调整和换算。

预算定额的说明包括定额总说明、分部工程说明及各分项工程说明。各分部需说明的共性问题列入总说明,属某一分部需说明的事项列入章节说明。说明要求简明扼要,但是必须分门别类注明,尤其是对特殊的变化,力求简明扼要、使用简便,不能模棱两可,避免争议。

上述各项工作完成后,将"定额项目表"分门别类地按照一定的顺序编制成册,再加上说明、目录和附录等,就构成了定额或定额本。

3.4　市政工程单位估价表

【基　　础】

◆单位估价表与单位估价汇总表的概念

《全国统一市政工程预算定额》是规定建筑安装企业在正常条件下,完成一定计量单位合格分项或子项工程的人工、材料和机械台班消耗数量的标准。将预算定额中的三种"量"(人工、材料、机械)与三种"价"(工资单价、材料预算单价、机械台班单价)相结合,计算出以货币形式表达完成一定计量单位合格分项或子项工程的价值指标(单价)的许多表格,并且将其按照一定的分类(例如土石方工程、桩基工程、砖石工程……)汇总在一起,则称为单位估价表。

一个地区的单位估价表,可以说它是国家统一预算定额在本地区的翻版(不排除对国家统一预算定额结合本地区实际情况不足的补充),它仅是将《全国统一市政工程预算定额》中的三种价全部更换为本地区的三种价,因此,地区单位估价表在一个地区来说,除"基价"与《全国统一市政工程预算定额》不相同外,其余内容与《全国统一市政工程预算定额》完全相同(不排除补充部分)。所以,一个地区的单位估价表与原《全国统一市政工程预算定额》篇幅一样很大,为了方便使用和缩小篇幅,而将单位估价表中的相应内容略去而仅将其中的基价按照一定的方法汇集起来就称作单位估价汇总表或价目表。

◆单位估价表与预算定额的关系

单位估价表是预算定额中三种量的货币形式的价值表现,定额是编制单位估价表的依据。我国大多数地区的建筑安装工程预算定额,都已按照编制单位估价表的方法,编制成带有货币数量即"基价"的预算定额。所以,它与单位估价表一样,可以直接作为编制工程预算的计价依据。但是,这种基价,通常都是以北京市或省会所在地的三种价计算的,对北京市或省会所在地以外的另一个地区(省级或专署级)而言,是不相适应的(特别是基价中的材料费),因此,北京市或省会所在地以外各地区,为编制结合本地区(省级或专署级)特点的预算单价,还要以《全国统一市政工程预算定额》或本省现行的预算定额为依据编制出本地区的单位估价表,但是有的地区规定,预算定额的基价在全省通用,省会所在地以外各地(市)不另行编制单位估价表,编制预算时采用规定系数进行"基价"调整。

【实　务】

◆ 单位估价表的编制

1. 单位估价表的编制方法

(1) 编制依据。

1)《全国统一市政工程预算定额》。

2) 建筑安装工人工资等级标准和工资级差系数。

3) 建筑安装材料预算价格或信息价格。

4) 施工机械台班预算价格。

5) 有关编制单位估价表的规定等。

(2) 编制步骤。

1) 准备编制依据资料。

2) 制订编制表格。

3) 填写表格并运算。

4) 填写说明、装订和报批。

(3) 编制方法。编制单位估价表,就是将预算定额中规定的三种量,通过一定的表格形式转变为三种价的过程。其编制方法用公式表示如下:

$$人工费 = 分项工程定额工日 \times 相应等级工资单价 \tag{3.31}$$

$$材料费 = \sum(分项工程材料消耗量 \times 相应材料预算单价) \tag{3.32}$$

$$机械费 = \sum(分项工程施工机械台班消耗量 \times 相应施工机械台班预算单价) \tag{3.33}$$

$$分项工程预算单价 = 人工费 + 材料费 + 机械费 \tag{3.34}$$

上述公式中三种量通过市政工程预算定额可以获得,三种价的计算说明如下。

1) 工人工资。工人工资又称劳动工资,它是指建筑安装工人为社会创造财富而按照"各尽所能、按劳分配"的原则所获得的合理报酬,它的内容包括基本工资及国家政策规定的各项工资性质的津贴等。

我国现行工人劳动报酬计取的基本形式包括计件工资制和计时工资制。执行按照预算定额计取工资的制度称为计件工资制。计件工资是指完成合格分项或子项工程单位产品所支付的规定平均等级的定额工资额。按日计取工资的制度称为计时工资制。计时工资是指做完八小时的劳动时间按照实际等级所支付的劳动报酬,八小时为一个工日,所以,又称为日工资。

无论是计时工资还是计件工资都是按照工资等级来支付工资的。但是在现行工资制度中,市政工程预算定额里不分工种和工资等级,一律以综合工日计算,而仅给每个等级定一个合理的工资参考标准,见表3.3,这个标准就叫做等级工资。我国建筑安装工人工资构成内容见表3.2。

表 3.2 建筑安装工人工资构成内容

项次	工资类别	工资名称
1	基本工资	岗位工资、技能工资、年功工资
2	补贴性工资	物价、煤、燃气、交通、住房补贴,流动施工津贴
3	辅助工资	非作业日支付给工人应得工资和工资性站贴
4	职工福利费	按规定标准支付给职工的福利费,如取暖费等
5	劳动保护费	劳动保护用品购置及修理费,徒工服装补贴费等防暑降温费及保健费等

表 3.3 全民所有制大中型建筑安装企业工人岗位工资参考标准
(六类地区)

	岗次	1	2	3	4	5	6	7	8
1	标准一	119	102	86	71	58	48	39	32
2	标准二	125	107	90	75	62	51	42	34
3	标准三	131	113	96	80	66	55	45	36
4	标准四	144	124	105	88	72	59	48	38
5	适用岗位								

表中生产工人工资单价构成内容,在各地区、各部门(行业)并不完全相同,但是最根本的内容都是执行岗位技能工资制度,以便更好地体现按劳取酬和适应中国特色社会主义市场经济的需要。基本工资中的岗位工资和技能工资,是按照国家制定的"全民所有制大中型建筑安装企业岗位技能工资试行方案"规定,工人岗位工资标准设 8 个岗次,见表 3.3,技能工资分初级技术工、中级技术工、高级技术工、技师和高级技师五类工资标准 26 个档距,见表 3.4。

表 3.4 全民所有制大中型建筑安装企业技能工资参考标准
(六类地区)

档次	1	2	3	4	5	6	7	8	9	10	11	12	13	14	15	16	17	18	19	20	21	22	23	24	25	26
标准一	50	56	62	68	75	80	89	96	103	110	117	124	132	140	148	156	164	172	180	188	196	204	212	220	229	238
标准二	52	58	65	72	79	86	93	100	108	116	124	132	140	148	156	164	172	180	189	198	207	216	225	234	243	252
标准三	54	61	68	75	82	89	97	105	113	121	129	137	145	153	162	171	180	189	198	207	216	225	235	245	255	265
标准四	57	64	72	80	88	96	105	114	123	132	141	150	159	168	177	186	195	204	214	224	234	224	254	264	274	284
工人	初级技术工人						中级技术工人									高级技术工人										
	非技术工人															技 师										
																										高级技师

建筑安装工人基本工资主要决定于工资等级级别、工资标准、岗位和技术素质等。但是现行《全国统一市政工程预算定额》对人工费规定"不分工种、技术等级,均以综合工日"计算。内容包括基本用工、超运距用工、人工幅度差和辅助用工。所以,市政工程单位估价表中人工费的确定方法可用计算公式表达如下:

$$人工费 = 定额综合工日数量 \times 日工资标准 \tag{3.35}$$

式中

$$日工资标准 = 月工资标准 \div 月平均法定工作日 \tag{3.36}$$

注:根据国家主管部门规定,月平均法定工作日为 20.83 天。

根据原建设部《关于开展建筑工程实物工程量与建筑工种人工成本信息测算和发布工作》的通知要求,目前,各省、自治区、直辖市人民政府工程建设主管部门都实施了建筑工程实物工程量与建筑工种人工成本信息发布制度。其中,人工成本信息是指建筑工程实物工程量人工单价与建筑工种人工工资,是经综合后贴近发布地区市场实际的信息价格,实施发布人工成本信息的主要意义如下。

①是引导建筑企业理性报价、发承包双方合理确定工程造价的基础。

②是建筑劳务合同双方签订劳务分包合同、合理支付劳动报酬的指导标准,还是有关部门调解、处理建筑劳动工资纠纷的重要依据。

③是工程招标过程中评审人工费成本,确定人工费合理区间的重要指标。

④是实行工程造价动态管理、合理确定社会平均价的基础。

⑤是构建和谐社会、建立解决拖欠农民工工资长效机制的重要组成部分。

2)材料费。它是指分部分项工程施工过程中耗费的构成工程实体的原材料、辅助材料、构配件、零件和半成品的费用。市政工程单位估价表中的材料费按照定额中各种材料消耗指标乘以相应材料预算单价(又称材料预算价格)求得,计算公式如下:

$$材料费 = \sum(定额材料消耗指标 \times 相应材料预算价格) \quad (3.37)$$

材料预算价格,是指材料由其产地(或交货地点)运输到工地仓库或堆放地点后所发生的各项费用额总和。其内容包括材料原价(或供应价);材料运输费;材料运输损耗;材料采购及保管费;材料检验试验费等。材料预算价格的计算公式如下:

$$P = a + b + c + d + e \quad (3.38)$$

式中　P——材料预算价格;

　　　a——材料原价或供应价;

　　　b——材料运输费(包括运输费、装卸费、中转费和其他附加费);

　　　c——材料运输损耗费$[(a+b) \times 损耗费费率(\%)]$;

　　　d——材料采购及保管费$[(a+b+c) \times 采购及保管费费率(\%)]$;

　　　e——检验试验费(某种材料检验试验数量 × 相应材料检验试验单价)。

上述各项费用的含义及确定方法分述如下:

①材料原价(或供应价)。它是指材料的出厂价格、进口材料抵岸价格、销售部门的批发价格和市场采购价格。在确定材料原价时,若同一种材料因来源地、供应商或生产厂家不同,有几种价格时,应根据不同来源地及厂家的供货数量比例,采用加权平均方法计算此种材料的原价。计算公式如下:

$$P_m = k_1 P_1 + k_2 P_2 + k_3 P_3 + \cdots\cdots + k_n P_n \quad (3.39)$$

②包装材料费。它是指为了便于材料运输和保护材料而进行包装所需的一切费用。它包括包装品的价值和包装费用。

凡由生产厂家负责包装的产品,其包装费已计入材料原价内,不再另行计算,但是包装器材若有回收价值,应考虑回收价值,地区有规定者,按地区规定计算;地区无规定者,可根据实际情况确定。

材料原价中未包括包装物的包装费得计算公式如下:

$$包装材料费 = 包装物原值 - 包装物回收值 \quad (3.40)$$

式中

$$\text{包装物回收价值} = \text{包装物原值} \times \text{回收率} \times \text{回收价值率} \tag{3.41}$$

③材料运输费。材料运输费又称运杂费。它是指材料由其来源地(交货地点)起(包括经中间仓库转运)运至施工地仓库或堆放场地止,全部运输过程中所支出的一切费用,它包括车船等的运输费、调车费、出入仓库费、装卸费和合理的运输损耗等。在确定材料预算价格时,若同一种材料有多个来原地时,应采用加权平均方法确定其平均运输距离或平均运费计算。其计算公式如下:

a.加权平均运输距离计算公式:

$$S_m = \frac{S_1 P_1 + S_2 P_2 + S_3 P_3 + \cdots + S_n P_n}{P_1 + P_2 + P_3 + \cdots P_n} \tag{3.42}$$

式中　S_m——加权平均运距;

$S_1, S_2, S_3 \cdots S_n$——自各交货地点至卸货中心地点的运距;

$P_1, P_2, P_3 \cdots P_n$——各交货地点启运的材料占该种材料总量的比重。

b.加权平均运输费计算公式:

$$Y_p = \frac{Y_1 Q_1 + Y_2 Q_2 + Y_3 Q_3 + \cdots + Y_n Q_n}{Q_1 + Q_2 + Q_3 + \cdots Q_n} \tag{3.43}$$

式中　Y_p——加权平均运费;

$Y_1, Y_2, Y_3, \cdots, Y_n$——自交货地点至卸货中心地点的运费;

$Q_1, Q_2, Q_3, \cdots, Q_n$——各交货地点启运的同一种材料数量。

④运输损耗费。它是指材料在运输和装卸搬运过程中不可避免的损耗。通常通过损耗率来确定损耗标准。材料运输损耗率因地区和材料类别不同而不同。在编制材料预算价格时,按工程所在地的规则费率执行。

$$\text{材料运输损耗} = (\text{材料原价} + \text{材料运杂费}) \times \text{运输损耗率} \tag{3.44}$$

⑤采购及保管费。它是指为组织采购、供应和保管材料过程中所需的各项费用。它包括采购费、仓储费、工地保管费和仓储损耗。

$$\text{材料采购及保管费} = (\text{材料原价} + \text{运杂费} + \text{运输损耗费}) \times \text{采购及保管费率} \tag{3.45}$$

或

$$\text{材料预算价格} = [(\text{材料原价} + \text{运杂费}) \times (1 + \text{运输损耗费率})] \times (1 + \text{采购及保管费率}) \tag{3.46}$$

⑥检验试验费。它是指对建筑材料、构件和建筑安装物进行一般鉴定、检查所发生的费用。它包括自设实验室进行实验所耗用的材料和化学药品等费用。它不包括新结构、新材料的实验费和建设单位对具有出厂合格证明的材料进行的检验,对构件做破坏性实验及其他特殊要求检验试验的费用。

$$\text{检验试验费} = \sum(\text{单位材料量检验试验费} \times \text{材料消耗量}) \tag{3.47}$$

若发生检验试验费,材料费中还应加上此项费用。

实际工作中,材料预算价格各项费用计算是通过"材料预算价格计算表"来完成的,示例见表3.5。

表 3.5 材料预算价格计算表

序号	材料名称及规格	单位	发货地点	交货地点及条件	原价依据	单位毛重	运输费用计算表号	每吨运费	供销部门手续费率 %	材料预算价格							
										原价	供销部门手续费	包装费	运输费	运到中心仓库价格	采购及保管费	回收金额	合计
1	2	3	4	5	6	7	8	9	10	11	12	13	14	15	16	17	18
2	硅酸盐材料普通硅酸盐水泥P·O42.5R普通硅酸盐水泥P·O52.5R …	t t	银川	中心库		1	007	53.16	3	… …	… …	… …	… …	… …	… …		308.00 318.00

3) 施工机械台班预算价格。它反映施工机械在一个台班运转中所支出和分摊的各种费用之和,也称为预算单价。施工机械以"台班"为使用计量单位。一台机械工作八小时为一台班,施工机械台班预算价格组成内容,如图3.1所示。

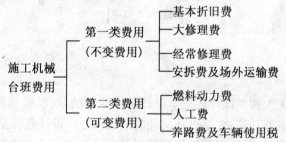

图 3.1 施工机械台班费用组成

施工机械台班价格中第一类费用属于分摊性质的费用,它的特点是不管机械运转的情况如何,都需要支出,是一种固定的经常性费用,按全年所需分摊到每一台班中去。所以,在施工机械台班定额中,该类费用的要素及合计数是直接以货币形式表示的,该货币指标适用于任何地区,所以,在编制施工机械台班使用费计算表、确定台班预算单价时,不能任意改动,也不必重新计算,从施工机械台班费用编制规则中直接抄录所规定的数值即可。

施工机械台班价格中第二类费用属于支出性质的费用,它的特点是只有在机械运转作业时才会发生,所以也称作一次性费用。该费用在施工机械台班费用编制规则中以台班实物消耗量指标表示,其中人工以"工日"表示;电力以"kW/h"表示;汽油、柴油、煤等以"kg"表示。所以,在编制机械台班单价时,第二类费用必须按照定额规定的各种实物量指标分别乘以地区人工日工资标准,燃料等动力资源的预算价格。其计算公式为:

$$第二类相应费用 = 定额实物量指标 \times 地区相应实物价格 \quad (3.48)$$

养路费及车辆使用税,应根据地区有关部门的规定进行计算,列入机械台班价格中。

编制单位估价表的三种价,各省、自治区、直辖市都有现成资料,这三种价中,除材料预算价格在当地(省级)以外的其他地区(专署级)各有差异外,剩余的两种价在一个地区(省级)的范围内基本上都是相同的,所以在编制某一个地区(专署级)的单位估价表时,通常都不必重新计算,按照地区(省级)的规定计列即可。

◆单位估价表的使用方法

单位估价表是按照预算或综合预算定额分部分项工程的排列次序编制的,它的内容及分项工程编号与预算定额或综合预算定额相同,它的使用方法也与预算或综合预算定额的使用方法基本一样。但是由于单位估价表是地区性的,所以它具有地区的特点;又由于单位估价表仅为了编制工程预算划价而制定,它的应用范围和包括内容,又不如预算或综合预算定额广泛。所以,使用时首先要查阅所使用的单位估价表是通用的还是专用的;其次要查看总说明,了解它的适用范围和适用对象,查看分部(章)工程说明,了解它包括和未包括的内容;再次,要核对分项工程的工作内容是否与施工图设计要求相符合,若有不同,是否允许换算等。

3.5 市政工程设计概算

【基　础】

◆设计概算的概念

设计概算是指在扩大初步设计或技术设计阶段编制的,在投资估算的控制下,根据设计要求对工程造价进行概略计算,它是设计文件的组成部分。设计概算是由设计单位根据初步设计或扩大初步设计图纸、概算定额等资料编制的。设计概算分为单位工程概算、单项工程综合概算和建设项目总概算。

◆设计概算的作用

(1)设计概算是国家确定建设项目、各单项工程及各单位工程投资的依据。按照规定报请有关部门或单位批准的初步设计和总概算,一经批准即作为建设项目静态总投资的最高限额,并且不得任意突破,必须突破时需报原审批部门(单位)批准。

(2)设计概算是编制投资计划的依据,是国家拨款的最高限额。

(3)设计概算是控制设计预算实行投资包干和建设银行办理拨款的依据。建设银行根据批准的设计概算和年度投资计划,进行拨款和贷款,并且严格实行监督控制。对超出概算的部分,未经计划部门批准,建行不得追加拨款和贷款。

(4)设计概算是实行包干的依据。在进行概算包干时,单项工程综合概算和建设项目总概算是投资包干的基础,尤其是经上级主管部门批准的设计概算或修正概算,是主管单位和包干单位签订合同,控制包干价的依据。

(5)设计概算是工程造价管理及编制招标标底和投标报价的依据。

(6)设计概算是控制工程造价和控制施工图预算的依据。

(7)设计概算是考核设计方案的经济合理性和控制施工图预算的依据。

【实　务】

◆设计概算的编制

1. 设计概算编制的依据

(1)基本建设计划任务书。

(2)初步设计或扩大初步设计图纸和说明书。

(3)概算定额和概算指标。

(4)设备价格资料。

(5)建设地区的人、材、机价格资料。

(6)有关的费用定额和取费标准。

2. 设计概算的编制内容

(1)封面。封面的内容应包括建设单位名称、编制单位名称及编制时间等。

(2)设计概算造价汇总表。它的内容应包括设计概算直接费、间接费、计划利润和税金及概算价值等。

(3)编制说明。在编制说明中应详细地介绍工程概况、编制依据和编制方法等。

(4)建筑工程概算表。

3. 设计概算的编制方法

(1)用设计概算定额编制。用概算定额编制主要是根据初步设计或扩大初步设计的图纸资料和说明书,用概算定额及其工程费用指标进行编制,其方法步骤如下:

1)根据设计图纸和概算定额划分的项目按工程量计算规则计算工程量。

2)根据工程量和概算定额的基价计算直接费用,由于按照概算项目比较粗,所以在按照概算项目编制概算时都要增加一定的系数,作为零星项目的增加费。基价是根据编制概算定额地区的工资标准、材料及机械价格组合而成的。其他地区使用时需要进行换算。若已规定了调整系数的则应根据规定的调整系数乘以直接费用。若没有规定调整系数,则根据编制概算定额地区和使用概算定额地区的工资标准、材料及机械的单价求出调整系数,然后根据调整系数乘以直接费用。

3)将直接费乘以工程费用定额规定的各项费率,计算出间接费、计划利润和税金等,在直接费与各项费用之和的基础上,再计取不可预见费,得出工程概算费用。

4)上述费用只是设计概算的工程费用,在概算中还应该包括征地拆迁费、建设单位管理费和勘察设计费等。

5)按照工程总量的概算费用,应求出技术经济指标。例如道路以等级按公里计、桥梁按建筑面积计、管网工程以管径按公里计等。

(2) 用概算指标编制。

1) 用概算指标直接编制。若设计对象在结构上与概算指标相符合,可以直接套用概算指标进行编制,从指标上所列的工程每单位造价和主要材料消耗量乘以设计对象的单位,得出该设计对象的全部概算费用和材料消耗量。

2) 用修正后的概算指标编制。若设计对象与概算指标在结构特征上有局部不同,就要对概算指标进行修正后才能使用。通常从原指标的单位造价中调换出不同结构构件的价值,得出单位造价的修正指标,将各修正后的单位造价相加,得出修正后的概算指标,再与设计对象相乘,即可得出概算造价。

(3) 类似工程预决算法。若工程设计对象与已建或在建工程相类似,结构特征基本相同,或者概算定额和概算指标不全,即采用这种方法编制。

类似工程预决算法应考虑到设计对象与类似预算的设计在结构和建筑上的差异、地区工资的差异、材料预算价格的差异、施工机械使用费的差异和间接费用的差异等。其中结构设计和建筑设计的差异可参考修正概算指标的方法加以修正,而其他的差异则需编制修正系数。

在计算修正系数时,先求类似预算的人工工资、材料费、机械使用费和间接费在全部价格中所占的比重,然后分别求其修正系数,最后求出总的修正系数,用总修正系数乘以类似预算的价值,即可得到概算价值。计算公式如下:

$$\text{工资修正系数 } K_1 = \frac{\text{编概算地区人工工资标准}}{\text{类似工程所在地区人工工资标准}} \tag{3.49}$$

$$\text{材料预算价格修正系数 } K_2 = \frac{\sum(\text{类似工程各主要材料的消耗量} \times \text{编概算地区预算材料价格})}{\text{类似工程主要材料费用}} \tag{3.50}$$

$$\text{机械使用费修正系数 } K_3 = \frac{\sum(\text{类似工程各主要机械台班数} \times \text{编概算地区预算材料价格})}{\text{类似工程主要机械使用费}} \tag{3.51}$$

$$\text{总修正系数 } K = \text{类似预算工资比重} \times K_1 + \text{类似预算材料比重} \times K_2 + \text{类似预算机械费比重} \times K_3 \tag{3.52}$$

若设计对象与类似工程的结构有部分不同,就应增减工程价值,然后现求出修正后的总造价。计算公式如下:

$$\text{修正后的类似预算总价} = (\text{类似预算直接费} \times \text{总造价修正系数} \pm \text{结构增减值}) \times (1 + \text{现行间接费率}) \tag{3.53}$$

◆设计概算的审查

1. 设计概算审查的作用

(1) 审查设计概算,有利于合理分配投资资金和加强投资计划管理。设计概算编制的是否合理,会直接影响投资计划的真实性和投资资金的合理分配。所以审查设计概算是为了准确确定工程造价,使投资能更遵循客观经济规律。

(2)审查设计概算,可以促进概算编制单位严格地执行国家有关概算的编制规定和费用标准,提高编制质量。

(3)审查设计概算,可以使建设项目总投资力求做到准确和完整,防止任意扩大投资规模或出现漏项,减少投资缺口,缩小概算与预算之间的差距,避免故意压低概算投资或大幅度突破概算。

(4)审查设计概算,为建设项目投资的落实提供了可靠的依据。

(5)审查设计概算,有助于促进设计的技术先进性和经济合理性。概算中的技术经济指标,是概算的综合反映。

2. 设计概算审查的内容

设计概算编制完成后,设计单位应对其工程数量和概算定额基价认真复核,然后报送建设单位进行最后的审查。建设单位审查无误后,将其作为今后控制造价、对工程经济管理的重要依据。

实际工作中,应对设计概算的编制依据,如国家综合部门的文件,各省、市、自治区根据国家规定或授权制定的各种规定和办法,及建设项目的设计文件等进行重点审查,具体内容如下。

(1)编制依据的合法性。各种编制依据是否经过国家或授权机关的批准,符合国家编制规定。不能擅自提高概算定额、指标或费用标准。

(2)编制依据的时效性。各种编制依据都应根据国家有关部门的现行规定进行,有无调整和新的规定。

(3)编制依据的适用范围。各种编制依据都有适用的范围,例如行业定额及其取费标准,只适用于该部门的专业工程;各地区规定的各种定额及其取费标准,只适用于该地区的范围以内;特别是各地区的材料预算价格区域性很强,只适用于本地区的工程。

3. 设计概算审查的方法

(1)全面审查法。它是指按照全部施工图的要求,结合有关预算定额分项工程中的工程细目,逐一地、全部地进行审核的方法。其具体计算方法和审核过程与编制预算的计算方法和编制过程基本相同。

它的优点是全面、细致,所审核过的工程预算质量高,差错比较少;缺点是工作量太大。它通常适用于一些工程量较小、工艺比较简单和编制工程预算力量较薄弱的设计单位所承包的工程。

(2)重点审查法。抓住工程预算中的重点进行审查的方法,称为重点审查法。一般情况下,它的内容如下。

1)选择工程量大或造价较高的项目进行重点审查。

2)对补充单价进行重点审查。

3)对计取的各项费用的费用标准和计算方法进行重点审查。

重点审查工程预算的方法应灵活掌握。例如,在重点审查中,若发现问题较多,应扩大审查范围;反之,若没有发现问题,或者发现的差错很小,应考虑适当缩小审查范围。

(3)经验审查法。它是指监理工程师根据以前的实践经验,审查容易发生差错的那些部分工程细目的方法。例如土方工程中的平整场地和余土外运,土壤分类等;基础工程中的基础垫层、砌砖、砌石基础、暖沟挡土墙工程、钢筋混凝土组合柱、基础圈梁、室内暖沟盖板等，都是容易出错的地方，应重点审查。

(4)分解对比审查法。把一个单位工程，按照直接费与间接费进行分解，然后再把直接费按工种工程和分部工程进行分解，分别与审定的标准图预算进行对比分析的方法，称为分解对比审查法。该方法是把拟审的预算造价与同类型的定型标准施工图或复用施工图的工程预算造价相比较。若差异出入不大，就可以认为本工程预算问题不大，不再审查；若出入较大，例如超过或少于已审定的标准设计施工图预算造价的1%或3%以上(根据本地区要求)，再按分部分项工程项目工程进行分解，边分解边对比哪里出入较大，进而审查那一部分工程项目的预算价格。

3.6 市政工程施工图预算

【基　础】

◆施工图预算的概念

施工图预算是确定市政工程预算造价的文件。它是在施工图设计完成之后，根据施工图设计要求所计算的工程量、施工组织设计、现行预算定额、取费标准及地区人工、材料和机械台班的预算价格进行编制的单位工程或单项工程的预算造价。

施工图预算是由单位工程设计预算、单项工程综合预算和建设项目总预算三级预算逐级汇总组成的。因为施工图预算是以单位工程为单位编制，按照单项工程综合而成的，所以施工图预算编制的关键在于编好单位工程施工图预算。

◆施工图预算的作用

(1)它是确定市政工程造价的文件。它是编制市政投资、加强施工管理和经济核算的基础。市政施工图预算必须项目齐全，经济合理及不得多算或漏算。

(2)它是确定招投标标底、报价的依据。实行招投标制的市政工程，施工图预算不仅是建设单位在实行工程招标时，确定标底的依据，还是施工单位参加投标报价的参考依据。

(3)它是拨付工程款的依据。市政工程施工图预算经审定批准后，建设主管部门依据其办理工程拨款和工程结算，监督建设单位和施工单位按照工程进度办理结算。

(4)它是建设单位和施工单位结算工程费用的依据。经审核批准后的市政工程施工图预算，是建设单位和施工单位结算工程费用的依据。

(5)它是施工企业加强内部经济核算，控制工程成本的依据。市政工程施工图预算是施工企业的计划收额。施工预算是施工企业的计划支出额，将施工图预算和施工预算进行对比，即可了解企业的成本盈亏情况。

【实 务】

◆施工图预算的编制

1.施工图预算的编制程序

编制施工图预算应在设计交底及会审图纸的基础上按照以下步骤进行：

(1)熟悉施工图纸和施工说明。熟悉施工图纸和施工说明是编制工程预算的关键。因为设计图纸和设计施工说明上所表达的工程结构、材料品种、工程作法及规格质量，为编制该工程施工图预算提供并确定了所应套用的工程项目。施工图纸中的各种尺寸和标高等，为计算每个工程项目的数量提供了基础数据。所以，只有在编制施工图预算之前，对工程全貌和设计意图有了比较全面、详尽了解后，才能结合定额项目的划分原则，正确地划分各分部分项的工程项目，才能按照工程量计算规则正确地计算工程量及工程费用。若在熟悉设计图纸过程中发现不合理或者错误的地方，应及时向有关单位反映，以便及时地修改纠正。

在熟悉施工图纸和施工说明时，除应注意上述内容外，还应注意以下几点。

1)按图纸目录检查各类图纸是否齐全，图纸编号和图名是否一致。设计选用的有关标准图集名称及代号是否明确。

2)在对图纸的标高及尺寸的审查时，各图之间容易发生矛盾和错误的地方要特别注意。

3)对图纸中采用有防水、防腐和耐酸等特殊要求的项目要单独进行记录，以便计算项目时引起注意。例如采用特殊材料的项目及新产品材料和新技术工艺等项目。

4)若在施工图纸和施工说明中遇到有与定额中的材料品种和规格质量不符或定额缺项时，应及时地记录，以便在编制预算时进行调整和换算，或根据规定编制补充定额及补充单价并送有关部门审批。

(2)收集各种编制依据及材料。

1)经有关部门批准的市政工程建设项目的审批文件及设计文件。

2)施工图纸是编制预算的主要依据。

3)经批准的初步设计概算书，是工程投资的最高限价，不得任意突破。

4)经有关部门批准颁发执行的市政工程预算定额、单位估价表、机械台班费用定额、设备材料预算价格、间接费定额及有关费用规定的文件。

5)经批准的施工组织设计和施工方案及技术措施等。

6)有关标准定型图集、建筑材料手册及预算手册。

7)国务院颁发的有关专用定额和地区规定的其他各类建设费用取费标准。

8)有关市政工程的施工技术验收规范和操作规程等。

9)招投标文件和工程承包合同或协议书。

10)市政工程预算编制办法及动态管理办法。

(3)熟悉施工组织设计和现场情况。施工组织设计是施工单位根据工程特点和施工现场条件等情况编制的工程实施方案。施工方案的不同直接影响工程造价，例如需要进行地下降水、打桩、机械的选择或因场地狭小引起材料多次搬运等都应在施工组织设计中确定下来，这些内容与预算项目的选用和费用的计算都有密切的关系。所以，预算人员熟悉施工组织设计及现场情况对提高编制预算质量是十分重要的。

(4)学习并掌握工程定额内容及有关规定。预算定额、单位估价表及有关文件规定是编制施工图预算的重要依据。随着建筑业新材料、新技术和新工艺的不断出现和推广使用,有关部门不断地对已颁布的定额进行补充和修改。所以预算人员应学习和掌握所使用定额的内容及使用方法,弄清楚定额项目的划分及各项目所包括的内容、适用范围、计量单位、工程量计算规则和允许调整换算项目的条件、方法等,以便在使用时能够较快地查找并正确地应用。

另外,由于材料价格的调整,各地区也需要根据具体情况调整费用内容和取费标准,这些资料将直接体现在预算文件中。所以,学习和掌握有关文件的规定也是搞好工程施工图预算不可忽视的工作。

(5)确定工程项目的计算工程量。确定工程项目的计算工程量是编制施工图预算的重要基础数据,工程量计算的准确与否将直接影响到工程造价的准确性。它还是施工企业编制施工作业计划,合理安排施工进度,调配劳动力、材料和机械设备,加强成本核算的重要依据。为了准确地计算工程量,提高施工图预算的质量和速度,在计算工程量时通常遵循以下原则。

1)计算口径要一致。在计算工程量时,根据施工图列出的分项工程口径与定额中相应分项工程的口径相一致,所以在划分项目时一定要熟悉定额中该项目所包括的工程内容。

2)计量单位要一致。按照施工图纸计算工程量时,各分项工程的工程量计量单位,必须与定额中相应项目的计算单位一致,不能随意改变。

3)严格执行定额中的工程量计算规则。在计算工程量时,必须严格地执行工程量计算规则,以免造成工程量计算中的误差,从而影响工程造价的准确性。

4)计算必须要准确。在计算工程量中,计算底稿要整洁,数字要清楚,项目部位要注明,计算精度要一致。工程量的数据通常精确到小数点后两位,钢材、木材和使用贵重材料的项目可精确到小数点后三位。

5)计算时要做到不重不漏。在计算工程量时,为了快速准确不重不漏,通常应遵循一定的顺序进行。例如按一定的方向计算工程量:先横后竖、先左后右、先上后下的计算;按图纸编号顺序计算;按图纸上注明的不同类别的构件、配件的编号进行计算。

(6)汇总工程量套用定额子目,编制工程预算书。将工程量计算底稿中的预算项目和数量按定额分部顺序填入工程预算表中,套用相应的定额子目,计算工程直接费,按预算费用程序表和有关费用定额计取间接费、利润和税金,将工程直接费、间接费、利润和税金汇总后,即求出该项工程的工程造价及单位造价指标。

(7)编制工料分析表。根据工程量和定额编制工料分析表,计算出用工、用料数量。

(8)审核、编写说明、装订、签章及审批。市政工程施工图预算书计算完毕后,为确保其准确性,经自审及有关人员审核后编写说明和预算书封面,装订成册,再经有关部门复审后送建设单位签证、盖章,最后送有关部门审批后才能确定其合法性。

2. 施工图预算的编制方法

施工图预算的编制,是将批准的施工图纸,经设计交底后的设计文件(包括图纸和联系单),既定的施工方法按照省、市城乡建设委员会对工程预算编制办法的有关规定,分部分项地把各工程项目的工程量计算出来,套用相应的现行定额,累计其全部直接费。然后计算其他直接费、间接费、计划利润、税金与不可预计费等,若材料议价差需有施工单位提出封顶价包干的,也需一并列入,最后综合确定出该单位工程造价和其他经济技术指标等。

施工图预算的编制方法主要分为单价法和实物法。

(1)单价法。单价法是编制施工图预算时广泛采用的方法,是用事先编制好的分项工程的单位估价表(或综合单价表)来编制施工图预算的方法。用单价法编制施工图预算,可以采用工料单价法,也可以采用综合单价法。

1)工料单价法。工料单价法的概念及计算程序参见第1章1.3节中利润及税金的计算中的相关内容。本节主要介绍工料单价法编制施工图预算的步骤,工料单价法编制施工图预算的步骤如图3.2所示。

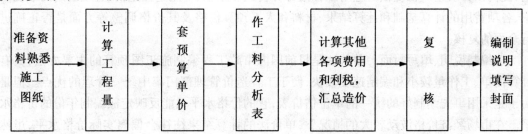

图3.2 工料单价法编制施工图预算的步骤

①准备资料熟悉施工图纸。资料包括施工图纸、施工组织设计施工方案、现行市政工程预算定额、费用定额、统一的工程量计算规则和工程所在地区的人工、材料、机械台班、预算价格和调价文件等。只有对施工图有全面、详细的了解,才能全面地、准确地计算出工程量,从而合理地编制出施工图预算造价。

②计算工程量。工程量的计算在整个预算过程中是最重要、最繁重的一个环节。它不仅影响预算的及时性,更重要的是还会影响预算造价的准确性。所以,必须在工程量计算上做到尽可能的准确,以确保预算质量。

计算工程量通常可按下列步骤进行。

a.根据施工图示的工程内容和定额项目,列出要计算工程量的分部分项工程。

b.根据一定的计算顺序和计算规则,列出计算式。

c.根据施工图示尺寸和有关数据,代入计算公式进行数学计算。

d.按照定额中分部分项工程的计量单位对相应的计算结果的计量单位进行调整,使之一致。

③套用预算定额单价。工程量计算完毕并且核对无误后,用所得到的分部分项工程量套用单位估价表中相应的定额基价,相乘后相加汇总,即能求出单位工程的直接费。

套用单价时需注意以下几点。

a.分项工程量的名称、规格和计量单位必须与预算定额或单位估价表中所列内容一致,否则重套、漏套或错套预算基价会引起直接工程费的偏差,导致施工图预算偏高或偏低。

b.若施工图纸的某些设计要求与定额单价的特征不完全符合,必须根据定额使用说明对定额基价进行调整或换算。

c.若施工图纸的某些设计要求与定额单价的特征相差甚远,既不能直接套用也不能换算和调整时,必须编制补充单位估价表或补充定额。

④编制工料分析表。根据分项工程的实物工程量和相应定额中的项目所列的用工工日和材料数量,计算出各分部分项工程所需的人工和材料数量,相加汇总得出该单位工程所需的各类人工和材料的数量。

⑤计算其他各项费用、利润和税金,汇总造价。按照建筑安装单位工程造价构成的规定费用项目、费率和计费基础,分别计算出其他直接费、现场经费、间接费、计划利润和税金,汇总得出单位工程造价。

$$单位工程造价 = 直接工程费 + 间接费 + 利润 + 税金 \quad (3.54)$$

⑥复核。单位工程预算编制后,有关人员对单位工程预算进行复核,以便及时地发现差错,提高预算质量。在复核时应对工程量计算公式和结果、套用定额基价、各项费用的取费费率、各项费用的计算基础和计算结果、材料和人工预算价格及其价格调整等方面是否正确进行全面的复核。

⑦编制说明、填写封面。单价法是目前国内市政工程编制施工图预算的主要方法,具有计算简单、工作量较小和编制速度较快,便于工程造价管理部门集中统一管理的优点。但是由于是采用事先编制好的统一的单位估价表,它的价格水平只能反映定额编制年份的价格水平。在市场经济价格波动较大的情况下,单价法的计算结果往往会偏离实际价格水平,虽然可采用调价,但是调价系数和指数从测定到颁布又比较滞后,并且计算也较烦琐。

2)综合单价法。综合单价法的概念及计算程序参见第1章1.3节中利润及税金的计算中的相关内容。本节主要介绍综合单价法编制施工图预算的步骤。

综合单价法编制施工图预算的具体步骤如下。

①收集、熟悉基础资料并了解现场。

a. 熟悉工程设计施工图纸和有关现场的技术资料。

b. 了解施工现场情况和工程施工组织设计方案的相关要求。

②计算工程量。

a. 熟悉现行市政工程定额的有关规定、项目规划和工程量计算规则。

b. 根据现行市政工程预算定额,正确地划分工程量计算项目。

c. 根据工程量计算规则及定额有关说明,正确地计算分部分项工程量。

③套用定额。工程量计算完毕,经整理汇总,即可套用定额,以确定分部分项工程的定额人工、材料和机械台班消耗量,进而获得分部分项工程的综合单价。定额的套用应当根据有关要求、定额说明、工程量计算规则及工程施工组织设计。特别要注意的是工程施工组织设计和定额的套用有着密切的关系,直接影响工程造价。例如土方开挖分为人工、机械开挖两种方式,它们所占的比重如何;道路工程的混凝土半成品运输距离与道路的长度、施工组织设置的搅拌地点有关;桥梁工程的预制构件安装方法;顶管工程的管道顶进方式分为人工和机械等,它们都与定额的套用相关联。所以在套用定额前,除了要熟悉图纸、定额规定和工程招标文件以外,还应当熟悉工程施工组织设计。

是直接套用定额还是要进行换算调整,通常有以下几种情况。

a. 直接套用。直接采用定额项目的人工、材料和机械台班消耗量,不作任何调整和换算。

b. 定额换算。若分部分项工程的工作内容与定额项目的工作内容不完全一致,按照定额规定对部分人工、材料或机械台班的定额消耗量进行调整。

c. 定额合并。若工程量清单所包括的工作内容是几个定额项目工作内容之和,就必须将几个相关的定额项目进行合并。

d. 定额补充。随着建设工程中新技术、新材料和新工艺的不断推广应用,实际上有些分部分项工程在定额中没有相同或相近的项目可以套用,此时就需要编制补充定额。

④确定人工、材料、机械价格及各项费用取费标准,计算综合单价和总造价。

a. 使用预算软件,输入定额项目编号和工程量,进行必要的定额调整及换算。

b. 汇总得出人工、材料和机械汇总表。按照省建设厅发布的人工单价、施工机械台班单价及材料市场价格信息进行填价。

c. 确定综合费、利润率、劳动保险费、规费和税金的取费标准,确定特殊施工措施费。

d. 计算出各分部分项工程的综合单价及填写工程造价汇总表。

e. 打印输出各种报表。

⑤校核、修改。

⑥编写施工图预算的编制说明。用单价法编制预算的优点是简化了预算编制工作,减少了预算文件。由于有分项工程单价标准,因此工程价格可以进行对比,选用结构构件可进行经济技术分析,同时建设单位和施工单位在签订合同,进行工程决算时也有了依据和标准。

(2) 实物法。

1) 用实物法编制施工图预算的方法是:先用计算出的各分项工程的实物工程量,分别套取预算定额,并且按类相加,求出单位工作所需的各种人工、材料和施工机械台班的消耗量;然后分别乘以当时当地各种人工、材料、施工机械台班的实际单价,求得人工费、材料费和施工机械使用费,再汇总求和。对于措施费、间接费、利润和税金等费用的计算方法都与单价法相同。

用实物法编制施工图预算的主要计算公式如下:

$$单位工程预算直接工程费 = [\sum(工程量 \times 材料预算定额单位用量 \times 当时当地材料预算价格) + \sum(工程量 \times 人工预算定额单位用量 \times 当时当地人工工资单价) + \sum(工程量 \times 施工机械台班预算定额单位用量 \times 当时当地机械台班单价)] \qquad (3.55)$$

该方法适用于量价分离编制预算或工、料、机因时因地发生价格变动的情况。

实物法和单价法在编制步骤上的最大区别在于中间步骤,也就是计算人工费、材料费和施工机械使用费这三种费用之和的方法不同。采用实物法时,在计算工程量后,不直接套用预算定额单价,而是将量价分离,先套用相应预算人工、材料和机械台班定额用量,并且汇总出各类人工、材料和机械台班的消耗量,再分别乘以相应的人工、材料和机械台班的实际单价,得出单位工程的人工费、材料费和机械使用费。

实物法编制预算所用工、料、机的单价都是当时当地的实际价格,编得的施工预算较为准确地反映了实际的水平,适合市场经济特点。但是因该法所用工、料、机消耗需统计得到,所用实际价格需做收集调查,工作量较大,计算烦琐,不便于进行分项经济分析和核算工作,但是用计算机和相应预算软件来计算就比较方便了。所以,实物法是与市场经济体制相适应的编制施工图预算的好方法。

2)编制步骤如图3.3所示。

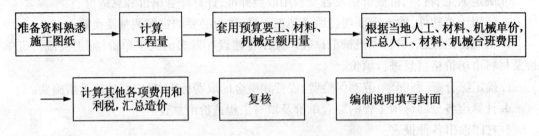

图3.3 实物法编制施工图预算的步骤

具体步骤如下:

①熟悉市政工程预算定额和有关文件及资料,熟悉施工图纸和施工组织设计,了解现场。

a.预算定额是编制施工图预算的主要依据。在编制时必须熟悉市政预算定额的有关说明、工程量计算规则及附注说明等,这样才能准确地套用定额。

b.市政工程施工由于采用了新工艺和新材料,必须对某些市政预算定额的项目进行修改、调整和补充,由政府部门下达补充文件,作为市政预算补充定额。

c.在应用预算定额时,应及时了解动态的市场价格信息及相应的费率,正确地编制市政工程预算造价。

d.在编制施工图预算时还应参考有关工具书、手册和标准通用图集等资料。

e.熟悉施工图纸和设计说明,细致、耐心地查看图纸目录、设计总说明、平面图、立面图和剖面图等。

f.注意图纸单位尺寸。

g.熟悉图纸上的各种图例、符号和代号。

h.看图应从粗到细、从大到小。一套施工图纸是一个整体,在看图时应彼此参照看、联系起来看、重点看懂关键部分。

i.对施工图纸必须进行全面的检查,检查施工图纸是否完整、有无错误,尺寸是否清楚完全,若在看图或审图中发现图纸有错漏、尺寸不符、用料和做法不清楚等问题应及时与主管部门、设计单位联系解决。

j.熟悉施工组织设计和了解现场。施工组织设计是指施工单位根据工程特点、现场条件等拟定施工方案,以确保施工技术措施能在施工中很好地实施。施工图预算与施工条件和所采用的施工方法有密切的关系,所以在编制施工图预算以前,应熟悉施工组织设计和施工方案,了解设计意图和施工方法,明了工程全貌。

②计算工程量。

a. 施工图预算的列项：在列项时应根据施工图纸和预算定额按照工程的施工程序进行。若一般项目的列项和预算定额中的项目名称完全相同，可以直接将预算中的项目列出；若有些项目和预算定额中的项目不一致，要将定额项目进行换算；若预算定额中没有图纸上表示的项目，必须按照有关规定补充定额项目及进行定额换算。在列项时，注意不要出现重复列项或漏项。在编制施工图预算时，要了解在编制过程中经常遇到的一些项目。

b. 列出工程量计算式并且计算：工程量不仅是编制预算的原始数据，而且是一项工作量大、要求细致的工作。编制市政工程施工图预算，大部分时间是用在看图和计算工程量上，工程量计算的精确程度和快慢直接影响到预算编制的质量和速度。

在预算编制说明中，对工程量计算规则做了具体的规定，在编制时应严格执行。在计算工程量时，必须严格按照图纸所注尺寸计算，不得任意加大或缩小、任意增加或丢失。分项工程的计量单位应严格参照预算定额中所规定的计量单位。工程项目列出后，根据施工图纸按照工程量计算规则和计算顺序分别列出简单明了的分项工程量计算式，并且遵循一定的计算顺序依次地进行计算，尽量地做到准确无误。

工程量计算完毕后应进行自我检查，检查列项、单位、计算式和数据等有无错误。若发现错误，应及时更正。

③按一定的顺序计算工程量：例如按先横后直、从上到下、从左到右等顺序计算工程量。

④套用预算定额计算各分项人工、材料和机械台班消耗数量。按照施工图预算列项的各分项子目名称、所用材料、施工方法等条件和定额编号，在预算定额中分别查出各分项工程的各种人工、材料和机械的定额用量，并填入人、材、机分析表中各相应分项工程的内容中。预算分析表中内容包括工程名称、序号、定额编号、分项工程名称、计量单位、工程量、人工、各种材料及各种施工机械的耗用台班数量等。

在套用预算定额时，应注意分项工程名称、规格、计量单位和工程内容与定额所列内容是否完全一致。若预算定额没有需套用的分项工程，则应编制补充预算定额。工料机分析既是编制单位进行劳动力计划和材料机具需用计划及开展经济核算的基础，还是进行两算对比的依据。

进行工料机分析的程序是：首先将预算中各分项工程量分别乘以该分项工程预算定额中的人工、材料和机械台班用量，即可得到相应的各分项工程需要的人工、材料及机械台班总量，计算公式如下：

各分项工程各种材料消耗量 = 该分项工程工程量 × 定额中各种材料消耗定额 (3.56)

各分项工程各种机械台班消耗量 = 该分项工程工程量 × 定额中各种机械台班消耗定额

(3.57)

各分项工程人工消耗量＝该分项工程工程量×定额中人工时间定额　　(3.58)

然后把各分部工程所需的人工、各种材料和各种机械分别进行汇总,得出该分部工程的各种人工、材料和各种机械的数量,最后将各分部工程进行再汇总即可得到该单位工程的各种人工、材料和机械台班的总消耗量。

⑤计算工程费用。

a.计算直接费要按照当地、当时的各种人工、材料和机械台班的市场单价分别乘以相应的人工、材料和机械台班的消耗量,并且汇总得出单位工程的人工费、材料费和机械费。

b.计算其他各项费用,汇总成为市政工程预算总造价。市政工程施工费用由直接费、间接费、利润和税金组成。

⑥复核。单位工程施工图预算编制完成后,由本人或本单位有关人员对预算进行检查核对。复核人员应根据有关图纸、相关资料及工程量计算底稿进行复核,复核完毕应予以签章。

⑦编制说明,填写封面。编制说明可以补充预算表格中没有表达但是又必须说明的问题。通常编制说明装订在封面的下一页,主要内容包括如下所示。

a.工程概况。

b.编制预算的主要依据。

c.补充定额的编制和编制依据。

d.对图纸不明确处的处理方法。

e.甲供产品的预算处理及材料价格的计取等。

◆施工图预算的审查

1.施工图预算审查的作用

(1)对降低工程造价具有现实意义。

(2)有利于发挥领导层的监督作用。

(3)有利于积累和分析技术经济指标。

(4)有利于节约工程建设资金。

2.施工图预算审查的内容

审查施工图预算的重点包括工程量计算是否准确;分部、分项单价套用是否正确;取费标准是否符合现行规定等。

(1)工程量计算是否正确。

(2)套用定额是否正确。

1)预算中所列各分项工程单价是否与预算定额的预算单价相符;其名称、规格、计量单位和工程内容是否与预算定额一致。

2)有单价换算时,应审查换算的分项工程是否符合定额规定及换算是否正确。

3)补充定额审查是否符合编制原则,单位估价表的计算是否正确。

(3)审查其他有关费用。

1)是否按本项目的工程性质计取费用。

2)间接费的计取基础是否符合规定。

3)材料差价是否计取间接费;直接费或人工费调整后,相关费用是否做了相应调整。

4)是否将不需要安装的设备费计取在安装工程的间接费中。

3. 施工图审查的方法

(1)逐项审查法。它又称全面审查法,是指按定额顺序或施工顺序,对各分项工程中的工程细目逐项、全面、详细地审查的一种方法。

(2)标准预算审查法。它是指对利用标准图纸或通用图纸施工的工程,现集中力量编制标准预算,以此为准来审查工程预算的一种方法。

(3)分组计算审查法。就是把预算中的有关项目按类别划分为若干组,利用同组中的一组数据审查分项工程量的一种方法。

(4)对比审查法。它是指当工程条件相同时,用已完工程的预算或未完但是已经过审查修正的工程预算对比审查拟建工程的同类工程预算的一种方法。

(5)"筛选"审查法。"筛选法"是能较快地发现问题的一种方法。

(6)重点审查法。它是指抓住工程预算中的重点进行审查的方法。

第4章 市政工程定额工程量计算规则及应用

4.1 通用项目定额工程量计算

【基 础】

◆定额适用范围

《全国统一市政工程预算定额》第一册"通用项目",是指将其他八册定额在实施中都要涉及的工程项目(例如"土石方工程"等)集中编制于一个分册内的项目,即其他八册市政工程预算定额都要用到的公共项目(各专业册中指明不适用本定额的除外),称为"通用项目"。

《全国统一市政工程预算定额》第一册"通用项目"内容包括土石方工程、打拔工具桩、围堰工程、支撑工程、拆除工程、脚手架及其他工程和护坡挡土墙等共七章721个子目。

◆土石方工程量计算

1. 土石方工程量计算说明

(1)《全国统一市政工程预算定额》第一册"通用项目"第一章土石方工程均适用于各类市政工程。(除有关专业册说明了不适用外)

(2)干、湿土的划分首先以地质勘察资料为准,含水率≥25%为湿土;或以地下常水位为准,常水位以上为干土,以下为湿土。挖湿土时,人工和机械乘以系数1.18,干、湿土工程量分别计算,采用井点降水的土方应按干土计算。

(3)人工夯实土堤、机械夯实土堤执行人工填土夯实平地、机械填土夯实平地子目。

(4)挖土机在垫板上作业,人工和机械乘以系数1.25,搭拆垫板的人工、材料和辅机摊销费另行计算。

(5)推土机推土或铲运机铲土的平均土层厚度<30 cm 时,其推土机台班乘以系数1.25,铲运机台班乘以系数1.17。

(6)在支撑下挖土,按实挖体积,人工乘以系数1.43,机械乘以系数1.20,先开挖后支撑的不属支撑下挖土。

(7)挖密实的钢渣,按挖四类土人工乘以系数2.50,机械乘以系数1.50。

(8)0.2 m^3 抓斗挖土机挖土、淤泥、流砂按0.5 m^3 抓铲挖掘机挖土、淤泥、流砂定额消耗量乘以系数2.50计算。

(9)自卸汽车运土,如系反铲挖掘机装车,则自卸汽车运土台班数量乘以系数1.10;拉铲挖掘机装车,自卸汽车运土台班数量乘以系数1.20。

(10)石方爆破按炮眼法松动爆破和无地下渗水积水考虑,防水和覆盖材料未在定额内。采用火雷管可以换算,雷管数量不变,扣除胶质导线用量,增加导火索用量,导火索长度按每个雷管2.12 m计算。抛掷和定向爆破另行处理,打眼爆破若要达到石料粒径要求,则增加的费用另计。

(11)"通用项目"第一章土石方工程不包括现场障碍物清理,障碍物清理费用另行计算。弃土、石方的场地占用费按当地规定处理。

(12)开挖冻土套"通用项目"第五章拆除素混凝土障碍物子目乘以系数0.8。

(13)"通用项目"第一章土石方工程中为满足环保要求而配备了洒水汽车在施工现场降尘,若实际施工中未采用洒水汽车降尘的,在结算中应扣除洒水汽车和水的费用。

2. 土石方工程量计算规则

(1)"通用项目"第一章土石方工程的土、石方体积均以天然密实体积(自然方)计算,回填土按碾压后的体积(实方)计算,土方体积换算见表4.1。

表4.1 土方体积换算表

虚方体积	天然密实度体积	夯实后体积	松填体积
1.00	0.77	0.67	0.83
1.30	1.00	0.87	1.08
1.50	1.15	1.00	1.25
1.20	0.92	0.80	1.00

(2)土方工程量按图纸尺寸计算,修建机械上下坡的便道土方量并入土方工程量内。石方工程量按图纸尺寸加允许超挖量。开挖坡面每侧允许超挖量:松、次坚石20 cm,普、特坚石15 cm。

(3)夯实土堤按设计断面计算。清理土堤基础按设计规定以水平投影面积计算,清理厚度为30 cm内,废土运距按30 m计算。

(4)人工挖土堤台阶工程量,按挖前的堤坡斜面积计算,运土应另行计算。

(5)人工铺草皮工程量以实际铺设的面积计算,花格铺草皮中的空格部分不扣除。花格铺草皮,设计草皮面积与定额不符时可以调整草皮数量,人工按草皮增加比例增加,其余不调整。

(6)管道接口作业坑和沿线各种井室所需增加开挖的土石方工程量按有关规定如实计算。管沟回填土应扣除管径在200 mm以上的管道、基础、垫层和各种构筑物所占的体积。

(7)挖土放坡和沟、槽底加宽应按图纸尺寸计算,如无明确规定,可按表4.2和表4.3计算。

表4.2 放坡系数

土壤	放坡起点深度/m	机械开挖		人工开挖
		坑内作业	坑上作业	
一、二类土	1.20	1:0.33	1:0.75	1:0.50
三类土	1.50	1:0.25	1:0.67	1:0.33
四类土	2.00	1:0.10	1:0.33	1:0.25

表4.3 管沟底部每侧工作面宽度　　　　　　　　　　　　　单位：cm

管道结构宽/cm	混凝土管道基础90°	混凝土管道基础>90°	金属管道	构筑物	
				无防潮层	有防潮层
50以内	40	40	30	40	60
100以内	50	50	40		
250以内	60	50	40		

挖土交接处产生的重复工程量不扣除。如在同一断面内遇有数类土壤，其放坡系数可按各类土占全部深度的百分比加权计算。

管道结构宽：无管座按管道外径计算，有管座按管道基础外缘计算，构筑物按基础外缘计算，如设挡土板则每侧增加10 cm。

(8)土石方运距应以挖土重心至填土重心或弃土重心最近距离计算，挖土重心、填土重心、弃土重心按施工组织设计确定，如遇下列情况应增加运距。

1)人力及人力车运土、石方上坡坡度在15%以上，推土机、铲运机重车上坡坡度大于5%，斜道运距按斜道长度乘以表4.4中系数。

表4.4 斜道运距系数

项目	推土机、铲运机			人力及人力车
坡度/%	5～10	15以内	20以内	25以内	15以上
系数	1.75	2	2.25	2.5	5

2)采用人力垂直运输土、石方、垂直深度每米折合水平运距7 m计算。

3)拖式铲运机3 m³加27 m转向距离，其余型号铲运机加45 m转向距离。

(9)沟槽、基坑、平整场地和一般土石方的划分：底宽7 m以内，底长大于底宽3倍以上按沟槽计算；底长小于底宽3倍以内按基坑计算，其中基坑底面积在150 m²以内执行基坑定额。厚度在30 cm以内就地挖、填土按平整场地计算。超过上述范围的土、石方按挖土方和石方计算。

(10)机械挖土方中如需人工辅助开挖(包括切边、修整底边)，机械挖土按实挖土方量计算，人工挖土土方量按实套相应定额乘以系数1.5。

(11)人工装土汽车运土时，汽车运土定额乘以系数1.1。

(12)土壤及岩石分类见土壤及岩石(普氏)分类表(表4.5)。

表 4.5 土壤及岩石(普氏)分类表

定额分类	普氏分类	土壤及岩石名称	天然湿度下平均容重 /(kg·m^{-3})	极限压碎强度 /(kg·cm^{-2})	用轻钻孔机钻进 1m 耗时 /min	开挖方法及工具	紧固系数 f
一、二类土壤	Ⅰ	砂	1 500	—	—	用尖锹开挖	0.5~0.6
		砂壤土	1 600				
		腐殖土	1 200				
		泥炭	600				
	Ⅱ	轻壤和黄土类土	1 600	—	—	用锹开挖并少数用镐开挖	0.6~0.8
		潮湿而松散的黄土,软的盐渍土和碱土	1 600				
		平均 15 mm 以内的松散而软的砾石	1 700				
		含有草根的实心密实腐殖土	1 400				
		含有直径在 30 mm 以内根类的泥炭和腐殖土	1 100				
		掺有卵石、碎石和石屑的砂和腐殖土	1 650				
		含有卵石或碎石杂质的胶结成块的填土	1 750				
		含有卵石、碎石和建筑料杂质的砂壤土	1 900				
三类土壤	Ⅲ	肥黏土其中包括石炭纪、侏罗纪的黏土和冰黏土	1 800	—	—	用尖锹并同时用镐开挖(30%)	0.8~1.0
		重壤土、粗砾石,粒径为 15~40 mm 的碎石和卵石	1 750				
		干黄土和掺有碎石或卵石的自然含水量黄土	1 790				
		含有直径大于 30 mm 根类的腐殖土或泥炭	1 400				
		掺有碎石或卵石和建筑碎料的土壤	1 900				
四类土壤	Ⅳ	土含碎石重黏土其中包括侏罗纪和石英纪的硬黏土	1 950			用尖锹并同时用镐和撬棍开挖(30%)	1.0~1.5
		含有碎石、卵石、建筑碎料和重达 25kg 的顽石(总体积 10% 以内)等杂质的肥黏土和重壤土	1 950				

续表4.5

定额分类	普氏分类	土壤及岩石名称	天然湿度下平均容重 /(kg·m⁻³)	极限压碎强度 /(kg·cm⁻²)	用轻钻孔机钻进1m耗时 /min	开挖方法及工具	紧固系数 f
四类土壤	Ⅳ	冰渍黏土,含有重量在50kg以内的巨砾,其含量为总体积10%以内	2 000	—	—	用尖锹并同时用镐和撬棍开挖(30%)	1.0~1.5
		泥板岩	2 000				
		不含或含有重达10kg的顽石	1950				
松石	Ⅴ	含有重量在50 kg以内的巨砾(占体积10%以上)的冰渍石	2 100	于200	小于3.5	部分用手凿工具,部分用爆破来开挖	1.5~2.0
		砂藻岩和软白垩岩	1 800				
		胶结力弱的砾岩	1 900				
		各种不坚实的片岩	2 600				
		石膏	2 200				
	Ⅵ	凝灰岩和浮石	1 100	200~400	3.5	用风镐和爆破法开挖	2~4
		松软多孔和裂隙严重的石灰岩和介质石灰岩	1 200				
		中等硬变的片岩	2 700				
		中等硬变的泥灰岩	2 300				
次坚石	Ⅶ	石灰石胶结的带有卵石和沉积岩的砾石	2 200	400~600	6.0	用爆破方法开挖	4~6
		风化的和有大裂缝的黏土质砂岩	2 000				
		坚实的泥板岩	2 800				
		坚实的泥灰岩	2 500				
	Ⅷ	砾质花岗岩	2 300	600~800	8.5	用爆破方法开挖	6~8
		泥灰质石灰岩	2 300				
		黏土质砂岩	2 200				
		砂质云母片岩	2 300				
		硬石膏	2 900				
次坚石	Ⅸ	严重风化的软弱的花岗岩、片麻岩和正长岩	2 500	2 00~400	3.5	用风镐和爆破法开挖	2~4
		滑石化的蛇纹岩	2 400				
		致密的石灰岩	2 500				
		含有卵石、沉积岩的渣质胶结的砾岩	2 500				
		砂岩	2 500				
		砂质石灰质片岩	2 500				
		菱镁矿	3 000				

续表 4.5

定额分类	普氏分类	土壤及岩石名称	天然湿度下平均容重 /(kg·m^{-3})	极限压碎强度 /(kg·cm^{-2})	用轻钻孔机钻进1m耗时 /min	开挖方法及工具	紧固系数 f
次坚石	X	白云石	2 700	1 000 ~ 1 200	15.0	用风镐和爆破法开挖	10~12
		坚固的石灰岩	2 700				
		大理石	2 700				
		石灰胶结的致密砾石	2 600				
		坚固砂质片岩	2 600				
	XI	粗花岗岩	2 800	1 200 ~ 1 400	18.5	用风镐和爆破法开挖	12~14
		非常坚硬的白云岩	2 900				
		蛇纹岩	2 600				
		石灰质胶结的含有火成岩之卵石的砾石	2 800				
		石英胶结的坚固砂岩	2 700				
		粗粒正长岩	2 700				
	XII	具有风化痕迹的安山岩和玄武岩	2 700	1 400 ~ 1 600	22.0	用爆破方法开挖	14~16
		片麻岩	2 600				
		非常坚固的石灰岩	2 900				
		硅质胶结的含有火成岩之卵石的砾石	2 900	1 400 ~ 1 600			
		粗石岩	2 600				
特坚石	XIII	中粒花岗岩	3 100	1 600 ~ 1 800	27.5	用爆破方法开挖	16~18
		坚固的片麻岩	2 800				
		辉绿岩	2 700				
		玢岩	2 500				
		坚固的粗面岩	2 800				
		中粒正长岩	2 800				
	XIV	非常坚硬的细粒花岗岩	3 300	1 800 ~ 2 000	32.5	用爆破方法开挖	18~20
		花岗岩麻岩	2 900				
		闪长岩	2 900				
		高硬度的石灰岩	3 100				
		坚固的玢岩	2 700				
	XV	安山岩、玄武岩、坚固的角页岩	3 100	2 000 ~ 2 500	46.0	用爆破方法开挖	20~25
		高硬度的辉绿岩和闪长岩	2 900				
		坚固的辉长岩和石英岩	2 800				
	XVI	拉长玄武岩和橄榄玄武岩	3 300	大于2 500	大于60	用爆破方法开挖	大于25
		特别坚固的辉长辉绿岩、石英石和玢岩	3 300				

◆打拔工具桩工程量计算

1. 打拔工具桩工程量计算说明

(1)《全国统一市政工程预算定额》第一册"通用项目"第二章打拔工具桩适用于市政各专业册的打、拔工具桩。

(2)定额中所指的水上作业,是以距岸线1.5 m以外或者水深在2 m以上的打拔桩。距岸线1.5 m以内时,水深在1 m以内者,按陆上作业考虑。如水深在1 m以上2 m以内者,其工程量则按水、陆各50%计算。

(3)水上打拔工具桩按二艘驳船捆扎成船台作业,驳船捆扎和拆除费用按《全国统一市政工程预算定额》第三册"桥涵工程"相应定额执行。

(4)打拔工具桩均以直桩为准,如遇打斜桩(包括俯打、仰打)按相应定额人工、机械乘以系数1.35。

(5)导桩及导桩夹木的制作、安装、拆除已包括在相应定额中。

(6)圆木桩按疏打计算;钢板桩按密打计算;如钢板桩需要疏打时,按相应定额人工乘以系数1.05。

(7)打拔桩架90°调面及超运距移动已综合考虑。

(8)竖、拆0.6 t柴油打桩机架按《全国统一市政工程预算定额》第三册"桥涵工程"相应定额执行。

(9)钢板桩和木桩的防腐费用等,已包括在其他材料费用中。

(10)钢板桩的使用费标准(元/t·d)由各省、自治区、直辖市自定,钢板桩摊销时间按十年考虑。钢板桩的损耗量按其使用量的1%计算。钢板桩若由施工单位提供,则其损耗费应支付给打桩的施工单位。若使用租赁的钢板桩,则按租赁费计算。

2. 打拔工具桩工程量计算规则

(1)圆木桩:按设计桩长L(检尺长)和圆木桩小头直径D(检尺径)查《木材、立木材积速算表》,计算圆木桩体积。

(2)钢板桩:以"t"为单位计算。

钢板桩使用费 = 钢板桩定额使用量 × 使用天数 × 钢板桩使用费标准(元/t·d)   (4.1)

(3)凡打断、打弯的桩,均需拔除重打,但不重复计算工程量。

(4)竖、拆打拔桩架次数,按施工组织设计规定计算。如无规定时按打桩的进行方向:双排桩每100延长米、单排桩每200延长米计算一次,不足一次者均各计算一次。

(5)打拔桩土质类别的划分,见表4.6。

表4.6 打拔桩土质类别划分表

土壤级别	鉴别方法								说明
	砂夹层情况		土壤物理、力学性能					每10m纯平均沉桩时间/min	
	砂层连续厚度/m	砂料种类	砂层中卵石含量/%	孔隙比	天然含水量/%	压缩系数	静力触探值	动力触探击数		
甲级土				>0.8	>30	>0.03	>30	>7	15以内	桩经机械作用易沉入的土
乙级土	<2	粉细砂		0.6~0.8	25~30	0.02~0.03	30~60	7~15	25以内	土壤中夹有较薄的细砂层,桩经机械作用易沉入的土

注:上表仅列甲、乙级土项目,如遇丙级土时,按乙级土的人工及机械乘以系数1.43。

◆ 围堰工程工程量计算

围堰工程是指采用某种材料将一定范围围护起来的一种设施,其形似池塘,但是又不同于池塘。围堰的目的是为保证基础开挖、砌筑、浇筑等项目施工的临时挡水构筑物。围堰设施方法简单、可以就地取材,宜在基础埋设深度较浅、地质构造不复杂和水深不超过6 m时采用。

1. 围堰工程工程量计算说明

(1)《全国统一市政工程预算定额》第一册"通用项目"第三章围堰工程适用于市政工程围堰施工项目。

(2)围堰定额未包括施工期内发生潮汛冲刷后所需的养生工料。潮汛养生工料可根据各地规定计算。如遇特大潮汛发生人力所不能抗拒的损失时,应根据实际情况,另行处理。

(3)围堰工程50 m范围以内取土、砂、砂砾,均不计土方和砂、砂砾的材料价格。取50 m范围以外的土方、砂、砂砾,应计算土方和砂、砂砾材料的挖、运或外购费用,但应扣除定额中土方现场挖运的人工:55.5 工日/100 m³ 黏土。定额括号中所列黏土数量为取自然土方数量,结算中可按取土的实际情况调整。

(4)围堰定额中的各种木桩、钢桩均按"通用项目"第二章水上打拔工具桩的相应定额执行,数量按实际计算,定额括号中所列打拔工具桩数量仅供参考。

(5)草袋围堰如使用麻袋、尼龙袋装土围筑,应按麻袋、尼龙袋的规格、单价换算,但人工、机械和其他材料消耗量应按定额规定执行。

(6)围堰施工中若未使用驳船,而是搭设了栈桥,则应扣除定额中驳船费用而套用相应的脚手架子目。

(7)定额围堰尺寸的取定。

1)土草围堰的堰顶宽为1~2 m,堰高为4 m以内。

2)土石混合围堰的堰顶宽为2 m,堰高为6 m以内。

3)圆木桩围堰的堰顶宽为2~2.5 m,堰高5 m以内。

4) 钢桩围堰的堰顶宽为 2.5~3 m,堰高 6 m 以内。

5) 钢板桩围堰的堰顶宽为 2.5~3 m,堰高 6 m 以内。

6) 竹笼围堰竹笼间黏土填心的宽度为 2~2.5 m,堰高 5 m 以内。

7) 木笼围堰的堰顶宽度为 2.4 m,堰高为 4 m 以内。

(8) 筑岛填心子目是指在围堰围成的区域内填土、砂及砂砾石。

(9) 双层竹笼围堰竹笼间黏土填心的宽度超过 2.5 m,则超出部分可套筑岛填心子目。

(10) 施工围堰的尺寸按有关设计施工规范确定。堰内坡脚至堰内基坑边缘距离根据河床土质及基坑深度而定,但不得小于 1 m。

2. 围堰工程工程量计算规则

(1) 围堰工程分别采用 m^3 和延长米计量。

(2) 用 m^3 计算的围堰工程按围堰的施工断面乘以围堰中心线的长度。

(3) 以延长米计算的围堰工程按围堰中心线的长度计算。

(4) 围堰高度按施工期内的最高临水面加 0.5 m 计算。

(5) 草袋围堰如使用麻袋、尼龙袋装土,其定额消耗量应乘以调整系数,调整系数为:装 1 m^3 土需用麻袋或尼龙袋数除以 17.86。

◆ 支撑工程、拆除工程、脚手架工程工程量计算

1. 工程量计算说明

(1) 支撑工程工程量计算说明。

1)《全国统一市政工程预算定额》第一册"通用项目"第四章支撑工程适用于沟槽、基坑、工作坑及检查井的支撑。

2) 挡土板间距不同时,不做调整。

3) 除槽钢挡土板外,本章定额均按横板、竖撑计算,如采用竖板、横撑时,其人工工日乘以系数 1.20。

4) 定额中挡土板支撑按槽坑两侧同时支撑挡土板考虑,支撑面积为两侧挡土板面积之和,支撑宽度为 4.1 m 以内。如槽坑宽度超过 4.1 m 时,其两侧均按一侧支挡土板考虑。按槽坑一侧支撑挡土板面积计算时,工日数乘以系数 1.33,除挡土板外,其他材料乘以系数 2.0。

5) 放坡开挖不得再计算挡土板,如遇上层放坡、下层支撑则按实际支撑面积计算。

6) 钢桩挡土板中的槽钢桩按设计以"t"为单位,按"通用项目"第二章打拔工具桩相应定额执行。

7) 如采用井字支撑时,按疏撑乘以系数 0.61。

(2) 拆除工程工程量计算说明。

1)《全国统一市政工程预算定额》第一册"通用项目"第五章拆除工程均不包括挖土方,挖土方按"通用项目"第一章有关子目执行。

2)机械拆除项目中包括人工配合作业。

3)拆除后的旧料应整理干净就近堆放整齐。如需运至指定地点回收利用,则另行计算运费和回收价值。

4)管道拆除要求拆除后的旧管保持基本完好,破坏性拆除不得套用本定额。拆除混凝土管道未包括拆除基础及垫层用工,基础及垫层拆除按相应定额执行。

5)拆除工程定额中未考虑地下水因素,若发生则另行计算。

6)人工拆除二渣、三渣基层应根据材料组成情况套无骨料多合土或有骨料多合土基层拆除子目。机械拆除二渣、三渣基层执行液压岩石破碎机破碎松石。

(3)脚手架及其他工程工程量计算说明。

1)《全国统一市政工程预算定额》第一册"通用项目"第六章脚手架及其他工程中竹、钢管脚手架已包括斜道及拐弯平台的搭设。砌筑物高度超过1.2 m可计算脚手架搭拆费用。

仓面脚手不包括斜道,若发生则另按建筑工程预算定额中脚手架斜道计算;但采用井字架或吊扒杆转运施工材料时,不再计算斜道费用。对无筋或单层布筋的基础和垫层不计算仓面脚手费。

2)混凝土小型构件是指单件体积在0.04 m³以内,重量在100 kg以内的各类小型构件。小型构件、半成品运输系指预制、加工场地取料中心至施工现场堆放使用中心距离的超出150 m的运输。

3)井点降水项目适用于地下水位较高的粉砂土、砂质粉土、黏质粉土或淤泥质夹薄层砂性土的地层。其他降水方法如深井降水、集水井排水等,各省、自治区、直辖市自行补充。

4)井点降水:轻型井点、喷射井点、大口径井点的采用由施工组织设计确定。一般情况下,降水深度6 m以内采用轻型井点,6 m以上30 m以内采用相应的喷射井点,特殊情况下可选用大口径井点。井点使用时间按施工组织设计确定。喷射井点定额包括两根观察孔制作,喷射井管包括了内管和外管。井点材料使用摊销量中已包括井点拆除时的材料损耗量。

井点间距根据地质和降水要求由施工组织设计确定,一般轻型井点管间距为1.2 m,喷射井点管间距为2.5 m,大口径井点管间距为10 m。

轻型井点井管(含滤水管)的成品价可按所需钢管的材料价乘以系数2.40计算。

5)井点降水过程中,如需提供资料,则水位监测和资料整理费用另计。

6)井点降水成孔过程中产生的泥水处理及挖沟排水工作应另行计算。遇有天然水源可用时,不计水费。

7)井点降水必须保证连续供电,在电源无保证的情况下,使用备用电源的费用另计。

8)沟槽、基坑排水定额由各省、自治区、直辖市自定。

2. 工程量计算规则。

(1)支撑工程量计算规则。支撑工程按施工组织设计确定的支撑面积以m²计算。

(2)拆除工程量计算规则。

1)拆除旧路及人行道按实际拆除面积以 m^2 计算。

2)拆除侧缘石及各类管道按长度以 m 计算。

3)拆除构筑物及障碍物按体积以 m^3 计算。

4)伐树、挖树蔸按实挖数以棵计算。

5)路面凿毛、路面铣刨按施工组织设计的面积以 m^2 计算。铣刨路面厚度 >5 cm 需分层铣刨。

(3)脚手架及其他工程量计算规则。

1)脚手架工程量按墙面水平边线长度乘以墙面砌筑高度以 m^2 计算。柱形砌体按图示柱结构外围周长另加 3.6 m 乘以砌筑高度以 m^2 计算。浇混凝土用仓面脚手按仓面的水平面积以 m^2 计算。

2)轻型井点 50 根为一套;喷射井点 30 根为一套;大口径井点以 10 根为一套。井点使用定额单位为套天,累计根数不足一套者作一套计算,一天系按 24 h 计算。井管的安装、拆除以"根"计算。

◆护坡、挡土墙工程量计算

1.护坡、挡土墙工程量计算说明

(1)《全国统一市政工程预算定额》第一册"通用项目"第七章护坡、挡土墙适用于市政工程的护坡和挡土墙工程。

(2)挡土墙工程需搭脚手架的执行脚手架定额。

(3)块石如需冲洗时(利用旧料),每 1 m^3 块石增加:用工 0.24 工日,用水 0.5 m^3。

2.护坡、挡土墙工程量计算规则

(1)块石护底、护坡以不同平面厚度按 m^3 计算。

(2)浆砌料石、预制块的体积按设计断面以 m^3 计算。

(3)浆砌台阶以设计断面的实砌体积计算。

(4)砂石滤沟按设计尺寸以 m^3 计算。

【实　务】

◆不同坡度沟槽断面积数据

不同坡度沟槽的断面积见表 4.7~4.12。

第4章 市政工程定额工程量计算规则及应用

表4.7 每1m沟槽土方数量表(坡度1:0.25)

槽宽/m	底宽/m											
	1.0	1.1	1.2	1.3	1.4	1.5	1.6	1.7	1.8	1.9	2.0	2.1	2.2
	土方量/m³											
1.0	1.25	1.36	1.45	1.55	1.65	1.78	1.85	1.95	2.05	2.15	2.25	2.35	2.45
1.1	1.40	1.51	1.62	1.73	1.84	1.95	2.06	2.17	2.28	2.39	2.50	2.61	2.72
1.2	1.56	1.68	1.80	1.92	2.04	2.16	2.28	2.40	2.52	2.64	2.76	2.88	3.00
1.3	1.72	1.83	1.98	2.11	2.24	2.37	2.50	2.63	2.76	2.89	3.02	3.15	3.28
1.4	1.89	2.03	2.17	2.31	2.45	2.59	2.73	2.87	3.01	3.15	3.29	3.43	3.57
1.5	2.06	2.21	2.36	2.51	2.66	2.81	2.96	3.11	3.26	3.41	3.56	—	—
1.6	2.24	2.40	2.56	2.72	2.88	3.04	3.20	3.36	3.52	3.65	3.84	3.71	3.86
1.7	2.42	2.59	2.76	2.93	3.10	3.27	3.44	3.61	3.78	3.95	4.12	4.00	4.16
1.8	2.61	2.79	2.97	3.15	3.33	3.51	3.69	3.87	4.05	4.23	4.41	4.29	4.46
1.9	2.80	2.99	3.18	3.37	3.56	3.75	3.94	4.13	4.32	4.51	4.70	4.59	4.77
2.0	3.00	3.20	3.40	3.60	3.80	4.00	4.20	4.40	4.60	4.80	5.00	4.89	5.08
2.1	3.20	3.41	3.62	3.83	4.04	4.25	4.46	4.67	4.88	5.09	5.30	5.20	5.40
2.2	3.41	3.63	3.85	4.07	4.29	4.51	4.73	4.95	5.17	5.39	5.61	5.51	5.72
2.3	3.62	3.85	4.08	4.31	4.54	4.77	5.00	5.23	5.46	5.69	5.92	5.83	6.05
2.4	3.84	4.08	4.32	4.56	4.80	5.04	5.26	5.52	5.76	6.00	6.24	6.15	6.38
2.5	4.06	4.31	4.56	4.81	5.06	5.31	5.56	5.81	6.06	6.31	5.56	6.48	6.72
2.6	4.29	4.55	4.81	5.07	5.33	5.59	5.85	6.11	6.37	6.63	6.89	6.81	7.06
2.7	4.52	4.79	5.06	5.33	5.60	5.87	6.14	6.41	6.68	6.95	7.22	7.15	7.41
2.8	4.76	5.04	5.32	5.60	5.88	6.16	6.44	6.72	7.00	7.28	7.56	7.49	7.76
2.9	5.00	5.29	5.58	5.87	6.16	6.45	6.74	7.03	7.32	7.61	7.90	7.84	8.12
3.0	5.25	5.55	5.85	6.15	6.45	6.75	7.05	7.35	7.65	7.95	8.25	8.19	8.48
3.1	5.50	5.81	6.12	6.43	6.74	7.05	7.36	7.67	7.98	8.29	8.60	8.55	8.85
3.2	5.76	6.08	6.40	6.72	7.04	7.36	7.68	8.00	8.32	8.64	8.96	8.91	9.22
3.3	6.02	6.35	6.68	7.01	7.34	7.67	8.00	8.33	8.66	8.99	9.32	9.28	9.60
3.4	6.29	6.63	6.97	7.31	7.65	7.99	8.33	8.67	9.01	9.35	9.69	9.65	9.98
3.5	6.56	6.91	7.26	7.61	7.96	8.31	8.66	9.01	9.36	9.71	10.06	10.03	10.37
3.6	6.84	7.20	7.56	7.92	8.28	8.64	9.00	9.36	9.72	10.08	10.44	10.41	10.76
3.7	7.12	7.49	7.86	8.23	8.60	8.97	9.34	9.71	10.08	10.45	10.82	10.80	11.16
3.8	7.41	7.79	8.17	8.55	8.93	9.31	9.69	10.07	10.45	10.83	11.21	11.19	11.56
3.9	7.70	8.09	8.48	8.87	9.26	9.65	10.04	10.43	10.82	11.21	11.60	11.59	11.97
4.0	8.00	8.40	8.80	9.20	9.60	10.00	10.40	10.80	11.20	11.60	12.00	11.99	12.38
4.1	8.30	8.71	9.12	9.53	9.94	10.35	10.76	11.17	11.58	11.99	12.40	12.40	12.80
4.2	8.61	9.03	9.45	9.87	10.29	10.71	11.13	11.55	11.97	12.39	12.81	12.81	13.22
4.3	8.92	9.35	9.78	10.21	10.64	11.07	11.50	11.93	12.36	12.79	13.22	13.23	13.65
4.4	9.24	9.68	10.12	10.56	11.00	11.44	11.88	12.32	12.76	13.20	13.64	13.65	14.08
4.5	9.56	10.01	10.46	10.91	11.36	11.81	12.26	12.71	13.16	13.61	14.06	14.08	14.52
4.6	9.89	10.35	10.81	11.27	11.73	12.10	12.65	13.11	13.57	14.00	14.49	14.51	14.96
4.7	10.22	10.69	11.16	11.63	12.10	12.57	13.04	13.51	13.98	14.45	14.92	14.95	15.41
4.8	10.56	11.04	11.52	12.00	12.48	12.96	13.44	13.92	14.40	14.88	15.36	15.39	15.86
4.9	10.90	11.39	11.88	12.37	12.86	13.35	13.84	14.33	14.82	15.31	15.80	15.84	16.32
5.0	11.25	11.75	12.25	12.75	13.25	13.75	14.25	14.75	15.25	15.75	16.25	16.29	16.78

续表4.7

槽宽/m	底宽/m													
	2.3	2.4	2.5	2.6	2.7	2.8	2.9	3.0	3.1	3.2	3.3	3.4	3.5	3.6
	土方量/m³													
1.0	2.55	2.65	2.75	2.85	2.95	3.05	3.15	3.25	3.35	3.45	3.55	3.65	3.75	3.85
1.1	2.83	2.94	3.05	3.16	3.27	3.38	3.49	3.60	3.71	3.32	3.93	4.04	4.15	4.26
1.2	3.12	3.24	3.36	3.48	3.60	3.72	3.84	3.96	4.08	4.20	4.32	4.44	4.56	4.68
1.3	3.41	3.54	3.67	3.80	3.93	4.06	4.19	4.32	4.45	4.58	4.71	4.84	4.97	5.10
1.4	3.71	3.85	3.99	4.13	4.27	4.41	4.55	4.69	4.83	4.97	5.11	5.25	5.39	5.53
1.5	4.01	4.16	4.31	4.46	4.61	4.76	4.91	5.06	5.21	5.36	5.51	5.66	5.41	5.96
1.6	4.32	4.48	4.64	4.80	4.96	5.12	5.28	5.44	5.60	5.76	5.92	6.08	6.24	6.40
1.7	4.63	4.80	4.97	5.14	5.31	5.48	5.85	5.82	5.99	6.16	6.33	6.50	6.67	6.84
1.8	4.95	5.13	5.31	5.49	5.67	5.85	6.03	6.21	6.39	6.57	6.75	5.93	7.11	7.29
1.9	5.27	5.46	5.65	5.84	6.03	6.22	6.41	6.60	6.79	6.98	7.17	7.36	7.55	7.74
2.0	5.60	5.80	6.00	6.20	6.40	6.60	6.80	7.00	7.20	7.40	7.60	7.80	8.00	8.20
2.1	5.93	6.14	6.35	6.56	6.77	6.98	7.19	7.40	7.61	7.82	8.03	8.24	8.45	8.66
2.2	6.27	6.49	6.71	6.93	7.15	7.37	7.59	7.81	8.03	8.25	8.47	8.69	8.91	9.13
2.3	6.61	6.84	7.07	7.30	7.53	7.76	7.99	8.22	8.45	8.68	8.91	9.14	9.37	9.60
2.4	6.96	7.20	7.44	7.68	7.92	8.16	8.40	8.64	8.88	9.12	9.36	9.60	9.84	10.08
2.5	7.31	7.56	7.81	8.06	8.31	8.56	8.81	9.06	9.31	9.56	9.81	10.06	10.31	10.56
2.6	7.67	7.93	8.19	8.45	8.71	8.97	9.23	9.49	9.75	10.01	10.27	10.53	10.79	11.05
2.7	8.03	8.30	8.57	8.84	9.11	9.33	9.65	9.02	10.64	10.46	10.73	11.00	11.27	11.54
2.8	8.40	8.68	8.96	9.24	9.52	9.80	10.08	10.36	10.64	10.92	11.20	11.48	11.76	12.04
2.9	8.77	9.06	9.35	9.64	9.93	10.22	10.51	10.80	11.00	11.38	11.67	11.96	12.25	12.54
3.0	9.15	9.45	9.75	10.05	10.35	10.65	10.95	11.25	11.55	11.85	12.15	12.45	12.75	13.05
3.1	9.53	9.84	10.15	10.46	10.77	11.08	11.39	11.70	12.01	12.32	12.63	12.94	13.25	13.56
3.2	9.92	10.24	10.56	10.88	11.20	11.52	11.34	12.16	12.48	12.30	13.12	13.44	13.76	14.08
3.3	10.31	10.64	10.97	11.30	11.63	11.96	12.29	12.62	12.95	13.28	13.61	13.94	14.27	14.30
3.4	10.71	11.05	11.39	11.73	12.07	12.41	12.75	13.09	13.43	13.77	14.11	14.45	14.79	15.13
3.5	11.11	11.46	11.81	12.16	12.51	12.86	13.21	13.56	13.91	14.26	14.61	14.96	15.31	15.66
3.6	11.52	11.88	12.24	12.60	12.96	13.32	13.68	14.04	14.40	14.76	15.12	15.48	15.48	16.20
3.7	11.03	12.30	12.67	13.04	13.41	13.78	14.15	14.52	14.89	15.26	15.63	16.00	16.37	16.74
3.8	12.35	12.73	13.11	13.49	13.87	14.25	14.63	15.01	15.39	15.77	16.15	16.63	16.91	17.29
3.9	12.77	13.16	13.55	13.94	14.33	14.72	15.11	15.90	15.89	16.28	16.67	17.06	17.45	17.84
4.0	13.20	13.60	14.00	14.40	14.80	15.20	15.60	16.00	16.40	16.80	17.20	17.60	18.00	18.40
4.1	13.63	14.04	14.45	14.86	15.27	15.68	16.09	16.50	16.91	17.32	17.73	18.14	18.55	18.96
4.2	14.07	14.49	14.91	15.33	15.75	16.17	16.59	17.01	17.43	17.85	18.28	18.70	19.12	19.54
4.3	14.51	14.94	15.37	15.80	16.23	16.66	17.09	17.52	17.95	18.38	18.81	19.24	19.67	20.10
4.4	14.96	15.40	15.84	15.28	16.72	17.16	17.60	18.04	18.48	18.92	19.36	19.80	20.44	20.68
4.5	15.41	15.86	16.31	16.76	17.21	17.66	18.11	18.56	19.01	19.46	19.91	20.36	20.81	21.26
4.6	15.87	16.33	16.79	17.25	17.71	18.17	18.63	19.09	19.55	20.01	20.47	20.93	21.39	21.85
4.7	16.33	16.80	17.27	17.74	18.21	18.68	19.15	9.62	20.09	20.56	21.03	21.50	21.97	22.44
4.8	16.80	17.28	17.76	18.24	18.72	19.20	19.68	20.16	20.64	21.12	21.60	22.08	22.56	23.04
4.9	17.27	17.76	18.25	18.74	19.23	19.72	20.21	20.70	21.19	21.18	22.17	22.66	23.15	23.61
5.0	17.75	18.25	18.75	19.25	19.75	20.25	20.75	21.25	21.75	22.25	22.75	23.25	23.75	24.25

表4.8 每米沟槽土方数量表(坡度1:0.33)

槽宽/m	底宽/m												
	1.0	1.1	1.2	1.3	1.4	1.5	1.6	1.7	1.8	1.9	2.0	2.1	2.2
	土方量/m³												
1.0	1.33	1.43	1.53	1.63	1.73	1.83	1.93	2.03	2.13	2.23	2.33	2.43	2.53
1.1	1.50	1.61	1.72	1.83	1.94	2.05	2.16	2.27	2.38	2.49	2.60	2.71	2.82
1.2	1.67	1.79	1.91	2.03	2.155	2.27	2.39	2.51	2.63	2.75	2.87	2.99	3.11
1.3	1.86	1.99	2.12	2.25	2.38	2.51	2.64	2.77	2.90	3.03	3.16	3.29	3.42
1.4	2.04	2.18	2.32	2.46	2.60	2.74	2.88	3.02	3.16	3.30	3.44	3.58	3.72
1.5	2.24	2.39	2.54	2.69	2.84	2.99	3.14	3.29	3.44	3.59	3.74	3.89	4.04
1.6	2.45	2.61	2.77	2.93	3.09	3.25	3.41	3.57	3.73	3.89	4.05	4.21	4.37
1.7	2.65	2.82	2.44	3.16	3.33	3.50	3.67	3.84	4.01	4.18	4.35	4.52	4.69
1.8	2.87	3.05	3.23	3.41	3.59	3.77	3.95	4.13	4.31	4.49	6.67	4.85	5.03
1.9	3.09	3.28	3.47	3.66	3.85	4.04	4.23	4.42	4.61	4.80	4.99	5.18	5.37
2.0	3.32	3.52	3.72	3.92	4.12	4.32	4.52	4.72	4.92	5.12	5.32	5.52	5.72
2.1	3.56	3.77	3.98	4.19	4.40	4.61	4.82	5.03	5.24	5.45	5.66	5.87	6.08
2.2	3.80	4.02	4.24	4.46	4.68	4.90	5.12	5.34	5.56	5.78	6.00	6.22	6.44
2.3	4.05	4.28	4.51	4.74	4.97	5.20	5.43	5.66	5.89	6.12	6.35	6.58	6.81
2.4	4.30	4.54	4.78	5.02	5.26	5.50	5.74	5.98	6.22	6.46	6.70	6.94	7.18
2.5	4.56	4.81	5.06	5.31	5.56	5.81	6.06	6.31	6.56	6.81	7.06	7.31	7.56
2.6	4.84	5.10	5.36	5.62	5.88	6.14	6.40	6.66	6.92	7.18	7.44	7.70	7.96
2.7	5.10	5.37	5.64	5.91	6.18	6.45	6.72	6.99	7.26	7.53	7.80	8.07	8.34
2.8	5.39	5.67	5.95	6.23	6.51	6.79	7.07	7.35	7.63	7.91	8.10	5.39	5.67
2.9	6.67	5.96	6.25	6.54	6.83	7.12	7.41	7.70	7.99	8.28	8.57	5.67	5.96
3.0	5.97	6.27	6.57	6.87	7.17	7.47	7.77	8.07	8.37	8.67	8.97	9.27	9.57
3.1	6.27	6.58	6.89	7.20	7.51	7.82	8.13	8.44	8.75	9.06	9.37	9.68	9.99
3.2	6.58	6.90	7.22	7.54	7.86	8.18	8.50	8.82	9.14	9.46	9.78	10.10	10.42
3.3	6.89	7.22	7.55	7.88	8.21	8.54	8.87	9.20	9.53	9.86	10.19	10.52	10.85
3.4	7.21	7.55	7.89	8.23	8.57	8.91	9.25	9.59	9.93	10.29	10.61	10.95	11.29
3.5	7.54	7.89	8.24	8.59	8.94	9.29	9.64	9.99	10.34	10.69	11.04	11.39	11.74
3.6	7.88	8.24	8.60	8.96	9.32	9.68	10.40	10.40	10.76	11.12	11.48	11.84	12.20
3.7	8.22	8.59	8.96	9.33	9.70	10.07	10.44	10.81	11.18	11.55	11.92	12.29	12.66
3.8	8.57	8.95	9.33	9.71	10.09	10.47	10.85	11.23	11.61	11.99	12.37	12.75	13.13
3.9	8.92	9.31	9.70	10.09	10.48	10.87	11.26	11.65	12.04	12.43	12.82	13.21	13.60
4.0	9.28	9.68	10.08	10.48	10.88	11.28	11.68	12.08	12.48	12.88	13.28	13.68	14.08
4.1	9.65	10.06	10.47	10.88	11.29	11.70	11.11	12.52	12.93	13.34	13.75	14.16	14.57
4.2	10.02	10.44	10.86	11.28	11.70	12.12	12.54	12.96	13.38	13.80	14.22	14.64	15.06
4.3	10.40	10.83	11.26	11.69	12.12	12.55	12.98	13.41	13.84	14.27	14.70	15.13	15.56
4.4	10.79	11.23	11.67	12.11	12.55	12.99	13.43	13.87	14.31	14.75	15.19	15.63	16.07
4.5	11.18	11.63	12.08	12.53	12.98	13.43	13.88	4.33	14.78	15.23	15.68	16.13	16.58
4.6	11.58	12.04	12.50	12.96	13.42	13.88	14.34	14.80	15.26	15.72	16.18	16.64	17.10
4.7	11.99	12.46	12.93	13.40	13.87	14.34	14.81	15.28	15.75	16.22	16.69	17.16	17.63
4.8	12.40	12.88	13.36	13.84	14.32	14.80	15.28	15.76	16.24	16.72	17.30	17.68	18.16
4.9	12.82	13.31	13.80	14.29	14.78	15.27	15.76	16.25	16.74	17.23	17.72	18.21	18.70
5.0	13.25	13.75	14.25	14.75	15.25	15.75	16.25	16.75	17.25	17.75	18.25	18.75	19.25

槽宽/m	底宽/m										
	2.3	2.4	2.5	2.6	2.7	2.8	2.9	3.0	3.1	3.2	3.3	3.4
	土方量/m³										
1.0	2.63	2.73	2.83	2.93.	3.03	3.13	3.23	3.33	3.43	3.53	3.63	3.73
1.1	2.93	3.04	3.15	3.26	3.37	3.48	3.59	3.70	3.81	3.92	4.03	4.14

续表 4.8

1.2	3.23	3.35	3.47	3.59	3.71	3.83	3.95	4.07	4.19	4.31	4.43	4.55
1.3	3.55	3.68	3.81	3.44	4.07	4.20	4.33	4.46	4.59	4.72	4.85	4.98
1.4	3.86	4.00	4.14	4.25	4.42	4.56	4.70	4.84	4.98	5.12	5.26	5.40
1.5	4.19	4.34	4.49	4.64	4.79	4.94	5.09	5.24	5.39	5.54	5.69	5.84
1.6	4.53	4.69	4.85	5.01	5.17	5.33	5.49	5.65	5.81	5.97	6.13	6.29
1.7	4.86	5.03	5.20	5.37	5.54	5.71	5.88	6.05	6.22	6.39	6.66	6.73
1.8	5.21	5.39	5.57	5.75	5.93	6.11	6.29	6.47	6.65	6.83	7.01	7.19
1.9	5.56	5.75	5.94	6.13	6.32	6.51	6.70	6.89	7.08	7.27	7.46	7.65
2.0	5.92	6.12	6.32	6.52	6.72	6.92	7.12	7.32	7.52	7.72	7.92	8.12
2.1	6.29	6.12	6.32	6.52	6.72	6.92	7.12	7.32	7.52	7.72	7.92	8.12
2.2	6.66	6.88	7.10	7.32	7.54	7.76	7.98	8.20	8.42	8.64	8.36	9.08
2.3	7.04	7.27	7.50	7.73	7.06	8.19	8.42	8.65	8.88	9.11	9.34	9.57
2.4	7.42	7.66	7.90	8.14	8.33	8.62	8.86	9.10	9.34	9.58	9.82	10.06
2.5	7.81	8.06	8.31	8.56	8.81	9.06	9.31	9.56	9.81	10.06	10.31	10.56
2.6	8.22	8.48	8.74	9.00	9.26	9.52	9.78	10.04	10.30	10.56	10.32	11.08
2.7	8.61	8.88	9.15	9.42	9.60	9.96	10.23	0.50	10.77	11.04	11.31	11.58
2.8	5.95	6.23	6.51	6.79	7.07	7.35	7.63	7.91	8.19	11.55	11.33	12.11
2.9	6.25	6.54	6.83	7.12	7.41	7.70	7.99	8.28	8.57	12.05	12.54	12.63
3.0	9.87	10.17	10.47	10.77	11.07	11.37	11.67	11.97	12.27	12.57	12.87	13.17
3.1	10.30	10.61	10.92	11.23	11.54	11.85	12.16	12.47	12.78	13.09	13.40	13.71
3.2	10.74	11.06	11.38	11.70	12.02	12.34	12.66	12.98	13.30	13.62	13.94	14.26
3.3	11.18	11.51	11.84	12.17	12.50	12.83	13.16	13.49	13.82	14.15	14.48	14.81
3.4	11.03	11.97	12.31	12.65	12.99	13.33	13.67	14.01	14.35	14.69	15.03	15.37
3.5	12.09	12.44	12.79	13.14	13.49	13.84	14.19	14.54	14.89	15.24	15.59	15.94
3.6	12.56	12.92	13.28	13.64	14.00	14.36	14.72	15.08	15.44	15.30	16.16	16.52
3.7	13.03	13.40	13.77	14.14	14.51	14.88	15.25	15.62	15.99	16.36	16.73	17.10
3.8	13.51	13.89	14.27	14.65	15.03	15.41	15.79	18.17	16.55	16.93	17.31	17.69
3.9	13.99	14.38	14.77	15.16	15.55	15.94	16.33	16.72	17.11	17.50	17.89	18.28
4.0	14.48	14.88	15.28	15.68	16.08	16.48	16.88	17.28	17.68	18.08	18.48	18.88
4.1	14.98	15.39	15.80	16.21	16.62	17.03	17.44	17.85	18.26	18.67	19.08	19.49
4.2	15.48	15.90	16.32	16.74	17.16	17.58	18.00	18.42	18.84	19.26	19.68	20.10
4.3	15.99	16.42	16.85	17.28	17.71	18.14	18.57	19.00	19.43	19.86	20.29	20.72
4.4	16.51	16.95	17.39	17.83	18.27	18.71	19.15	19.59	20.03	20.47	20.91	21.35
4.5	17.03	17.48	17.93	18.38	18.83	19.28	19.73	20.18	20.63	21.08	21.53	21.98
4.6	15.56	18.02	18.48	18.94	19.40	19.86	20.32	20.78	21.24	21.70	22.16	22.62
4.7	18.10	18.59	19.04	19.51	19.98	20.45	20.92	21.39	21.86	22.33	22.80	23.27
4.8	18.64	19.12	19.60	20.08	20.56	21.04	21.52	22.00	22.48	22.96	23.44	23.92
4.9	19.19	19.68	20.17	20.66	21.15	21.64	22.13	22.62	23.11	23.60	24.09	24.58
5.0	19.75	20.25	20.75	21.25	21.75	22.25	22.75	23.25	23.75	24.25	24.75	25.25

表 4.9 每米沟槽土方数量表(坡度 10.50)

槽宽 /m	底宽/m											
	1.0	1.1	1.2	1.3	1.4	1.5	1.6	1.7	1.8	1.9	2.0	2.1	2.2
	土方量/m³											
1.0	1.50	1.60	1.70	1.80	1.90	2.00	2.10	2.20	2.30	2.40	2.50	2.60	2.70
1.1	1.71	1.82	1.93	2.04	2.15	2.26	2.37	2.48	5.59	2.70	2.81	2.92	3.03

续表4.9

槽宽/m	底宽/m												
	1.0	1.1	1.2	1.3	1.4	1.5	1.6	1.7	1.8	1.9	2.0	2.1	2.2
	土方量/m³												
1.2	1.92	2.04	2.16	2.28	2.40	2.52	2.64	2.76	2.88	3.00	3.12	3.24	3.36
1.3	2.15	2.28	2.41	2.54	2.67	2.80	2.93	3.06	3.19	3.32	3.45	3.58	3.71
1.4	2.38	2.52	2.66	2.80	2.94	3.08	3.22	3.36	3.50	3.64	3.78	3.92	4.06
1.5	2.63	2.78	2.93	3.08	3.23	3.38	3.53	3.68	3.83	3.98	4.13	4.28	4.43
1.6	2.88	3.04	3.20	3.36	3.52	3.68	3.84	4.00	4.16	4.32	4.48	4.64	4.80
1.7	3.15	3.32	3.49	3.66	3.83	4.00	4.17	4.34	4.51	4.68	4.85	5.02	5.19
1.8	3.42	3.60	3.78	3.96	4.14	4.32	4.50	4.68	4.86	5.04	5.22	5.40	5.58
1.9	3.71	3.90	4.09	4.28	4.47	4.66	4.85	5.04	5.23	5.42	5.61	5.80	5.99
2.0	4.00	4.20	4.40	4.60	4.80	5.00	5.20	5.40	5.60	5.80	6.00	6.20	6.40
2.1	4.31	4.52	4.73	4.94	5.15	6.35	5.57	5.78	5.99	6.20	6.41	6.62	6.83
2.2	4.62	4.84	5.06	5.28	5.50	5.72	5.94	6.16	6.38	6.60	6.82	7.04	7.26
2.3	4.95	5.18	5.41	5.64	5.87	6.10	6.33	6.56	6.79	7.02	7.25	7.48	7.71
2.4	5.28	5.52	5.76	6.00	6.24	6.48	6.72	6.96	7.20	7.44	7.68	7.92	8.16
2.5	5.63	5.88	6.16	6.38	6.63	6.88	7.13	7.38	7.63	7.88	8.13	8.38	8.83
2.6	5.98	6.24	6.50	6.76	7.02	7.28	7.54	7.80	8.06	8.32	8.58	8.84	9.10
2.7	6.35	6.62	6.89	7.16	7.43	7.70	7.97	8.24	8.51	8.78	9.50	9.32	9.59
2.8	6.72	7.00	7.28	7.56	7.84	8.12	8.40	8.68	8.96	9.24	9.52	9.80	10.08
2.9	7.11	7.40	7.69	7.98	8.27	8.56	8.85	9.14	9.43	9.72	10.01	10.30	10.59
3.0	7.50	7.80	8.10	8.40	8.70	9.00	9.30	9.60	9.90	10.20	10.50	10.80	11.10
3.1	7.91	8.22	8.53	8.84	9.15	9.46	9.77	10.08	10.39	10.70	11.01	11.32	11.63
3.2	8.32	8.64	8.92	9.28	9.60	9.92	10.24	10.56	11.88	11.20	11.52	11.84	12.16
3.3	8.75	9.08	9.41	9.74	10.07	10.40	10.73	11.06	11.39	11.72	12.05	12.38	12.71
3.4	9.18	9.52	9.86	10.20	10.54	10.88	11.22	11.56	11.90	12.24	12.58	12.92	13.26
3.5	9.63	9.98	10.33	10.68	11.03	11.38	11.73	11.08	11.43	12.78	13.13	13.48	13.83
3.6	10.08	10.44	10.80	11.16	11.52	11.88	12.24	12.60	12.96	13.32	13.68	14.04	14.40
3.7	10.56	10.92	11.29	11.66	12.06	12.40	12.77	13.14	13.51	13.88	14.25	14.62	14.99
3.8	11.02	11.40	11.78	12.16	12.54	12.92	13.30	13.68	14.06	14.44	14.82	15.20	15.58
3.9	11.51	11.90	12.29	12.68	13.07	13.46	13.85	14.24	14.63	15.02	15.41	15.80	16.19
4.0	12.00	12.40	12.80	13.20	13.60	14.00	14.40	14.80	15.20	15.60	16.00	16.40	16.80
4.1	12.51	12.92	13.33	13.74	14.15	14.56	14.97	15.38	15.79	16.20	16.61	17.02	17.43
4.2	13.02	13.44	13.86	14.28	14.70	15.12	15.54	15.96	16.38	16.80	17.22	17.64	18.06
4.3	13.55	13.98	14.41	14.84	15.27	15.70	16.13	16.56	16.99	17.42	17.85	18.28	18.71
4.4	14.08	14.52	14.96	15.40	15.84	16.28	16.72	17.16	17.60	18.04	18.48	18.92	19.36
4.5	14.63	15.08	15.53	15.98	16.43	16.88	17.33	17.78	18.23	18.68	19.13	19.58	20.03
4.6	15.18	15.64	16.10	16.56	17.02	17.48	17.94	18.40	18.86	19.32	19.78	20.24	20.70
4.7	15.75	16.22	16.69	17.16	17.63	18.10	18.57	19.04	19.51	19.98	20.45	20.92	21.39
4.8	16.32	16.80	17.28	17.76	18.24	18.72	19.20	19.68	20.16	20.64	21.12	21.60	22.08
4.9	16.91	17.40	17.89	18.38	18.87	19.36	19.85	20.34	20.83	21.32	21.81	22.30	22.79
5.0	17.50	18.00	18.50	19.00	19.50	20.00	20.50	21.00	21.50	22.00	22.50	23.00	23.50

续表4.9

槽宽/m	底宽/m											
	2.3	2.4	2.5	2.6	2.7	2.8	2.9	3.0	3.1	3.2	3.3	3.4
	土方量/m³											
1.0	2.80	2.90	3.00	3.10	3.20	3.30	3.40	3.50	3.60	3.70	3.80	3.90
1.1	3.14	3.25	3.36	3.47	3.58	3.69	3.80	3.91	4.02	4.13	4.24	4.35
1.2	3.48	3.60	3.72	3.84	3.96	4.08	4.20	4.32	4.44	4.56	4.68	4.80
1.3	3.84	3.97	4.10	4.23	4.36	4.49	6.62	4.75	4.88	5.01	5.14	5.27
1.4	4.20	4.34	4.48	4.62	4.76	4.90	5.04	5.18	5.32	5.46	5.60	5.74
1.5	4.58	4.73	4.88	5.03	5.18	5.33	5.48	5.63	5.78	5.93	6.08	6.23
1.6	4.96	5.12	5.28	5.44	5.60	5.76	5.92	6.08	6.24	6.40	5.56	6.72
1.7	5.36	5.53	5.70	5.87	6.04	6.21	6.38	6.55	6.72	6.89	7.06	7.23
1.8	5.76	5.94	6.12	6.30	6.48	6.66	6.84	7.02	7.20	7.38	7.56	7.74
1.9	6.18	6.37	6.56	6.75	6.94	7.13	7.32	7.51	7.70	7.89	8.08	8.27
2.0	6.60	6.80	7.00	7.20	7.40	7.60	7.80	8.00	8.20	8.40	8.60	8.80
2.1	7.04	6.25	7.46	7.67	7.88	8.09	8.30	8.51	8.72	8.93	9.14	9.35
2.2	7.48	7.70	7.92	8.14	8.36	8.58	8.80	9.02	9.24	9.46	9.68	9.90
2.3	7.94	8.17	8.40	8.63	8.86	9.09	9.32	9.55	9.78	10.01	10.24	10.47
2.4	8.40	8.64	8.88	9.12	9.36	9.60	9.84	10.08	10.32	10.56	10.80	10.04
2.5	8.88	9.13	9.38	9.63	9.88	10.13	10.38	10.63	10.88	11.13	11.38	11.63
2.6	9.36	9.62	9.88	10.14	10.40	10.66	10.92	11.18	11.44	11.70	11.96	12.22
2.7	9.86	10.13	10.40	10.67	10.94	11.21	11.48	11.75	12.02	12.29	12.56	12.83
2.8	10.36	10.64	10.92	11.20	11.48	11.76	12.04	12.32	12.60	12.88	13.16	13.44
2.9	10.88	11.17	11.46	11.75	12.04	12.33	12.62	12.91	13.20	13.49	13.78	14.07
3.0	11.40	11.70	12.00	12.30	12.60	12.90	13.20	13.50	19.80	14.10	14.40	14.70
3.1	11.94	12.25	12.56	12.87	13.18	13.49	13.80	14.11	14.42	14.73	15.04	15.35
3.2	12.48	12.80	13.12	13.44	13.76	14.08	14.40	14.72	15.04	15.36	15.68	16.00
3.3	13.04	13.37	13.70	14.03	14.36	14.69	15.02	15.35	15.68	16.04	16.34	16.67
3.4	13.60	13.94	14.28	14.62	14.96	15.30	15.64	15.98	16.32	16.66	17.00	17.34
3.5	14.18	14.53	14.88	15.23	15.58	15.93	16.28	16.63	16.98	17.33	17.68	18.03
3.6	14.76	15.12	15.48	15.84	16.20	16.56	16.92	17.28	17.64	18.00	18.36	18.72
3.7	15.36	15.73	16.10	16.47	16.84	17.21	17.58	17.95	18.32	18.69	19.06	19.43
3.8	15.96	16.34	16.72	17.10	17.48	17.86	18.24	18.62	19.00	19.38	19.76	20.14
3.9	16.58	16.97	17.36	17.75	18.14	18.53	18.92	19.31	19.70	20.09	20.48	20.87
4.0	17.20	17.60	18.00	18.40	18.80	19.20	19.00	20.00	20.40	20.80	21.20	21.60
4.1	17.84	18.25	18.66	19.07	19.48	19.89	20.30	20.71	21.12	21.53	21.94	22.35
4.2	18.48	18.90	19.32	19.74	20.16	20.58	21.00	21.42	21.84	22.26	22.68	23.10
4.3	19.14	19.57	20.00	20.43	20.86	21.29	21.72	22.15	22.58	23.01	23.44	23.87
4.4	19.80	20.93	11.38	21.83	22.28	22.73	23.18	23.63	24.08	24.53	24.98	25.43
4.5	20.48	20.93	11.38	21.83	22.28	22.73	23.18	23.63	24.08	24.53	24.98	25.43
4.6	21.16	21.62	22.08	22.54	23.00	23.46	23.92	24.38	24.84	25.30	25.76	26.22
4.7	21.86	22.33	22.80	23.27	23.74	24.21	24.68	25.15	25.62	26.09	26.56	27.30
4.8	22.56	23.04	23.52	24.00	24.48	24.96	25.44	25.92	26.40	26.88	27.36	27.84
4.9	23.28	23.77	24.26	24.75	25.24	25.73	26.22	26.71	27.20	27.69	28.18	28.67
5.0	24.00	24.50	25.00	25.50	26.00	26.50	27.00	27.50	28.00	28.50	29.00	29.50

表4.10 每米沟槽土方数量表(坡度10.67)

槽宽/m	底宽/m												
	1.0	1.1	1.2	1.3	1.4	1.5	1.6	1.7	1.8	1.9	2.0	2.1	2.2
	土方量/m³												
1.0	1.67	1.77	1.87	1.97	2.07	2.17	2.27	2.38	2.47	2.57	2.67	2.77	2.87
1.1	1.91	2.02	2.13	2.24	2.35	2.46	2.57	2.68	2.79	2.90	3.01	3.12	3.23
1.2	2.16	2.28	2.40	2.52	2.64	2.76	2.88	3.00	3.12	3.24	3.36	3.48	3.60
1.3	2.43	2.56	2.69	2.82	2.95	3.08	3.21	3.34	3.47	3.60	3.73	3.86	3.99
1.4	2.71	2.85	2.99	3.13	3.27	3.41	3.55	3.69	3.83	3.97	4.11	4.25	4.30
1.5	3.01	3.16	3.31	3.46	3.61	3.76	3.91	4.06	4.21	4.36	4.51	4.66	4.81
1.6	3.32	3.48	3.64	3.80	3.96	4.12	4.28	4.44	4.60	4.76	4.92	5.08	5.24
1.7	3.64	3.81	3.98	4.15	4.32	4.49	4.66	4.83	5.00	5.17	5.34	5.51	5.58
1.8	3.97	4.15	4.33	4.51	4.69	4.87	5.05	5.23	5.41	5.59	5.77	5.95	6.13
1.9	4.32	4.51	4.70	4.89	5.08	5.27	5.46	5.65	5.84	6.03	6.22	6.41	6.60
2.0	4.68	4.88	5.08	5.28	5.48	5.68	5.88	6.08	6.28	6.48	6.68	6.88	7.08
2.1	5.05	5.26	5.47	5.68	5.89	6.10	6.31	6.52	6.73	6.94	7.15	7.36	7.57
2.2	5.44	5.66	5.88	6.10	6.32	6.54	6.76	6.98	7.20	7.42	7.64	7.86	8.08
2.3	5.84	6.07	6.30	6.53	6.76	6.90	7.22	7.45	7.68	7.91	8.14	8.37	8.60
2.4	6.26	6.50	6.74	6.98	7.22	7.46	7.70	7.94	8.18	8.42	8.60	8.90	9.14
2.5	6.69	6.94	7.19	7.44	7.69	7.94	8.19	8.44	8.69	8.94	9.19	9.44	9.69
2.6	7.13	7.39	7.65	7.91	8.17	8.43	8.69	8.95	9.21	9.47	9.73	9.09	10.25
2.7	7.58	7.85	8.12	8.39	8.66	8.93	9.20	9.47	9.74	10.01	10.28	10.55	10.82
2.8	8.05	8.33	8.61	8.89	9.17	9.45	9.73	10.01	10.29	10.57	10.85	11.13	11.41
2.9	8.53	8.82	9.11	9.40	9.69	9.98	10.27	10.56	10.85	11.14	11.43	11.72	12.01
3.0	9.03	9.33	9.63	9.43	10.23	10.53	10.83	11.13	11.43	11.73	12.03	12.33	12.63
3.1	9.53	9.85	10.16	10.47	10.78	11.08	11.39	11.70	12.00	12.32	12.63	12.94	13.25
3.2	10.06	10.38	10.70	11.02	11.34	11.66	11.98	12.30	12.62	12.94	13.26	13.58	13.90
3.3	10.62	10.93	11.26	11.59	11.92	12.24	12.57	12.90	13.23	13.56	13.89	14.22	14.55
3.4	10.92	11.26	11.60	11.94	12.28	12.85	13.19	13.53	13.87	14.21	14.55	14.89	15.23
3.5	11.71	12.06	12.41	12.76	13.11	13.46	13.81	14.16	14.51	14.86	15.21	15.56	15.91
3.6	12.28	12.64	13.00	13.36	13.72	14.03	14.44	14.80	15.16	15.52	15.88	16.24	16.60
3.7	12.87	13.24	13.61	13.98	14.35	14.72	15.09	15.46	15.83	16.20	16.57	16.94	17.31
3.8	13.47	13.85	14.23	14.61	14.99	15.37	15.75	16.13	16.51	16.89	17.27	17.65	18.03
3.9	14.09	14.48	14.87	15.26	15.65	16.05	16.44	16.83	17.22	17.61	18.00	18.39	18.78
4.0	14.72	15.12	15.52	15.92	16.32	16.72	17.12	17.52	17.92	18.32	18.72	19.12	19.52
4.1	15.36	15.77	16.18	16.59	17.00	17.41	17.82	18.23	18.64	19.05	19.46	19.87	20.28
4.2	16.01	16.43	16.85	17.28	17.70	18.12	18.54	18.96	19.38	19.80	20.22	20.64	21.06
4.3	16.69	17.12	17.55	17.98	18.41	18.84	19.27	19.70	20.13	20.56	20.99	21.42	21.85
4.4	17.37	17.81	18.25	18.69	19.13	19.57	20.01	20.45	20.89	21.33	21.77	22.21	22.65
4.5	18.07	18.52	18.97	19.42	19.87	20.32	20.77	21.22	21.67	22.12	22.57	23.02	23.47
4.6	18.78	19.24	19.70	20.16	20.62	21.08	21.54	22.00	22.46	22.92	23.38	23.84	24.30
4.7	19.50	19.67	20.44	20.91	21.38	21.85	22.32	22.79	23.26	23.73	24.20	24.67	25.14
4.8	20.24	20.72	21.20	21.68	22.16	22.64	23.12	23.60	24.08	24.56	25.04	25.52	26.00
4.9	20.99	21.48	21.97	22.46	22.95	23.44	23.33	24.42	24.91	25.40	25.89	26.38	26.87
5.0	21.75	22.25	22.75	23.25	23.75	24.25	24.75	25.25	25.75	26.25	26.75	27.25	27.75

续表 4.10

槽宽/m	底宽/m											
	2.3	2.4	2.5	2.6	2.7	2.8	2.9	3.0	3.1	3.2	3.3	3.4
	土方量/m³											
1.0	2.97	3.07	3.17	3.27	3.39	3.47	3.57	3.67	3.77	3.87	3.97	4.07
1.1	3.34	3.45	3.56	3.67	3.78	3.89	4.00	4.11	4.22	4.33	4.14	4.55
1.2	3.72	3.84	3.96	4.08	4.20	4.32	4.44	4.56	4.68	4.80	4.92	5.04
1.3	4.12	4.25	4.38	4.51	4.64	4.77	4.90	5.03	5.16	5.29	5.42	5.55
1.4	4.53	4.67	4.81	4.99	5.09	4.23	5.37	5.51	5.65	5.79	5.93	6.07
1.5	4.96	5.11	5.26	5.41	5.56	5.71	5.86	6.01	6.16	6.31	6.46	6.61
1.6	5.40	5.56	5.72	5.88	6.04	6.20	6.26	6.52	6.68	6.84	7.00	7.16
1.7	5.85	6.02	6.19	6.36	6.63	6.70	6.87	7.04	7.21	7.38	7.55	7.72
1.8	6.31	6.49	6.67	6.85	7.03	7.21	7.39	7.57	7.75	7.93	8.11	8.29
1.9	6.79	6.98	7.17	7.36	7.55	7.74	7.93	8.12	8.31	8.50	8.69	8.88
2.0	7.28	7.48	7.68	7.88	8.08	8.28	8.48	8.68	8.88	9.08	9.28	9.48
2.1	7.78	7.99	8.20	8.41	8.62	8.83	9.04	9.25	9.46	9.67	9.88	10.09
2.2	8.30	8.52	8.74	8.96	9.18	9.40	9.62	9.84	10.06	10.28	10.50	10.72
2.3	8.83	9.04	9.29	9.52	9.75	9.85	10.21	10.44	10.67	10.90	11.13	11.36
2.4	9.38	9.62	9.85	10.10	10.34	10.58	10.82	11.06	11.30	11.54	11.78	12.02
2.5	9.94	10.19	10.44	10.69	10.94	11.19	11.44	11.69	11.94	12.19	12.44	13.60
2.6	10.51	10.77	11.03	11.29	11.55	11.81	12.07	12.33	12.59	12.85	13.11	13.37
2.7	11.09	11.36	11.63	11.90	12.17	12.44	12.71	12.98	13.25	13.52	13.79	14.06
2.8	11.69	11.97	12.25	12.53	12.81	13.09	13.37	13.65	13.96	14.21	14.49	14.77
2.9	12.30	12.59	12.88	13.17	13.46	13.75	14.04	14.33	14.62	14.91	15.20	15.49
3.0	12.93	13.23	13.53	13.83	14.13	14.43	14.73	15.03	15.33	15.63	15.93	16.23
3.1	13.56	13.87	14.18	14.49	14.80	15.11	15.42	15.73	16.04	16.35	16.66	16.97
3.2	14.22	14.54	14.86	15.18	15.50	15.82	16.14	16.46	16.78	17.10	17.42	17.74
3.3	14.88	15.21	15.54	15.87	16.20	16.53	16.86	17.19	17.52	17.85	18.18	18.51
3.4	15.57	15.91	16.25	16.59	16.93	17.27	17.61	17.95	18.29	18.63	18.97	19.31
3.5	16.26	16.61	16.96	17.31	17.66	18.01	18.36	18.71	19.06	19.41	19.76	20.11
3.6	16.96	17.32	17.68	18.04	18.40	18.76	19.12	19.48	19.84	20.20	20.56	20.92
3.7	17.68	18.05	18.42	18.79	19.16	19.53	19.20	20.27	20.64	21.01	21.38	21.75
3.8	18.41	18.79	19.17	19.55	19.93	20.31	20.69	21.07	21.45	21.83	22.21	22.59
3.9	19.17	19.56	19.95	20.34	20.73	21.12	21.51	21.90	22.29	22.68	23.07	22.46
4.0	19.92	20.32	20.72	21.12	21.52	21.92	22.32	22.72	23.12	23.52	23.92	24.32
4.1	20.69	21.10	21.51	21.92	22.33	22.74	23.15	23.55	23.96	24.38	24.79	25.20
4.2	21.48	21.90	22.32	22.74	23.16	23.58	24.00	24.42	24.84	25.26	25.68	26.10
4.3	22.28	22.71	23.14	23.57	24.00	24.43	24.86	25.29	25.72	26.12	26.58	27.01
4.4	23.09	23.53	23.97	24.41	24.85	25.29	25.73	26.17	26.61	27.05	27.49	27.93
4.5	23.92	24.37	24.82	25.27	26.72	26.17	26.62	27.07	27.52	27.97	28.42	28.87
4.6	24.76	25.22	25.68	26.14	26.60	27.06	27.52	27.97	28.43	28.89	29.35	29.81
4.7	25.61	26.08	26.55	27.02	27.49	27.96	28.43	28.90	29.37	29.84	30.31	30.78
4.8	26.48	26.96	27.44	27.92	28.40	28.88	29.36	29.83	30.32	30.80	31.28	31.76
4.9	27.36	27.85	28.34	28.83	29.32	29.81	30.30	30.79	31.28	31.77	32.26	32.75
5.0	28.25	28.75	29.25	29.75	30.25	30.75	31.25	31.75	32.25	32.75	33.25	33.75

表4.11 每米沟槽土方数量表(坡度10:75)

槽宽/m	底宽/m												
	1.0	1.1	1.2	1.3	1.4	1.5	1.6	1.7	1.8	1.9	2.0	2.1	2.2
	土方量/m³												
1.0	1.75	1.85	1.95	2.05	2.15	2.25	2.35	2.45	2.55	2.65	2.75	2.85	2.95
1.1	2.01	2.12	2.23	2.34	2.45	2.56	2.67	2.78	2.89	3.00	3.11	3.21	3.33
1.2	2.28	2.40	2.52	2.64	2.76	2.88	3.00	3.12	3.24	3.36	3.48	3.60	3.72
1.3	2.57	2.70	2.83	2.96	3.09	3.22	3.35	3.48	3.61	3.74	3.87	4.00	4.13
1.4	2.87	3.01	3.15	3.29	3.43	3.57	3.71	3.85	3.99	4.13	4.27	4.41	4.55
1.5	3.19	3.34	3.49	3.64	3.79	3.94	4.09	4.24	4.39	4.54	4.69	4.84	4.99
1.6	3.52	3.68	3.84	4.00	4.16	4.32	4.48	4.64	4.80	4.91	5.12	5.28	5.44
1.7	3.87	4.04	4.21	4.38	4.55	4.72	4.89	5.06	5.23	5.40	5.57	5.74	5.91
1.8	4.23	4.41	4.59	4.77	4.95	5.13	5.31	5.49	5.67	5.85	6.03	6.21	6.39
1.9	4.61	4.80	4.99	5.18	5.37	5.56	5.75	5.94	6.13	6.32	6.51	6.70	6.89
2.0	5.00	5.20	5.40	5.60	5.80	6.00	6.20	6.40	6.60	6.80	7.00	7.20	7.40
2.1	5.41	5.62	5.83	6.04	6.25	6.46	6.67	6.88	7.09	7.30	7.51	7.72	7.93
2.2	5.83	6.05	6.27	6.49	6.71	6.93	7.15	7.37	7.59	7.81	8.03	8.25	8.47
2.3	6.27	6.50	6.73	6.96	7.19	7.42	7.65	7.88	8.11	8.34	8.57	8.80	9.03
2.4	6.72	6.96	7.20	7.44	7.68	7.92	8.16	8.40	8.64	8.88	9.12	9.36	9.60
2.5	7.19	7.44	7.69	7.94	8.19	8.44	8.69	8.94	9.19	9.44	9.69	9.94	10.19
2.6	7.69	7.93	8.19	8.45	8.71	8.97	9.23	9.49	9.75	10.01	10.27	10.53	10.79
2.7	8.17	8.44	8.17	8.98	9.25	9.52	9.79	10.06	10.33	10.60	10.87	11.14	11.44
2.8	8.68	8.96	9.24	9.52	9.80	10.08	10.36	10.64	10.92	11.20	11.48	11.76	12.04
2.9	9.21	9.50	9.79	10.08	10.37	10.66	10.95	11.24	11.53	11.82	12.11	12.40	12.69
3.0	9.75	10.05	10.35	10.65	10.95	11.25	11.55	11.85	12.15	12.45	12.75	13.05	13.35
3.1	10.31	10.62	10.93	11.24	11.55	11.86	12.17	12.48	12.79	13.10	13.41	13.72	14.03
3.2	10.88	11.20	11.52	11.84	12.16	12.48	12.80	13.12	13.44	13.76	14.08	14.40	14.72
3.3	11.47	11.80	12.13	12.46	12.79	13.12	13.45	13.78	14.11	14.44	14.77	15.10	15.43
3.4	12.07	12.41	12.75	13.09	13.43	13.77	14.11	14.45	14.79	15.13	15.47	15.81	16.15
3.5	12.69	13.04	13.39	13.74	14.09	14.44	14.79	15.14	15.49	15.84	16.19	16.54	16.89
3.6	13.32	13.68	14.04	14.40	14.76	15.12	15.48	15.84	16.20	16.56	16.92	17.28	17.64
3.7	13.97	14.34	14.71	15.08	15.45	15.82	16.19	16.56	16.93	17.30	17.67	18.04	18.41
3.8	14.63	15.01	15.39	15.77	16.15	16.53	16.91	17.29	17.67	18.05	18.43	18.81	19.19
3.9	15.31	15.70	16.09	16.48	16.87	17.26	17.65	18.04	18.43	18.82	19.21	19.60	19.99
4.0	16.00	16.40	16.80	17.20	17.60	18.00	18.40	18.80	19.20	19.60	20.00	20.40	20.80
4.1	16.71	17.12	17.53	17.94	18.35	18.76	19.17	19.58	19.99	20.40	20.81	21.22	21.63
4.2	17.43	17.85	18.27	18.69	19.11	19.53	19.95	20.37	20.79	21.21	21.63	22.05	22.47
4.3	18.17	18.60	19.03	19.46	19.89	20.32	20.75	21.18	21.61	22.04	22.47	22.90	23.33
4.4	18.92	19.36	19.80	20.24	20.68	21.12	21.56	22.00	22.44	22.88	23.32	23.76	24.20
4.5	19.69	20.14	20.59	21.04	21.49	21.94	22.39	22.84	23.29	23.74	24.19	24.64	25.09
4.6	20.47	20.93	21.39	21.85	22.31	22.77	23.23	23.69	24.15	24.61	25.07	25.53	25.99
4.7	21.27	21.74	22.21	22.68	23.15	23.62	24.09	24.56	25.03	25.50	25.97	26.44	26.91
4.8	22.08	22.56	23.04	23.52	24.00	24.48	24.96	25.44	25.92	26.40	26.88	27.36	27.84
4.9	22.91	23.40	23.89	24.38	24.87	25.36	25.85	26.34	26.83	27.32	27.81	28.30	28.79
5.0	23.75	24.25	24.75	25.25	25.75	26.25	26.75	27.25	27.75	28.25	28.75	29.25	29.75

续表4.11

槽宽/m	底宽/m											
	2.3	2.4	2.5	2.6	2.7	2.8	2.9	3.0	3.1	3.2	3.3	3.4
	土方量/m³											
1.0	3.05	3.15	3.25	3.35	3.45	3.55	3.65	3.75	3.85	3.95	4.05	4.15
1.1	3.44	3.55	3.66	3.77	3.88	3.99	4.10	4.21	4.32	4.43	4.54	4.65
1.2	3.84	3.96	4.08	4.20	4.32	4.44	4.56	4.68	4.80	4.92	5.04	5.16
1.3	4.26	4.39	4.52	4.65	4.78	4.91	5.04	5.17	5.30	5.43	5.56	5.69
1.4	4.69	4.83	4.97	5.11	5.25	5.39	5.53	5.67	5.81	5.95	6.09	6.23
1.5	5.14	5.29	5.44	5.59	5.74	5.89	6.04	6.19	6.34	5.49	6.64	6.79
1.6	5.60	5.76	5.92	6.08	6.24	6.40	6.56	6.72	6.88	7.04	7.20	7.36
1.7	6.08	6.25	6.42	6.59	6.76	6.93	7.10	7.27	7.44	7.61	7.78	7.95
1.8	6.57	6.75	6.93	7.11	7.29	7.47	7.65	7.83	8.01	8.19	8.37	8.55
1.9	7.08	7.27	7.46	7.65	7.84	8.03	8.22	8.41	8.60	8.79	8.98	9.17
2.0	7.60	7.80	8.00	8.20	8.40	8.60	8.80	9.00	9.20	9.40	9.60	9.80
2.1	8.14	8.35	8.56	8.77	8.98	9.19	9.40	9.61	9.82	10.03	10.24	10.45
2.2	8.69	8.91	9.13	9.35	9.57	9.79	10.01	10.23	10.45	10.67	10.89	11.11
2.3	9.26	9.49	9.72	9.95	10.18	10.41	10.64	10.87	11.10	11.33	1.56	11.79
2.4	9.84	10.08	10.32	10.56	10.80	11.04	11.28	11.52	11.76	12.00	12.24	12.48
2.5	10.44	10.69	10.94	11.19	11.44	11.69	11.94	12.19	12.44	12.69	12.94	13.19
2.6	11.05	11.31	11.57	11.83	12.09	12.35	12.61	12.87	13.13	13.39	13.65	13.91
2.7	11.68	11.95	12.22	12.49	12.76	13.03	13.30	13.57	13.84	14.11	14.38	14.65
2.8	12.32	12.60	12.88	13.16	13.44	13.72	14.00	14.28	14.56	14.84	15.12	15.40
2.9	12.98	13.27	13.56	13.85	14.14	14.43	14.72	15.01	15.30	15.59	15.88	16.17
3.0	13.65	13.95	14.25	14.55	14.85	15.15	15.45	15.75	16.05	16.35	16.65	16.95
3.1	14.34	14.65	16.96	15.27	15.58	15.79	16.20	16.51	16.82	17.13	17.44	17.75
3.2	15.04	15.36	15.68	16.00	16.32	16.64	16.96	17.28	17.60	17.92	18.24	18.56
3.3	15.76	16.09	16.42	16.75	17.08	17.41	17.74	18.07	18.40	18.73	19.06	19.39
3.4	16.49	16.83	17.17	17.51	17.85	18.19	18.53	18.87	19.21	19.55	19.89	20.23
3.5	17.24	17.59	17.94	18.29	18.64	18.99	19.34	19.69	20.04	20.39	20.74	21.09
3.6	18.00	18.36	18.72	19.08	19.44	19.80	20.16	20.52	20.88	21.24	21.60	21.96
3.7	18.78	19.15	19.52	19.89	20.26	20.63	21.00	21.37	21.74	22.11	22.48	22.85
3.8	19.57	19.95	20.33	20.71	21.09	21.47	21.85	22.23	22.61	22.99	23.37	23.75
3.9	20.38	20.77	21.16	21.55	21.94	22.33	22.72	23.11	23.50	23.89	24.28	24.67
4.0	21.20	21.60	22.00	22.40	22.80	23.20	23.60	24.00	24.40	24.80	25.20	25.60
4.1	22.04	22.45	22.86	23.27	23.68	24.09	24.50	24.91	25.32	25.73	26.14	26.55
4.2	22.89	23.31	23.73	24.15	24.57	24.99	25.41	25.83	26.25	26.67	27.09	27.51
4.3	23.76	24.19	24.62	25.05	25.48	25.91	26.34	26.77	27.20	27.63	28.06	28.49
4.4	24.64	25.08	25.52	25.96	26.40	26.84	27.28	27.72	28.16	28.60	29.04	29.48
4.5	25.54	25.99	26.44	26.89	27.34	27.79	28.24	28.69	29.14	29.59	30.04	30.49
4.6	26.45	26.91	27.37	27.83	28.29	28.75	29.21	29.67	30.13	30.59	31.05	31.51
4.7	27.85	28.32	28.79	29.26	29.73	30.20	30.67	31.14	31.61	31.61	32.08	32.55
4.8	28.32	28.80	29.28	29.76	30.24	30.72	31.20	31.68	32.16	32.64	33.12	33.60
4.9	29.28	29.77	30.26	30.75	31.24	31.73	32.22	32.71	33.20	33.69	34.18	34.67
5.0	30.25	30.75	31.25	31.75	32.25	32.75	33.25	33.75	34.25	34.75	35.25	35.75

表4.12 每米沟槽土方数量表(坡度:11)

槽宽/m	底宽/m												
	1.0	1.1	1.2	1.3	1.4	1.5	1.6	1.7	1.8	1.9	2.0	2.1	2.2
	土方量/m³												
1.0	2.00	2.10	2.20	2.30	2.40	2.50	2.60	2.70	2.80	2.90	3.00	3.10	3.20
1.1	2.31	2.42	2.53	2.64	2.75	2.86	2.97	2.08	3.19	3.30	3.41	3.52	3.68
1.2	2.64	2.76	2.88	3.00	3.12	3.24	3.36	3.48	3.60	3.72	3.84	3.96	4.03
1.3	2.99	3.12	3.25	3.38	3.51	3.64	3.77	3.90	4.03	4.16	4.29	4.42	4.55
1.4	3.36	3.50	3.64	3.78	3.92	4.06	4.20	4.34	4.48	4.62	4.76	4.90	5.04
1.5	3.75	3.90	4.05	4.20	4.35	4.50	6.65	4.80	4.95	5.10	5.25	5.40	5.55
1.6	4.16	4.32	4.48	4.64	4.80	4.96	5.12	5.28	5.44	5.60	5.76	5.92	6.08
1.7	4.59	4.76	4.93	5.10	5.27	5.44	5.61	5.78	5.95	6.12	6.29	6.46	6.63
1.8	5.04	5.22	5.40	5.58	5.76	5.94	5.12	6.30	6.48	6.66	6.84	7.02	7.20
1.9	5.51	5.70	5.89	6.08	6.27	6.46	6.65	6.84	7.03	7.22	7.41	7.60	7.79
2.0	6.00	6.20	6.40	6.60	6.80	7.00	7.20	7.40	7.60	7.80	8.00	8.20	8.40
2.1	6.51	6.72	6.93	7.14	7.35	7.56	7.77	7.98	8.19	8.40	8.61	8.82	9.03
2.2	7.04	7.26	7.48	7.70	7.92	8.14	8.36	8.58	8.80	9.02	9.24	9.46	9.68
2.3	7.59	7.82	8.05	8.28	8.51	8.74	8.97	9.20	9.43	9.66	9.89	10.12	10.35
2.4	8.16	8.40	8.64	8.88	9.12	9.36	9.60	9.84	10.08	10.32	10.56	10.80	11.04
2.5	8.75	9.00	9.25	9.50	9.75	10.00	10.25	10.50	10.75	11.00	11.25	11.50	11.75
2.6	9.36	9.63	9.88	10.14	10.40	10.66	10.92	11.18	11.44	11.70	11.96	12.22	12.48
2.7	9.99	10.26	10.53	10.80	11.07	11.34	11.61	11.88	12.15	12.42	12.69	12.96	13.23
2.8	10.64	10.92	11.20	11.48	11.76	12.04	12.32	12.60	12.80	13.16	13.44	13.72	14.00
2.9	11.31	11.60	11.89	12.18	12.47	12.76	13.05	13.34	13.63	13.92	14.21	14.50	14.79
3.0	12.00	12.30	12.60	12.90	13.20	13.50	13.80	14.10	14.40	14.70	15.00	15.30	15.60
3.1	12.71	13.02	13.33	13.64	13.95	14.26	14.57	14.88	15.19	15.50	15.81	16.12	16.43
3.2	13.44	13.76	14.08	14.40	14.72	15.04	15.36	15.68	16.00	16.32	16.64	16.96	17.28
3.3	14.19	14.52	16.85	15.18	15.51	18.84	16.17	16.50	16.83	17.16	17.49	17.82	18.15
3.4	14.96	15.30	15.64	15.98	16.32	16.66	17.00	17.34	17.68	18.02	18.36	18.70	19.04
3.5	15.75	16.10	16.45	16.80	17.15	17.50	17.85	18.20	18.55	18.90	19.25	19.60	19.95
3.6	16.56	16.92	17.28	17.64	18.00	18.36	18.72	19.08	19.44	19.80	20.16	20.52	20.88
3.7	17.39	17.76	18.13	18.50	18.87	19.24	19.61	19.98	20.35	20.77	21.09	21.46	21.83
3.8	18.24	18.62	19.00	19.38	19.76	20.14	20.52	20.90	21.28	21.66	22.04	22.42	22.80
3.9	19.11	19.50	19.89	20.28	20.67	21.06	21.45	21.84	22.23	22.62	22.01	23.40	23.79
4.0	20.20	20.40	20.80	21.20	20.60	22.00	22.40	22.80	23.20	23.60	24.00	24.40	24.80
4.1	20.91	21.32	21.73	22.14	22.55	22.96	23.37	23.78	24.19	24.60	25.01	25.42	25.83
4.2	21.84	22.26	22.68	23.10	23.52	23.94	24.36	24.78	25.20	25.62	26.04	26.46	26.88
4.3	22.79	23.22	23.65	24.08	24.51	24.94	25.37	25.80	26.23	26.66	27.09	27.52	27.95
4.4	23.76	24.20	24.64	25.08	25.52	25.96	26.40	26.84	27.28	27.72	28.16	28.60	29.04
4.5	24.75	25.20	25.65	26.10	26.55	27.00	27.45	27.90	28.35	28.80	29.25	29.70	30.15
4.6	25.76	26.22	26.68	27.14	27.60	28.06	28.52	28.98	29.44	29.90	30.36	30.82	31.28
4.7	26.79	27.26	27.73	28.20	28.67	29.14	29.61	30.08	30.55	31.02	31.49	31.96	32.43
4.8	27.84	28.32	28.80	29.28	29.76	30.24	30.72	31.20	31.68	32.16	32.64	33.12	33.60
4.9	28.91	29.40	29.89	30.38	30.87	31.36	31.85	32.34	32.83	32.32	33.81	34.30	34.79
5.0	30.00	30.50	31.00	31.50	32.00	32.50	33.00	33.50	34.00	34.50	35.00	35.50	36.00

续表4.12

槽宽/m	底宽/m											
	2.3	2.4	2.5	2.6	2.7	2.8	2.9	3.0	3.1	3.2	3.3	3.4
	土方量/m³											
1.0	3.30	3.40	3.50	3.60	3.70	3.80	3.90	4.00	4.10	4.20	4.30	4.40
1.1	3.74	3.85	3.96	4.07	4.18	4.29	4.40	4.51	4.62	4.73	4.84	4.95
1.2	4.20	4.32	4.44	4.56	4.68	4.80	4.92	5.04	5.16	5.28	5.40	5.52
1.3	4.68	4.81	4.94	5.07	5.20	5.33	5.46	5.59	5.72	5.85	5.98	6.11
1.4	5.18	5.32	5.46	5.60	5.74	5.88	6.02	6.16	6.30	6.44	6.58	6.72
1.5	5.70	5.85	6.00	6.15	6.30	6.45	6.60	6.75	6.90	7.05	7.20	7.35
1.6	6.24	6.40	6.56	6.72	6.88	7.04	7.20	7.36	7.52	7.68	7.84	8.00
1.7	6.80	6.97	7.14	7.31	7.48	7.65	7.82	7.99	8.16	8.33	8.50	8.67
1.8	7.38	7.56	7.74	7.92	8.10	8.28	8.46	8.64	8.82	9.00	9.18	9.36
1.9	7.98	8.17	8.36	8.55	8.74	8.93	9.12	9.31	9.50	9.69	9.88	10.07
2.0	8.60	8.80	9.00	9.20	9.40	9.60	.80	10.00	10.20	10.40	10.60	10.80
2.1	9.24	9.45	9.66	9.87	10.08	10.29	10.50	10.71	10.92	11.13	11.34	11.55
2.2	9.90	10.12	10.34	10.56	10.78	11.00	11.22	11.44	11.66	11.88	12.10	12.32
2.3	10.58	10.81	11.04	11.27	11.50	11.73	11.96	12.19	12.42	12.65	12.88	13.11
2.4	11.28	11.52	11.76	12.00	12.24	12.48	12.72	12.96	13.20	13.44	13.68	13.92
2.5	12.00	12.25	12.50	12.75	13.00	13.25	13.50	13.75	14.00	14.25	14.50	14.75
2.6	12.74	13.00	13.26	13.52	13.78	14.04	14.30	14.56	14.82	15.08	15.34	15.60
2.7	13.50	13.77	14.04	14.31	14.58	14.85	15.12	15.39	15.66	15.93	16.20	16.47
2.8	14.28	14.56	14.84	15.12	15.40	15.68	15.96	16.24	16.52	16.80	17.08	17.36
2.9	15.08	15.37	15.66	15.95	16.24	16.53	16.82	17.11	17.40	17.69	17.98	18.27
3.0	15.90	16.20	16.50	16.80	17.10	17.40	17.70	18.00	18.30	18.60	18.90	19.20
3.1	16.74	17.05	17.36	17.67	17.98	18.29	18.60	18.91	19.22	19.53	19.84	20.15
3.2	17.60	17.92	18.24	18.56	18.88	19.20	19.52	19.84	20.16	20.48	20.80	21.12
3.3	18.48	18.81	19.14	19.47	19.80	20.13	20.46	20.79	21.12	21.45	21.78	22.11
3.4	19.38	19.72	20.06	20.40	20.74	21.08	21.42	21.76	22.10	22.44	22.78	23.12
3.5	20.30	20.65	21.00	21.35	21.70	22.05	22.40	22.75	23.10	23.45	23.80	24.15
3.6	21.24	21.60	21.96	22.32	22.68	23.04	23.40	23.76	24.12	24.48	24.84	25.20
3.7	22.20	22.57	22.94	23.31	23.68	24.05	24.42	24.79	25.16	25.53	25.90	26.27
3.8	23.18	23.56	23.94	24.32	24.70	25.08	25.46	25.84	26.22	26.60	26.98	27.36
3.9	24.18	24.57	24.96	25.35	25.74	26.13	26.52	26.91	27.30	27.69	28.08	28.47
4.0	25.20	25.60	25.00	26.40	26.80	27.20	27.60	28.00	28.40	28.80	29.20	29.60
4.1	26.24	26.65	27.06	27.47	27.88	28.29	28.70	29.11	29.52	29.93	30.34	30.75
4.2	27.30	27.72	28.14	28.56	28.98	29.40	29.82	30.24	30.66	31.80	31.50	31.92
4.3	28.38	28.81	29.24	29.67	30.10	30.53	30.96	31.39	31.82	32.25	32.68	33.11
4.4	29.48	29.92	30.36	30.80	31.24	31.68	32.12	32.56	33.00	33.44	33.88	34.32
4.5	30.60	31.05	31.50	31.95	32.40	32.85	33.30	33.75	34.20	34.65	35.10	35.55
4.6	31.74	32.20	32.66	33.12	33.58	34.04	34.50	34.96	35.42	35.88	36.34	36.80
4.7	32.90	33.37	33.84	34.31	34.78	35.25	35.72	36.19	36.66	37.13	37.60	37.07
4.8	34.08	34.56	35.04	35.52	36.00	36.48	36.96	37.44	37.92	38.40	38.88	39.36
4.9	35.28	35.77	36.36	36.75	37.24	37.73	38.22	38.71	39.20	39.69	40.18	40.67
5.0	36.50	37.00	37.50	38.00	35.80	39.00	39.50	40.00	40.50	41.00	41.50	42.00

【例 题】

◆ 例 4-1

某沟槽如图 4.1 所示,土质为四类土,采用人工挖土,槽长 27 m,试计算该沟槽的挖土方定额工程量。

【解】

定额工程量:

根据定额工程量计算规则,沟槽底宽在 3 m 以外,坑底面积在 20 m² 以上,应按挖土方计算。

已知放坡系数:$k = 0.25$

$V/\text{m}^3 = (2.1 \times 0.25 + 7.5) \times 2.1 \times 27 = 455.02$

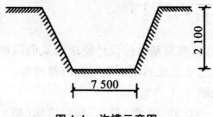

图 4.1 沟槽示意图

◆ 例 4-2

某市政工程在铺设管网时,将两条管道同槽不同底进行敷设,沟槽的断面形式如图 4.2 所示,沟槽长 600 m,计算该沟槽的挖土方及回填土定额工程量(三类土,填方密实度 98%)。

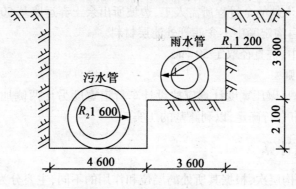

图 4.2 联合沟槽断面图

【解】

定额工程量:

(1)挖土工程量:

$V_1/\text{m}^3 = [3.6 \times 600 \times 3.8 + 4.6 \times 600 \times (2.1 + 3.8)] \times 1.075 = 26\,328.9$

(2)填土方工程量:

$V_2/\text{m}^3 = 26\,328.9 - (3.14 \times 1.2^2 + 3.14 \times 1.6^2) \times 600 = 18\,792.9$

4.2 道路工程工程量计算

【基　　础】

◆ **定额适用范围**

《全国统一市政工程预算定额》第二册"道路工程"包括路床(槽)整形、道路基层、道路面层、人行道侧缘石及其他,共四章350个子目。

《全国统一市政工程预算定额》第二册"道路工程"适用于城镇基础设施中的新建和扩建工程。

◆ **路床(槽)整形工程量计算**

路床(槽)是指为铺筑路面,在路基上按设计要求修筑的浅槽。它分为挖槽、培槽等几种形式。路床(槽)整形是指对已修筑成的槽所进行整形修理等。

1. 路床(槽)整形定额说明

(1)"道路工程"定额第一章"路床(槽)整形"包括路床(槽)整形、路基盲沟、基础弹软处理、铺筑垫层料等共计39个子目。

(2)路床(槽)整形项目的内容包括平均厚度10 cm以内的人工挖高填低、整平路床,使之形成设计要求的纵横坡度,并应经压路机碾压密实。

(3)边沟成型,综合考虑了边沟挖土的土类和边沟两侧边坡培整面积所需的挖土、培土、修整边坡及余土抛出沟外的全过程所需人工,边坡所出余土弃运路基50 m以外。

(4)混凝土滤管盲沟定额中不含滤管外滤层材料。

(5)粉喷桩定额中,桩直径取定50 cm。

2. 工程量计算规则

道路工程路床(槽)碾压宽度计算应按设计车行道宽度另计两侧加宽值,加宽值的宽度由各省自治区、直辖市自行确定,以利路基的压实。

◆ **道路基层工程量计算**

城镇道路路面结构层次,根据其所处的层位和作用的不同,主要分为如图4.3所示几种。

第4章 市政工程定额工程量计算规则及应用

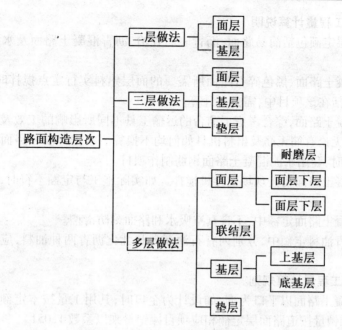

图4.3 城镇道路路面构造层次图

图4.3所示"基层",是指设在面层以下的结构层。它的功能主要是承受由面层传递的车辆荷载,并将荷载分布到垫层或土基上。若基层分为多层,其最下面的一层称"底基层"。

1. 道路基层工程量计算说明

(1)道路基层定额包括各种级配的多合土基层共计195个子目。

(2)石灰土基、多合土基、多层次铺筑时,其基础顶层需进行养生,养生期按7 d考虑,其用水量已综合在顶层多合土养生定额内,使用时不得重复计算用水量。

(3)各种材料的底基层材料消耗中不包括水的使用量,当作为面层封顶时如需加水碾压,加水量由各省、自治区、直辖市自行确定。

(4)多合土基层中各种材料是按常用的配合比编制的,当设计配合比与定额不符时,有关的材料消耗量可由各省、自治区、直辖市另行调整,但人工和机械台班的消耗不得调整。

(5)石灰土基层中的石灰均为生石灰的消耗量,土为松方用量。

(6)道路基层定额中设有"每增减"的子目,适用于压实厚度20 cm以内。压实厚度在20 cm以上应按两层结构层铺筑。

2. 道路基层工程量计算规则

(1)道路工程路基应按设计车行道宽度另计两侧加宽值,加宽值的宽度由各省、自治区、直辖市自行确定。

(2)道路工程石灰土、多合土养生面积计算,按设计基层、顶层的面积计算。

(3)道路基层计算不扣除各种井位所占的面积。

(4)道路工程的侧缘(平)石、树池等项目以延米计算,包括各转弯处的弧形长度。

◆道路面层工程量计算

面层是指直接承受车辆荷载及自然因素的影响,并将荷载传递到基层的路面结构层。不同材料的面层,它的耐磨程度、美观程度、对车辆轮胎磨损程度和行车速度等都有影响。

1. 道路面层工程量计算说明

(1)道路面层定额包括简易路面、沥青表面处治、沥青混凝土路面及水泥混凝土路面等71个子目。

(2)沥青混凝土路面、黑色碎石路面所需要的面层熟料实行定点搅拌时,其运至作业面所需的运费不包括在该项目中,需另行计算。

(3)水泥混凝土路面,综合考虑了前台的运输工具不同所影响的工效及有筋无筋等不同的工效。施工中无论有筋无筋及出料机具如何均不换算。水泥混凝土路面中未包括钢筋用量。如设计有筋时,套用水泥混凝土路面钢筋制作项目。

(4)水泥混凝土路面均按现场搅拌机搅拌。如实际施工与定额不符时,由各省、自治区、直辖市另行调整。

(5)水泥混凝土路面定额中,不含真空吸水和路面刻防滑槽。

(6)喷洒沥青油料定额中,分别列有石油沥青和乳化沥青两种油料,应根据设计要求套用相应项目。

2. 道路面层工程量计算规则

(1)水泥混凝土路面以平口为准,如设计为企口时,其用工量按本定额相应项目乘以系数1.01。木材摊销量按道路面层定额相应项目摊销量乘以系数1.051。

(2)道路工程沥青混凝土、水泥混凝土及其他类型路面工程量以设计长乘以设计宽计算(包括转弯面积),不扣除各类井所占面积。

(3)伸缩缝以面积为计量单位。此面积为缝的断面积,即设计宽×设计厚。

(4)道路面层按设计图所示面积(带平石的面层应扣除平石面积)以 m^2 计算。

◆人行道侧缘石及其他工程量计算

道路用侧缘石(图4.4)或护栏及其他类似设施加以分隔的专门供行人行走的部分道路称人行道。

人行道侧缘石及其他定额包括人行道板、侧石(立缘石)、花砖安砌等45个子目。

人行道侧缘石及其他定额中的所采用的人行道板、侧石(立缘石)、花砖等砌料及垫层如与设计不同时,材料量可按设计要求另计其用量,但人工不变。

人行道板安砌、异型彩色花砖安砌工程量按实铺面积以"m^2"计算,侧缘石垫层区分不同材料按体积"m^3"计算,侧缘安砌按图示尺寸以延长米(m)计算,消解石灰按质量"t"计算。

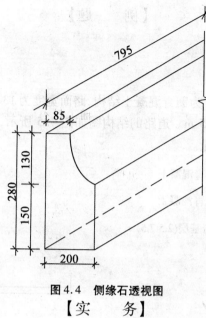

图 4.4 侧缘石透视图

【实　务】

◆路面配合比计算常用数据

1. 沥青混凝土路面配合比表

沥青混凝土路面配合比表见表 4.13。

表 4.13　沥青混凝土路面配合比表

名称	规格	矿料配合比/%					沥青用量/%外加	单位重/(t·m^{-3})
		碎石 10~30 mm	碎石 5~20 mm	碎石 2~10 mm	粗砂	矿粉		
粗粒式沥青碎石	LS-30	58	—	25	17	—	3.2±5	2.28
粗粒式沥青混凝土	LH-30	35	—	24	36	5	4.2±5	2.36
中粒式沥青混凝土	LH-20	—	38	29	28	5	4.3±5	2.35
细粒式沥青混凝土	LH-10	—	—	48	44	8	5.1±5	2.30

2. 水泥混凝土路面配合比表

水泥混凝土路面配合比表见表 4.14。

表 4.14　水泥混凝土路面配合比表

混凝土强度等级	水泥强度等级	水泥/kg	中粗砂/kg	碎石 3.5~8.0 cm/kg	碎石 1.0~3.0 cm/kg	碎石 0.5~2.0 cm/kg	塑化剂/%	加气剂/%	水/kg
C20	32.5级	330	564	849	323	354	3	0.5	151

【例 题】

◆例 4-3

某路 K2+100~K2+300 为沥青混凝土结构,路面宽度为 13 m,路面两边铺侧缘石,路肩各宽 1.2 m,路基加宽值为 0.5 m。道路的结构图如图 4.5 所示,道路平面图如图 4.6 所示,试计算道路工程的定额工程量。

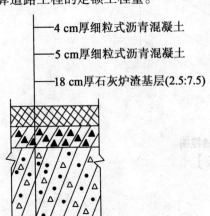

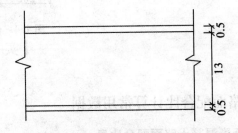

图 4.5 道路结构示意图　　　　图 4.6 道路平面图　单位:m

【解】

定额工程量:

(1)石灰炉渣基层面积/m^2:

$(13+1.2\times2+2\times0.5)\times200=3\ 280$

(2)沥青混凝土面层面积/m^2:

$13\times200=2\ 600$

(3)侧缘石长度/m:

$200\times2=4\ 00$

◆例 4-4

某市 2 号路线为 K_1+000~K_1+800,道路结构图如图 4.7 所示。两侧人行道宽均为 5 m,混合车行道宽为 24 m,且路基两侧分别加宽 0.5 m。计算人行道垫层、基层及人行道板的定额工程量。

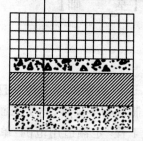

图4.7 道路结构图

【解】

定额工程量：

(1)二灰土基层面积/m²：

$800 \times (2 \times 5 + 2 \times 0.5) = 8\,800$

(2)素混凝土面积/m²：

$800 \times (2 \times 5 + 2 \times 0.5) = 8\,800$

(3)素混凝土体积/m³：

$8\,800 \times 0.12 = 1\,056$

(4)砂浆面层面积/m²：

$2 \times 800 \times 5 = 8\,000$

(5)砂浆体积/m³：

$8\,000 \times 0.03 = 240$

(6)彩色道板路面面积/m²：

$2 \times 800 \times 5 = 8\,000$

4.3 桥涵工程工程量计算

【基 础】

◆ **定额适用范围**

《全国统一市政工程预算定额》第三册"桥涵工程",包括打桩工程、钻孔灌注桩工程、砌筑工程、钢筋工程、现浇混凝土工程、预制混凝土工程、立交箱涵工程、安装工程、临时工程及装饰工程,共十章 591 个子目。"桥涵工程"定额适用范围:单跨 100 m 以内的城镇桥梁工程;单跨 5 m 以内的各种板涵、拱涵工程(圆管涵套用第六册"排水工程"定额,其中管道铺设及基础项目人工、机械费乘以 1.25 系数);穿越城市道路及铁路的立交箱涵工程。

"桥涵工程"定额有关说明如下。

(1)预制混凝土及钢筋混凝土构件均属现场预制,不适用于独立核算、执行产品出厂价格的构件厂所生产的构配件。

(2)"桥涵工程"定额中提升高度按原地面标高至梁底标高 8 m 为界,若超过 8 m 时,超过部分可另行计算超高费;"桥涵工程"定额河道水深取定为 3 m,若水深>3 m 时,应另行计算。当超高及水深>3 m 时,超过部分增加费用的具体计算办法按各省、自治区、直辖市规定执行。

(3)"桥涵工程"定额中均未包括各类操作脚手架,发生时按第一册"通用项目"相应定额执行。

(4)"桥涵工程"定额未包括的预制构件场内、场外运输,可按各省、自治区、直辖市的有关规定计算。

◆ **打桩工程工程量计算**

1. 定额说明

(1)《全国统一市政工程预算定额》第三册"桥涵工程"第一章打桩工程内容包括打木制桩、打钢筋混凝土桩、打钢管桩、送桩、接桩等项目共 12 节 107 个子目。

(2)定额中土质类别均按甲级土考虑。各省、自治区、直辖市可按本地区土质类别进行调整。

(3)定额均为打直桩,如打斜桩(包括俯打、仰打)斜率在 1:6 以内时,人工乘以 1.33,机械乘以 1.43。

(4)定额均考虑在已搭置的支架平台上操作,但不包括支架平台,其支架平台的搭设与拆除应按"桥涵工程"第九章有关项目计算。

(5)陆上打桩采用履带式柴油打桩机时,不计陆上工作平台费,可计 20 cm 碎石垫层,面积按陆上工作平台面积计算。

(6)船上打桩定额按两艘船只拼搭、捆绑考虑。

(7)打板桩定额中,均已包括打、拔导向桩内容,不得重复计算。

(8)陆上、支架上、船上打桩定额中均未包括运桩。

(9)送桩定额按送4 m为界,如实际超过4 m时,按相应定额乘以下列调整系数。

1)送桩5 m以内乘以1.2系数。

2)送桩6 m以内乘以1.5系数。

3)送桩7 m以内乘以2.0系数。

4)送桩7 m以上,以调整后7 m为基础,每超过1m递增0.75系数。

(10)打桩机械的安装、拆除按"桥涵工程"第九章有关项目计算,打桩机械场外运输费按机械台班费用定额计算。

2. 工程量计算规则

(1)打桩。将桩体打(压)入土层中的全过程称为打(压)桩。

1)钢筋混凝土方桩、板桩按桩长度(包括桩尖长度)乘以桩横断面面积计算。

2)钢筋混凝土管桩按桩长度(包括桩尖长度)乘以桩横断面面积,减去空心部分体积计算。

3)钢管桩按成品桩考虑,以吨计算。

(2)焊接桩型钢用量可按实调整。

(3)送桩。

1)陆上打桩时,以原地面平均标高增加1 m为界线,界线以下至设计桩顶标高之间的打桩实体积为送桩工程量。

2)支架上打桩时,以当地施工期间的最高潮水位增加0.5 m为界线,界线以下至设计桩顶标高之间的打桩实体积为送桩工程量。

3)船上打桩时,以当地施工期间的平均水位增加1 m为界线,界线以下至设计桩顶标高之间的打桩实体积为送桩工程量。

◆ 钻孔灌注桩工程量计算

1. 定额说明

(1)"钻孔灌注桩工程"定额包括埋设护筒,人工挖孔、卷扬机带冲抓锥、冲击钻机、回旋钻机四种成孔方式及灌注混凝土等项目共7节104个子目。

(2)"钻孔灌注桩工程"定额适用于桥涵工程钻孔灌注桩基础工程。

(3)"钻孔灌注桩工程"定额钻孔土质分为8种。

1)砂土。粒径≤2 mm的砂类土,包括淤泥、轻亚黏土。

2)黏土。亚黏土、黏土、黄土,包括土状风化。

3)砂砾。粒径2~20 mm的角砾、圆砾含量≤50%,包括礓石黏土及粒状风化。

4)砾石。粒径2~20 mm的角砾、圆砾含量>50%,有时还包括粒径为20~200 mm的碎石、卵石,其含量在50%以内,包括块状风化。

5)卵石。粒径20~200 mm的碎石、卵石含量大于10%,有时还包括块石、漂石,其含量在10%以内,包括块状风化。

6)软石。各种松软、胶结不紧、节理较多的岩石及较坚硬的块石土、漂石土。

7)次坚石。硬的各类岩石,包括粒径大于 500 mm、含量大于 10% 的较坚硬的块石、漂石。

8)坚石。坚硬的各类岩石,包括粒径大于 1000 mm、含量大于 10% 的坚硬的块石、漂石。

(4)成孔定额按孔径、深度和土质划分项目,若超过定额使用范围时,应另行计算。

(5)埋设钢护筒定额中钢护筒按摊销量计算,若在深水作业时,钢护筒无法拔出时,经建设单位签证后,可按钢护筒实际用量(或参考表 4.15 重量)减去定额数量一次增列计算,但该部分不得计取除税金外的其他费用。

表 4.15 钢护筒摊销量计算参考值

桩径/mm	800	1 000	1 200	1 500	2 000
每米护筒重量/(kg·m⁻⁹)	155.06	184.87	285.93	345.09	554.6

(6)灌注桩混凝土均考虑混凝土水下施工,按机械搅拌,在工作平台上导管倾注混凝土。定额中已包括设备(例如导管等)摊销及扩孔增加的混凝土数量,不得另行计算。

(7)定额中未包括。钻机场外运输、截除余桩、废泥浆处理及外运,其费用可另行计算。

(8)定额中不包括在钻孔中遇到障碍必须清除的工作,发生时另行计算。

(9)泥浆制作定额按普通泥浆考虑,若需采用膨润土,各省、自治区、直辖市可作相应调整。

2. 工程量计算规则

(1)灌注桩成孔工程量按设计入土深度计算。定额中的孔深指护筒顶至桩底的深度。成孔定额中同一孔内的不同土质,不论其所在的深度如何,均执行总孔深定额。

(2)人工挖桩孔土方工程量按护壁外缘包围的面积乘以深度计算。

(3)灌注桩水下混凝土工程量按设计桩长增加 1.0 m 乘以设计横断面面积计算。

(4)灌注桩工作平台按《全国统一市政工程预算定额》第三册"桥涵工程"第九章"临时工程"有关项目计算。

(5)钻孔灌注桩钢筋笼按设计图纸计算,套用《全国统一市政工程预算定额》第三册"桥涵工程"第四章钢筋工程有关项目。

(6)钻孔灌注桩需使用预埋铁件时,套用《全国统一市政工程预算定额》第三册"桥涵工程"第四章钢筋工程有关项目。

◆砌筑工程工程量计算

1. 定额说明

《全国统一市政工程预算定额》第三册"桥涵工程"第三章"砌筑工程"有关问题说明如下。

(1)"砌筑工程"定额包括浆砌块石、料石、混凝土预制块和砖砌体等项目共 5 节 21 个子目。

(2)"砌筑工程"定额适用于砌筑高度在 8 m 以内的桥涵砌筑工程。砌筑工程定额未列的砌筑项目,按第一册"通用项目"相应定额执行。

(3)砌筑定额中未包括垫层、拱背和台背的填充项目,如发生上述项目,可套用有关定额。

(4)拱圈底模定额中不包括拱盔和支架,可按《全国统一市政工程预算定额》第三册"桥涵工程"第九章"临时工程"相应定额执行。

(5)定额中调制砂浆,均按砂浆拌和机拌和,如采用人工拌制时,定额不予调整。

2. 工程量计算规则

(1)砌筑工程量按设计砌体尺寸以立方米体积计算,嵌入砌体中的钢管、沉降缝、伸缩缝及单孔面积 0.3 m^2 以内的预留孔所占体积不予扣除。

(2)拱圈底模工程量按模板接触砌体的面积计算。

◆钢筋工程工程量计算

1. 定额说明

《全国统一市政工程预算定额》第三册第四章"钢筋工程"工程量计算有关问题说明如下。

(1)"钢筋工程"定额包括桥涵工程各种钢筋、高强钢丝、钢绞线、预埋铁件的制作安装等项目共 4 节 27 个子目。

(2)定额中钢筋按 $\Phi 10$ 以内及 $\Phi 10$ 以外两种分列,$\Phi 10$ 以内采用 Q235 钢,$\Phi 10$ 以外采用 16 锰钢,钢板均按 Q235 钢计列,预应力筋采用 HRB400 级钢、钢绞线和高强钢丝。因设计要求采用钢材与定额不符时,可予调整。

(3)因束道长度不等,故定额中未列锚具数量,但已包括锚具安装的人工费。

(4)先张法预应力筋制作、安装定额,未包括张拉台座,该部分可由各省、自治区、直辖市视具体情况另行规定。

(5)压浆管道定额中的铁皮管、波纹管均已包括套管及三通管安装费用,但未包括三通管费用,可另行计算。

(6)"钢筋工程"定额中钢绞线按 $\Phi 15.24$、束长在 40 m 以内考虑,如规格不同或束长超过 40 m 时,应另行计算。

2. 工程量计算规则

(1)钢筋按设计数量套用相应定额计算(损耗已包括在定额中),设计未包括施工用筋经建设单位同意后可另计。

(2)T 型梁连接钢板项目按设计图纸,以"t"为单位计算。

(3)锚具工程量按设计用量乘以下列系数计算。

锥形锚:1.05;OVM 锚:1.05;墩头锚:1.00。

(4)管道压浆不扣除钢筋体积。

◆现浇混凝土工程工程量计算

1. 定额说明

《全国统一市政工程预算定额》第三册"桥涵工程"第五章"现浇混凝土工程"工程量计算有关问题说明如下。

(1)"现浇混凝土工程"定额包括基础、墩、台、柱、梁、桥面、接缝等项目共 14 节 76 个子目。

(2)"现浇混凝土工程"定额适用于桥涵工程现浇各种混凝土构筑物。

(3)"现浇混凝土工程"定额中嵌石混凝土的块石含量如与设计不同时,可以换算,但人工及机械不得调整。

(4)"现浇混凝土工程"定额中均未包括预埋铁件,如设计要求预埋铁件时,可按设计用量套用《全国统一市政工程预算定额》第三册"桥涵工程"第四章"钢筋工程"有关项目。

(5)承台分有底模及无底模二种,应按不同的施工方法套用"现浇混凝土工程"相应项目。

(6)定额中混凝土按常用强度等级列出,如设计要求不同时可以换算。

(7)"现浇混凝土工程"定额中模板以木模、工具式钢模为主(除防撞护栏采用定型钢模外)。若采用其他类型模板时,允许各省、自治区、直辖市进行调整。

(8)现浇梁、板等模板定额中均已包括铺筑底模内容,但未包括支架部分。如发生时可套用《全国统一市政工程预算定额》第三册"桥涵工程"第九章"临时工程"定额有关项目。

2. 工程量计算规则

(1)混凝土工程量按设计尺寸以实体积计算(不包括空心板、梁的空心体积),不扣除钢筋、铁丝、铁件、预留压浆孔道和螺栓所占的体积。

(2)模板工程量按模板接触混凝土的面积计算。

(3)现浇混凝土墙、板上单孔面积在 $0.3\ m^2$ 以内的孔洞体积不予扣除,洞侧壁模板面积亦不再计算;单孔面积在 $0.3\ m^2$ 以上时,应予扣除,洞侧壁模板面积并入墙、板模板工程量之内计算。

◆ 预制混凝土工程工程量计算

1. 定额说明

《全国统一市政工程预算定额》第三册"桥涵工程"第六章"预制混凝土工程",主要是指各类混凝土构件的制作工程。"预制混凝土工程"是指按照施工图的技术要求,事先在施工现场或构件预制厂(场)将有关构件制作好的这一过程。关于"预制混凝土工程"的有关问题说明如下。

(1)"预制混凝土工程"定额包括预制桩、柱、板、梁及小型构件等项目共8节44个子目。

(2)"预制混凝土工程"定额适用于桥涵工程现场制作的预制构件。

(3)"预制混凝土工程"定额中均未包括预埋铁件,如设计要求预埋铁件时,可按设计用量套用第三册"桥涵工程"第四章钢筋工程定额有关项目。

(4)"预制混凝土工程"定额不包括地模、胎模费用,需要时可按第三册"桥涵工程"第九章"临时工程"有关定额计算。胎、地模的占用面积可由各省、自治区、直辖市另行规定。

2. 工程量计算规则

(1)混凝土工程量计算。

1)预制桩工程量按桩长度(包括桩尖长度)乘以桩横断面面积计算。

2)预制空心构件按设计图尺寸扣除空心体积,以实体积计算。空心板梁的堵头板体积不计入工程量内,其消耗量已在定额中考虑。

3)预制空心板梁,凡采用橡胶囊做内模的,考虑其压缩变形因素,可增加混凝土数量,当梁长在 16 m 以内时,可按设计计算体积增加 7%,若梁长大于 16 m 时,则增加 9% 计算。如设计图已注明考虑橡胶囊变形时,不得再增加计算。

4)预应力混凝土构件的封锚混凝土数量并入构件混凝土工程量计算。

（2）模板工程量计算。

1)预制构件中预应力混凝土构件及 T 形梁、工形梁、双曲拱、桁架拱等构件均按模板接触混凝土的面积(包括侧模、底模)计算。

2)灯柱、端柱、栏杆等小型构件按平面投影面积计算。

3)预制构件中非预应力构件按模板接触混凝土的面积计算,不包括胎、地模。

4)空心板梁中空心部分,"预制混凝土工程"定额均采用橡胶囊抽拔,其摊销量已包括在定额中,不再计算空心部分模板工程量。

5)空心板中空心部分,可按模板接触混凝土的面积计算工程量。

（3）预制构件中的钢筋混凝土桩、梁及小型构件,可按混凝土定额基价的 2% 计算其运输、堆放、安装损耗,但该部分不计材料用量。

在实际工作中,预制通用构件混凝土,可从选用的通用图册中查得,不必重新计算。预制构件模板接触面积可按表 4.16 数值计算。

表 4.16 每 10 m³ 预制混凝土模板接触面积

构件名称		模板面积/m²	构件名称	模板面积/m²
方桩		62.87	工形梁	115.97
板桩		50.58	槽形梁	79.23
空柱	矩形	36.19	箱形块件	63.15
	异形	44.99	箱形梁	66.41
板	矩形	24.03	拱肋	150.34
	空心	110.23	拱上构件	273.28
	微弯	92.63	桁架及拱片	169.32
T 形梁		120.11	桁拱联系梁	162.50
实心板梁		21.87	缘石、人行道板	27.40
空心板梁	10 m 以内	37.97	栏杆、端柱	368.30
	25 m 以内	64.17	板拱	38.41

◆ 立交箱涵工程工程量计算

1. 定额说明

洞身为钢筋混凝土箱形截面的涵洞称为箱涵,而上下两层相交叉的箱涵,则称为立交箱涵。《全国统一市政工程预算定额》第三册"桥涵工程"第七章"立交箱涵工程"工程量计算相关问题说明如下。

（1）"立交箱涵工程"定额包括箱涵制作、顶进、箱涵内挖土等项目共 7 节 36 个子目。

（2）"立交箱涵工程"定额适用于穿越城市道路及铁路的立交箱涵顶进工程及现浇箱涵工程。

（3）"立交箱涵工程"定额顶进土质按 Ⅰ、Ⅱ 类土考虑,若实际土质与定额不同时,可由各省、自治区、直辖市进行调整。

（4）定额中未包括箱涵顶进的后靠背设施等,其发生费用另行计算。

(5)定额中未包括深基坑开挖、支撑及井点降水的工作内容,可套用有关定额计算。

(6)立交桥引道的结构及路面铺筑工程,根据施工方法套用有关定额计算。

2. 工程量计算规则

(1)箱涵滑板下的肋楞,其工程量并入滑板内计算。

(2)箱涵混凝土工程量,不扣除单孔面积 $0.3 \, m^3$ 以下的预留孔洞体积。

(3)顶柱、中继间护套及挖土支架均属专用周转性金属构件,定额中已按摊销量计列,不得重复计算。

(4)箱涵顶进定额分空顶、无中继间实土顶和有中继间实土顶三类,其工程量计算如下。

1)空顶工程量按空顶的单节箱涵重量乘以箱涵位移距离计算。

2)实土顶工程量按被顶箱涵的重量乘以箱涵位移距离分段累计计算。

(5)气垫只考虑在预制箱涵底板上使用,按箱涵底面积计算。气垫的使用天数由施工组织设计确定,但采用气垫后在套用顶进定额时应乘以 0.7 系数。

◆安装工程工程量计算

1. 定额说明

《全国统一市政工程预算定额》第三册"桥涵工程"第八章"安装工程"主要是指桥涵工程施工中各类预制构件安装,关于"安装工程"有关问题说明如下。

(1)"安装工程"定额包括安装排架立柱、墩台管节、板、梁、小型构件、栏杆扶手、支座、伸缩缝等项目共 13 节 90 个子目。

(2)"安装工程"定额适用于桥涵工程混凝土构件的安装等项目。

(3)小型构件安装已包括 150 m 场内运输,其他构件均未包括场内运输。

(4)安装预制构件定额中,均未包括脚手架,如需要用脚手架时,可套用第一册"通用项目"相应定额项目。

(5)安装预制构件,应根据施工现场具体情况,采用合理的施工方法,套用相应定额。

(6)除安装梁分陆上、水上安装外,其他构件安装均未考虑船上吊装,发生时可增计船只费用。

2. 安装工程量计算规则

(1)"安装工程"定额安装预制构件以 m^3 为计量单位的,均按构件混凝土实体积(不包括空心部分)计算。

(2)驳船不包括进出场费,其吨位单价由各省、自治区、直辖市确定。

◆临时工程工程量计算

1. 定额说明

《全国统一市政工程预算定额》第三册"桥涵工程"第九章"临时工程"有关问题说明如下。

(1)"临时工程"定额内容包括桩基础支架平台、木垛、支架的搭拆,打桩机械、船排、万能杆件的组拆,挂篮的安拆和推移,胎地模的筑拆及桩顶混凝土凿除等项目共 10 节 40 个子目。

(2)"临时工程"定额支架平台适用于陆上、支架上打桩及钻孔灌注桩。支架平台分陆上平台与水上平台两类,其划分范围由各省、自治区、直辖市根据当地的地形条件和特点确定。

(3)桥涵拱盔、支架均不包括底模及地基加固在内。

(4)组装、拆卸船排定额中未包括压舱费用。压舱材料取定为大石块,并按船排总吨位的30%计取(包括装、卸在内150m的二次运输费)。

(5)打桩机械锤重的选择见表4.17。

表4.17 打桩机械锤重的选择

桩类别	桩长度/m	桩截面积 S/m^2 或管径 Φ mm	柴油桩机锤重/kg
钢筋混凝土方桩及板桩	$L \leq 8.00$	$S \leq 0.05$	600
	$L \leq 8.00$	$0.05 < S \leq 0.105$	1 200
	$8.00 < L \leq 16.00$	$0.105 < S \leq 0.125$	1 800
	$16.00 < L \leq 24.00$	$0.125 < S \leq 0.160$	2 500
	$24.00 < L \leq 28.00$	$0.160 < S \leq 0.225$	4 000
	$28.00 < L \leq 32.00$	$0.225 < S \leq 0.250$	5 000
	$32.00 < L \leq 40.00$	$0.250 < S \leq 0.300$	7 000
钢筋混凝土管桩	$L \leq 25.00$	$\Phi 400$	25 000
	$L \leq 25.00$	$\Phi 550$	4 000
	$L \leq 25.00$	$\Phi 600$	5 000
	$5 \leq 50.00$	$\Phi 600$	7 000
	$L \leq 25.00$	$\Phi 800$	5 000
	$L \leq 50.00$	$\Phi 800$	7 000
	$5 \leq 25.00$	$\Phi 1000$	7 000
	$5 \leq 50.00$	$\Phi 1000$	8 000

注:钻孔灌注桩工作平台按孔径 $\Phi \leq 1\,000$,套用锤套1 800 kg打桩工作平台;$\Phi > 1\,000$,套用锤重2 500 kg打桩工作平台。

(6)搭、拆水上工作平台定额中,已综合考虑了组装、拆卸船排及组装、拆卸打拔桩架工作内容,不得重复计算。

2.工程量计算规则

(1)搭拆打桩工作平台面积计算:

1)桥梁打桩:$F = N_1 F_1 + N_2 F_2$ (4.2)

每座桥台(桥墩):$F_1 = (5.5 + A + 2.5) \times (6.5 + D)$

每条通道:$F_2 = 6.5 \times [L - (6.5 + D)]$

2)钻孔灌注桩:$F = N_1 F_1 + N_2 F_2$ (4.3)

每座桥台(桥墩):$F_1 = (A + 6.5) \times (6.5 + D)$

每条通道:$F_2 = 6.5 \times [L - (6.5 + D)]$

式中 F——工作平台总面积;

F_1——每座桥台(桥墩)工作平台面积;

F_2——桥台至桥墩间或桥墩至桥墩间通道工作平台面积;

N_1——桥台和桥墩总数量;

N_2——通道总数量;

D——二排桩之间距离(m);

L——桥梁跨径或护岸的第一根桩中心至最后一根桩中心之间的距离(m);

A——桥台(桥墩)每排桩第一根桩中心至最后一根桩中心之间的距离(m)。

(2)凡台与墩或墩与墩之间不能连续施工时(如不能断航、断交通或拆迁工作不能配合),每个墩、台可计一次组装、拆卸柴油打桩架及设备运输费。

(3)桥涵拱盔、支架空间体积计算。

1)桥涵拱盔体积按起拱线以上弓形侧面积乘以(桥宽+2 m)计算。

2)桥涵支架体积为结构底至原地面(水上支架为水上支架平台顶面)平均标高乘以纵向距离再乘以(桥宽+2 m)计算。

◆装饰工程工程量计算

1. 装饰工程的概念和作用

桥涵装饰工程是指在工程技术与建筑艺术综合创作的基础上,对桥梁、涵洞进行局部或全部的修饰、打扮与妆饰、点缀的一种再创作的艺术活动。总之,专为增加桥涵等构筑物的美观、耐用和防御自然侵蚀的工程就称为装饰工程。桥涵装饰工程,在市政工程建设和其他工程建设中的主要作用如下。

(1)具有丰富建筑设计和体现建筑艺术表现力的功能。

(2)具有保护建(构)筑物不受风、雨、雪、雹及大气的直接侵蚀,达到延长建(构)筑物寿命的功能。

(3)具有创建典雅、人文、和谐城市的功能。

(4)具有美化城市环境、展示一个城市艺术魅力的功能。

(5)具有促进物质文明与精神文明建设的作用。

(6)具有弘扬祖国建筑文化和促进中西方建筑艺术交流的作用。

2. 定额说明

《全国统一市政工程预算定额》第三册"桥涵工程"第十章"装饰工程"的有关问题说明如下。

(1)"装饰工程"定额包括砂浆抹面、水刷石、剁斧石、拉毛、水磨石、镶贴面层、涂料、油漆等项目共8节46个子目。

(2)"装饰工程"定额适用于桥、涵构筑物的装饰项目。

(3)镶贴面层定额中,贴面材料与定额不同时,可以调整换算,但人工与机械台班消耗量不变。

(4)水质涂料不分面层类别,均按本定额计算,由于涂料种类繁多,如采用其他涂料时,可以调整换算。

(5)水泥白石子浆抹灰定额,均未包括颜料费用,如设计需要颜料调制时,应增加颜料费用。

(6)油漆定额按手工操作计取,如采用喷漆时,应另行计算。定额中油漆种类与实际不同时,可以调整换算。

(7)定额中均未包括施工脚手架,发生时可按第一册"通用项目"相应定额执行。

3. 工程量计算规则

"装饰工程"定额除金属面油漆以"t"计算外,其余项目均按装饰面积计算。

【实　务】

◆工程量计算常用数据

1. 打桩工程常用数据

(1)打木质桩、钢筋混凝土方桩,管桩土质取定见表4.18。

表4.18　土质取定

名称		打桩			送桩	
		甲级土	乙级土	丙级土	乙级土	丙级土
圆木桩,梢径 Φ20　L=6 m		90	10	—	—	—
木板桩,宽0.20 m,厚0.06 m,L=6 m		100	—	—	—	—
混凝土桩	$L≤8$ m,$S≤0.05$ m²	80	20	—	100	—
	$L≤8$ m,0.05 m²$<S≤0.105$ m²	80	20	—	100	—
	8 m$<L≤16$ m,0.105 m²$<S≤0.125$ m²	50	50	—	100	—
	16 m$<L≤24$ m,0.125 m²$<S≤0.16$ m²	40	60	—	100	—
	24 m$<L≤28$ m,0.16 m²$<S≤0.225$ m²	10	90	—	100	—
	28 m$<L≤32$ m,0.225 m²$<S≤0.25$ m²	—	50	50	—	100
	32 m$<L≤40$ m,0.25 m²$<S≤0.30$ m²	—	40	60	—	100
混凝土板桩	$L≤8$ m	80	20	—	—	—
	$L≤12$ m	70	30	—	—	—
	$L≤16$ m	60	40	—	—	—
管桩	Φ400　$L≤24$ m	40	60	—	100	—
	Φ550　$L≤24$ m	30	70	—	100	—
	Φ600　$L≤25$ m	20	80	—	100	—
PHC管桩	Φ600　$L≤50$ m	—	50	50	—	100
	Φ800　$L≤25$ m	20	80	—	100	—
	Φ800　$L≤50$ m	—	50	50	—	100
	Φ1 000　$L≤25$ m	20	80	—	100	—
	Φ1 000　$L≤50$ m	—	50	50	—	100

(2)打钢筋混凝土板、方桩、管桩、桩帽及送桩帽取定见表4.19。

表4.19　桩帽取定

	名称	单位	打桩帽	送桩帽
方桩	$L≤8$ m,$S≤0.05$ m²	kg/只	100	200
	$L≤8$ m,0.05 m²$<S≤0.105$ m²	kg/只	200	400
	8 m$<L≤16$ m,0.105 m²$<S≤0.125$ m²	kg/只	300	600
	16 m$<L≤24$ m,0.125 m²$<S≤0.16$ m²	kg/只	400	800
	24 m$<L≤28$ m,0.16 m²$<S≤0.225$ m²	kg/只	500	1 000
	28 m$<L≤32$ m,0.225 m²$<S≤0.25$ m²	kg/只	700	1 400
	32 m$<L≤40$ m,0.25 m²$<S≤0.30$ m²	kg/只	900	1 800
板桩	$L≤8$ m	kg/只	200	—
	$L≤12$ m	kg/只	300	—
	$L≤16$ m	kg/只	400	—

续表4.19

名称		单位	打桩帽	送桩帽
管桩	Φ400 壁厚9 cm	kg/只	400	800
	Φ550 壁厚9 cm	kg/只	500	1 000
	Φ600 壁厚10 cm	kg/只	600	1 200
	Φ800 壁厚11 cm	kg/只	800	1 600
	Φ1 000 壁厚12 cm	kg/只	1 000	2 000

(3)打桩工程辅助材料摊销取定见表4.20。

表4.20 辅助材料摊销取定

桩类别	单位	打桩帽			送桩帽	
		甲级土	乙级土	丙级土	乙级土	丙级土
混凝土方桩	m³	450	300	210	240	170
混凝土方桩	m³	300	200	—	160	—
混凝土方桩	m³	225	170	130	150	110

(4)打钢管桩定额规定见表4.21。

表4.21 钢管桩取定标准   单位:mm

管径(外径)	Φ106.40	Φ609.60	Φ914.60
管壁	12	14	16
管长	30	50	70

2. 钻孔灌注桩工程常用数据

护筒重量摊销量计算见表4.22。

表4.22 护筒重量摊销量计算

名称	规格	重量/(只·kg⁻¹)	总重/(只·kg⁻¹)	周转次数	损耗/%	使用量
钢护筒	长2 m,Φ800 壁厚6 mm 钢板	1 310.74	5 1 553.70	75	1.06	21.959
	长2 m,Φ1 000 壁厚8 mm 钢板	1 369.92	5 1 849.70			26.141
	长2 m,Φ1 200 壁厚8 mm 钢板	1 572.11	5 2 860.55			40.429
	长2 m,Φ1 500 壁厚8 mm 钢板	1 910.8	5 4 554			64.363
	长2 m,Φ2 000 壁厚8 mm 钢板	1 1 109.99	5 5 549.95			78.44

3. 砌筑工程常用数据

砌筑砂浆配合比见表4.23。

表4.23 砌筑砂浆配合比

项目	单位	水泥砂浆 砂浆强度等级			
		M10	M7.5	M5.0	M2.5
425#水泥(32.5级)	kg	286	237	188	138
中砂	kg	1 515	1 515	1 515	1 515
水	kg	220	220	220	220
项目	单位	水泥砂浆 砂浆强度等级			
		M10	M7.5	M5.0	M2.5
425#水泥(32.5级)	kg	265	212	156	95
中砂	kg	1 515	1 515	1 515	1 515
石灰膏	m³	0.06	0.07	0.08	0.09
水	kg	400	400	400	600

4. 钢筋工程常用数据

(1)预制构件 $\Phi 10$ 以内,$\Phi 10$ 以上钢筋权数取定见表4.24。

表4.24 预制构件钢筋权数取定

钢筋规格/mm	权数取定/%	钢筋规格/mm	权数取定/%
Φ	50	$\Phi 16$	25
Φ	40	$\Phi 18$	15
Φ	10	$\Phi 20$	10
Φ	10	$\Phi 22$	10
Φ	25	$\Phi 25$	5

(2)现浇结构钢筋 $\Phi 10$ 以内,$\Phi 10$ 以上钢筋权数取定见表4.25。

表4.25 现浇结构钢筋权数取定

钢筋规格/mm	权数取定/%	钢筋规格/mm	权数取定/%
$\Phi 6.5$	10	$\Phi 16$	5
$\Phi 8$	40	$\Phi 18$	30
$\Phi 10$	20	$\Phi 20$	25
$\Phi 8$(箍筋)	30	$\Phi 22$	5
$\Phi 12$	20	$\Phi 25$	5
$\Phi 14$	10	—	

5. 混凝土工程常用数据

(1)方、板桩权数取定见表4.26。

表4.26 方、板桩权数取定

方桩	桩规格及长度/mm	18×18×600	25×30×800	40×40×1 600
		20×25×700	30×35×1 200	40×45×3 200
	权数取定/%	10	20	70
板桩	桩规格及长度/mm	20×50×600		20×50×1 600
		20×50×700		20×50×1 200
		20×50×800		20×50×1 400
	权数取定/%	30		70

(2)现浇混凝土配合比见表4.27。

表4.27 现浇混凝土配合比　　　　　　　　　　　单位:m³

项目	单位	碎石(最大粒径:15 mm)				
		混凝土强度等级				
		C20	C25	C30	C35	C40
425#水泥(32.5级)	kg	418	473	—	—	—
525#水泥(42.5级)	kg	—	—	455	504	—
625#水泥(52.5级)	kg	—	—	—	—	477
中砂	kg	663	643	650	631	641
5~15碎石	kg	1 168	1 132	1 144	1 111	1 129
水	kg	230	230	230	230	230

项目	单位	碎石(最大粒径:15 mm)			
		混凝土强度等级			
		C15	C20	C25	C30
425#水泥(32.5级)	kg	418	473	—	—
425#水泥(32.5级)	kg	323	381	431	482
525#水泥(42.5级)	kg	—	—	—	—
625#水泥(52.5级)	kg	—	—	—	—
中砂	kg	746	665	647	591
5~15碎石	kg	1 205	1 224	1 191	1 191
水	kg	210	210	210	210

项目	单位	碎石(最大粒径:25 mm)			
		混凝土强度等级			
		C35	C40	C45	C50
425#水泥(32.5级)	kg	—	—	—	—
525#水泥(42.5级)	kg	460	501	—	—
625#水泥(52.5级)	kg	—	—	470	503
中砂	kg	636	585	595	584
5~25碎石	kg	1 171	1 178	1 200	1 177
水	kg	210	210	210	210

项目	单位	碎石(最大粒径:40 mm)			
		混凝土强度等级			
		C7.5	C10	C15	C20
425#水泥(32.5级)	kg	230	253	299	353
中砂	kg	832	832	741	641
5~40碎石	kg	1 233	1 219	1 249	1 290
水	kg	190	190	190	190

项目	单位	碎石(最大粒径:40 mm)					
		混凝土强度等级					
		C25	C30	C35	C40	C45	C50
425#水泥(32.5级)	kg	399	447	501	—	—	—
525#水泥(42.5级)	kg	—	—	—	464	603	—
625#水泥(52.5级)	kg	—	—	—	—	—	466
中砂	kg	625	570	553	565	553	564
5~40碎石	kg	1 259	1 262	1 224	1 250	1 222	1 248
水	kg	190	190	190	190	190	190

续表 4.27

项目	单位	碎石(最大粒径:70 mm)		
		混凝土强度等级		
		C7.5	C10	C15
425#水泥(32.5级)	kg	206	227	268
中砂	kg	763	755	676
5~40碎石	kg	1 343	1 330	1 363
水	kg	170	170	170

(3)预制混凝土配合比见表 4.28。

表 4.28 预制混凝土配合比　　　　　　　　　单位:m³

项目	单位	碎石(最大粒径:15 mm)					
		混凝土强度等级					
		C20	C25	C30	C35	C40	C45
425#水泥(32.5级)	kg	400	452	—	—	—	—
525#水泥(42.5级)	kg	—	—	434	482	—	—
625#水泥(52.5级)	kg	—	—	—	—	456	493
中砂	kg	674	654	661	643	653	602
5~15碎石	kg	1 186	1 152	1 164	1 131	1 149	1 160
水	kg	220	220	220	220	220	220
项目	单位	碎石(最大粒径:25 mm)					
		混凝土强度等级					
		C20	C25	C30	C35	C40	C45	C50
425#水泥(32.5级)	kg	362	401	459	—	—	—	—
525#水泥(42.5级)	kg	—	—	—	437	477	—	—
625#水泥(52.5级)	kg	—	—	—	—	—	447	479
中砂	kg	675	658	603	648	597	607	596
5~25碎石	kg	1 243	1 211	1 214	1 193	1 202	1 222	1 201
水	kg	200	200	200	200	200	200	200
项目	单位	碎石(最大粒径:40 mm)					
		混凝土强度等级					
		C20	C25	C30	C35	C40	C45	C50
425#水泥(32.5级)	kg	335	378	424	474	—	—	—
525#水泥(42.5级)	kg	—	—	—	—	440	476	—
625#水泥(52.5级)	kg	—	—	—	—	—	—	442
中砂	kg	650	635	581	565	576	564	575
5~40碎石	kg	1 810	1 280	1 286	1 250	1 274	1 248	1 276
水	kg	180	180	180	180	180	180	180

(4)水下混凝土配合比见表 4.29。

表 4.29 水下混凝土配合比　　　　　　　　　单位:m³

项目	单位	碎石(最大粒径:40 mm)				
		水下混凝土强度等级				
		C20	C25	C30	C35	C40

续表 4.29

425#水泥(32.5 级)	kg	427	483	—	—	—
525#水泥(42.5 级)	kg	—	—	465	—	—
625#水泥(52.5 级)	kg	—	—	—	451	488
中砂	kg	789	764	773	779	762
5~40 碎石	kg	1 033	1 001	1 012	1 020	998
水	kg	230	230	230	230	230
水钙	kg	1.07	1.21	1.16	1.13	1.22

(5)嵌石混凝土的块石含量按 15% 计取,若与设计不符合,可按表 4.30 换算。

表 4.30 混凝土块石掺量表

项目	单位	数值			
块石掺量	%	10	15	20	25
每平方米块石掺量	m³	0.159	0.238	0.381	0.397

注:1. 块石掺量另加损耗率,块石损耗为 2%。
2. 混凝土用量扣除嵌石百分数后,乘以损耗率 1.5%。

【例 题】

◆例 4-5

某桥涵打桩工程,设计桩长如图 4.8 所示,需打 $\Phi1400$ 钻孔灌注桩 80 根,采用 C25 商品混凝土,入岩深度为 D,空转部分需回填碎石,试计算工程量并套用定额。

图 4.8 某桥涵打桩工程

【解】
(1)埋设钢护筒/m:
$80 \times 2 = 160$

选用《全国统一市政工程预算定额》中 3 – 108 定额换算。
$160 \times 905.42 \div 10 = 14\ 486.72$ 元
（2）钻孔桩成孔/m³：
$24 \times 3.14 \times (1.4 \div 2)^2 \times 80 = 2\ 954.11$
选用《全国统一市政工程预算定额》中 3 – 122 定额换算。
$2\ 954.11 \times 646.69 \div 10 = 191\ 039.34$ 元
（3）入岩增加费/m：
$1.4 \times 3.14 \times (1.4 \div 2)^2 \times 80 = 172.32$
选用《全国统一市政工程预算定额》中 3 – 125 定额换算。
$172.32 \times 917 \div 10 = 15\ 801.74$ 元
（4）泥浆池搭拆/m³：
$24 \times 3.14 \times (1.4 \div 2)^2 \times 80 = 2\ 954.11$
选用《全国统一市政工程预算定额》中 3 – 136 定额换算。
$2\ 954.11 \times 5\ 280 \div 10 = 1\ 559\ 770.08$ 元
（5）灌注预拌混凝土 C25/m³：
$(24 - 1 + 0.5 \times 1.4) \times 3.14 \times (1.4 \div 2)^2 \times 80 = 2\ 917.19$
选用《全国统一市政工程预算定额》中 3 – 140 定额换算。
$2\ 917.19 \times 1\ 894.07 \div 10 = 552\ 536.21$ 元
（6）桩孔回填/m³：
$(1 - 0.5 \times 1.4) \times 3.14 \times (1.4 \div 2)^2 \times 80 = 36.93$
选用《全国统一市政工程预算定额》中 3 – 193 定额换算。
$36.93 \times 1\ 938.81 \times 0.7 \div 10 = 5\ 012.02$ 元

◆例 4 – 6

如图 4.9 所示，为某桥梁的防撞栏杆，其中横栏采用直径为 20 mm 的钢筋，竖栏采用直径为 40 mm 的钢筋，将其布设桥梁两边，为增加桥梁美观，将栏杆用油漆刷为白色，假设 1 m² 需 4 kg 油漆，计算油漆的定额工程量。

【解】定额工程量
$S_{横栏}/m^2 = 90 \times 4 \times 3.14 \times 0.02 = 22.61$
$S_{竖栏}/m^2 = (\dfrac{90}{4.5} + 1) \times 2.0 \times 3.14 \times 0.04 = 5.28$
$S/m^2 = (S_横 + S_竖) \times 2 = (22.61 + 5.28) \times 2 = 55.78$
$m/t = 4 \times 55.78 = 223.12\ kg = 0.22\ t$

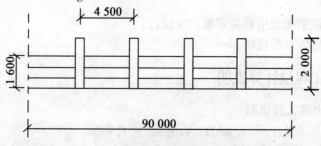

图 4.9　防撞栏杆

4.4 隧道工程工程量计算

【基　　础】

◆隧道工程定额册说明

(1)《全国统一市政工程预算定额》第四册"隧道工程",由岩石隧道和软土隧道二大部分组成,包括隧道开挖与出渣、临时工程、隧道内衬、隧道沉井、盾构法掘进、垂直顶升、地下连续墙、地下混凝土结构、地基加固、监测及金属构件制作,共10章544个子目。

(2)岩石隧道适用于城镇管辖范围内新建和扩建的各种车行隧道、人行隧道、给排水隧道及电缆(公用事业)隧道等工程。软土隧道适用于城镇管辖范围内新建和扩建的各种车行隧道、人行隧道、越江隧道、地铁隧道、给排水隧道及电缆(公用事业)隧道等工程。

(3)岩石隧道,次坚石岩石类别为Ⅶ至Ⅷ级,强度系数 $f=4\sim8$;普坚石岩石类别为Ⅸ至Ⅹ级,$f=8\sim12$;特坚石岩石类别为Ⅺ至Ⅻ级,$f=12\sim18$;$f<4$ 及 $f>18$ 未编入"隧道工程"定额,如实际发生,可另编补充定额。软土隧道的围护土层指沿海地区细颗粒的软弱冲击土层,按土壤分类包括黏土、亚黏土、淤泥质亚黏土、淤泥质黏土、亚砂土、粉砂土和细砂。

(4)"隧道工程"定额按现有的施工方法、机械化程度及合理的劳动组织进行编制。除各章节另有规定外,均不得因具体工程的施工方法与定额不同而调整变更。

(5)"隧道工程"定额除岩石隧道井下掘进按每工日7 h,软土隧道盾构掘进、垂直顶升按每工日6 h外,其他均按每工日8 h工作制计算。

(6)隧道掘进下井津贴未列入定额,各地可根据定额用工和当地劳动保护标准,计算下井特殊津贴费,或调整隧道掘进人工工资单价。

(7)"隧道工程"定额中的现浇混凝土工程,岩石隧道采用现场拌制混凝土;软土隧道采用商品混凝土,预制混凝土构件采用厂拌混凝土。若实际采用混凝土与定额不同时,按各地规定调整。

(8)"隧道工程"定额中钢筋用量均不包括预埋铁件,预埋铁件按实另计。

(9)岩石隧道硐内其他工程,采用其他分册或其他全国统一定额的项目,其人工、机械乘以1.2系数。

(10)隧道内装饰工程套用有关定额相应项目。

(11)未尽事宜见各章节说明。

◆本册定额分部工程量计算说明

1.隧道开挖与出渣工程说明

(1)"隧道开挖与出渣工程"定额的岩石分类,见表4.5。

(2)平硐全断面开挖4 m^2 以内和斜井、竖井全断面开挖5 m^2 以内的最小断面不得<2

m²；如果实际施工中，断面 < 2 m² 和平硐全断面开挖的断面 > 100 m²，斜井全断面开挖的断面 > 20 m²，竖井全断面开挖断面 > 25 m² 时，各省、自治区、直辖市可另编补充定额。

(3)平硐全断面开挖的坡度在5°以内；斜井全断面开挖的坡度在15°~30°范围内。平硐开挖与出渣定额，适用于独头开挖和出渣长度在500 m 内的隧道。斜井和竖井开挖与出渣定额，适用于长度在50 m 内的隧道。硐内地沟开挖定额，只适用于硐内独立开挖的地沟，非独立开挖地沟不得执行"隧道开挖与出渣工程"定额。

(4)开挖定额均按光面爆破制定，如采用一般爆破开挖时，其开挖定额应乘以系数0.935。

(5)平硐各断面开挖的施工方法，斜井的上行和下行开挖，竖井的正井和反井开挖，均已综合考虑，施工方法不同时，不得换算。

(6)爆破材料仓库的选址由公安部门确定，2 km 内爆破材料的领退运输用工已包括在定额内，超过 2 km 时，其运输费用另行计算。

(7)出渣定额中，岩石类别已综合取定，石质不同时不予调整。

(8)平硐出渣"人力、机械装渣，轻轨斗车运输"子目中，重车上坡，坡度在 2.5% 以内的工效降低因素已综合在定额内，实际在 2.5% 以内的不同坡度，定额不得换算。

(9)斜井出渣定额，是按向上出渣制定的，若采用向下出渣时，可执行"隧道开挖与出渣工程"定额，若从斜井底通过平硐出渣时，其平硐段的运输应执行相应的平硐出渣定额。

(10)斜井和竖井出渣定额，均包括硐口外 50 m 内的人工推斗车运输，若出硐口后运距超过 50 m，运输方式也与本运输方式相同时，超过部分可执行平硐出渣、轻轨斗车运输，每增加 50 m 运距的定额，若出硐后，改变了运输方式，应执行相应的运输定额。

(11)"隧道开挖与出渣工程"定额是按无地下水制定的(不含施工湿式作业积水)，如果施工出现地下水时，积水的排水费和施工的防水措施费，另行计算。

(12)隧道施工中出现塌方和溶洞时，由于塌方和溶洞造成的损失(含停工、窝工)及处理塌方和溶洞发生的费用，另行计算。

(13)隧道工程硐口的明槽开挖执行第一册"通用项目"土石方工程的相应开挖定额。

(14)各开挖子目，是按电力起爆编制的，若采用火雷管导火索起爆时，可按如下规定换算：电雷管换为火雷管，数量不变，将子目中的两种胶质线扣除，换为导火索，导火索的长度按每个雷管 2.12 m 计算。

2.临时工程说明

(1)"临时工程"定额适用于隧道硐内施工所用的通风、供水、压风、照明、动力管线及轻便轨道线路的临时性工程。

(2)"临时工程"定额按年摊销量计算，一年内不足一年按一年计算，超过一年按每增一季定额增加，不足一季(3 个月)按一季计算(不分月)。

3.隧道内衬说明

(1)现浇混凝土及钢筋混凝土边墙、拱部均考虑了施工操作平台，竖井采用的脚手架，已综合考虑在定额内，不另计算。喷射混凝土定额中未考虑喷射操作平台费用，如施工中需搭设操作平台时，执行喷射平台定额。

(2)混凝土及钢筋混凝土边墙、拱部衬砌，已综合了先拱后墙、先墙后拱的衬砌比例，因素不同时,不另计算。边墙如为弧形时,其弧形段每 10 m³ 衬砌体积按相应定额增加人工 1.3 工日。

(3)定额中的模板是以钢拱架、钢模板计算的,如实际施工的拱架及模板不同时,可按各地区规定执行。

(4)定额中的钢筋是以机制手绑、机制电焊综合考虑的(包括钢筋除锈),实际施工不同时,不做调整。

(5)料石砌拱部,不分拱跨大小和拱体厚度均执行定额。

(6)隧道内衬施工中,凡处理地震、涌水、流砂、坍塌等特殊情况所采取的必要措施,必须做好签证和隐蔽验收手续,所增加的人工、材料、机械等费用,另行计算。

(7)定额中,采用混凝土输送泵浇筑混凝土或商品混凝土时,按各地区的规定执行。

4. 隧道沉井工程说明

(1)"隧道沉井工程"预算定额包括沉井制作、沉井下沉、封底、钢封门安拆等共 13 节 45 个子目。

(2)"隧道沉井工程"预算定额适用于软土隧道工程中采用沉井方法施工的盾构工作井及暗埋段连续沉井。

(3)沉井定额按矩形和圆形综合取定,无论采用何种形状的沉井,定额不做调整。

(4)定额中列有几种沉井下沉方法,套用何种沉井下沉定额由批准的施工组织设计确定。挖土下沉不包括土方外运费,水力出土不包括砌筑集水坑及排泥水处理。

(5)水力机械出土下沉及钻吸法吸泥下沉等子目均包括井内、外管路及附属设备的费用。

5. 盾构法掘进工程说明

(1)本章定额包括盾构掘进、衬砌拼装、压浆、管片制作、防水涂料、柔性接缝环、施工管线路拆除及负环管片拆除等共 33 节 139 个子目。

(2)本章定额适用于采用国产盾构掘进机,在地面沉降达到中等程度(盾构在砖砌建筑物下穿越时允许发生结构裂缝)的软土地区隧道施工。

(3)盾构及车架安装是指现场吊装及试运行,适用于 $\varPhi 7\,000$ 以内的隧道施工,拆除是指拆卸装车。$\varPhi 7\,000$ 以上盾构及车架安拆按实计算。盾构及车架场外运输费按实另计。

(4)盾构掘进机选型,应根据地质报告,隧道复土层厚度、地表沉降量要求及掘进机技术性能等条件,由批准的施工组织设计确定。

(5)盾构掘进在穿越不同区域土层时,根据地质报告确定的盾构正掘面含砂性土的比例,按表 4.31 系数调整该区域的人工、机械费。(不含盾构的折旧及大修理费)

表 4.31 盾构掘进在穿越不同区域土层人工、机械调整系数

盾构正掘面土质	隧道横截面含砂性土比例	调整系数
一般软黏土	≤25%	1.0
黏土夹层砂	25% ~ 50%	1.2
砂性土(干式出土盾构掘进)	>50%	1.5
砂性土(水力出土盾构掘进)	>50%	1.3

(6)盾构掘进在穿越密集建筑群、古文物建筑或堤防、重要管线时,对地表升降有特殊要

求者,按表4.32系数调整该区域的掘进人工、机械费(不含盾构的折旧及大修理费)。

表4.32 盾构掘进在穿越对地表升降有特殊要求时人工、机械调整系数

盾构直径/mm	允许地表升降量/mm			
	±250	±200	±150	±100
Φ≥7000	1.0	1.1	1.2	—
Φ<7000	—	—	1.0	1.2

注:1.允许地表升降量是指复土层厚度大于1倍盾构直径处的轴线上方地表升降量。
2.如第(5)、(6)条所列两种情况同时发生时,调整系数相加减1计算。

(7)采用干式出土掘进,其土方以吊出井口装车止。采用水力出土掘进,其排放的泥浆水以送至沉淀池止,水力出土所需的地面部分取水、排水的土建及土方外运费用另计。水力出土掘进用水按取用自然水源考虑,不计水费,若采用其他水源需计算水费时可另计。

(8)盾构掘进定额中已综合考虑了管片的宽度和成环块数等因素,执行定额时不得调整。

(9)盾构掘进定额中含贯通测量费用,不包括设置平面控制网、高程控制网、过江水准及方向、高程传递等测量,如发生时费用另计。

(10)预制混凝土管片采用高精度钢模和高强度等级混凝土,定额中已含钢模摊销费,管片预制场地费另计,管片场外运输费另计。

6.垂直顶升工程说明

(1)本章预算定额包括顶升管节、复合管片制作、垂直顶升设备安拆、管节垂直顶升、阴极保护安装及滩地揭顶盖等共6节21个子目。

(2)本章预算定额适用于管节外壁断面小于4m²、每座顶升高度小于10m的不出土垂直顶升。

(3)预制管节制作混凝土已包括内模摊销费及管节制成后的外壁涂料。管节中的钢筋已归入顶升钢壳制作的子目中。

(4)阴极保护安装不包括恒电位仪、阳极、参比电极的原值。

(5)滩地揭顶盖只适用于滩地水深不超过0.5m的区域,本定额未包括进出水口的围护工程,发生时可套用相应定额计算。

7.地下连续墙工程说明

(1)本章预算定额包括导墙、挖土成槽、钢筋笼制作吊装、锁口管吊拔、浇捣连续墙混凝土、大型支撑基坑土方及大型支撑安装、拆除等共7节29个子目。

(2)本章预算定额适用于在黏土、砂土及冲填土等软土层地下连续墙工程,及采用大型支撑围护的基坑土方工程。

(3)地下连续墙成槽的护壁泥浆采用比重为1.055的普通泥浆。若需取用重晶石泥浆可按不同比重泥浆单价进行调整。护壁泥浆使用后的废浆处理另行计算。

(4)钢筋笼制作包括台模摊销费,定额中预埋件用量与实际用量有差异时允许调整。

(5)大型支撑基坑开挖定额适用于地下连续墙、混凝土板桩、钢板桩等作围护的跨度大于8m的深基坑开挖。定额中已包括湿土排水,若需采用井点降水或支撑安拆需打拔中心稳定桩等,其费用另行计算。

(6)大型支撑基坑开挖由于场地狭小只能单面施工时,挖土机械按表4.33调整。

表4.33 挖土机械单面施工机械调整表

宽度	两边停机施工/t	单边停机施工/t
基坑宽15 m内	15	25
基坑宽15 m外	25	40

8. 地下混凝土结构工程说明

(1)本章预算定额包括护坡、地梁、底板、墙、柱、梁、平台、顶板、楼梯、电缆沟、侧石、弓形底板、支承墙、内衬侧墙及顶内衬、行车道槽形板及隧道内车道等地下混凝土结构共11节58个子目。

(2)本章预算定额适用于地下铁道车站、隧道暗埋段、引道段沉井内部结构、隧道内路面及现浇内衬混凝土工程。

(3)定额中混凝土浇捣未含脚手架费用。

(4)圆形隧道路面以大型槽形板何做底模,如采用其他形式时定额允许调整。

(5)隧道内衬施工未包括各种滑模、台车及操作平台费用,可另行计算。

9. 地基加固、监测工程说明

(1)本章定额分为地基加固和监测两部分共7节59个子目,地基加固包括分层注浆、压密注浆、双重管和三重管高压旋喷,监测包括地表和地下监测孔布置、监控测试等。

(2)本章定额按软土地层建筑地下构筑物时采用的地基加固方法和监测手段进行编制。地基加固是控制地表沉降,提高土体承载力,降低土体渗透系数的一个手段。适用于深基坑底部稳定、隧道暗挖法施工和其他建筑物基础加固等,监测是地下构筑物建造时,反映施工对周围建筑群影响程度的测试手段。本定额适用于建设单位确认需要监测的工程项目,包括监测点布置和监测两部分,监测单位需及时向建设单位提供可靠的测试数据,工程结束后监测数据立案成册。

(3)分层注浆加固的扩散半径为0.8 m,压密注浆加固半径为0.75 m,双重管、三重管高压旋喷的固结半径分别为0.4 m、0.6 m。浆体材料(水泥、粉煤灰、外加剂等)用量按设计含量计算,若设计未提供含量要求时,按批准的施工组织设计计算,检测手段只提供注浆前后N值之变化。

(4)本定额不包括泥浆处理和微型桩的钢筋费用,为配合土体快速排水需打砂井的费用另计。

10. 金属构件制作工程说明

(1)本定额包括顶升管片钢壳、钢管片、顶升止水框、联系梁、车架、走道板、钢跑板、盾构基座、钢围令、钢闸墙、钢轨枕、钢支架、钢扶梯、钢栏杆、钢支撑、钢封门等金属构件的制作共8节26个子目。

(2)本定额适用于软土层隧道施工中的钢管片、复合管片钢壳及盾构工作井布置、隧道内施工用的金属支架、安全通道、钢闸墙、垂直顶升的金属构件及隧道明挖法施工中大型支撑等加工制作。

(3)本章预算价格仅适用于施工单位加工制作,需外加工者则按实结算。

(4)本定额钢支撑按 $\Phi 600$ 考虑,采用 12 mm 钢板卷管焊接而成,若采用成品钢管时定额不做调整。

(5)钢管片制作已包括台座摊销费,侧面环板燕尾槽加工不包括在内。

(6)复合管片钢壳包括台模摊销费,钢筋在复合管片混凝土浇捣子目内。

(7)垂直顶升管节钢骨架已包括法兰、钢筋和靠模摊销费。

(8)构件制作均按焊接计算,不包括安装螺栓在内。

◆本册定额分部工程量计算规则

1. 隧道开挖与出渣工程工程量计算规则

(1)隧道的平硐、斜井和竖井开挖与出渣工程量,按设计图开挖断面尺寸,另加允许超挖量以 m^3 计算。本定额光面爆破允许超挖量:拱部为 15 cm,边墙为 10 cm,若采用一般爆破,其允许超挖量:拱部为 20 cm,边墙为 15 cm。

(2)隧道内地沟的开挖和出渣工程量,按设计断面尺寸,以 m^3 计算,不得另行计算允许超挖量。

(3)平硐出渣的运距,按装渣重心至卸渣重心的直线距离计算,若平硐的轴线为曲线时,硐内段的运距按相应的轴线长度计算。

(4)斜井出渣的运距,按装渣重心至斜井口摘钩点的斜距离计算。

(5)竖井的提升运距,按装渣重心至井口吊斗摘钩点的垂直距离计算。

2. 临时工程工程量计算规则

(1)粘胶布通风筒及铁风筒按每一硐口施工长度减 30 m 计算。

(2)风、水钢管按硐长加 100 m 计算。

(3)照明线路按硐长计算,如施工组织设计规定需要安双排照明时,应按实际双线部分增加。

(4)动力线路按硐长加 50 m 计算。

(5)轻便轨道以施工组织设计所布置的起、止点为准,定额为单线,如实际为双线应加倍计算,对所设置的道岔,每处按相应轨道折合 30 m 计算。

(6)硐长 = 主硐 + 支硐。(均以硐口断面为起止点,不含明槽)

3. 隧道内衬工程工程量计算规则

(1)隧道内衬现浇混凝土和石料衬砌的工程量,按施工图所示尺寸加允许超挖量(拱部为 15 cm,边墙为 10 cm)以 m^3 计算,混凝土部分不扣除 0.3 m^2 以内孔洞所占体积。

(2)隧道衬砌边墙与拱部连接时,以拱部起拱点的连线为分界线,以下为边墙,以上为拱部。边墙底部的扩大部分工程量(含附壁水沟),应并入相应厚度边墙体积内计算。拱部两端支座,先拱后墙的扩大部分工程量,应并入拱部体积内计算。

(3)喷射混凝土数量及厚度按设计图计算,不另增加超挖、填平补齐的数量。

(4)喷射混凝土定额配合比,按各地区规定的配合比执行。

(5)混凝土初喷 5 cm 为基本层,每增 5 cm 按增加定额计算,不足 5 cm 按 5 cm 计算,若做临时支护可按一个基本层计算。

(6)喷射混凝土定额已包括混合料 200 m 运输,超过 200 m 时,材料运费另计。运输吨位按初喷 5 cm 拱部 26 t/100 m²,边墙 23 t/100 m²;每增厚 5 cm 拱部 16 t/100 m²,边墙 14 t/100 m²。

(7)锚杆按 $\Phi 22$ 计算,若实际不同时,定额人工、机械应按表 4.34 中所列系数调整,锚杆按净重计算不加损耗。

表 4.34 人工机械调整系数

锚杆直径 Φ	28	25	22	20	18	26
调整系数	0.62	0.78	1	1.21	1.49	1.89

(8)钢筋工程量按图示尺寸以 t 计算。现浇混凝土中固定钢筋位置的支撑钢筋、双层钢筋用的架立筋(铁马),伸出构件的锚固钢筋均按钢筋计算,并入钢筋工程量内。钢筋的搭接用量:设计图纸已注明的钢筋接头,按图纸规定计算;设计图纸未注明的通长钢筋接头,$\Phi 25$ 以内的,每 8 m 计算 1 个接头,$\Phi 25$ 以上的,每 6 m 计算 1 个接头,搭接长度按规范计算。

(9)模板工程量按模板与混凝土的接触面积以 m² 计算。

(10)喷射平台工程量,按实际搭设平台的最外立杆(或最外平杆)之间的水平投影面积以 m² 计算。

4.隧道沉井工程工程量计算规则

(1)沉井工程的井点布置及工程量,按批准的施工组织设计计算,执行第一册"通用项目"相应定额。

(2)基坑开挖的底部尺寸,按沉井外壁每侧加宽 2.0 m 计算,执行第一册"通用项目"中的基坑挖土定额。

(3)沉井基坑砂垫层及刃脚基础垫层工程量按批准的施工组织设计计算。

(4)刃脚的计算高度,从刃脚踏面至井壁外凸口计算,如沉井井壁没有外凸口时,则从刃脚踏面至底板顶面为准。底板下的地梁并入底板计算。框架梁的工程量包括切入井壁部分的体积。井壁、隔墙或底板混凝土中,不扣除单孔面积 0.3 m³ 以内的孔洞所占体积。

(5)沉井制作的脚手架安、拆,不论分几次下沉,其工程量均按井壁中心线周长与隔墙长度之和乘以井高计算。

(6)沉井下沉的土方工程量,按沉井外壁所围的面积乘以下沉深度(预制时刃脚底面至下沉后设计刃脚底面的高度),并分别乘以土方回淤系数计算。回淤系数:排水下沉深度大于 10 m 为 1.05;不排水下沉深度 >15 m 为 1.02。

(7)沉井触变泥浆的工程量,按刃脚外凸口的水平面积乘以高度计算。

(8)沉井砂石料填心、混凝土封底的工程量,按设计图纸或批准的施工组织设计计算。

(9)钢封门安、拆工程量,按施工图用量计算。钢封门制作费另计,拆除后应回收 70% 的主材原值。

5.盾构掘进工程量计算规则

(1)掘进过程中的施工阶段划分为以下几点。

1)负环段掘进:从拼装后靠管片起至盾尾离开出洞井内壁止。

2)出洞段掘进:从盾尾离开出洞并内壁至盾尾离开出洞井内壁 40 m 止。

3)正常段掘进:从出洞段掘进结束至进洞段掘进开始的全段掘进。

4)进洞段掘进:按盾构切口距进洞进外壁5倍盾构直径的长度计算。

(2)掘进定额中盾构机按摊销考虑,若遇下列情况时,可将定额中盾构掘进机台班内的折旧费和大修理费扣除,保留其他费用作为盾构使用费台班进入定额,盾构掘进机费用按不同情况另行计算。

1)顶端封闭采用垂直顶升方法施工的给排水隧道。
2)单位工程掘进长度≤800 m的隧道。
3)采用进口或其他类型盾构机掘进的隧道。
4)由建设单位提供盾构机掘进的隧道。

(3)衬砌压浆量根据盾尾间隙,由施工组织设计确定。

(4)柔性接缝环适合于盾构工作井洞门与圆隧道接缝处理,长度按管片中心圆周长计算。

(5)预制混凝土管片工程量按实体积加1%损耗计算,管片试拼装以每100环管片拼装1组(3环)计算。

6. 垂直顶升工程工程量计算规则

(1)复合管片不分直径,管节不分大小,均执行本定额。

(2)顶升车架及顶升设备的安拆,以每顶升一组出口为安拆一次计算。顶升车架制作费按顶升一组摊销50%计算。

(3)顶升管节外壁如需压浆时,则套用分块压浆定额计算。

(4)垂直顶升管节试拼装工程量按所需顶升的管节数计算。

7. 地下连续墙工程量计算规则

(1)地下连续墙成槽土方量按连续墙设计长度、宽度和槽深(加超深0.5 m)计算,混凝土浇筑量同连续墙成槽土方量。

(2)锁口管及清底置换以"段"为单位(段指槽壁单元槽段),锁口管吊拔按连续墙段数加1段计算,定额中已包括锁口管的摊销费用。

8. 地下混凝土结构工程工程量计算规则

(1)现浇混凝土工程量按施工图计算,不扣除单孔面积0.3 m^3以内的孔洞所占体积。

(2)有梁板的柱高,自柱基础顶面至梁、板顶面计算,梁高以设计高度为准。梁与柱交接,梁长算至柱侧面(即柱间净长)。

(3)结构定额中未列预埋件费用,可另行计算。

(4)隧道路面沉降缝、变形缝按第二册"道路工程"相应定额执行,其人工、机械乘以1.1系数。

9. 地基加固、监测工程量计算规则

(1)地基注浆加固以"孔"为单位的子目,定额按全区域加固编制,若加固深度与定额不同时可内插计算;若采取局部区域加固,则人工和钻机台班不变,材料(注浆阀管除外)和其他机械台班按加固深度与定额深度同比例调减。

(2)地基注浆加固以"m^3"为单位的子目,已按各种深度综合取定,工程量按加固土体的体积计算。

(3)监测点布置分为地表和地下两部分,其中地表测孔深度与定额不同时可内插计算。

工程量由施工组织设计确定。

(4)监控测试以一个施工区域内监控3项或6项测定内容划分步距,以组日为计量单位,监测时间由施工组织设计确定。

10.金属构件制作工程量计算规则

(1)金属构件的工程量按设计图纸的主材(型钢,钢板、方、圆钢等)的重量以"t"计算,不扣除孔眼、缺角、切肢、切边的重量。圆形和多边形的钢板按作方(m^2)计算。

(2)支撑的活络头、固定头和本体组成,本体按固定头单价计算。

【实 务】

◆工程量计算常用数据

1.混凝土、钢筋混凝土构件模板、钢筋含量常用数据

岩石隧道部分模板、钢筋含量(每10 m^3 混凝土)见表4.35。

表4.35 岩石隧道部分模板、钢筋含量

构筑物名称	混凝土衬砌厚度/cm	接触面积/m^2	含钢筋量/kg Φ10以内	含钢筋量/kg Φ10以上
平硐拱跨跨径10 m以内	30~50	23.81	185	431
平硐拱跨跨径10 m以内	50~80	15.51	154	359
平硐拱跨跨径10 m以内	80以上	9.99	123	287
平硐拱跨跨径10 m以上	30~50	24.09	62	544
平硐拱跨跨径10 m以上	50~80	15.82	51	462
平硐拱跨跨径10 m以上	80以上	10.32	41	369
平硐边墙	30~50	24.55	101	410
平硐边墙	50~80	17.33	82	328
平硐边墙	80以上	12.01	62	246
斜井洪跨跨径10 m以内	30~50	26.19	198	461
斜井洪跨跨径10 m以内	50~80	17.06	165	384
斜井边墙	30~50	27.01	108	439
斜井边墙	50~80	18.84	88	351
竖井	15~25	46.69	—	359
竖井	25~35	30.22	—	462
竖井	35~45	23.12	—	564

注:表中模板、钢筋含量仅供参考编制预算时,应按施工图纸计算相应的模板接触面积和钢筋使用量。

2.混凝土、砌筑砂浆配合比常用数据

泵送商品混凝土配合比见表4.36。

表 4.36　泵送商品混凝土配合比表　　　　　　　　　　　　　　单位：m³

项目	单位	碎石(最大粒径:15 mm)				
		混凝土强度等级				
		C20	C25	C30	C35	C40
425#水泥(32.5级)	kg	409	466	—	—	—
525#水泥(42.5级)	kg	—	—	445	498	—
625#水泥(52.5级)	kg	—	—	—	—	493
木钙	kg	1.02	1.17	1.11	1.25	1.18
中砂	kg	819	793	802	778	790
5~15碎石	kg	1 029	963	1 008	978	923
水	kg	230	230	230	230	230
项目	单位	碎石(最大粒径:25 mm)				
		混凝土强度等级				
		C20	C25	C30	C35	C40
425#水泥(32.5级)	kg	376	429	476	—	—
525#水泥(42.5级)	kg	—	—	458	500	—
木钙	kg	0.94	1.07	1.20	1.15	1.25
中砂	kg	881	856	832	842	822
5~25碎石	kg	1 021	992	964	976	953
水	kg	210	210	210	210	210
项目	单位	碎石(最大粒径:40 mm)				
		混凝土强度等级				
		C20	C25	C30	C35	C40
425#水泥(32.5级)	kg	351	400	446	—	—
525#水泥(42.5级)	kg	—	—	427	466	—
木钙	kg	0.88	1.00	1.12	1.07	1.16
中砂	kg	940	916	893	902	883
5~40碎石	kg	1 005	979	954	965	944
水	kg	190	190	190	190	190

注：表中各种材料用量仅供参考，各省、自治区、直辖市可按当地配合比情况，确定材料用量。

【例　题】

◆例 4-7

某隧道工程地下连续墙成槽，土质为三类土，施工段无地下水，所需基坑挖土尺寸如图 4.10 所示，试计算其定额工程量。

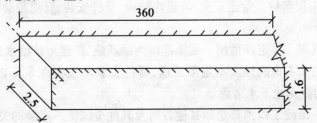

图 4.10　基坑挖土尺寸图　单位：m

【解】

定额工程量/m³:

$360 \times 2.5 \times (1.6 + 0.5) = 1\,890$

◆例 4-8

某隧道工程在 $K_2 + 100 \sim K_2 + 800$ 施工段为水底隧道,并在沉管外壁设置薄钢板防锚层,具体尺寸如图 4.11 所示,求其定额工程量。

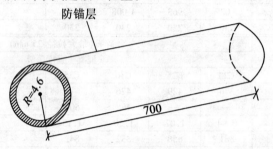

图 4.11 沉管外壁防锚层示意图 单位:m

【解】

定额工程量/m²:$3.14 \times 4.6 \times 2 \times 700 = 20\,221.6$

4.5 市政管网工程工程量计算

【基　础】

◆市政管网工程定额有关问题说明

市政管网工程量计算,是指《全国统一市政工程预算定额》第五册、第六册、第七册的给水、排水、燃气与集中供热管道及相应分项工程工程量计算等。

这三册定额包括的工程内容、适用范围、与其他各册定额等的关系划分及有关问题说明如下。

1. 第五册给水工程

(1)分部(章)工程名称。管道安装、管道内防腐、管件安装、管道附属构筑物、取水工程,共五章 444 个子目。

(2)定额适用范围。本定额适用于城镇范围内的新建、扩建市政给水工程。

(3)定额考虑与未考虑问题。本定额管道、管件安装均按沟深 3 m 内考虑,如超过 3 m时,另计。本定额均按无地下水考虑。

(4)与全国统一市政工程预算定额其他各册及其他全国统一定额的关系、界限

1)给水管道沟槽和给水构筑物的土石方工程、打拔工具桩、围堰工程、支撑工程、脚手架工程、拆除工程、井点降水、临时便桥等执行第一册"通用项目"相应定额。

2)给水管道过河工程及取水头工程中的打桩工程、桥管基础、承台、混凝土桩及钢筋的制作安装等执行第三册"桥涵工程"有关定额。

3)给水工程中的沉井工程、构筑物工程、顶管工程、给水专用机械设备安装,均执行第六册"排水工程有关定额"。

4)钢板卷管安装、钢管件制作安装、法兰安装、阀门安装,均执行第七册"燃气与集中供热工程"有关定额。

5)管道除锈、外防腐执行《全国统一安装工程预算定额》的有关定额项目。

2. 第六册排水工程

(1)分部(章)工程名称。

定型混凝土管道基础及铺设,定型井、非定型井、渠基础及砌筑,顶管,给排水构筑物,给排水机械设备安装,模板、钢筋(铁件)加工及井字架工程,共七章1355个子目。

(2)定额适用范围。

本定额适用于城镇范围内新建、扩建的市政排水管渠工程。

(3)与全国统一市政工程预算定额其他各册及其他全国统一定额的关系、界限。

1)给排水构筑物工程中的泵站上部建筑工程及本册定额中未包括的建筑工程,按《全国统一建筑工程基础定额》相应定额执行。

2)给排水机械设备安装中的通用机械,执行《全国统一安装工程预算定额》相应定额。

3)市政排水管道与厂、区室外排水管道以接入市政管道的检查井、接户井为界:凡市政管道检查井(接户井)以外的厂、区室外排水管道,均执行本定额。

4)管道接口、检查井、给排水构筑物需做防腐处理的,分别执行《全国统一建筑工程基础定额》和《全国统一安装工程预算定额》。

5)本册定额所涉及的土、石方挖、填、运输,脚手架,支撑,围堰,打、拔桩,降水,便桥,拆除等工程,除各章另有说明外,均按第一册"通用项目"相应定额执行。

(4)"排水工程"定额有关问题说明。

1)本定额所称管径均指内径,如当地生产的管径、长度与定额不同时,各省、自治区、直辖市可自行调整。

2)本定额中的混凝土均为现场拌和,各项目中的混凝土和砂浆强度等级与设计要求不同时,强度等级允许换算,但数量不变。

3)本定额各章所需的模板、钢筋(铁件)加工、井字架均执行相应定额项目。

4)本定额是按无地下水考虑的,如有地下水,需降水时执行第一册"通用项目"相应定额;需设排水盲沟时执行第二册"道路工程"相应定额;基础需铺设垫层时,执行本册定额顶管工程的相应定额;采用湿土排时执行第一册"通用项目"相应定额。

3. 第七册燃气与集中供热工程

(1)分部(章)工程名称。燃气与集中供热工程的管道安装,管件制作、安装,法兰、阀门安装,燃气用设备安装,集中供热用容器具安装及管道调压、吹扫等,共六章837个子目。

(2)定额适用范围。本定额适用于市政工程新建和扩建的城镇燃气和集中供热等工程。

(3)定额考虑与未考虑问题。本定额是按无地下水考虑的。$Dg \leqslant 1\ 800$ mm 是按沟深3 m以内考虑的,$Dg > 1\ 800$ mm 是按沟深5 m以内考虑的。超过时另行计算。

(4)与全国统一市政工程预算定额其他各册及其他全国统一定额的关系、界限。

1)管道沟槽土、石方工程及搭、拆脚手架工程,按第一册"通用项目"相应定额执行。

2)过街管沟的砌筑、顶管、管道基础及井室,按第六册"排水工程"相应定额执行。

3)本定额中煤气和集中供热的容器具、设备安装缺项部分,按《全国统一安装工程预算定额》相应定额执行。

4)本定额不包括管道穿跨越工程。

5)刷油、防腐、保温和焊缝探伤按《全国统一安装工程预算定额》相应定额项目执行。

6)铸铁管安装除机械接口外其他接口形式按第五册"给水工程"相应定额执行。

7)异径管、三通制作,刚性套管和柔性套管制作、安装及管道支架制作、安装按《全国统一安装工程预算定额》相应定额执行。

(5)"燃气与集中供热工程"定额管道压力划分。本定额中各种燃气管道的输送压力(P)按中压 B 级及低压考虑。如安装中压 A 级煤气管道和高压煤气管道,定额人工乘以系数 1.30,碳钢管道管件安装均不再做调整。

燃气工程压力 $P(MPa)$ 划分范围为:

高压A级　0.8 MPa $< P \leqslant$ 1.6 MPa

　　B 级　0.4 MPa $< P \leqslant$ 0.8 MPa

中压A级　0.2 MPa $< P \leqslant$ 0.4 MPa

　　B 级　0.005 MPa $< P \leqslant$ 0.2 MPa

低压　$P \leqslant$ 0.005 MPa

本定额中集中供热工程压力 $P(MPa)$ 划分范围:

低压　$P \leqslant$ 1.6 MPa

中压　1.6 MPa $< P \leqslant$ 2.5 MPa

热力管道设计参数标准见表 4.37 所示。

表 4.37　热力管道设计参数标准

介质名称	温度/℃	压力/MPa
蒸汽	$t \leqslant 350$	$P \leqslant 1.6$
热水	$t \leqslant 200$	$P \leqslant 2.5$

◆市政管网给水工程工程量计算

"给水工程"是指供给城镇工矿企业、机关、学校、社会团体和居民符合国家规定标准的生产、生活、消防用水的管路等一系列装置设施的施工建造生产活动。给水工程分为室外给水和室内给水。本书所说给水工程,是指室外给水工程。

《全国统一市政工程预算定额》(GYD 305—1999)第五册"给水工程"包括管道安装、管道内防腐、管件安装、管道附属构筑物、取水工程,共五章 444 个子目。

1. 管道安装工程

(1) 管道安装定额说明。

1) 管道安装定额内容包括铸铁管、混凝土管、塑料管安装,铸铁管及钢管新旧连接、管道试压、消毒冲洗。

2) 管道安装定额管节长度是综合取定的,实际不同时,不做调整。

3) 套管内的管道铺设按相应的管道安装人工、机械乘以系数 1.2。

4) 混凝土管安装不需要接口时,按第六册"排水工程"相应定额执行。

5) 定额给定的消毒冲洗水量,如水质达不到饮用水标准,水量不足时,可按实调整,其他不变。

6) 新旧管线连接项目所指的管径是指新旧管中最大的管径。

7) 管道安装定额不包括以下内容。

①管道试压、消毒冲洗、新旧管道连接的排水工作内容,按批准的施工组织设计另计。

②新旧管连接所需的工作坑及工作坑垫层、抹灰,马鞍卡子、盲板安装,工作坑及工作坑垫层、抹灰执行第六册"排水工程"有关定额,马鞍卡子、盲板安装执行本册有关定额。

(2) 管道安装工程量计算规则。

1) 管道安装均按施工图中心线的长度计算(支管长度从主管中心开始计算到支管末端交接处的中心),管件、阀门所占长度已在管道施工损耗中综合考虑,计算工程量时均不扣除其所占长度。

2) 管道安装均不包括管件(指三通、弯头、异径管)、阀门的安装,管件安装执行第五册"给水工程"有关定额。

3) 遇有新、旧管连接时,管道安装工程量计算到碰头的阀门处,但阀门及与阀门相连的承(插)盘短管、法兰盘的安装均包括在新旧管连接定额内,不再另计。

2. 管道内防腐工程

(1) 管道内防腐定额说明。

1) 管道内防腐定额内容包括铸铁管、钢管的地面离心机械内涂防腐、人工内涂防腐。

2) 地面防腐综合考虑了现场和厂内集中防腐两种施工方法。

3) 管道的外防腐执行《全国统一安装工程预算定额》的有关定额。

(2)管道内防腐工程量计算规则。管道内防腐按施工图中心线长度计算,计算工程量时不扣除管件、阀门所占的长度,但管件、阀门的内防腐也不另行计算。

3. 管件安装工程

在管道安装过程中用以连接、分支、转弯和改变管径大小的接头零件,称为管件。例如三通、四通、弯头和大小头等。

(1)管件安装定额说明。1)管件安装定额内容包括铸铁管件、承插式预应力混凝土转换件、塑料管件、分水栓、马鞍卡子、二合三通、铸铁穿墙管、水表安装。

2)铸铁管件安装适用于铸铁三通、弯头、套管、乙字管、渐缩管、短管的安装。并综合考虑了承口、插口、带盘的接口,与盘连接的阀门或法兰应另计。3)铸铁管件安装(胶圈接口)也适用于球墨铸铁管件的安装。

4)马鞍卡子安装所列直径是指主管直径。

5)法兰式水表组成与安装定额内无缝钢管、焊接弯头所采用壁厚与设计不同时,允许调整其材料预算价格,其他不变。

6)管件安装定额不包括以下内容:

①与马鞍卡子相连的阀门安装,执行第七册"燃气与集中供热工程"有关定额。

②分水栓、马鞍卡子、二合三通安装的排水内容,应按批准的施工组织设计另计。

(2)管件安装工程量计算规则。管件、分水栓、马鞍卡子、二合三通、水表的安装按施工图数量以"个"或"组"为单位计算。

4. 管道附属构筑物工程量

(1)管道附属构筑物工程定额说明。

1)管道附属构筑物工程定额内容包括砖砌圆形阀门井、砖砌矩形卧式阀门井、砖砌矩形水表井、消火栓井、圆形排泥湿井、管道支墩工程。

2)砖砌圆形阀门井是按《给水排水标准图集》S143、砖砌矩形卧式阀门井按S144、砖砌矩形水表井按S145、消火栓井按S162、圆形排泥湿井按S146编制的,且全部按无地下水考虑。

3)管道附属构筑物工程定额所指的井深是指垫层顶面至铸铁井盖顶面的距离。井深大于1.5 m时,应按第六册"排水工程"有关项目计取脚手架搭拆费。

4)本章定额是按普通铸铁井盖、井座考虑的,如设计要求采用球墨铸铁井盖、井座,其材料预算价格可以换算,其他不变。

5)排气阀井,可套用阀门井的相应定额。

6)矩形卧式阀门井筒每增0.2 m定额,包括2个井筒同时增0.2 m。

7)管道附属构筑物工程定额,不包括以下内容。

①模板安装拆除、钢筋制作安装,如发生时,执行第六册"排水工程"有关定额。

②预制盖板、成型钢筋的场外运输,如发生时,执行第一册"通用项目"有关定额。

③圆形排泥湿井的进水管、溢流管的安装,执行第五册"给水工程"有关定额。

(2)管道附属构筑物工程量计算规则。

1)各种井均按施工图数量,以"座"为单位。

2)管道支墩按施工图以实体积计算,不扣除钢筋、铁件所占的体积。

5. 取水工程工程量

（1）取水工程的定额说明。

1）取水工程定额内容包括大口井内套管安装、辐射井管安装、钢筋混凝土渗渠管制作安装、渗渠滤料填充。

2）大口井内套管安装。

①大口井套管为井底封闭套管，按法兰套管全封闭接口考虑。

②大口井底作反滤层时，执行渗渠滤料填充项目。

3）取水工程定额不包括以下内容，如发生时，按以下规定执行。

①辐射井管的防腐，执行《全国统一安装工程预算定额》有关定额。

②模板制作安装拆除、钢筋制作安装、沉井工程，如发生时，执行第六册"排水工程"有关定额。其中渗渠制作的模板安装拆除人工按相应项目乘以系数1.2。

③土石方开挖、回填、脚手架搭拆、围堰工程执行第一册"通用项目"有关定额。

④船上打桩及桩的制作，执行第三册"桥涵工程"有关项目。

⑤水下管线铺设，执行第七册"燃气与集中供热工程"有关项目。

（2）取水工程工程量计算规则。大口井内套管、辐射井管安装按设计图中心线长度计算。

◆市政管网排水工程工程量计算

"排水工程"，是将生活污水、生产废水和雨（雪）水排放掉所需要的装置设施——管道、设备、建（构）筑物等施工建造生产活动。排水工程也分为室外排水工程和室内排水工程。本书所说排水工程主要是指室外排水工程。

《全国统一市政工程预算定额》（GYD 306—1999）第六册"排水工程"包括定型混凝土管道基础及铺设，定型井、非定型井、渠基础及砌筑，顶管，给排水构筑物，给排水机械设备安装，模板、钢筋（铁件）加工及井字架工程，共七章1 355个子目。

1. 定型混凝土管道基础及铺设工程

定型混凝土管道基础是指全国通用的混凝土管道基础。

（1）定型混凝土管道基础及铺设定额说明。

1）定型混凝土管道基础及铺设定额包括混凝土管道基础、管道铺设、管道接口、闭水试验、管道出水口，是依现行《给水排水标准图集》合订本S2计算的。适用于市政工程雨水、污水及合流混凝土排水管道工程。

2）D300～D700混凝土管铺设分为人工下管和人机配合下管，D800～D2 400为人机配合下管。

3）如在无基础的槽内铺设管道，其人工、机械乘以系数1.18。

4）如遇有特殊情况，必须在支撑下串管铺设，人工、机械乘以系数1.33。

5）若在枕基上铺设缸瓦（陶土）管，人工乘以系数1.18。

6）自（预）应力混凝土管胶圈接口采用给水册的相应定额项目。

7）实际管座角度与定额不同时，采用非定型管座定额项目。企口管的膨胀水泥砂浆接口和石棉水泥接口适于360°，其他接口均是按管座120°和180°列项的。如管座角度不同，按相应材质的接口做法，以管道接口调整表进行调整（表4.38）。

表4.38 管道接口调整表

序号	项目名称	实做角度/°	调整基数或材料	调整系数
1	水泥砂浆抹带接口	90	120°定额基价	1.330
2	水泥砂浆抹带接口	135	120°定额基价	0.890
3	钢丝网水泥砂浆抹带接口	90	120°定额基价	1.330
4	钢丝网水泥砂浆抹带接口	135	120°定额基价	0.890
5	企口管膨胀水泥砂浆抹带接口	90	定额中1:2水泥砂浆	0.750
6	企口管膨胀水泥砂浆抹带接口	120	定额中1:2水泥砂浆	0.670
7	企口管膨胀水泥砂浆抹带接口	135	定额中1:2水泥砂浆	0.625
8	企口管膨胀水泥砂浆抹带接口	180	定额中1:2水泥砂浆	0.500
9	企口管石棉水泥接口	90	定额中1:2水泥砂浆	0.750
10	企口管石棉水泥接口	120	定额中1:2水泥砂浆	0.670
11	企口管石棉水泥接口	135	定额中1:2水泥砂浆	0.625
12	企口管石棉水泥接口	180	定额中1:2水泥砂浆	0.500

注:现浇混凝土外套环、变形缝接口,通用于平口、企口管。

8)定额中的水泥砂浆抹带、钢丝网水泥砂浆接口均不包括内抹口,如设计要求内抹口时,按抹口周长每100延长米增加水泥砂浆0.042 m^3、人工9.22工日计算。

9)如工程项目的设计要求与定额所采用的标准图集不同时,执行非定型的相应项目。

10)定型混凝土管道基础及铺设工程各项所需模板、钢筋加工,执行第六册"排水工程"第七章"模板、钢筋、井字架工程"的相应项目。

11)定额中计列了砖砌、石砌一字式、门字式、八字式适用于D300~D2 400 mm不同复土厚度的出水口,是按现行《给排水标准图集》合订本S2,需对应选用,非定型或材质不同时可执行第一册"通用项目"和第六册"排水工程"第三章"非定型井、渠、管道基础及砌筑"相应项目。

(2)定型混凝土管道基础及铺设工程量计算规则。

1)各种角度的混凝土基础、混凝土管、缸瓦管铺设,井中至井中的中心扣除检查井长度,以延长米计算工程量,每座检查井扣除长度按表4.39计算。

表4.39 每座检查井扣除长度

检查井规格/mm	扣除长度/m	检查井规格	扣除长度/m
Φ700	0.4	各种矩形井	1.0
Φ1000	0.7	各种交汇井	1.20
Φ1250	0.95	各种扇形井	1.0
Φ1500	1.20	圆形跌水井	1.60
Φ2000	1.70	矩形跌水井	1.70
Φ2500	2.20	阶梯式跌水井	按实扣

2)管道接口区分管径和做法,以实际按口个数计算工程量。

3)管道闭水试验,以实际闭水长度计算,不扣各种井所占长度。

4)管道出水口区分形式、材质及管径,以"处"为单位计算。

2.定型井工程

全国各地都适用的各类井,称为定型井。

(1)定型井工程定额说明。

1)定型井工程定额包括各种定型的砖砌检查井、收水井,适用于D700~D2 400 mm间混凝土雨水、污水及合流管道所设的检查井和收水井。

2)各类井是按现行《给水排水标准图集》S2编制的,实际设计与定额不同时,执行第六册"排水工程"第三章"非定型井、渠、管道基础及砌筑"相应项目。

3)各类井均为砖砌,如为石砌时,执行第六册"排水工程"第三章"非定型井、渠、管道基础及砌筑"相应项目。

4)各类井只计列了内抹灰,如设计要求外抹灰时,执行第六册"排水工程"第三章"非定型井、渠、管道基础及砌筑"的相应项目。

5)各类井的井盖、井座、井箅均系按铸铁件计列的,如采用钢筋混凝土预制件,除扣除定额中铸铁件外应按下列规定调整。

①现场预制,执行第六册"排水工程"第三章"非定型井、渠、管道基础及砌筑"相应定额;

②厂集中预制,除按第六册"排水工程"第三章"非定型井、渠、管道基础及砌筑"相应定额执行外,其运至施工地点的运费可按第一册"通用项目"相应定额另行计算。

6)混凝土过梁的制、安,当小于 0.04 m^3/件时,执行第六册"排水工程"第三章"非定型井、渠、管道基础及砌筑"小型构件项目;当大于 0.04 m^3/件时,执行定型井工程定额项目。

7)各类井预制混凝土构件所需的模板钢筋加工,均执行第六册"排水工程"第七章"模板、钢筋、井字架工程"的相应项目。但定额中已包括构件混凝土部分的人、材、机费用,不得重复计算。

8)各类检查井,当井深大于 1.5 m 时,可视井深、井字架材质执行第六册"排水工程"第七章"模板、钢筋、井字架工程"的相应项目。

9)当井深不同时,除本章定额中列有增(减)调整项目外,均按第六册"排水工程"第三章"非定型井、渠、管道基础及砌筑"中井筒砌筑定额进行调整。

10)如遇三通、四通井,执行非定型井项目。

(2)定型井工程量计算规则。

1)各种井按不同井深、井径以"座"为单位计算。

2)各类井的井深按井底基础以上至井盖顶计算。

3.非定型井、渠、管道基础及砌筑工程

(1)非定型井、渠、管道基础及砌筑工程定额说明。

1)非定型井、渠、管道基础及砌筑工程定额包括非定型井、渠、管道及构筑物垫层、基础,砌筑,抹灰,混凝土构件的制作、安装、检查井筒砌筑等,适用于非定型的工程项目。

2)非定型井、渠、管道基础及砌筑工程各项目均不包括脚手架,当井深超过 1.5 m,执行井字脚手架项目;砌墙高度超过 1.2 m,抹灰高度超过 1.5 m 所需脚手架执行第一册"通用项目"相应定额。

3)非定型井、渠、管道基础及砌筑工程所列各项目所需模板的制、安、拆,钢筋(铁件)的加工均执行第六册"排水工程"第七章"模板、钢筋、井字架工程"相应项目。

4)收水井的混凝土过梁制作、安装执行小型构件的相应项目。

5)跌水井跌水部位的抹灰,按流槽抹面项目执行。

6)混凝土枕基和管座不分角度均按相应定额执行。

7)干砌、浆砌出水口的平坡、锥坡、翼墙执行第一册"通用项目"相应项目。

8)小型构件是指单件体积在 0.04 m^3 以内的构件。凡大于 0.04 m^3 的检查井过梁,执行混凝土过梁制作安装项目。

9)拱(弧)型混凝土盖板的安装,按相应体积的矩形板定额人工、机械乘以系数 1.15 执行。

10)定额只计列了井内抹灰的子目,如井外壁需要抹灰,砖、石井均按井内侧抹灰项目人工乘以系数0.8,其他不变。

11)砖砌检查井的升高,执行检查井筒砌筑相应项目,降低则执行第一册"通用项目"拆除构筑物相应项目。

12)石砌体均按块石考虑,如采用片石或平石时,块石与砂浆用量分别乘以系数1.09和1.19,其他不变。

13)给排水构筑物的垫层执行定额相应项目,其中人工乘以系数0.87,其他不变;如构筑物池底混凝土垫层需要找坡时,其中人工不变。

14)现浇混凝土方沟底板,采用渠(管)道基础中平基的相应项目。

(2)非定型井、渠、管道基础及砌筑工程工程量计算规则。

1)定额所列各项目的工程量均以施工图为准计算,其中:

①砌筑按计算体积,以"10 m^3"为单位计算。

②抹灰、勾缝以"100 m^2"为单位计算。

③各种井的预制构件以实体积"m^3"计算,安装以"套"为单位计算。

④井、渠垫层、基础按实体积以"10 m^3"计算。

⑤沉降缝应区分材质按沉降缝的断面积或铺设长度分别以"100 m^2"和"100 m"计算。

⑥各类混凝土盖板的制作按实体积以"m^3"计算,安装应区分单件(块)体积,以"10 m^3"计算。

2)检查井筒的砌筑适用于混凝土管道井深不同的调整和方沟井筒的砌筑,区分高度以"座"为单位计算,高度与定额不同时采用每增减0.5 m计算。

3)方沟(包括存水井)闭水试验的工程量,按实际闭水长度的用水量,以"100 m^3"计算。

4.顶管工程

(1)顶管工程定额说明。

1)定额内容包括工作坑土方、人工挖土顶管、挤压顶管,混凝土方(拱)管涵顶进,不同材质不同管径的顶管接口等项目,适用于雨、污水管(涵)及外套管的不开槽顶管工程项目。

2)工作坑垫层、基础执行第六册"排水工程"第三章"非定型井、渠、管道基础及砌筑"的相应项目,人工乘以系数1.10,其他不变。如果方(拱)涵管需设滑板和导向装置时,另行计算。

3)工作坑挖土方是按土壤类别综合计算的,土壤类别不同,不允许调整。工作坑回填土,视其回填的实际做法,执行第一册"通用项目"的相应项目。

4)工作坑内管(涵)明敷,应根据管径、接口做法执行第六册"排水工程"第一章"定型混凝土管道基础及铺设"的相应项目,人工、机械乘以系数1.10,其他不变。

5)定额是按无地下水考虑的,如遇地下水时,排(降)水费用按相关定额另行计算。

6)定额中钢板内、外套环接口项目,只适用于设计所要求的永久性管口,顶进中为防止错口,在管内接口处所设置的工具式临时性钢胀圈不得套用。

7)顶进施工的方(拱)涵断面大于4 m^2的,按箱涵顶进项目或规定执行。

8)管道顶进项目中的顶镐均为液压自退式,如采用人力顶镐,定额人工乘以系数1.43;如系人力退顶(回镐)时间定额乘以系数1.20,其他不变。

9)人工挖土顶管设备、千斤顶,高压油泵台班单价中已包括了安拆及场外运费,执行中不得重复计算。

10)工作坑如设沉井,其制作、下沉套用给排水构筑物的相应项目。

11）水力机械顶进定额中，未包括泥浆处理、运输费用，可另计。

12）单位工程中，管径Φ1650以内敞开式顶进在100 m以内、封闭式顶进(不分管径)在50 m以内时，顶进定额中的人工费与机械费乘以系数1.3。

13）顶管采用中继间顶进时，顶进定额中的人工费与机械费乘以表4.40所列系数分级计算。

表4.40 中继间顶进

中断间顶进分级	一级顶进	二级顶进	三级顶进	四级顶进	超过四级
人工费、机械费调整系数	1.36	1.64	2.15	2.80	另计

14）安拆中继间项目仅适用于敞开式管道顶进，当采用其他顶进方法时，中继间费用允许另计。

15）钢套环制作项目以"t"为单位，适用于永久性接口内、外套环，中继间套环、触变泥浆密封套环的制作。

16）顶管工程中的材料是按50 m水平运距、坑边取料考虑的，如因场地等情况取用料水平运距超过50 m时，根据超过距离和相应定额另行计算。

(2)顶管工程工程量计算规则。

1）工作坑土方区分挖土深度，以挖方体积计算。

2）各种材质管道的顶管工程量，按实际顶进长度，以延长米计算。

3）顶管接口应区分操作方法、接口材质分别以口的个数和管口断面积计算工程量。

4）钢板内、外套环的制作，按套环重量以"t"为单位计算。

5. 给排水构筑物工程

(1)给排水构筑物工程定额说明。定额包括沉井、现浇钢筋混凝土池、预制混凝土构件、折(壁)板、滤料铺设、防水工程、施工缝、井池渗漏试验等项目。

1）沉井。

①沉井工程系按深度12 m以内、陆上排水沉井考虑的。水中沉井、陆上水冲法沉井及离河岸边近的沉井，需要采取地基加固等特殊措施者，可执行第四册"隧道工程"相应项目。

②沉井下沉项目中已考虑了沉井下沉的纠偏因素，但不包括压重助沉措施，若发生可另行计算。

③沉井制作不包括外渗剂，若使用外渗剂时可按当地有关规定执行。

2）现浇钢筋混凝土池类。

①池壁遇有附壁柱时，按相应柱定额项目执行，其中人工乘以系数1.05，其他不变。

②池壁挑檐是指在池壁上向外出檐作走道板用；池壁牛腿是指池壁上向内出檐以承托池盖用。

③无梁盖柱包括柱帽及桩座。

④井字梁、框架梁均执行连续梁项目。

⑤混凝土池壁、柱(梁)、池盖是按在地面以上3.6 m以内施工考虑的，如超过3.6 m者按：

a. 采用卷扬机施工的:每 10 m³ 混凝土增加卷扬机(带塔)和人工见表4.41。

表4.41 卷扬机施工

序号	项目名称	增加人工工日	增加卷扬机(带塔)台班
1	池壁、隔墙	8.7	0.59
2	柱、梁	6.1	0.39
3	池盖	6.1	0.39

b. 采用塔式起重机施工时,每 10 m³ 混凝土增加塔式起重机台班,按相应项目中搅拌机台班用量的50%计算。

⑥池盖定额项目中不包括进入孔,可按《全国统一安装工程预算定额》相应定额执行。

⑦格型池池壁执行直型池壁相应项目(指厚度)人工乘以系数1.15,其他不变。

⑧悬空落泥斗按落泥斗相应项目人工乘以系数1.4,其他不变。

3)预制混凝土构件。

①预制混凝土滤板中已包括了所设置预埋件 ABS 塑料滤头的套管用工,不得另计。

②集水槽若需留孔时,按每10个孔增加0.5个工日计。

③除混凝土滤板、铸铁滤板、支墩安装外,其他预制混凝土构件安装均执行异型构件安装项目。

4)施工缝。

①各种材质填缝的断面取定见表4.42。

表4.42 各种材质填缝断面尺寸

序号	项目名称	断面尺寸/cm
1	建筑油膏、聚氯乙燃胶泥	3×2
2	油浸木丝板	2.5×15
3	紫铜板止水带	展开宽45
4	氯丁橡胶止水带	展开宽30
5	其余均匀	15×3

②如实际设计的施工缝断面与上表不同时,材料用量可以换算,其他不变。

③各项目的工作内容为如下所示。

a. 油浸麻丝:熬制沥青、调配沥青麻丝、填塞。

b. 油浸木丝板:熬制沥青、浸木丝板、嵌缝。

c. 玛琋脂:熬制玛琋脂、灌缝。

d. 建筑油膏、沥青砂浆:熬制油膏沥青、拌和沥青砂浆、嵌缝。

e. 贴氯丁橡胶片:清理,用乙酸乙酯洗缝;隔纸,用氯丁胶粘剂贴氯丁橡胶片,最后在氯丁橡胶片上涂胶铺砂。

f. 紫铜板止水带:铜板剪裁、焊接成型、铺设。

g. 聚氯乙烯胶泥:清缝、水泥砂浆勾缝、垫牛皮纸,熬灌取聚氯乙烯胶泥。

h. 预埋止水带:止水带制作、接头及安装。

i. 铁皮盖板:平面埋木砖、钉木条、木条上钉铁皮;立面埋木砖、木砖上钉铁皮。

5)井、池渗漏试验。

①井、池渗漏试验容量在 500 m³ 是指井或小型池槽。

②井、池渗漏试验注水采用电动单级离心清水泵,定额项目中已包括了泵的安装与拆除用工,不得再另计。

③如构筑物池容量较大,需从一个池子向另一个池注水作渗漏试验采用潜水泵时,其台班单价可以换算,其他均不变。

6)执行其他册或章节的项目。

①构筑物的垫层执行第六册"排水工程"第三章非定型井、渠砌筑相应项目。

②构筑物混凝土项目中的钢筋、模板项目执行第六册"排水工程"第七章相应项目。

③需要搭拆脚手架者,执行第一册"通用项目"相应项目。

④泵站上部工程及本章中未包括的建筑工程,执行《全国统一建筑工程基础定额》相应项目。

⑤构筑物中的金属构件制作安装,执行《全国统一安装工程预算定额》第六册"工业管道工程"相应项目。

⑥构筑物的防腐、内衬工程金属面,执行《全国统一安装工程预算定额》第十一册相应项目,非金属面应执行《全国统一建筑工程基础定额》相应项目。

(2)给排水构筑物工程量计算规则。

1)沉井。

①沉井垫木按刃脚中心线以"100 延长米"为单位。

②沉井井壁及隔墙的厚度不同如上薄下厚时,可按平均厚度执行相应定额。

2)钢筋混凝土池。

①钢筋混凝土各类构件均按图示尺寸,以混凝土实体积计算,不扣除 0.3 m² 以内的孔洞体积。

②各类池盖中的进人孔、透气孔盖及与盖相连接的结构,工程量合并在池盖中计算。

③平底池的池底体积,应包括池壁下的扩大部分;池底带有斜坡时,斜坡部分应按坡底计算;锥形底应算至壁基梁底面,无壁基梁者算至锥底坡的上口。

④池壁分别不同厚度计算体积,如上薄下厚的壁,以平均厚度计算,池壁高度应自池底板面算至池盖下面。

⑤无梁盖柱的柱高,应自池底上表面算至池盖的下表面,并包括柱座、柱帽的体积。

⑥无梁盖应包括与池壁相连的扩大部分的体积;肋形盖应包括主、次梁及盖部分的体积;球形盖应自池壁顶面以上,包括边侧梁的体积在内。

⑦沉淀池水槽,系指池壁上的环形溢水槽及纵横 U 形水槽,但不包括与水槽相连接的矩形梁,矩形梁可执行梁的相应项目。

3)预制混凝土构件。

①预制钢筋混凝土滤板按图示尺寸区分厚度以"10 m³"计算,不扣除滤头套管所占体积。

②除钢筋混凝土滤板外其他预制混凝土构件均按图示尺寸以"m³"计算,不扣除 0.3 m² 以内孔洞所占体积。

4)折板、壁板制作安装。

①折板安装区分材质均按图示尺寸以"m^2"计算。

②稳流板安装区分材质不分断面均按图示长度以"延长米"计算。

5)滤料铺设。各种滤料铺设均按设计要求的铺设平面乘以铺设厚度以"m^3"计算,锰砂、铁矿石滤料以"10t"计算。

6)防水工程。

①各种防水层按实铺面积,以"100 m^2"计算,不扣除0.3m^2以内孔洞所占面积。

②平面与立面交接处的防水层,其上卷高度超过500 mm时,按立面防水层计算。

7)施工缝。各种材质的施工缝填缝及盖缝均不分断面按设计缝长以"延长米"计算。

8)井、池渗漏试验。井、池的渗漏试验区分井、池的容量范围,以"1 000 m^3"水容量计算。

6.给排水机械设备安装工程

(1)给排水机械设备安装的定额说明。

1)定额适用于给水厂、排水泵站及污水处理厂新建、扩建建设项目的专用设备安装。通用机械设备安装应套用《全国统一安装工程预算定额》有关专业册的相应项目。

2)设备、机具和材料的搬运。

①设备。包括自安装现场指定堆放地点运到安装地点的水平和垂直搬运。

②机具和材料。包括施工单位现场仓库运至安装地点的水平和垂直搬运。

③垂直运输基准面。在室内,以室内地平面为基准面;在室外以室外安装现场地平面为基准面。

3)工作内容。

①设备、材料及机具的搬运,设备开箱点件、外观检查,配合基础验收,起重机具的领用、搬运、装拆、清洗、退库。

②画线定位,铲麻面、吊装、组装、连接、放置垫铁及地脚螺栓,找正、找平、精平、焊接、固定、灌浆。

③施工及验收规范中规定的调整、试验及无负荷试运转。

④工种间交叉配合的停歇时间、配合质量检查、交工验收,收尾结束工作。

⑤设备本体带有的物体、机件等附件的安装。

4)除另有说明外,均未包括下列内容。

①设备、成品、半成品、构件等自安装现场指定堆放点外的搬运工作。

②因场地狭小、有障碍物,沟、坑等所引起的设备、材料、机具等增加的搬运、装拆。

③设备基础地脚螺栓孔、预埋件的修整及调整所增加的工作。

④供货设备整机、机件、零件、附件的处理、修补、修改、检修、加工、制作、研磨及测量等工作。

⑤非与设备本体联体的附属设备或构件等的安装、制作、刷油、防腐、保温等工作和脚手架搭拆工作。

⑥设备变速箱、齿轮箱的用油,及试运转所用的油、水、电等。

⑦专用垫铁、特殊垫铁、地脚螺栓和产品图纸注明的标准件、紧固件。

⑧负荷试运转、生产准备试运转工作。

5)设备的安装是按无外围护条件下施工考虑的,如在有外围护的施工条件下施工,定额人工及机械应乘以1.15的系数,其他不变。

6)定额是按国内大多数施工企业普遍采用的施工方法、机械化程度和合理的劳动组织编制的,除另有说明外,均不得因上述因素有差异而对定额进行调整或换算。

7)一般起重机具的摊销费,执行《全国统一安装工程预算定额》的有关规定。

8)各节有关说明。

①拦污及提水设备。

a.格栅组对的胎具制作,另行计算。

b.格栅制作是按现场加工制作考虑的。

②投药、消毒设备。

a.管式药液混合器,以两节为准,如为三节,乘以系数1.3。

b.水射器安装以法兰式连接为准,不包括法兰及短管的焊接安装。

c.加氯机为膨胀螺栓固定安装。

d.溶药搅拌设备以混凝土基础为准考虑。

③水处理设备。

a.曝气机以带有公共底座考虑,如无公共底座时,定额基价乘以系数1.3。如须制作安装钢制支承平台时,应另行计算。

b.曝气管的分管以闸阀划分为界,包括钻孔。塑料管为成品件,如需粘接和焊接时,可按相应规格项目的定额基价分别乘以系数1.2和1.3。

c.卧式表曝机包括泵(E)型、平板型、倒伞型和K型叶轮。

④排泥、撇渣及除砂机械。

a.排泥设备的池底找平由土建负责,如需钳工配合,另行计算。

b.吸泥机以虹吸式为准,如采用泵吸式,定额基价乘以系数1.3。

⑤污泥脱水机械:设备安装就位的上排、拐弯、下排,定额中均已综合考虑,施工方法与定额不同时,不得调整。

⑥闸门及驱动装置。

a.铸铁圆闸门包括升杆式和暗杆式,其安装深度按6 m以内考虑。

b.铸铁方闸门以带门框座为准,其安装深度按6 m以内考虑。

c.铸铁堰门安装深度按3 m以内考虑。

d.螺杆启闭机安装深度按手轮式为3 m,手摇式为4.5 m、电动为6 m、汽动为3 m以内考虑。

⑦集水槽、堰板制作安装及其他。

a.集水槽制作安装。

(a)集水槽制作项目中已包括了钻孔或铣孔的用工和机械,执行时,不得再另计。

(b)碳钢集水槽制作和安装中已包括了除锈和刷一遍防锈漆、二遍调和漆的人工和材料,不得再另计除锈刷油费用。但如果油漆种类不同,油漆的单价可以换算,其他不变。

b.堰板制作安装。

(a)碳钢、不锈钢矩形堰执行齿型堰相应项目,其中人工乘以系数0.6,其他不变。

(b)金属齿型堰板安装方法是按有连接板考虑的,非金属堰板安装方法是按无连接板考虑的,如实际安装方法不同,定额不做调整。

(c)金属堰板安装项目,是按碳钢考虑的,不锈钢堰板按金属堰板安装相应项目基价乘以系数1.2,主材另计,其他不变。

(d)非金属堰板安装项目适用于玻璃钢和塑料堰板。

c. 穿孔管、穿孔板钻孔。

(a)穿孔管钻孔项目适用于水厂的穿孔配水管、穿孔排泥管等各种材质管的钻孔。

(b)其工作内容包括切管、划线、钻孔、场内材料运输,穿孔管的对接、安装应另按有关项目计算。

d. 斜板、斜管安装。

(a)斜板安装定额是按成品考虑的,其内容包括固定、螺栓连接等,不包括斜板的加工制作费用。

(b)聚丙烯斜管安装定额是按成品考虑的,其内容包括铺装、固定、安装等。

(2)工程量计算规则。

1)机械设备类。

①格栅除污机、滤网清污机、搅拌机械、曝气机、生物转盘、带式压滤机均区分设备重量,以"台"为计量单位,设备重量均包括设备带有的电动机的重量在内。

②螺旋泵、水射器、管式混合器、辊压转鼓式污泥脱水机、污泥造粒脱水机均区分直径以"台"为计量单位。

③排泥、撇渣和除砂机械均区分跨度或池径按"台"为计量单位。

④闸门及驱动装置,均区分直径或长×宽以"座"为计量单位。

⑤曝气管不分曝气池和曝气沉砂池,均区分管径和材质按"延长米"为计量单位。

2)其他项目。

①集水槽制作安装分别按碳钢、不锈钢,区分厚度按"10 m^2"为计量单位。

②集水槽制作、安装以设计断面尺寸乘以相应长度以"m^2"计算,断面尺寸应包括需要折边的长度,不扣除出水孔所占面积。

③堰板制作分别按碳钢、不锈钢区分厚度按"10 m^2"为计量单位。

④堰板安装分别按金属和非金属区分厚度按"10 m^2"计算。金属堰板适用于碳钢、不锈钢,非金属堰板适用于玻璃钢和塑料。

⑤齿型堰板制作安装按堰板的设计宽度乘以长度以"m^2"计算,不扣除齿型间隔空隙所占面积。

⑥穿孔管钻孔项目,区分材质按管径以"100个孔"为计量单位。钻孔直径是综合考虑取定的,不论孔径大与小均不做调整。

⑦斜板、斜管安装仅是安装费,按"10 m^2"为计量单位。

⑧格栅制作安装区分材质按格栅重量,以"t"为计量单位,制作所需的主材应区分规格、型号分别按定额中规定的使用量计算。

7. 模板、钢筋、井字架工程量计算规则

(1)模板、钢筋、井字架工程定额说明。

1)定额包括现浇、预制混凝土工程所用不同材质模板的制、安、拆、钢筋、铁件的加工作、井字脚手架等项目,适用于第五册"给水工程"及第六册"排水工程"中的第五章取水工程和第四章管道附属构筑物。

2)模板是分别按钢模钢撑、复合木模木撑、木模木撑区分不同材质分别列项的,其中钢模模数差部分采用木模。

3)定额中现浇、预制项目中,均已包括了钢筋垫块或第一层底浆的工、料,及看模工日,套用时不得重复计算。

4)预制构件模板中不包括地、胎模,需设置者,土地模可按第一册"通用项目"平整场地的相应项目执行;水泥砂浆、混凝土砖地、胎模可按第三册"桥涵工程"的相应项目执行。

5)模板安拆以槽(坑)深3 m为准,超过3 m时,人工增加8%系数,其他不变。

6)现浇混凝土梁、板、柱、墙的模板,支模高度是按3.6 m考虑的,超过3.6 m时,超过部分的工程量另按超高的项目执行。

7)模板的预留洞,按水平投影面积计算,小于$0.3 \ m^2$者:圆形洞每10个增加0.72工日;方形洞每10个增加0.62工日。

8)小型构件是指单件体积在$0.04 \ m^3$以内的构件;地沟盖板项目适用于单块体积在$0.3 \ m^3$内的矩形板;井盖项目适用于井口盖板,井室盖板按矩形板项目执行,预留口按第7)条规定执行。

9)钢筋加工定额是按现浇、预制混凝土构件、预应力钢筋分别列项的,工作内容包括加工制作、绑扎(焊接)成型、安放及浇捣混凝土时的维护用工等全部工作,除另有说明外均不允许调整。

10)各项目中的钢筋规格是综合计算的,子目中的××以内系指主筋最大规格,凡小于$\Phi 10$的构造筋均执行$\Phi 10$以内子目。

11)定额中非预应力钢筋加工,现浇混凝土构件是按手工绑扎,预制混凝土构件是按手工绑扎、点焊综合计算的,加工操作方法不同不予调整。

12)钢筋加工中的钢筋接头、施工损耗,绑扎铁线及成型点焊和接头用的焊条均已包括在定额内,不得重复计算。

13)预制构件钢筋,如用不同直径钢筋点焊在一起时,按直径最小的定额计算,如粗细筋直径比在2倍以上时,其人工增加25%系数。

14)后张法钢筋的锚固是按钢筋绑条焊、U形插垫编制的,如采用其他方法锚固,应另行计算。

15)定额中已综合考虑了先张法张拉台座及其相应的夹具、承力架等合理的周转摊销费用,不得重复计算。

16)非预应力钢筋不包括冷加工,如设计要求冷加工时,另行计算。

17)下列构件钢筋,人工和机械增加系数如表4.43所示。

表 4.43 构件钢筋人工和机械增加系数表

项目	计算基数	现浇构件钢筋		构筑物钢筋	
		小型构件	小型池槽	矩形	圆形
增加系数	人工机械	100%	152%	25%	50%

(2)模板、钢筋井字架工程工程量计算规则。

1)现浇混凝土构件模板按构件与模板的接触面积以"m^2"计算。

2)预制混凝土构件模板,按构件的实体积以"m^3"计算。

3)砖、石拱圈的拱盔和支架均以拱盔与圈弧弧形接触面积计算,并执行第三册"桥涵工程"相应项目。

4)各种材质的地模胎膜,按施工组织设计的工程量,并应包括操作等必要的宽度以"m^2"计算,执行第三册"桥涵工程"相应项目。

5)井字架区分材质和搭设高度以"架"为单位计算,每座井计算一次。

6)井底流槽按浇注的混凝土流槽与模板的接触面积计算。

7)钢筋工程,应区别现浇、预制分别按设计长度乘以单位重量,以"t"计算。

8)计算钢筋工程量时,设计已规定搭接长度的,按规定搭接长度计算;设计未规定搭接长度的,已包括在钢筋的损耗中,不另计算搭接长度。

9)先张法预应力钢筋,按构件外形尺寸计算长度,后张法预应力钢筋按设计图规定的预应力钢筋预留孔道长度,并区别不同锚具,分别按下列规定计算。

①钢筋两端采用螺杆锚具时,预应力的钢筋按预留孔道长度减 0.35 m,螺杆另计。

②钢筋一端采用镦头插片,另一端采用螺杆锚具时,预应力钢筋长度按预留孔道长度计算。

③钢筋一端采用镦头插片,另一端采用帮条锚具时,增加 0.15 m,如两端均采用帮条锚具,预应力钢筋共增加 0.3 m 长度。

④采用后张混凝土自锚时,预应力钢筋共增加 0.35 m 长度。

10)钢筋混凝土构件预埋铁件,按设计图示尺寸,以"t"为单位计算工程量。

◆市政管网燃气与集中供热工程工程量计算

在一个城镇范围的某一个区域集中设置热源向各个用热单位供热的方式称为集中供热。

《全国统一市政工程预算定额》(GYD 307—1999)第七册"燃气与集中供热工程"包括燃气与集中供热工程的管道安装,管件制作、安装,法兰、阀门安装,燃气用设备安装,集中供热用容器具安装及管道试压、吹扫等,共六章 837 个子目。

1. 管道安装工程

(1)管道安装定额说明。

1)管道安装工程包括碳钢管、直埋式预制保温管、碳素钢板卷管、铸铁管(机械接口)、塑料管及套管内铺设钢板卷管和铸铁管(机械接口)等各种管道安装。

2)道安装工程工作内容除另有说明外,均包括沿沟排管、50 mm 以内的清沟底、外观检查及清扫管材。

3)新旧管道带气接头未列项目,各地区可按燃气管理条例和施工组织设计以实际发生的人工、材料、机械台班的耗用量和煤气管理部门收取的费用进行结算。

(2)管道安装工程量计算规则。

1)道安装工程中各种管道的工程量均按延长米计算,管件、阀门、法兰所占长度已在管道施工损耗中综合考虑,计算工程量时均不扣除其所占长度。

2)埋地钢管使用套管时(不包括顶进的套管),按套管管径执行同一安装项目。套管封堵的材料费可按实际耗用量调整。

3)铸铁管安装按 N1 和 X 型接口计算,如采用 N 型和 SMJ 型人工乘以系数 1.05。

2.管件制作、安装、法兰阀门安装

(1)管件制作安装定额说明。

1)定额包括碳钢管件制作、安装,铸铁管件安装、盲(堵)板安装、钢塑过渡接头安装,防雨环帽制作与安装等。

2)异径管安装以大口径为准,长度综合取定。

3)中频煨弯不包括煨制时胎具更换。

4)挖眼接管加强筋已在定额中综合考虑。

(2)法兰阀门安装定额说明。

1)法兰阀门安装包括法兰安装,阀门安装,阀门解体、检查、清洗、研磨,阀门水压试验、操纵装置安装等。

2)电动阀门安装不包括电动机的安装。

3)阀门解体、检查和研磨,已包括一次试压,均按实际发生的数量,按相应项目执行。

4)阀门压力试验介质是按水考虑的,如设计要求其他介质,可按实调整。

5)定额内垫片均按橡胶石棉板考虑,如垫片材质与实际不符时,可按实调整。

6)各种法兰、阀门安装,定额中只包括一个垫片,不包括螺栓使用量,螺栓用量参考表4.44、表4.45。

7)中压法兰、阀门安装执行低压相应项目,其人工乘以系数1.2。

表4.44 平焊法兰安装用螺栓用量表

外径×壁厚/mm	规格	重量/kg	外径×壁厚/mm	规格	重量/kg
57×4.0	M12×50	0.319	377×10.0	M20×75	3.906
76×4.0	M12×50	0.319	426×10.0	M20×80	5.42
89×4.0	M16×55	0.635	478×10.0	M20×80	5.42

续表 4.44

外径×壁厚/mm	规格	重量/kg	外径×壁厚/mm	规格	重量/kg
108×5.0	M16×55	0.635	529×10.0	M20×85	5.84
133×5.0	M16×60	1.338	630×8.0	M22×85	8.89
159×6.0	M10×60	1.338	720×10.0	M22×90	10.668
219×6.0	M16×65	1.404	820×10.0	M27×95	19.962
273×8.0	M16×70	2.208	920×10.0	M27×100	19.962
325×8.0	M20×70	3.747	1 020×10.0	M27×105	24.633

表 4.45 对焊法兰安装用螺栓用量表

外径×壁厚/mm	规格	重量/kg	外径×壁厚/mm	规格	重量/kg
57×3.5	M12×50	0.319	325×8.0	M20×75	3.906
76×4.0	M12×50	0.319	377×9.0	M20×75	3.906
89×4.0	M16×60	0.669	426×9.0	M20×75	5.208
108×4.0	M16×60	0.669	478×9.0	M20×75	5.208
133×4.5	M16×65	1.404	529×9.0	M20×80	5.42
159×5.0	M10×65	1.404	630×9.0	M22×80	8.25
219×6.0	M16×70	1.472	720×10.0	M22×80	9.9
273×8.0	M16×75	2.31	820×10.0	M27×85	18.804

(3)管件制作、安装及法兰阀门安装工程量计算规则。定额中的"管件制作、安装"和"法兰阀门安装",对其工程量计算方法虽然没有作出具体条文规定,但在实际工作中,它们都是区别不同材质、规格、型号、压力等,分别按设计图示数量以"个"、"副"(一副等于两个)或"kg"为计量单位计算。法兰、阀门安装与各种管件制作安装的计量方法基本相同。强调一点,法兰、阀门本身价格及各种管件制作的主材价值应另行计算。

3.燃气用设备安装工程

燃气用设备安装定额说明如下。

(1)定额包括凝水缸制作、安装,调压器安装,过滤器、萘油分离器安装,安全水封、检漏管安装,煤气调长器安装。

(2)凝水缸安装。

1)碳钢、铸铁凝水缸安装如使用成品头部装置时,只允许调整材料费,其他不变。

2)碳钢凝水缸安装未包括缸体、套管、抽水管的刷油、防腐,应按不同设计要求另行套用其他定额相应项目计算。

(3)各种调压器安装。

1)雷诺式调压器、T 型调压器(TMJ、TMZ)安装是指调压器成品安装,调压站内组装的各种管道、管件、各种阀门根据不同设计要求,执行定额的相应项目另行计算。

2)各类型调压器安装均不包括过滤器、萘油分离器(脱萘筒)、安全放散装置(包括水封)安装,发生时,可执行定额相应项目另行计算。

3)过滤器、萘油分离器均按成品件考虑。

(4)检漏管安装是按在套管上钻眼攻丝安装考虑的,已包括小井砌筑。

(5)煤气调长器是按焊接法兰考虑的,如采用直接对焊时,应减去法兰安装用材料,其他不变。

(6)煤气调长器是按三波考虑的,如安装三波以上者,其人工乘以系数1.33,其他不变。

4. 集中供热用容器具安装

集中供热用容器具安装定额说明如下。

(1)碳钢波纹补偿器是按焊接法兰考虑的,如直接焊接时,应减掉法兰安装用材料,其他不变。

(2)法兰用螺栓按螺栓用量表选用。

5. 管道试压、吹扫

(1)管道试压、吹扫的定额说明。

1)定额包括管道强度试验、气密性试验、管道吹扫、管道总试压、牺牲阳极和测试桩安装等。

2)强度试验、气密性试验、管道总试压

①管道压力试验,不分材质和作业环境均执行此定额。试压水如需加温,热源费用及排水设施另行计算。

②强度试验,气密性试验项目,均包括了一次试压的人工、材料和机械台班的耗用量。

③液压试验是按普通水考虑的,如试压介质有特殊要求,介质可按实调整。

(2)管道试压、吹扫工程量计算规则。

1)强度试验,气密性试验项目,分段试验合格后,如需总体试压和发生二次或二次以上试压时,应再套用定额相应项目计算试压费用。

2)管件长度未满10m者,以10m计,超过10m者按实际长度计。

3)管道总试压按每公里为一个打压次数,执行定额一次项目,不足0.5km按实际计算,超过0.5km计算一次。

4)集中供热高压管道压力试验执行低中压相应定额,其人工乘以系数1.3。

【实 务】

◆模板、钢筋常用数据

1.模板的一次使用量表

(1)现浇混凝土构件模板使用量(每100m² 模板接触面积)见表4.46。

表4.46 现浇混凝土构件模板使用量(每100 m² 模板接触面积)

定额编号	项目	模板支撑种类	钢模板 kg	复合木模板 钢框肋 kg	复合木模板 面板 m²	模板木材 m³	钢支撑 kg	零星卡具 kg	木支撑 m³
6-1251	混凝土基础垫层	木模木撑	—	—	—	5.853	—	—	—
6-1252	杯形基础	钢模钢撑	3 129.00	—	—	0.885	3 538.40	657.00	0.292
6-1253	杯形基础	复合木模木撑	98.50	1 410.50	77.00	0.885	—	361.80	6.486
6-1254	设备基础 5 m³ 以外	钢模钢撑	3 392.50	—	—	0.57	—	692.80	4.975
6-1255	设备基础 5 m³ 以外	复合木模木撑	88.00	—	—	0.425	3 667.20	639.80	2.05
6-1256	设备基础 5 m³ 以外	钢模钢撑	3 368.00	—	—	0.425	3 667.20	638.80	2.05
6-1257	设备基础 5 m³ 以外	复合木模木撑	75.00	1 471.50	93.50	0.425	—	540.60	3.29
6-1258	螺栓套 0.5 m 内	木模木撑	—	—	—	0.045	—	—	0.017
6-1259	螺栓套 1.0 m 内	木模木撑	—	—	—	0.142	—	—	0.021
6-1260	螺栓套 1.0 m 外	木模木撑	—	—	—	0.235	—	—	0.065
6-1262	平池底	钢模钢撑	3 503.00	—	—	0.06	—	374.00	2.874
6-1263	平池底	木模木撑	—	—	—	0.06	—	—	2.559
6-1264	锥坡池底	木模木撑	—	—	—	9.914	—	—	—
6-1265	矩形池底	钢模钢撑	3 556.50	—	—	0.02	3 408.00	1 036.6	—
6-1266	矩形池壁	木模木撑	—	—	—	2.519	—	—	6.023
6-1267	圆形池壁	木模木撑	—	—	—	3.289	—	—	4.269
6-1268	支模高度超过3.6 m,每增加1 m	钢撑	—	—	—	—	220.80	—	0.005
6-1269	支模高度超过3.6 m,每增加1 m	木撑	—	—	—	—	—	—	4.445
6-1270	无梁池盖	木模木撑	—	—	—	3.076	—	—	4.981
6-1271	无梁池盖	复合木模木撑	—	1 410.50	95.00	0.226	6 453.60	348.80	1.75
6-1272	肋形池盖	木模木撑	—	—	—	4.91	—	—	4.981
6-1275	无梁盖柱	钢模钢撑	3 380.00	—	—	1.56	3 970.10	1 035.2	2.545
6-1276	无梁盖柱	木模木撑	—	—	—	4.749	—	—	7.128
6-1277	矩形柱	钢模钢撑	3 866.00	—	—	0.305	5 458.80	1 308.6	1.73
6-1278	矩形柱	复合木模木撑	512.00	1 515.00	87.50	0.305	—	1 186.2	5.05
7-1279	圆(异)形柱	木模木撑	—	—	—	5.296	—	—	5.131
6-1280	支模高度超过3.6 m,每增加1 m	钢撑	—	—	—	—	400.80	—	0.20
6-1281	支模高度超过3.6 m,每增加1 m	木撑	—	—	—	—	—	—	0.52
6-1282	连续梁单梁	钢模钢撑	3 828.50	—	—	0.08	9 535.70	806.00	0.29
6-1283	连续梁单梁	复合木模木撑	358.00	1 541.50	98.00	0.08	—	716.60	4.562
6-1284	沉淀池壁基梁	木模木撑	—	—	—	2.94	—	—	7.30
6-1285	异形梁	木模木撑	—	—	—	3.689	—	—	7.603

续表 4.46

定额编号	项目	模板支撑种类	钢模板 kg	复合木模板 钢框肋 kg	复合木模板 面板 m²	模板木材 m³	钢支撑 kg	零星卡具 kg	木支撑 m³
6-1286	支模高度超过3.6 m,每增加1 m	钢撑	—	—	—	—	1 424.40	—	—
6-1287		木撑	—	—	—	—	—	—	1.66
6-1288	平板走道板	钢模钢撑	3 380.00	—	—	0.217	5 704.80	542.40	1448
6-1289		复合木模木撑	—	1 482.50	96.50	0.217	—	542.40	8.996
6-1290	悬空板	钢模钢撑	2 807.50	—	—	0.822	4 128.00	511.60	6.97
6-1291		复合木模木撑	—	1 386.50	80.50	0.822	—	511.60	6.97
6-1292	挡水板	木模木撑	—	—	—	4.591	—	49.52	5.998
6-1293	支模高度超过3.6 m,每增加1 m	钢撑	—	—	—	—	1 225.20	—	—
6-1294		木撑	—	—	—	—	—	—	2.00
6-1295	配出水槽	木模木撑	—	—	—	2.743	—	—	2.328
6-1296	沉淀池水槽	木模木撑	—	—	—	4.455	—	—	10.169
6-1297	澄清池	钢模钢撑	3 255.50	—	—	0.705	2 356.80	764.60	—
6-1298	反座筒壁	复合木模木撑	—	1 495.00	89.50	0.705	—	599.40	2.835
6-1299	导流墙筒	木模木撑	—	—	—	4.828	—	29.60	1.481
6-1300	小型池槽	木模木撑	—	—	—	4.33	—	—	1.86
6-1301	带形基础	钢模钢撑	3 146.00	—	—	0.69	2 250.00	582.00	1.858
6-1302		复合木模木撑	45.00	1 397.07	98.00	0.69	—	432.06	5.318
6-1303	混凝土管座	钢模钢撑	3 146.00	—	—	0.69	2 250.00	582.00	1.858
6-1304		复合木模木撑	45.00	1 397.07	98.00	0.69	—	432.06	5.318
6-1305	渠(涵)	钢模钢撑	3 556.00	—	—	0.14	2 920.80	863.40	0.155
6-1306	直墙	复合木模木撑	249.50	1 498.00	96.50	0.14	—	712.00	5.81
6-1307	顶板	钢模钢撑	3 380.00	—	—	0.217	5 704.80	542.40	1.448
6-1308		复合木模木撑	—	1 482.50	96.50	0.217	—	542.40	8.996
6-1309	井底流槽	木模木撑	—	—	—	4.746	—	—	—
6-1310	小型构件	木模木撑	—	—	—	5.67	—	—	3.254

注:6-1300 小型池槽项目单位为每 10 m³ 外形体积。

2)预制混凝土构件模板使用量(每10 m³ 构件体积)见表4.47。

表4.47 预制混凝土构件模板使用量(每10 m³ 构件体积)

定额编号	项目	模板支撑种类	钢模板 kg	复合木模板 钢框肋 kg	复合木模板 面板 m²	模板木材 m³	钢支撑 kg	零星卡具 kg	木支撑 m³
6-1311	平板	定型钢模钢撑	7 833.96	—	—	—	—	—	—
6-1312	平板	木模木撑	—	—	—	5.76	—	—	—
6-1313	滤板穿孔板	木模木撑	—	—	—	89.06	—	—	—
6-1314	稳流板	木模木撑	—	—	—	9.46	—	—	—
6-1315	隔(壁)板	木模木撑	—	—	—	10.344	—	—	—
6-1316	挡水板	木模木撑	—	—	—	2.604	—	—	—
6-1317	矩形柱	钢模钢撑	1 698.67	—	—	0.46	587.16	236.40	0.86
6-1318	矩形柱	复合木模木撑	141.82	683.01	44.24	0.46	587.16	236.40	0.86
6-1319	矩形梁	钢模钢撑	4 734.42	—	—	0.38	55	836.67	8.165
6-1320	矩形梁	钢模钢撑	739.18	1 758.88	111.75	0.38	559.30	836.67	8.165

续表 4.47

定额编号	项目	模板支撑种类	钢模板 kg	复合木模板 钢框肋 kg	复合木模板 面板 m²	模板木材 m³	钢支撑 kg	零星卡具 kg	木支撑 m³
6-1321	异形梁	木模木撑	—	—	—	12.532	—	—	—
6-1322	集水槽、辐射槽	木模木撑	—	—	—	5.17	—	—	—
6-1323	小型池槽	木模木撑	—	—	—	15.96	—	—	—
6-1324	槽形板	定型钢撑	5 5895.92	—	—	—	—	—	—
6-1325	槽形板	木模木撑	—	—	—	3.56	—	—	4.34
6-1326	地沟盖板	木模木撑	—	—	—	5.687	—	—	—
6-1327	井盖板	木模木撑	—	—	—	15.74	—	—	—
6-1328	井圈	木模木撑	—	—	—	30.30	—	—	—
6-1329	混凝土拱块	木模木撑	—	—	—	12.428	—	—	—
6-1330	小型构件	木模木撑	—	—	—	12.428	—	—	—

(2)模板的周转使用次数、施工损耗的补损率

1)现浇构件组合钢模、复合模板见表4.48。

表4.48 现浇构件组合钢模、复合木模的周转使用次数、施工损耗补损率

名称	周转次数	施工损耗/%	包括范围
组合钢模板复合模板	50	1	梁卡具等
钢支撑系统	120	1	钢管、连杆、钢管扣件
零星卡具	20	2	U形卡具、L形插销、钩头螺栓等
木模	5	5	—
木支撑	10	5	—
木楔	2	5	—
铁钉、铁丝	1	2	—
尼龙帽	1	5	—

计算公式为:

$$\text{钢模板摊销量} = \frac{\text{一次使用量} \times (1 + \text{施工损耗})}{\text{周转次数}} \quad (4.4)$$

一次使用量是指每 100 m² 构件一次净用量。

2)现浇构件木模板见表4.49。

表4.49 现浇构件木模板周转使用次数、施工损耗补损率

名称	周转次数	补损率/%	系数 K	施工损耗/%	回收折价率/%
圆形柱	3	15	0.291 7	5	50
异形梁	5	15	0.235 0	5	50
悬空板、挡水板等	4	15	0.256 3	5	50
小型构件	3	15	0.291 7	5	50
木支撑材	15	10	0.13	5	50
木楔	2	—	—	5	50

计算公式为:

木模板一次使用量 = 每 100 m² 构件一次模板净用量周转用量

$$= \text{一次使用量} \times (1 + \text{施工损耗}) \times [1 + (\text{周转次数} - 1) \times \text{补损率}/\text{周转次数}] \quad (4.5)$$

第4章 市政工程定额工程量计算规则及应用

摊销量 = 一次使用量 × (1 + 施工损耗)[1 + (周转次数 - 1) ×
    补损率/周转次数 - (1 - 补损率)/周转次数]
    = 一次使用量 × (1 + 施工损耗) × K   (4.6)

3) 预制构件模板见表4.50。

表4.50 预制构件模板周转使用次数、施工损耗补损率

定额编号	项目	模板支撑种类	钢模板 kg	复合木模板 钢框肋 kg	复合木模板 面板 m³	模板木材 m³	钢支撑 kg	零星卡具 kg	木支撑 m³
6-1282	连续梁单梁	钢模钢撑	3 828.50	—	—	0.08	9 535.70	806.00	0.29
6-1283		复合木模木撑	358.00	1 541.50	98.00	0.08	—	716.60	4.562
6-1284	沉淀池壁基梁	木模木撑	—	—	—	2.94	—	—	7.30
6-1285	异形梁	木模木撑	—	—	—	3.689	—	—	7.603
6-1286	支模高度超过3.6 m，每增加1 m	钢撑	—	—	—	—	1 424.40	—	—
6-1287		木撑	—	—	—	—	—	—	1.66
6-1288	平板走道板	钢模钢撑	3 380.00	—	0.217	—	5 704.80	542.40	1.448
6-1289		复合木模木撑	—	1 482.50	96.50	0.217	—	542.40	8.996

计算公式为：

组合钢模板摊销量 = 一次使用量/周转次数   (4.7)

配合组合钢模板使用的木模板、木支撑、木楔摊销量 = 一次使用量/周转次数   (4.8)

一次使用量 = 每10 m³混凝土模板接触面积净用量 × (1 + 施工损耗率)   (4.9)

【例 题】

◆例4-9

如图4.12所示为一大型砌筑渠道，渠道总长为260 m，尺寸如图所示，计算其定额工程量。

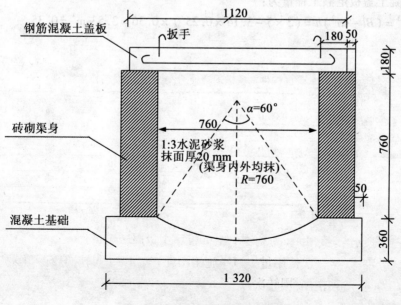

图4.12 某大型砌筑渠道断面

【解】
定额工程量。

(1) 腹拱基础/10 m³：

$$[1.32\times0.36-(\frac{1}{2}\times0.76^2\times\frac{3.14}{3}-\frac{\sqrt{3}}{4}\times0.76^2)]\times260=109.99\text{ m}^3=11.00$$

(2) 墙身砌筑 10 m³：
$0.76\times0.23\times260\times2=90.9\text{ m}^3=9.09$

(3) 抹灰/100 m²：
$0.76\times260\times4=790.4\text{ m}^2=7.9$

(4) 渠道盖板/10 m³：
$1.12\times0.18\times260=52.42\text{ m}^3=5.24$

◆例 4-10

如图 4.13 所示：盖板长度 $l=5$ m，宽 $B=2$ m，厚度 $h=0.36$ m，铸铁井盖半径 $r=0.25$ m。

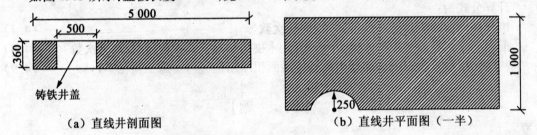

(a) 直线井剖面图　　　　(b) 直线井平面图（一半）

图 4.13　直线井示意图

【解】
定额工程量：
钢筋混凝土盖板定额工程量为：
$V/10\text{ m}^3=(Bl-\pi r^2)h=(2\times5-3.14\times0.25^2)\times0.36=3.53\text{ m}^3=0.35$

第5章 市政工程工程量清单编制与计价

5.1 工程量清单计价概述

【基　础】

◆ **工程量清单的概念**

　　工程量清单计价方法,是建设工程招标投标中,招标人按照国家统一的工程量计算规则提供工程数量,由投标人依据工程量清单自主报价,并且按照经评审低价中标的工程造价计价方式。

　　工程量清单是表现拟建工程的分部分项工程项目、措施项目、其他项目名称相应数量的明细清单,由招标人按照《建设工程工程量清单计价规范》(GB 50500—2008)附录中统一的项目编码、项目名称、计量单位和工程量计算规则进行编制,包括分部分项工程量清单、措施项目清单和其他项目清单。

　　工程量清单计价是指投标人完成由招标人提供的工程量清单所需的全部费用,它包括分部分项工程费、措施项目费、其他项目费和规费、税金,工程量清单计价采用综合单价计价。综合单价是指完成规定计量单位项目所需的人工费、材料费、机械使用费、管理费和利润,并且考虑风险因素。

◆ **工程量清单计价的特点**

　　(1)满足竞争的需要。招投标过程本身就是竞争的过程,报价过高,中不了标;但是过低企业又会面临亏损。这就要求投标单位的管理水平和技术水平要有一定的实力,才能形成企业整体的竞争实力。

　　(2)竞争条件平等。招标单位编制好工程量清单,使各投标单位的起点是一致的。相同的工程量,由企业根据自身实力来填写不同的报价。

　　(3)有利于工程款的拨付和工程造价的最终确定。在工程量清单报价基础上的中标价是发包双方签订合同价款的依据,单价是拨付工程款的依据。在工程实施过程中,业主根据完成的实际工程量,可以进行进度款的支付。工程竣工后,根据设计变更、工程洽商等计算出增加或减少的工程量乘以相应的单价,可以很容易的确定工程的最终造价。

　　(4)有利于实现风险的合理分担。采用工程量清单计价方式,投标单位对自身发生的成本和单价等负责,但是由于工程量的变更或工程量清单编制过程中的计算错误等则由业主来承担风险。

(5)有利于业主对投资的控制。工程量清单中各分项的工程量及其变化一目了然,若需进行变更,能立刻知道对工程造价的影响,业主可根据投资情况决定是否变更或提出最恰当的解决方法。

◆工程量清单计价与定额计价的差别

1. 编制工程量的单位不同

定额计价的工程量编制方法是建设单位的工程量分别由招标单位和投标单位分别按照施工图纸计算。工程量清单计价编制工程量的方法是由招标单位统一计算或委托有工程造价咨询资质的单位计算。

2. 编制工程量清单的时间不同

定额计价方法是在发出招标文件后,由招标人与投标人同时编制或投标人编制好后由招标人进行审核。工程量清单计价方法必须在发出招标文件之前编制,因为工程量清单是招标文件的重要组成部分,各投标单位要根据统一的工程量清单再结合自身的管理水平、技术水平和施工经验等进行填报单价。

3. 表现形式不同

定额计价方法通常是总价形式。工程量清单报价法采用综合单价的形式。综合单价包括人工费、材料费、机械使用费、管理费、利润和风险费,采用工程量清单计价方法,单价相对固定,工程量发生变化不是很大时,单价通常不调整。

4. 编制依据不同

定额计价方法依据是图纸、当地现行预算定额、现行的调差文件、价格信息和取费标准。工程量清单报价,依据的是招标文件中的工程量清单和有关要求、现场施工情况、合理的施工方法及按照当地建设行政主管部门制定的工程量清单计价办法。

5. 费用的组成不同

定额计价方法由直接工程费、措施费、间接费、利润和税金组成。工程量清单计价法则由分部分项工程费、措施项目费、其他项目费、规费和税金组成。

6. 合同价款的调整方式不同

定额计价方法合同价款的调整的方式包括变更签证和政策性调整等,工程量清单计价方式主要是索赔。

7. 投标计算口径不同

定额计价法招标,各投标单位各自计算工程量,计算出的工程量均不一致。工程量清单计价法招标,各投标单位都根据统一的工程量清单报价,达到了投标计算口径的统一。

8. 项目编码不同

定额计价法,在全国各省、市采用不同的定额子目。工程量清单计价法则是全国实行统一的十二位阿拉伯数字编码。阿拉伯数字从一到九为统一编码,其中一、二位为附录顺序码,三、四位为专业工程顺序码,五、六位为分部工程顺序码,七、八、九位为分项工程项目顺序码,十、十一、十二位为清单项目名称顺序码。前九位编码不能变动,后三位编码由清单编制人根据项目设置的清单项目编制。

【实　务】

◆实行工程量清单计价的目的、意义

(1)实行工程量清单计价,是深化工程造价管理改革,推进建设市场市场化的重要途径。长久以来,工程预算定额是我国承发包计价和定价的主要依据。现预算定额中规定的消耗量和有关施工措施性费用是按照社会平均水平编制的,以此为依据形成的工程造价基本上也属于社会平均价格。这种平均价格可作为市场竞争的参考价格,但是不能反映参与竞争企业的实际消耗和技术管理水平,在一定程度上限制了企业的公平竞争。为了适应建设市场改革的要求,提出了"控质量、指导价、竞争费"的改革措施,将工程预算定额中的人工、材料及机械消耗量和相应的量价分离,国家控制量以保证质量,价格逐步走向市场化。但是,该做法难以改变工程预算定额中国家指令性内容较多的状况,难以满足招标投标竞争定价和经评审的合理低价中标的要求。这是由于,国家定额的控制量是社会平均消耗量,不能反映企业的实际消耗量,不能全面地体现企业的技术装备水平、管理水平和劳动生产率,不能体现公平竞争的原则。工程量清单计价是建设工程招标投标中,招标人按照国家统一的工程量计算规则提供工程数量,由投标人依据工程量清单自主报价,经评审低价中标的工程造价计价模式。

(2)实行工程量清单计价,是规范建设市场秩序,适应社会主义经济发展的需要。工程造价不仅是工程建设的核心,还是市场运行的核心内容,建筑市场存在着许多不规范的行为,大多数与工程造价有直接的联系。过去工程预算定额在调节承发包双方利益和反映市场价格、需求方面存在着不相适应的地方,特别是公开、公正和公平竞争方面,还缺乏合理的机制,甚至出现了一些漏洞,高估冒算,相互串通,从中获取回扣。发挥市场规律"竞争"和"价格"的作用是治本之策。工程量清单计价有利于发挥企业自主报价的能力,同时也有利于业主在工程招标中的计价行为,能有效地改变招标单位在招标中盲目压价的行为,从而真正地体现公开、公平和公正的原则,反映市场经济规律。

(3)实行工程量清单计价是与国际接轨的需要。工程量清单计价是目前国际通行的计价做法,国外一些发达国家和地区,还有我国香港地区基本采用这种方法,在国内的世界银行等国外金融机构、政府机构贷款项目在招标中大多也采用工程量清单计价办法。随着我国加入世界贸易组织,国内建筑业面临着两大变化:一是中国市场将更具有活力,二是国内市场逐步国际化,竞争更加激烈。加入世界贸易组织以后,外国建筑商要进入我国建筑市场在建筑领域里开展竞争,必然要带进国际惯例、规范和做法来计量工程造价。同样国内建筑公司要到国外市场竞争,也需要按照国际惯例、规范和做法来计量工程造价。我国的国内工程方面,为了与外国建筑商在国内市场竞争,就要改变过去的做法,按照国际惯例、规范和做法来计算工程承发包价格。所以,建筑产品的价格由市场形成是社会主义市场经济和适应国际惯例的需要。

(4)实行工程量清单计价,是促进建设市场有序竞争和企业健康发展的需要。工程量清单是招标文件的重要组织部分,由招标单位编制或委托有资质的工程造价咨询单位编制。工程量清单编制得准确、详尽和完整,有利于防止招标工程中弄虚作假和暗箱操作等不规范行为。投标单位通过对单位工程成本、利润进行分析,统筹考虑,精心选择施工方案,要根据企

业的定额合理地确定人工、材料、机械等要素投入量的合理配置和优化组合;合理地控制现场经费和施工技术措施费;在满足招标文件需要的前提下,合理地确定自己的报价,让企业自主报价。这样,改变过去依赖建设行政主管部门发布的定额和规定的取费标准进行计价的模式,有利于提高劳动生产率,促进企业技术进步,节约投资和规范建设市场。采用工程量清单计价之后,将增加招标活动的透明度,在充分竞争的基础上降低了造价,提高了投资效益,而且便于操作和推行,业主和承包商均会接受这种计价模式。

(5)实行工程量清单计价,有利于我国工程造价政府职能的转变。按照政府部门真正履行起"经济调节、市场监管、社会服务和公共服务"的职能要求,政府对工程造价管理的模式要进行相应的改变,将推行政府宏观调控、企业自主报价、市场形成价格和社会全面监督的工程造价管理思路。实行工程量清单计价,将会有利于我国工程造价政府职能的转变,由过去的政府控制的指令定额转变为制定适应市场经济规律需要的工程量清单计价方法,由于过去的行政干预转变为对工程造价进行依法监管,有效地强化政府对工程造价的宏观调控。

5.2 工程量清单的组成及编制

【基 础】

◆工程量清单的组成

一个市政建设项目的工程量清单,按照《建设工程工程量清单计价规范》(GB 50500—2008)的规定由下列各种表格组成。

(1)封面(表5.1)。

(2)总说明(表5.2)。

(3)分部分项工程量清单(表5.3)。

(4)措施项目清单(表5.4、表5.5)。

(5)其他项目清单(表5.6)。

(6)暂列金额明细表(表5.7)。

(7)材料暂估单价表(表5.8)。

(8)专业工程暂估价表(表5.9)。

(9)计日工表(表5.10)。

(10)总承包服务费计价表(表5.11)。

(11)规费、税金项目清单(表5.12)。

表 5.1 封面

_____工程

工程量清单

招标人：_____ 　　　工程造价
　（单位盖章）　　　　　咨询人：_____
　　　　　　　　　　　　（单位资质专用章）

法定代表人　　　　　　　法定代表人
或其授权人：_____　或其授权人：_____
　（签字或盖章）　　　　　（签字或盖章）

编制人：_____　　　复核人：_____
　（造价人员签字盖专用章）　（造价工程师签字盖专用章）

编制时间： 年 月 日　　　复核时间： 年 月 日

表5.2　总说明

工程名称：　　　　　　　　　　　　　　　　　　　　　　　　　第　页　共　页

表 5.3　分部分项工程量清单与计价表

工程名称：　　　　　　　　　　　标段：　　　　　　　　　　　　　　第　页　共　页

序号	项目编码	项目名称	项目特征描述	计量单位	工程量	金额/元		
						综合单价	合价	其中:暂估价
				本页小计				
				合计				

注：根据建设部、财政部发布的《建设安装工程费用组成》(建标[2003]206号)的规定，为计取规费等的使用，可在表中增设其中："直接费""人工费"或"人工费+机械费"。

表 5.4　措施项目清单与计价表(一)

工程名称：　　　　　　　　标段：　　　　　　　　　　第　页　共　页

序号	项目名称	计算基础	费率/%	金额/元
1	安全文明施工费			
2	夜间施工费			
3	二次搬运费			
4	冬雨季施工			
5	大型机械设备进出场及安拆费			
6	施工排水			
7	施工降水			
8	地上、地下设施、建筑物的临时保护设施			
9	已完工程及设备保护			
10	各专业工程的措施项目			
11				
12				

注：1. 本表适用于以"项"计价的措施项目。

2. 根据建设部、财政部发布的《建设安装工程费用组成》(建标[2003]206号)的规定，"计算基础"可为"直接费"或"人工费+机械费"。

第5章 市政工程工程量清单编制与计价

表 5.5 措施项目清单与计价表(二)

工程名称:　　　　　　　　　　　标段:　　　　　　　　　　　第 页 共 页

序号	项目编码	项目名称	项目特征描述	计量单位	工程量	金额/元	
						综合单价	合价
					本页小计		
					合计		

注:本表适用于以综合单价形式计价的措施项目。

表 5.6 其他项目清单与计价汇总表

工程名称:　　　　　　　　　　　标段:　　　　　　　　　　　第 页 共 页

序号	项目名称	计量单位	金额/元	备注
1	暂列金额			明细详见表5.7
2	暂估价			
2.1	材料暂估价		—	明细详见表5.8
2.2	专业工程暂估价			明细详见表5.9
3	计日工			明细详见表5.10
4	总承包服务费			明细详见表5.115
	合计			—

注:材料暂估单价进入清单项目综合单价,此处不汇总。

表5.7 暂列金额明细表

工程名称：　　　　　　　　　标段：　　　　　　　　　第 页 共 页

序号	项目名称	计量单位	暂定金额/元	备注
1				
2				
3				
4				
5				
6				
7				
	合计			—

注：此表由招标人填写，如不能详列，也可只列暂定金额总额，投标人应将上述暂列金额计入投标总价中。

表5.8 材料暂估单价表

工程名称：　　　　　　　　　标段：　　　　　　　　　第 页 共 页

序号	材料名称、规格、型号	计量单位	单价/元	备注

注：1. 此表由招标人填写，并在备注栏说明暂估价的材料拟用在哪些清单项目上，投标人应将上述材料暂估单价计入工程量清单综合单价报价中。

2. 材料包括原材料、燃料、构配件及按规定应计入建筑安装工程造价的设备。

表5.9 专业工程暂估价表

工程名称：　　　　　　　　　　　标段：　　　　　　　　　　　　　第　页　共　页

序号	工程名称	工程内容	金额/元	备注
	合计			—

注：此表由招标人填写，投标人应将上述专业工程暂估价计入投标总价中。

表5.10 计日工表

工程名称：　　　　　　　　　　　标段：　　　　　　　　　　　　　　　　第 页 共 页

编号	项目名称	单位	暂定数量	综合单价	合价
一	人工				
1					
2					
3					
4					
		人工小计			
二	材料				
1					
2					
3					
4					
		材料小计			
三	施工机械				
1					
2					
3					
4					
		施工机械小计			
		合计			

注：此表项目名称、数量由招标人填写，编制招标控制价时，单价由招标人按有关计价规定确定；投标时，单价由投标人自主报价，计入投标总价中。

表 5.11 总承包服务费计价表

工程名称：　　　　　　　　　　　标段：　　　　　　　　　　　　　　第 页 共 页

序号	工程名称	项目价值/元	服务内容	费率/%	金额/元
1	发包人发包专业工程				
2	发包人供应材料				
	合计				

表 5.12 规费、税金项目清单与计价表

工程名称：　　　　　　　　　　　标段：　　　　　　　　　　　　　　第 页 共 页

序号	项目名称	计算基础	费率/%	金额/元
1	规费			
1.1	工程排污费			
1.2	社会保障费			
(1)	养老保险费			
(2)	失业保险费			
(3)	医疗保险费			
1.3	住房公积金			
1.4	危险作业意外伤害保险			
1.5	工程定额测定费			
2	税金	分部分项工程费+措施项目费+其他项目费+规费		

注：根据建设部、财政部发布的《建筑安装工程费用组成》（建标[2003]206号）的规定，"计算基础"可为"直接费""人工费"或"人工费+机械费"。

【实　　务】

◆工程量清单的编制

1. 工程量清单编制的依据

(1)市政建设项目相应分部分项工程工程量计算汇总表。

(2)市政建设项目招标文件的有关规定。
(3)《建设工程工程量清单计价规范》(GB 50500—2008)。
(4)建设项目工程场地勘察资料和有关技术资料。
(5)有关工具手册等。

2. 工程量清单编制的原则

(1)必须能满足建设工程项目招标和招标计价的需要。
(2)必须遵循《建设工程工程量清单计价规范》(GB 50500—2008)中的各项规定(包括项目编码、项目名称、计量单位、计算规则和工程内容等)。
(3)必须能满足控制实物工程量,市场竞争形成价格的运行机制和对工程造价进行合理的确定与有效的控制的要求。
(4)必须有利于规范建设市场的计价行为,能够促进企业的经营管理和技术进步,增加企业的综合能力、社会信誉和在国内、国际建筑市场的竞争能力。
(5)必须适度考虑我国目前工程造价管理工作的现状。因为在我国虽然已经推行了工程量清单计价模式,但是由于各地实际情况的差异,工程造价计价方式不可避免地会出现双轨并行的局面——工程量清单计价和定额计价同时存在,交叉执行。

3. 工程量清单编制的程序和要求

(1)工程量清单编制的程序

建设项目工程量清单编制的程序如下:熟悉施工图纸→计算分部分项工程量、措施项目工程量和其他项目工程量→校审工程量→汇总分部分项工程量→填写工程量清单表→审核工程量清单→发送投标人计价(或招标人自行编制标底价)。

(2)工程量清单编制的要求

工程量清单,在建设项目的实施活动中涉及许多方面,例如施工进度计划安排方面,材料采购计划安排方面,人力、机具调配计划安排方面,财务核算、计划统计方面等。因此,分部分项工程量清单包括的内容,应满足以下两个方面的要求,即:一是要满足规范管理和方便管理的要求;二是要满足计价的要求。《建设工程工程量清单计价规范》(GB 50500—2008)规定了分部分项工程量清单的四个统一(即项目编码统一、项目名称统一、计量单位统一、工程量计算规则统一),对于这"四统一",招标人必须按照规定严格地执行,不得因情况不同而变动。

5.3 市政工程工程量清单编制

【基　础】

◆工程量清单编制的一般规定

(1)工程量清单应由具有编制能力的招标人或受其委托,具有相应资质的工程造价咨询人编制。

(2)采用工程量清单方式招标,工程量清单必须作为招标文件的组成部分,其准确性和完整性由招标人负责。

(3)工程量清单是工程量清单计价的基础,应作为编制招标控制价、投标报价、计算工程量、支付工程款、调整合同价款、办理竣工结算及工程索赔等的依据。

(4)工程量清单应由分部分项工程量清单、措施项目清单、其他项目清单、规费项目清单、税金项目清单组成。

(5)编制工程量清单的依据:
1)《建设工程工程量清单计价规范》(GB 50500—2008)。
2)国家或省级、行业建设主管部门颁发的计价依据和办法。
3)建设工程设计文件。
4)与建设工程项目有关的标准、规范、技术资料。
5)招标文件及其补充通知、答疑纪要。
6)施工现场情况、工程特点及常规施工方案。
7)其他相关资料。

【实 务】

◆分部分项工程量清单

(1)分部分项工程量清单应包括项目编码、项目名称、项目特征、计量单位和工程量。

(2)分部分项工程量清单应根据《建设工程工程量清单计价规范》(GB 50500—2008)附录规定的项目编码、项目名称、项目特征、计量单位和工程量计算规则进行编制。

(3)分部分项工程量清单的项目编码,应采用十二位阿拉伯数字表示。一至九位应按《建设工程工程量清单计价规范》(GB 50500—2008)附录的规定设置,十至十二位应根据拟建工程的工程量清单项目名称设置,同一招标工程的项目编码不得有重码。

(4)分部分项工程量清单的项目名称应按《建设工程工程量清单计价规范》(GB 50500—2008)附录的项目名称结合拟建工程的实际确定。

(5)分部分项工程量清单中所列工程量应按《建设工程工程量清单计价规范》(GB 50500—2008)附录中规定的工程量计算规则计算。

(6)分部分项工程量清单的计量单位应按《建设工程工程量清单计价规范》(GB 50500—2008)附录中规定的计量单位确定。

(7)分部分项工程量清单项目特征应按《建设工程工程量清单计价规范》(GB 50500—2008)附录中规定的项目特征,结合拟建工程项目的实际予以描述。

(8)编制工程量清单出现《建设工程工程量清单计价规范》(GB 50500—2008)附录中未包括的项目,编制人应作补充,并报省级或行业工程造价管理机构备案,省级或行业工程造价管理机构应汇总报往住房和城乡建设部标准定额研究所。

补充项目的编码由《建设工程工程量清单计价规范》(GB 50500—2008)附录的顺序码与B和三位阿拉伯数字组成,并应从×B001起顺序编制,同一招标工程的项目不得重码。工程量清单中需附有补充项目的名称、项目特征、计量单位、工程量计算规则、工程内容。

◆措施项目清单

(1)措施项目清单应根据拟建工程的实际情况列项。通用措施项目可按表5.13选择列项,专业工程的措施项目可按《建设工程工程量清单计价规范》(GB 50500—2008)附录中规定的项目选择列项。若出现本规范未列的项目,可根据工程实际情况补充。

表5.13 通用措施项目一览表

序号	项目名称
1	安全文明施工(含环境保护、文明施工、安全施工、临时设施)
2	夜间施工
3	二次搬运
4	冬雨季施工
5	大型机械设备进出场及安拆
6	施工排水
7	施工降水
8	地上、地下设施,建筑物的临时保护设施
9	已完工程及设备保护

(2)措施项目中可以计算工程量的项目清单宜采用分部分项工程量清单的方式编制,列出项目编码、项目名称、项目特征、计量单位和工程量计算规则;不能计算工程量的项目清单,以"项"为计量单位。

◆其他项目清单

(1)其他项目清单宜按照下列内容列项。
1)暂列金额。
2)暂估价:包括材料暂估价、专业工程暂估价。
3)计日工。
4)总承包服务费。
(2)出现第(1)条未列的项目,可根据工程实际情况补充。

◆规费项目清单

(1)规费项目清单应按照下列内容列项。
1)工程排污费。
2)工程定额测定费。
3)社会保障费:包括养老保险费、失业保险费、医疗保险费。
4)住房公积金。
5)危险作业意外伤害保险。
(2)出现第(1)条未列的项目,应根据省级政府或省级有关权力部门的规定列项。

◆税金项目清单

(1)税金项目清单应包括下列内容:
1)营业税。
2)城市维护建设税。
3)教育费附加。
(2)出现第(1)条未列的项目,应根据税务部门的规定列项。

5.4 市政工程工程量清单计价的编制

【基　础】

◆工程量清单计价编制的一般规定

(1)采用工程量清单计价,建设工程造价由分部分项工程费、措施项目费、其他项目费、规费和税金组成。
(2)分部分项工程量清单应采用综合单价计价。
(3)招标文件中的工程量清单标明的工程量是投标人投标报价的共同基础,竣工结算的工程量按发、承包双方在合同中约定应予计量且实际完成的工程量确定。
(4)措施项目清单计价应根据拟建工程的施工组织设计,可以计算工程量的措施项目,应按分部分项工程量清单的方式采用综合单价计价;其余的措施项目可以"项"为单位的方式计价,应包括除规费、税金外的全部费用。
(5)措施项目清单中的安全文明施工费应按照国家或省级、行业建设主管部门的规定计价,不得作为竞争性费用。
(6)其他项目清单应根据工程特点和◆招标控制价中的第(6)条、◆投标价中的第(6)条、◆竣工结算中的第(6)条的规定计价。
(7)招标人在工程量清单中提供了暂估价的材料和专业工程属于依法必须招标的,由承包人和招标人共同通过招标确定材料单价与专业工程分包价。
若材料不属于依法必须招标的,经发、承包双方协商确认单价后计价。
若专业工程不属于依法必须招标的,由发包人、总承包人与分包人按有关计价依据进行计价。
(8)规费和税金应按国家或省级、行业建设主管部门的规定计算,不得作为竞争性费用。
(9)采用工程量清单计价的工程,应在招标文件或合同中明确风险内容及其范围(幅度),不得采用无限风险、所有风险或类似语句规定风险内容及其范围(幅度)。

【实　务】

◆招标控制价

(1) 国有资金投资的工程建设项目应实行工程量清单招标,并应编制招标控制价。招标控制价超过批准的概算时,招标人应将其报原概算审批部门审核。投标人的投标报价高于招标控制价的,其投标应予以拒绝。

(2) 招标控制价应由具有编制能力的招标人,或受其委托具有相应资质的工程造价咨询人编制。

(3) 招标控制价应根据下列依据编制:

1)《建设工程工程量清单计价规范》(GB 50500—2008)。

2) 国家或省级、行业建设主管部门颁发的计价定额和计价办法。

3) 建设工程设计文件及相关资料。

4) 招标文件中的工程量清单及有关要求。

5) 与建设项目相关的标准、规范、技术资料。

6) 工程造价管理机构发布的工程造价信息;工程造价信息没有发布的参照市场价。

7) 其他的相关资料。

(4) 分部分项工程费应根据招标文件中的分部分项工程量清单项目的特征描述及有关要求,按上述第(3)条的规定确定综合单价计算。

综合单价中应包括招标文件中要求投标人承担的风险费用。

招标文件提供了暂估单价的材料,按暂估的单价计入综合单价。

(5) 措施项目费应根据招标文件中的措施项目清单按◆工程量清单计价编制的一般规定中的第(4)、(5)条和◆招标控制价中的第(3)条的规定计价。

(6) 其他项目费应按下列规定计价:

1) 暂列金额应根据工程特点,按有关计价规定估算。

2) 暂估价中的材料单价应根据工程造价信息或参照市场价格估算;暂估价中的专业工程金额应分不同专业,按有关计价规定估算。

3) 计日工应根据工程特点和有关计价依据计算。

4) 总承包服务费应根据招标文件列出的内容和要求估算。

(7) 规费和税金应按◆工程量清单计价编制的一般规定中的第(8)条的规定计算。

(8) 招标控制价应在招标时公布,不应上调或下浮,招标人应将招标控制价及有关资料报送工程所在地工程造价管理机构备查。

(9) 投标人经复核认为招标人公布的招标控制价未按照本规范的规定进行编制的,应在开标前5天向招投标监督机构或(和)工程造价管理机构投诉。

招投标监督机构应会同工程造价管理机构对投诉进行处理,发现确有错误的,应责成招标人修改。

◆投标价

(1)除《建设工程工程量清单计价规范》(GB 50500—2008)强制性规定外,投标价由投标人自主确定,但不得低于成本。

投标价应由投标人或受其委托具有相应资质的工程造价咨询人编制。

(2)投标人应按招标人提供的工程量清单填报价格。填写的项目编码、项目名称、项目特征、计量单位、工程量必须与招标人提供的一致。

(3)投标报价应根据下列依据编制:

1)《建设工程工程量清单计价规范》(GB 50500—2008)。

2)国家或省级、行业建设主管部门颁发的计价办法。

3)企业定额,国家或省级、行业建设主管部门颁发的计价定额。

4)招标文件、工程量清单及其补充通知、答疑纪要。

5)建设工程设计文件及相关资料。

6)施工现场情况、工程特点及拟定的投标施工组织设计或施工方案。

7)与建设项目相关的标准、规范等技术资料。

8)市场价格信息或工程造价管理机构发布的工程造价信息。

9)其他的相关资料。

(4)分部分项工程费应依据《建设工程工程量清单计价规范》(GB 50500—2008)综合单价的组成内容,按招标文件中分部分项工程量清单项目的特征描述确定综合单价计算。

综合单价中应考虑招标文件中要求投标人承担的风险费用。

招标文件中提供了暂估单价的材料,按暂估的单价计入综合单价。

(5)投标人可根据工程实际情况结合施工组织设计,对招标人所列的措施项目进行增补。

措施项目费应根据招标文件中的措施项目清单及投标时拟定的施工组织设计或施工方案按◆工程量清单计价编制的一般规定中的第(4)条的规定自主确定。其中安全文明施工费应按照◆工程量清单计价编制的一般规定中的第(5)条的规定确定。

(6)其他项目费应按下列规定报价。

1)暂列金额应按招标人在其他项目清单中列出的金额填写。

2)材料暂估价应按招标人在其他项目清单中列出的单价计入综合单价;专业工程暂估价应按招标人在其他项目清单中列出的金额填写。

3)计日工按招标人在其他项目清单中列出的项目和数量,自主确定综合单价并计算计日工费用。

4)总承包服务费根据招标文件中列出的内容和提出的要求自主确定。

(7)规费和税金应按◆工程量清单计价编制的一般规定中的第(8)条的规定确定。

(8)投标总价应当与分部分项工程费、措施项目费、其他项目费和规费、税金的合计金额一致。

◆ 工程合同价款的约定

(1) 实行招标的工程合同价款应在中标通知书发出之日起30天内,由发、承包双方依据招标文件和中标人的投标文件在书面合同中约定。

不实行招标的工程合同价款,在发、承包双方认可的工程价款基础上,由发、承包双方在合同中约定。

(2) 实行招标的工程,合同约定不得违背招、投标文件中关于工期、造价、质量等方面的实质性内容。招标文件与中标人投标文件不一致的地方,以投标文件为准。

(3) 实行工程量清单计价的工程,宜采用单价合同。

(4) 发、承包双方应在合同条款中对下列事项进行约定;合同中没有约定或约定不明的,由双方协商确定;协商不能达成一致的,按《建设工程工程量清单计价规范》(GB 50500—2008)执行。

1) 预付工程款的数额、支付时间及抵扣方式。
2) 工程计量与支付工程进度款的方式、数额及时间。
3) 工程价款的调整因素、方法、程序、支付及时间。
4) 索赔与现场签证的程序、金额确认与支付时间。
5) 发生工程价款争议的解决方法及时间。
6) 承担风险的内容、范围及超出约定内容、范围的调整办法。
7) 工程竣工价款结算编制与核对、支付及时间。
8) 工程质量保证(保修)金的数额、预扣方式及时间。
9) 与履行合同、支付价款有关的其他事项等。

◆ 工程计量与价款支付

(1) 发包人应按照合同约定支付工程预付款。支付的工程预付款,按照合同约定在工程进度款中抵扣。

(2) 发包人支付工程进度款,应按照合同约定计量和支付,支付周期同计量周期。

(3) 工程计量时,若发现工程量清单中出现漏项、工程量计算偏差,及工程变更引起工程量的增减,应按承包人在履行合同义务过程中实际完成的工程量计算。

(4) 承包人应按照合同约定,向发包人递交已完工程量报告。发包人应在接到报告后按合同约定进行核对。

(5) 承包人应在每个付款周期末,向发包人递交进度款支付申请,并附相应的证明文件。除合同另有约定外,进度款支付申请应包括下列内容:

1) 本周期已完成工程的价款。
2) 累计已完成的工程价款。
3) 累计已支付的工程价款。
4) 本周期已完成计日工金额。
5) 应增加和扣减的变更金额。
6) 应增加和扣减的索赔金额。

7) 应抵扣的工程预付款。
8) 应扣减的质量保证金。
9) 根据合同应增加和扣减的其他金额。
10) 本付款周期实际应支付的工程价款。

(6) 发包人在收到承包人递交的工程进度款支付申请及相应的证明文件后,发包人应在合同约定时间内核对和支付工程进度款。发包人应扣回的工程预付款,与工程进度款同期结算抵扣。

(7) 发包人未在合同约定时间内支付工程进度款,承包人应及时向发包人发出要求付款的通知,发包人收到承包人通知后仍不按要求付款,可与承包人协商签订延期付款协议,经承包人同意后延期支付。协议应明确延期支付的时间和从付款申请生效后按同期银行贷款利率计算应付款的利息。

(8) 发包人不按合同约定支付工程进度款,双方又未达成延期付款协议,导致施工无法进行时,承包人可停止施工,由发包人承担违约责任。

◆ 索赔与现场签证

(1) 合同一方向另一方提出索赔时,应有正当的索赔理由和有效证据,并应符合合同的相关约定。

(2) 若承包人认为非承包人原因发生的事件造成了承包人的经济损失,承包人应在确认该事件发生后,按合同约定向发包人发出索赔通知。

发包人在收到最终索赔报告后并在合同约定时间内,未向承包人作出答复,视为该项索赔已经认可。

(3) 承包人索赔按下列程序处理。
1) 承包人在合同约定的时间内向发包人递交费用索赔意向通知书。
2) 发包人指定专人收集与索赔有关的资料。
3) 承包人在合同约定的时间内向发包人递交费用索赔申请表。
4) 发包人指定的专人初步审查费用索赔申请表,符合上述第(1)条规定的条件时予以受理。
5) 发包人指定的专人进行费用索赔核对,经造价工程师复核索赔金额后,与承包人协商确定并由发包人批准。
6) 发包人指定的专人应在合同约定的时间内签署费用索赔审批表,或发出要求承包人提交有关索赔的进一步详细资料的通知,待收到承包人提交的详细资料后,按本条第4)、5)款的程序进行。

(4) 若承包人的费用索赔与工程延期索赔要求相关联时,发包人在作出费用索赔的批准决定时,应结合工程延期的批准,综合作出费用索赔和工程延期的决定。

(5) 若发包人认为由于承包人的原因造成额外损失,发包人应在确认引起索赔的事件后,按合同约定向承包人发出索赔通知。

承包人在收到发包人索赔通知后并在合同约定时间内,未向发包人作出答复,视为该项索赔已经认可。

(6)承包人应发包人要求完成合同以外的零星工作或非承包人责任事件发生时,承包人应按合同约定及时向发包人提出现场签证。

(7)发、承包双方确认的索赔与现场签证费用与工程进度款同期支付。

◆工程价款调整

(1)招标工程以投标截至日前28天,非招标工程以合同签订前28天为基准日,其后国家的法律、法规、规章和政策发生变化影响工程造价的,应按省级或行业建设主管部门或其授权的工程造价管理机构发布的规定调整合同价款。

(2)若施工中出现施工图纸(含设计变更)与工程量清单项目特征描述不符的,发、承包双方应按新的项目特征确定相应工程量清单项目的综合单价。

(3)因分部分项工程量清单漏项或非承包人原因的工程变更,造成增加新的工程量清单项目,其对应的综合单价按下列方法确定。

1)合同中已有适用的综合单价,按合同中已有的综合单价确定。

2)合同中有类似的综合单价,参照类似的综合单价确定。

3)合同中没有适用或类似的综合单价,由承包人提出综合单价,经发包人确认后执行。

(4)因分部分项工程量清单漏项或非承包人原因的工程变更,引起措施项目发生变化,造成施工组织设计或施工方案变更,原措施费中已有的措施项目,按原措施费的组价方法调整;原措施费中没有的措施项目,由承包人根据措施项目变更情况,提出适当的措施费变更,经发包人确认后调整。

(5)因非承包人原因引起的工程量增减,该项工程量变化在合同约定幅度以内的,应执行原有的综合单价;该项工程量变化在合同约定幅度以外的,其综合单价及措施项目费应予以调整。

(6)若施工期内市场价格波动超出一定幅度时,应按合同约定调整工程价款;合同没有约定或约定不明确的,应按省级或行业建设主管部门或其授权的工程造价管理机构的规定调整。

(7)因不可抗力事件导致的费用,发、承包双方应按以下原则分别承担并调整工程价款。

1)工程本身的损害、因工程损害导致第三方人员伤亡和财产损失及运至施工场地用于施工的材料和待安装的设备的损害,由发包人承担。

2)发包人、承包人人员伤亡由其所在单位负责,并承担相应费用。

3)承包人的施工机械设备损坏及停工损失,由承包人承担。

4)停工期间,承包人应发包人要求留在施工场地的必要的管理人员及保卫人员的费用,由发包人承担。

5)工程所需清理、修复费用,由发包人承担。

(8)工程价款调整报告应由受益方在合同约定时间内向合同的另一方提出,经对方确认后调整合同价款。受益方未在合同约定时间内提出工程价款调整报告的,视为不涉及合同价款的调整。

收到工程价款调整报告的一方应在合同约定时间内确认或提出协商意见,否则,视为工程价款调整报告已经确认。

(9)经发、承包双方确定调整的工程价款,作为追加(减)合同价款与工程进度款同期支付。

◆竣工结算

(1)工程完工后发、承包双方应在合同约定时间内办理工程竣工结算。

(2)工程竣工结算由承包人或受其委托具有相应资质的工程造价咨询人编制,由发包人或受其委托具有相应资质的工程造价咨询人核对。

(3)工程竣工结算应依据:

1)《建设工程工程量清单计价规范》(GB 50500—2008)。

2)施工合同。

3)工程竣工图纸及资料。

4)双方确认的工程量。

5)双方确认追加(减)的工程价款。

6)双方确认的索赔、现场签证事项及价款。

7)投标文件。

8)招标文件。

9)其他依据。

(4)分部分项工程费应依据双方确认的工程量、合同约定的综合单价计算;如发生调整的,以发、承包双方确认调整的综合单价计算。

(5)措施项目费应依据合同约定的项目和金额计算;如发生调整的,以发、承包双方确认调整的金额计算,其中安全文明施工费应按◆工程量清单计价编制的一般规定中的第(5)条的规定计算。

(6)其他项目费用应按下列规定计算。

1)计日工应按发包人实际签证确认的事项计算。

2)暂估价中的材料单价应按发、承包双方最终确认价在综合单价中调整;专业工程暂估价应按中标价或发包人、承包人与分包人最终确认价计算。

3)总承包服务费应依据合同约定金额计算,如发生调整的,以发、承包双方确认调整的金额计算。

4)索赔费用应依据发、承包双方确认的索赔事项和金额计算。

5)现场签证费用应依据发、承包双方签证资料确认的金额计算。

6)暂列金额应减去工程价款调整与索赔、现场签证金额计算,如有余额归发包人。

(7)规费和税金应按◆工程量清单计价编制的一般规定中的第(8)条的规定计算。

(8)承包人应在合同约定时间内编制完成竣工结算书,并在提交竣工验收报告的同时递交给发包人。

承包人未在合同约定时间内递交竣工结算书,经发包人催促后仍未提供或没有明确答复的,发包人可以根据已有资料办理结算。

(9)发包人在收到承包人递交的竣工结算书后,应按合同约定时间核对。

同一工程竣工结算核对完成,发、承包双方签字确认后,禁止发包人又要求承包人与另一个或多个工程造价咨询人重复核对竣工结算。

（10）发包人或受其委托的工程造价咨询人收到承包人递交的竣工结算书后，在合同约定时间内，不核对竣工结算或未提出核对意见的，视为承包人递交的竣工结算书已经认可，发包人应向承包人支付工程结算价款。

承包人在接到发包人提出的核对意见后，在合同约定时间内，不确认也未提出异议的，视为发包人提出的核对意见已经认可，竣工结算办理完毕。

（11）发包人应对承包人递交的竣工结算书签收，拒不签收的，承包人可以不交付竣工工程。

承包人未在合同约定时间内递交竣工结算书的，发包人要求交付竣工工程，承包人应当交付。

（12）竣工结算办理完毕，发包人应将竣工结算书报送工程所在地工程造价管理机构备案。竣工结算书作为工程竣工验收备案、交付使用的必备文件。

（13）竣工结算办理完毕，发包人应根据确认的竣工结算书在合同约定时间内向承包人支付工程竣工结算价款。

（14）发包人未在合同约定时间内向承包人支付工程结算价款的，承包人可催告发包人支付结算价款。如达成延期支付协议的，发包人应按同期银行同类贷款利率支付拖欠工程价款的利息。如未达成延期支付协议，承包人可以与发包人协商将该工程折价，或申请人民法院将该工程依法拍卖，承包人就该工程折价或者拍卖的价款优先受偿。

◆ **工程计价争议处理**

（1）在工程计价中，对工程造价计价依据、办法及相关政策规定发生争议事项的，由工程造价管理机构负责解释。

（2）发包人以对工程质量有异议，拒绝办理工程竣工结算的，已竣工验收或已竣工未验收但实际投入使用的工程，其质量争议按该工程保修合同执行，竣工结算按合同约定办理；已竣工未验收且未实际投入使用的工程及停工、停建工程的质量争议，双方应就有争议的部分委托有资质的检测鉴定机构进行检测，根据检测结果确定解决方案，或按工程质量监督机构的处理决定执行后办理竣工结算，无争议部分的竣工结算按合同约定办理。

（3）发、承包双方发生工程造价合同纠纷时，应通过下列办法解决。

1）双方协商。

2）提请调解，工程造价管理机构负责调解工程造价问题。

3）按合同约定向仲裁机构申请仲裁或向人民法院起诉。

（4）在合同纠纷案件处理中，需作工程造价鉴定的，应委托具有相应资质的工程造价咨询人进行。

第6章 市政工程清单工程量计算规则及应用

6.1 土石方工程工程量计算

【基 础】

◆ 挖土方(编码:040101)

工程量清单项目设置及工程量计算规则,应按表6.1的规定执行。

表6.1 挖土方(编码:040101)

项目编码	项目名称	项目特征	计量单位	工程量计算规则	工程内容
040101001	挖一般土方	1.土壤类别 2.挖土深度	m^3	按设计图示开挖线以体积计算	1.土方开挖 2.围护、支撑 3.场内运输 4.平整、夯实
040101002	挖沟槽土方	1.土壤类别 2.挖土深度	m^3	原地面线以下按构筑物最大水平投影面积乘以挖土深度(原地面平均标高至槽坑底高度)以体积计算	1.土方开挖 2.围护、支撑 3.场内运输 4.平整、夯实
040101003	挖基坑土方	1.土壤类别 2.挖土深度	m^3	原地面线以下按构筑物最大水平投影面积乘以挖土深度(原地面平均标高至坑底高度)以体积计算	1.土方开挖 2.围护、支撑 3.场内运输 4.平整、夯实
040101004	竖井挖土方	1.土壤类别 2.挖土深度	m^3	按设计图示尺寸以体积计算	1.土方开挖 2.围护、支撑 3.场内运输
040101005	暗挖土方	土壤类别	m^3	按设计图示断面乘以长度以体积计算	1.土方开挖 2.围护、支撑 3.洞内运输 4.场内运输

续表6.1

项目编码	项目名称	项目特征	计量单位	工程量计算规则	工程内容
040101006	挖淤泥	挖淤泥深度	m³	按设计图示的位置及界限以体积计算	1. 挖淤泥 2. 场内运输

注： 1. 挖方应按天然密实度体积计算，填方应按压实后体积计算。
　　 2. 沟槽、基坑、一般土石方的划分应符合下列规定。
　　　（1）底宽7 m以内，底长大于底宽3倍以上应按沟槽计算。
　　　（2）底长小于底宽3倍以下，底面积在150 m²以内应按基坑计算。
　　　（3）超过上述范围，应按一般土石方计算。

◆挖石方（编码：040102）

工程量清单项目设置及工程量计算规则，应按表6.2的规定执行。

表6.2 挖石方（编码：040102）

项目编码	项目名称	项目特征	计量单位	工程量计算规则	工程内容
040102001	挖一般石方	1. 岩石类别 2. 开凿深度	m³	按设计图示开挖线以体积计算	1. 石方开凿 2. 围护、支撑 3. 场内运输 4. 修整底、边
040102002	挖沟槽石方	1. 岩石类别 2. 开凿深度	m³	原地面线以下按构筑物最大水平投影面积乘以挖石深度（原地面平均标高至槽底高度）以体积计算	1. 石方开凿 2. 围护、支撑 3. 场内运输 4. 修整底、边
040102003	挖基坑石方	1. 岩石类别 2. 开凿深度	m³	按设计图示尺寸以体积计算	1. 石方开凿 2. 围护、支撑 3. 场内运输 4. 修整底、边

注：沟槽、基坑、一般土石方的划分应符合下列规定。
　　（1）底宽7 m以内，底长大于底宽3倍以上应按沟槽计算。
　　（2）底长小于底宽3倍以下，底面积在150 m²以内应按基坑计算。
　　（3）超过上述范围，应按一般土石方计算。

◆填方及土石方运输（编码：040103）

工程量清单项目设置及工程量计算规则，应按表6.3的规定执行。

表6.3 填方及土石方运输(编码:040103)

项目编码	项目名称	项目特征	计量单位	工程量计算规则	工程内容
040103001	填方	1. 填方材料品种 2. 密实度	m³	1. 按设计图示尺寸以体积计算 2. 按挖方清单项目工程量减基础、构筑物埋入体积加原地面线至设计要求标高间的体积计算	1. 填方 2. 压实
040103002	余方弃置	1. 废弃料品种 2. 运距	m³	按挖方清单项目工程量减利用回填方体积(正数)计算	余方点装料运输至弃置点
040103003	缺方内运	1. 填方材料品种 2. 运距	m³	按挖方清单项目工程量减利用回填方体积(负数)计算	取料点装料运输至缺方点

注:填方应按压实后体积计算。

【实　　务】

◆ 土石方工程量计算说明及计算方法

1. 土石方工程量计算说明

(1)填方以压实(夯实)后的体积计算,挖方以自然密实度体积计算。

(2)挖一般土石方的清单工程量按原地面线与开挖达到设计要求线间的体积计算。

(3)挖沟槽和基坑土石方的清单工程量,按原地面线以下构筑物最大水平投影面积乘以挖土深度(原地面平均标高至坑、槽底平均标高的高度)以体积计算,如图6.1所示。

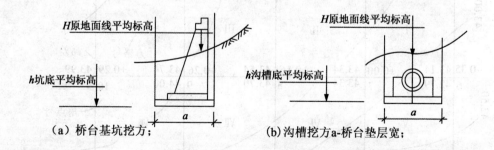

(a)桥台基坑挖方; (b)沟槽挖方a-桥台垫层宽;

图6.1 挖沟槽和基坑土石方

(4)市政管网中各种井的井位挖方计算。由于管沟挖方的长度按管网铺设的管道中心线的长度计算,因此管网中的各种井的井位挖方清单工程量必须扣除与管沟重叠部分的方量,如图 6.2(a)所示,只计算斜线部分的土石方量。

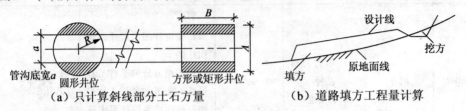

(a)只计算斜线部分土石方量　　(b)道路填方工程量计算

图 6.2　井位挖方示意图

(5)填方清单工程量计算。

1)道路填方按设计线与原地面线之间的体积计算,如图 6.2(b)所示。

2)沟槽及基坑填方按沟槽或基坑挖方清单工程量减埋入构筑物的体积计算,若有原地面以上填方则再加上这部体积即为填方量。

2. 土石方工程量计算方法

(1)大型土石方工程量方格网计算法

大型土石方工程量方格网计算方法,通常是指在有等高线的地形图上,划分许多正方形的方格。正方形的边长,在初步设计阶段通常为 50 m 或 40 m 方格;在施工图设计阶段为 20 m 或 10 m 方格。方格边长愈小,计算得出的工程量数值愈正确。在划得方格的各角点上标出推算出的设计高程,同时也标出自然地面的实际高程。通常是将设计高程填写在角点的右上角,而实际地面高程填写在角点的右下角。该地面高程以现场实际测量为准,然后用地面实测标高减设计标高,正号(+)为挖方,负号(-)为填方,带正负号的数值填写在角点的左上角。在角点的左下角的数字为角点的排列号,如图 6.3 所示。

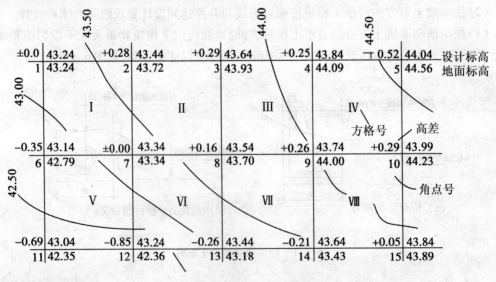

图 6.3　20 m 方格网图

大型土石方工程量计算分为图解法和公式计算法,一般来说,图解法不仅使用不便,而且精度太差,通常不采用。公式计算法包括三角棱柱体法、四方棱柱体法和横断面法。

1)图解法适用于地形比较复杂,高程相差较大的地形,将各测点连成三角形,用比例尺量距离,以三点平均高程乘以面积得到工程量。此法不利用方格网,而且误差较大,实际工作中通常不使用。

2)三角棱柱体法是沿地形等高线,将每个方格相对角点连接起来划分为两个三角形。此时分为两种情况,一种是三角形内全部为挖方或填方,如图6.4(a)所示,一种是三角形内有零线,即部分为挖方,部分为填方,如图6.4(b)所示。

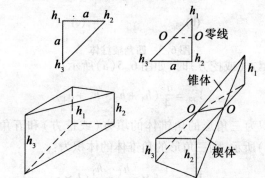

(a)三角形内为全挖方或填方　(b)三角形内部分挖方或填方

图6.4　三角棱柱体法示意图

若三角形为全部挖方或填方,其截棱柱的体积计算公式如下:

$$V = \frac{a^2}{6}(h_1 + h_2 + h_3) \tag{6.1}$$

式中　V——挖方或填方的体积(m^3);

a——方格边长;

$O-O$——为零位线(即不挖不填);

h_1、h_2、h_3——各角顶点的施工高度(m),用绝对值代入。

各施工高度若有 +、- 时应与图符合。

若三角形为部分挖方及部分填方时,如图6.4(b)所示,必然出现零线,此时小三角形部分为锥体,其体积的计算公式如下:

$$V_{锥} = \frac{a^2}{6} \cdot \frac{h_1^3}{(h_1 + h_2)(h_1 + h_3)} \tag{6.2}$$

斜梯形部分为楔体体积,其计算公式如下:

$$V_{锥} = \frac{a^2}{6} \left[\frac{h_1^3}{(h_1 + h_2)(h_1 + h_3)} - h_1 + h_2 + h_3 \right] \tag{6.3}$$

3)四方棱柱体法是用于地形比较平坦或坡度比较一致的地形。通常采用30 m方格及20 m方格,以20 m方格使用为多并且计算也较方便,一般均可查阅土方量计算表。根据四角的施工高度(高差)符号不同,零线可能将正方形划分为以下四种情况:正方形全部为填方(或挖方);其中一小部分为填方(或挖方)形成三角形和五角形面积;其中近一半为填方(或挖方)形成两个梯形面积;还有两个三角形及一个六角形(假定空白为挖,阴影为填)。

图 6.5 所示方格边长以 a 表示,对有零位线的零位距离,计算式中包括两种表示方式,一种以 b、c 表示,另一种以施工高度 h_1、h_2……的比值来表示距离。

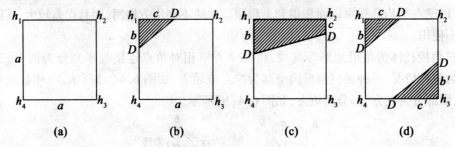

(a)   (b)   (c)   (d)

图 6.5 四角棱柱体

①当方格内全部为填方(或挖方)时,如图 6.5(a)所示:

$$V_{挖} = \frac{a^2}{4}(h_1 + h_2 + h_3 + h_4) \tag{6.4}$$

②当方格内有底面积为三角形的角锥体的填方(或挖方)和五角形的截棱柱体的挖土(或填方)时,如图 6.5(b)所示,则三角形的角锥体的体积为:

$$V_{填} = \frac{1}{2} b \times c \frac{h_1}{3} = \frac{h_1}{6}(b \times c) \tag{6.5}$$

若以施工高程来表示距离 a、b,则 $b = \dfrac{ab_1}{h_1 + h_4}$,$c = \dfrac{ah_1}{h_1 + h_2}$ 代入(6.5)式得:

$$V_{填} = \frac{a^2 h_1^3}{6(h_1 + h_4)(h_1 + h_2)} \tag{6.6}$$

五角截棱柱体的体积在一般土石方计算资料中均采用近似值,计算公式如下:

$$V_{填} = \left(a^1 - \frac{bc}{2}\right)\frac{h_2 + h_3 + h_4}{6} \tag{6.7}$$

若将 b、c 以施工高度表示,则:

$$V_{挖} = a^2\left[1 - \frac{h_1^2}{2(h_1 + h_4)(h_1 + h_2)}\right]\frac{h_2 + h_3 + h_4}{5} \tag{6.8}$$

若该截五角棱柱体用较精确计算时,其公式为:

$$\begin{aligned} V_{挖} &= a^2 \times \frac{h_2 + h_3 + h_4}{3} - \left[\frac{1}{3} \times \frac{a^2}{2}(h_1 + h_3) - V_{填}\right] \\ &= \frac{a^2}{6}(2h_2 + h_3 + h_4 - h_1) + V_{填} \\ &= \frac{a^2}{6}\left[2h_2 + h_3 + h_4 - h_1 + \frac{h_1^3}{(h_1 + h_4)(h_1 + h_2)}\right] \end{aligned} \tag{6.9}$$

③当方格两对边有零点,且相邻两点为填方,两点为挖方,底面积为两个梯形时,如图 6.5(c)所示,其计算公式为:

$$V_{填} = \frac{a}{4}(h_1 + h_2)\left(\frac{b + c}{2}\right) = \frac{a}{8}(b + c)(h_1 + h_2) \tag{6.10}$$

$$V_{挖} = \frac{a}{4}(h_3 + h_4)\left(\frac{a - b + a - c}{2}\right) = \frac{a}{8}(2a - b + c)(h_3 + h_4) \tag{6.11}$$

若以施工高程代替 b、c 时,则计算公式为:

$$V_{填} = \frac{a^2}{8}(h_1 + h_2)\left(\frac{2h_1 h_2 + h_1 h_3 + h_2 h_4}{h_1 + h_2 + h_3 + h_4}\right)$$

$$= \frac{a^2}{4} \cdot \frac{(h_1 + h_2)^2}{h_1 + h_2 + h_3 + h_4} \tag{6.12}$$

$$V_{挖} = \frac{a^2}{8}(h_3 + h_4)\left(2a - \frac{2h_3 h_4 + h_1 h_3 + h_2 h_4}{h_1 + h_2 + h_3 + h_4}\right)$$

$$= \frac{a^2}{4} \cdot \frac{(h_3 + h_4)^2}{h_1 + h_2 + h_3 + h_4} \tag{6.13}$$

④当方格四边都有零点时,则填方为对顶点所组成的两个三角形,中间部分为挖方的六角形面积,如图 6.5(d)所示,则计算公式为:

$$V_{1填} = \frac{a^2 h_1^3}{6(h_1 + h_4)(h_1 + h_2)}$$

$$V_{2填} = \frac{a^2 h_3^3}{6(h_3 + h_4)(h_3 + h_3)}$$

$$V_{挖} = \frac{a^2}{6}(2h_2 + 2h_4 - h_3 - h_1) + V_{1填} + V_{2填} \tag{6.14}$$

其他尚有零位线通过 h 点及零位线在相邻三边组成两个相邻三角形等图形,如图 6.6 所示,按三角形及五角形的各角点的符号在上述公式中变换即可。

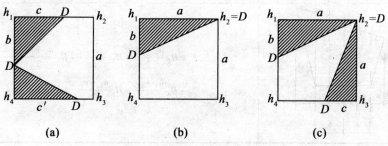

图 6.6 演变的四角棱柱体

4)横断面法是用于地形特别复杂,并且通常用于沟、渠等工程。计算方法是先计算每个变化点的横断面积,再以两横断面的平均值乘以长度即为该段的土方工程量,最后将各段汇总成为该工程的全部工程量。

$$V = \frac{F_1 + F_2}{2}L \tag{6.15}$$

式中　V——相邻两断面间的土石方工程量(m^3);

F_1、F_2——相邻两断面的断面积(m^2);

L——相邻两断面间的距离(m)。

(2)大型土石方工程量横断面计算法

市政工程大型土(石)方工程量计算方法见表 6.4~6.6。

表6.4 土方断面面积计算公式

序号	图示	断面面积计算公式
1	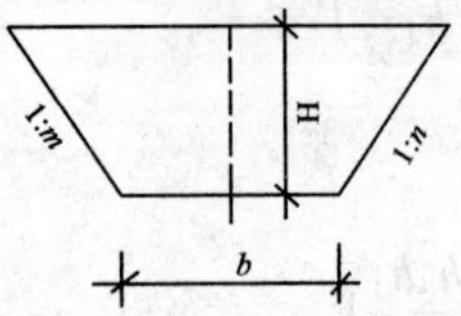	$F = H(b + mH)$
2	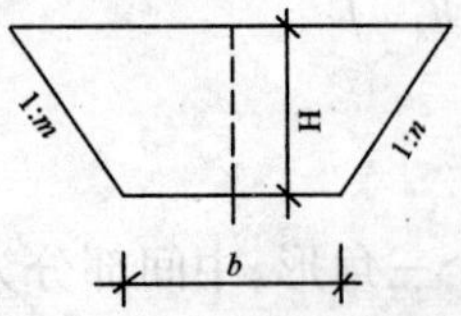	$F = H\left[b + \dfrac{h(m+n)}{2}\right]$
3	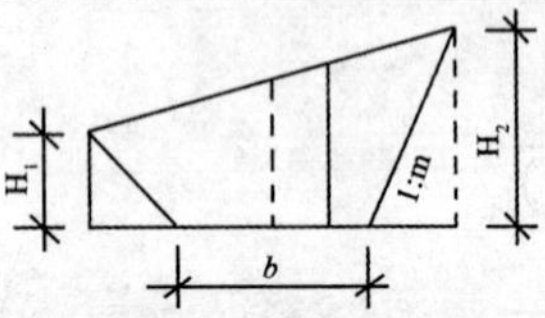	$F = b\dfrac{H_1 + H_2}{2} + mH_1 h_2$
4	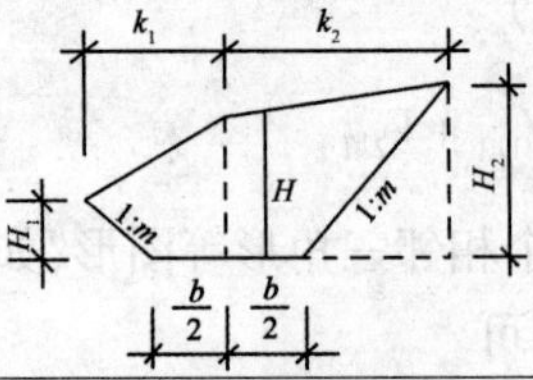	$F = \dfrac{H(k_1 + k_2) + b(H_1 + H_2)}{2}$
5	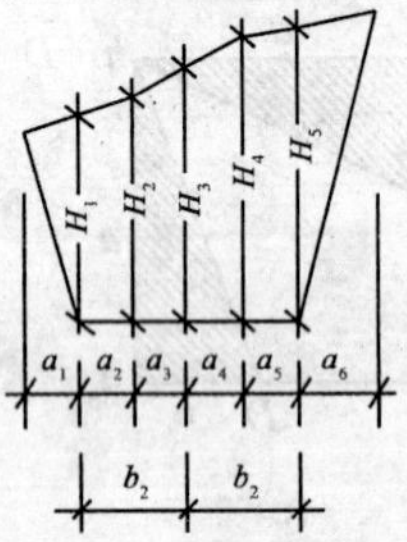	$F = H_1\dfrac{a_1+a_2}{2} + H_2\dfrac{a_2+a_3}{2} + H_3\dfrac{a_3+a_4}{2}$ $+ H_4\dfrac{a_4+a_5}{2} + H_5\dfrac{a_5+a_6}{2}$

表6.5 土方体积计算公式

序号	图示	体积计算式
1	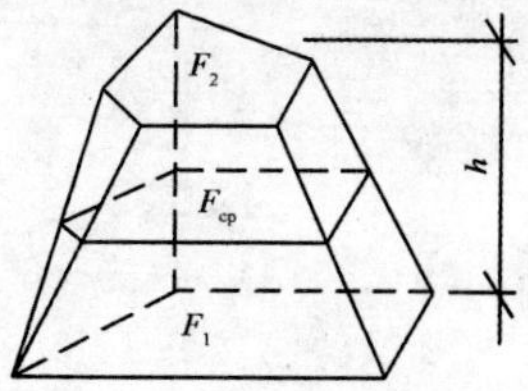	$V = \dfrac{h}{6}(F_1 + F_2 + 4F_{cp})$
2	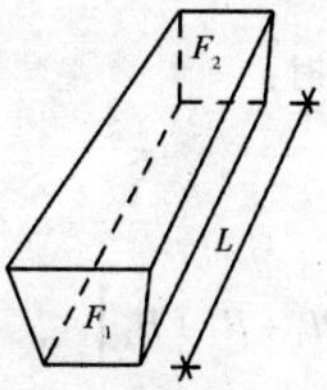	$V = \dfrac{F_1 + F_2}{2} \cdot L$
3	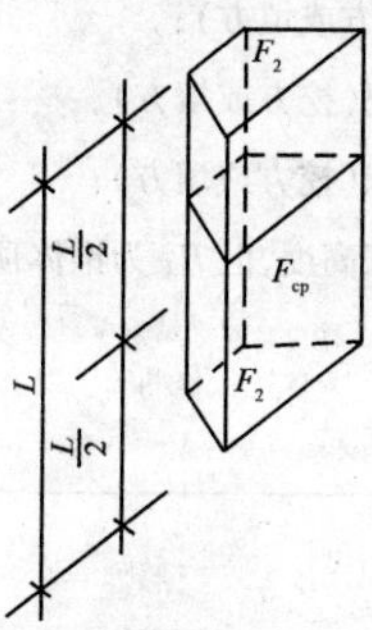	$V = F_{cp} L$
4	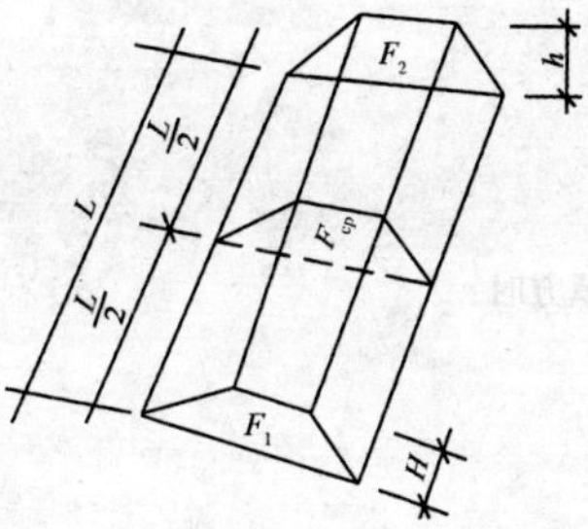	$V = \left[\dfrac{F_1 + F_2}{2} - \dfrac{n(H-h)^2}{6}\right] \cdot L$ $V = \left[\dfrac{F_1 + F_2}{2} - \dfrac{(H-h)^2}{2}\right] \cdot L$ $V = \left[F_{cp} + n\dfrac{(H-h)^2}{12}\right] \cdot L$ 若斜坡 $n = 1$： $V = \left[F_{cp} + \dfrac{(H-h)^2}{8}\right] \cdot L$

表6.6 广场土方计算公式

序号	图示	体积计算式
1	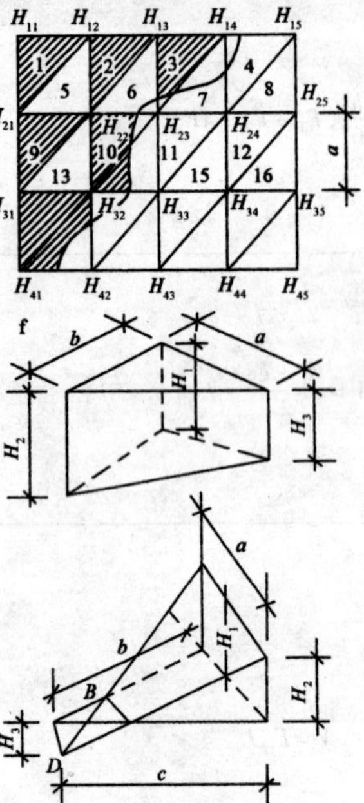 平整广场用三棱柱体计算图	三角棱柱计算法： (1)三角棱柱体内全填或全挖时： $V_{锥} = \dfrac{a^2}{b}(H_1 + H_2 + H_3)$ (2)三角棱柱内部分填方和部分挖土时： $V_{锥} = \dfrac{a^2}{b} \times \dfrac{H_3^3}{(H_1+H_3)(H_2+H_3)}$ $V_{锥} = \dfrac{a^2}{B} \times \left[\dfrac{H_3^3}{(H_1+H_3)(H_2+H_3)} - H_3 + H_2 + H_1 \right]$ 式中 $V_{锥}$——三角棱体的体积（挖方或填方）； $V_{锥}$——三角体中锥体的体积（挖方或填方）； $V_{锥}$——三角体中楔体的体积（挖方或填方）； H_1、H_2、H_3——三角形各角点的施工高度，但H_3为锥体顶点的施工高度
2	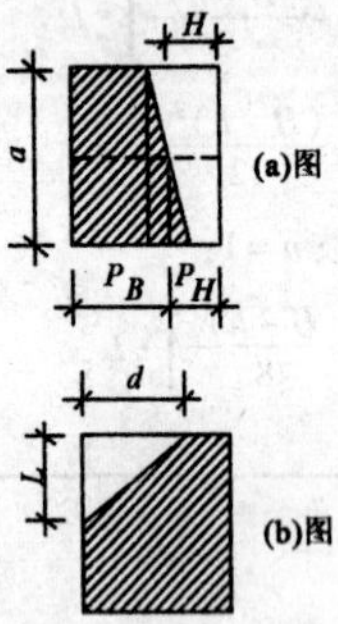 部分挖方部分填方的正方形平面图	(1)四方形中全为填方时： $V_H = a^2(A - B)$ (2)四方形中全为挖方时： $V_B = a^2(B - A)$ (3)四方形中部分挖方部分填方时： 图a：$V_H = aP_H(A' - B')$ $V_B = aP_H(B' - A')$ 图b：$V_H = \dfrac{dL}{2}(A' - B')$ $V_H = \left(a^2 - \dfrac{dL}{2}\right)(B' - A')$ 式中 V_H、V_B——四方形中挖土及填方土量； A、A'——整个四方形或四方形的一部分计划高度； B、B'——整个方格的一部分中心处原地面的平均高度； $P_H - P_B$——填方与棱方部分面积的平均纵坐标

续表6.6

序号	图示	体积计算式
3	平整广场用矩形柱体计算图	矩形柱体(分区计算): $$V = F\frac{H_1 + H_2 + H_3 + H_4}{4}$$ 式中 V——一个矩形内土方量; H_1、H_2、H_3、H_4——矩形四顶点应填(或挖去)的尺度。各矩形总土方量: $$V = F\frac{\sum H_1 + 2\sum H_2 + 3\sum H_3 + 4\sum H_4}{4}$$ 式中 H_1、H_2、H_3、H_4——矩形各顶点填土(或挖土)尺度之平均值; $\sum H_1$、$\sum H_2$、$\sum H_3$、$\sum H_4$——分别代表各顶点之和

(3)沟、槽、坑土(石)方挖、填工程量计算方法。沟、槽、坑土(石)方工程量计算方法,是指地沟、地槽和地坑开挖土(石)方工程量计算。但是沟、槽、坑开挖工程量应区分建筑物沟、槽、坑工程量和市政工程沟、槽、坑工程量。这是由划分标准及施工方法不同所决定的,建筑物与市政工程沟、槽、坑划分标准见表6.7。

表6.7 建筑物与市政工程沟、槽、坑划分标准

分项名称	建筑物工程	市政工程
地沟、地槽	底宽在3 m以内,且沟槽长大于沟槽宽3倍以上的	底宽7 m以内,且底长大于底宽3倍以上的
地坑	基地底面积在20 m² 以内的	底长小于底宽3倍以下,底面积在150 m² 以内的
一般施工方法	人工开挖	机械开挖
一般技术措施	放坡或支护	—

1)地沟、地槽土(石)方计算公式。

①不放坡、不增加工作面,如图6.7(a)所示,其计算公式为:

$$V = LbH \tag{6.16}$$

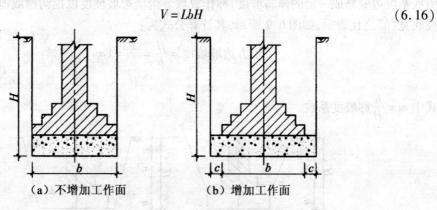

(a)不增加工作面 (b)增加工作面

图6.7 地沟(槽)挖土(石)断面图

②不放坡、增加工作面,如图6.7(b)所示,其计算公式为:

$$V = L \times (b + 2c) \times H \tag{6.17}$$

式中 V——地沟(槽)挖土(石)体积(m^3);
 L——地沟(槽)挖土(石)长度(m);
 b——地沟(槽)挖土(石)宽度(m);
 H——地沟(槽)挖土(石)图示深度(m);
 c——地沟(槽)挖土(石)增加工作面宽度(m)。

注:在沟槽、基坑下进行基础施工,需要一定的操作空间。为满足此需要,在挖土时按基础垫层的双向尺寸向周边放出一定范围的操作面积,作为工人施工时的操作空间,这个单边放出宽度就称为工作面,如图6.7(b)所示。

基础施工中所需要增加的工作面宽度按表6.8规定计算。

表6.8 基础施工所需工作面宽度计算表

基础材料	每边增加工作面宽度/mm
砖基础	200
浆砌毛石、条石基础	150
混凝土基础垫层支模板	300
混凝土基础支模板	300
基础垂直面做防水层	800(防水层面)

放坡不支挡土板的计算公式按下列两种不同情况分别计算:
 a.由垫层上表面放坡时,如图6.8(a)所示,计算公式为:

$$V = L \times [(b + 2c) \times h_1 + (b + 2c + kh_2) \times h_2] \tag{6.18}$$

b.由垫层底面放坡时,如图6.8(b)所示,计算公式为:

$$V = L \times (b + 2c + kH) \times H \tag{6.19}$$

式中 k——放坡系数(表4.2);
 h_1——基础垫层厚度(m);
 h_2——地沟(槽)上口面至基础垫层上表面的深度。

注:人工挖沟槽及基坑土如果深度较深、土质较差,为了防止坍塌和保证安全,需要将沟槽或基坑边壁修成一定的倾斜坡度,称作放坡。沟槽边坡坡度以挖沟槽或地坑深度"H"与边坡底宽"b"之比表示,如图6.9所示,其计算公式为:

$$土方边坡坡度 = \frac{H}{b} = \frac{1}{\frac{b}{H}} = 1:m \tag{6.20}$$

式中 $m = \frac{b}{H}$ 称坡度系数。

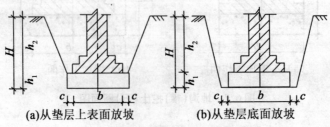

(a)从垫层上表面放坡 (b)从垫层底面放坡

图6.8 地沟(槽)挖土放坡断面图

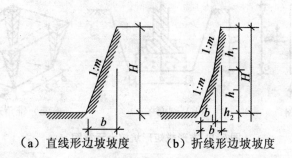

(a) 直线形边坡坡度　　(b) 折线形边坡坡度

图 6.9 沟(槽)土方边坡示意图

人工、机械土方坡度系数见表 4.2。

④两边支挡土板,如图 6.10(a)所示,其计算公式为:

$$V = L \times (b + 2c + 2 \times 0.1) \times H \tag{6.21}$$

式中　0.1——一边支挡土板的厚度(m)。

5)一边支挡土板一边放坡,如图 6.10(b)所示,其计算公式为:

$$V = L \times (b + c + kH) \times H \tag{6.22}$$

式中　$\dfrac{1}{2}$——沟(槽)两边放坡的一半。

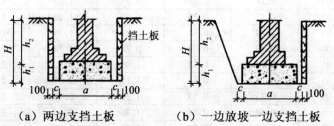

(a) 两边支挡土板　　(b) 一边放坡一边支挡土板

图 6.10 沟(槽)挖土支挡土板与一边放坡示意图

2)地坑、桩孔土(石)方计算公式:

①不放坡方形或矩形地坑:

$$V = (a + 2c) \times (b + 2c) \times H \tag{6.23}$$

式中　a——地坑一边长度(m);

　　　b——地坑另一边长度或宽度(m);

　　　c——增加工作面一边宽度(m);

　　　V、H——含义同前。

②放坡方形或矩形地坑,如图 6.11 所示,其计算公式为:

$$V = (a + 2c + kH) \times (b + 2c + kH) \times H + k_2 H_3 \tag{6.24}$$

式中　$k_2 H_3$——地坑四角的锥角体积(可从表 6.9 中查得)。

其他符号含义同前。

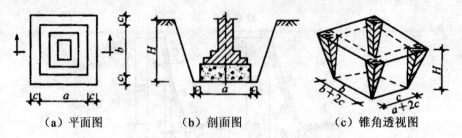

(a)平面图　　　　　(b)剖面图　　　　　(c)锥角透视图

图 6.11 方形或矩形坑挖土示意图

表 6.9　地坑放坡四角的角锥体体积表　　　　　　　　　单位:m³

坑深/m	放坡系数(k)						
	0.10	0.25	0.33	0.50	0.67	0.75	1.00
1.20	0.01	0.04	0.06	0.14	0.26	0.32	0.58
1.30	0.01	0.05	0.08	0.18	0.33	0.41	0.73
1.40	0.01	0.06	0.10	0.23	0.41	0.51	0.91
1.50	0.01	0.07	0.12	0.28	0.51	0.63	1.13
1.60	0.01	0.09	0.15	0.34	0.61	0.77	1.37
1.70	0.02	0.10	0.18	0.41	0.74	0.92	1.64
1.80	0.02	0.12	0.21	0.49	0.87	1.09	1.94
1.90	0.02	0.14	0.25	0.57	1.03	1.29	2.29
2.00	0.03	0.17	0.29	0.67	1.20	1.50	2.67
2.10	0.03	0.19	0.34	0.77	1.39	1.74	3.09
2.20	0.04	0.22	0.39	0.89	1.59	2.00	3.55
2.30	0.04	0.25	0.44	1.01	1.82	2.28	4.06
2.40	0.05	0.29	0.50	1.15	2.07	2.59	4.61
2.50	0.05	0.33	0.57	1.30	2.34	2.93	5.21
2.60	0.06	0.37	0.64	1.46	2.63	3.30	5.86
2.70	0.07	0.41	0.71	1.64	2.95	3.69	6.56
2.80	0.07	0.46	0.80	1.83	3.28	4.12	7.31
2.90	0.08	0.51	0.89	2.03	3.65	4.57	8.13
3.00	0.09	0.56	0.98	2.25	4.04	5.06	9.00
3.10	0.10	0.62	1.08	2.48	4.46	5.59	9.93
3.20	0.11	0.68	1.19	2.73	4.90	6.14	10.92
3.30	0.12	0.75	1.30	2.99	5.38	6.74	11.98
3.40	0.13	0.82	1.43	3.28	5.88	7.37	13.10
3.50	0.14	0.90	1.56	3.57	6.42	8.04	14.29
3.60	0.16	0.97	1.69	3.89	6.98	8.75	15.55
3.70	0.17	1.06	1.84	4.22	7.58	9.50	16.88
3.80	0.18	1.14	1.99	4.57	8.21	10.29	18.29
3.90	0.20	1.24	2.15	4.94	8.88	11.12	19.77
4.00	0.21	1.33	2.32	5.33	9.58	12.00	21.33
4.10	0.23	1.44	2.50	5.74	10.31	12.92	22.97
4.20	0.25	1.54	2.69	6.17	11.09	13.89	24.69
4.30	0.27	1.66	2.89	6.63	11.90	14.91	26.50
4.40	0.28	1.78	3.09	7.10	12.75	15.97	28.39
4.50	0.30	1.90	3.31	7.59	13.64	17.09	30.38

续表6.9

坑深/m	放坡系数(k)						
	0.10	0.25	0.33	0.50	0.67	0.75	1.00
4.60	0.32	2.03	3.53	8.11	14.56	18.25	32.45
4.70	0.35	2.16	3.77	8.65	15.54	19.47	34.61
4.80	0.37	2.30	4.01	9.22	16.55	20.74	36.86
4.90	0.39	2.45	4.27	9.80	17.60	22.06	39.21
5.00	0.42	2.60	4.54	10.42	18.70	23.44	41.67

③不放坡圆形地坑、桩孔：

$$V = \frac{1}{4}\pi D^2 H = 0.7854 D^2 H \tag{6.25}$$

或

$$V = \pi R^2 H \tag{6.26}$$

式中 $\frac{1}{4}\pi$——系数（常数）= 0.7854；

D——坑、孔底直径(m)；

R——坑、孔底半径(m)；

H——坑、孔底中心线深度(m)。

④放坡圆形地坑、桩孔，如图6.12所示，其计算公式为：

$$V = \frac{1}{3}\pi H(R_1^2 + R_2^2 + R_1 R_2) \tag{6.27}$$

式中 V——挖土体积(m^3)；

H——地坑深度(m)；

R_1——坑底半径(m)；

R_2——坑面半径(m)，$R_2 = R_1 + kH$；

k——放坡系数。

3)沟、槽、坑回填土(石)方工程量计算公式：

$$Vt = VW - Vj \tag{6.28}$$

式中 Vt——回填土体积(m^3)；

VW——挖土体积(m^3)；

Vj——垫层及基础体积(m^3)。

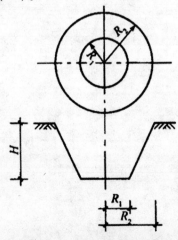

图6.12 放坡圆形地坑、桩孔

为了简化回填土工程量计算工作,市政管道沟槽回填土应扣除表6.10数值计算。

表6.10 管道扣除土方体积表

管道名称	管道直径/mm					
	504~600	601~800	801~1 000	1 001~1 200	1 201~1 400	1 401~1 600
钢管	0.21	0.44	0.71			
铸铁管	0.24	0.49	0.77			
混凝土管	0.33	0.60	0.92	1.15	1.35	1.55

注:管道直径在500mm以下的不扣除管道在占体积。

3.沟、槽、坑挖填土(石)方工程量计算特别说明

工程量清单的工程量,按《建设工程工程量清单计价规范》(GB 50500—2008)规定"是拟建工程分项工程的实体数量"。"实体数量",就是构成工程实体的净量,即不包括为工程实体的形成或有助于工程实体的形成而发生的富余量。对于市政工程中的土石方来说,道路的路堤填方,最后形成的路堤是一个实物。道路的路堑挖方,最后形成的是堑,说它是实物,好像就勉强了一点。对管沟土石方和埋设基础的土石方工程,说是实物,就更勉强了;至于管沟和埋设基础的土石方量又是一个很不确定的量,其与施工方法、所采取的措施手段有很大关系。所以,根据工程量清单计价要求,为达到工程有关各方对同一份设计图进行清单工程量计算时其计算结果数量是一致的目的,《建设工程工程量清单计价规范》(GB 50500-2008)将土石方工程视为"实物",设立清单项目,对清单工程量计算作出了具体的规定。

【例 题】

◆例 6 – 1

某市政工程埋设一排水管道,开挖管道沟槽的断面图如图 6.13 所示,平面图如图 6.14 所示,管外径 400 mm,管长 260 m,圆形检查井外半径 2.0 m,管道为混凝土管,采用人工开挖,土质为三类土,试计算其挖土方清单工程量。

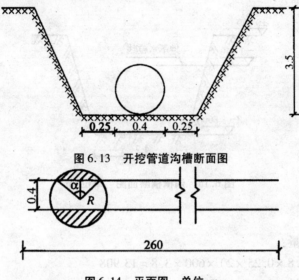

图 6.13 开挖管道沟槽断面图

图 6.14 平面图 单位:m

【解】
清单工程量:
查定额中放坡系数表可得:$k = 0.33$
(1)总挖土方量:
$V_1/\text{m}^3 = (0.9 + 3.5 \times 0.33 \times 2) \times 260 \times 3.5 = 2\ 921.1$
(2)挖管道沟槽土方量:

$$\begin{aligned}
V_2/\text{m}^3 &= 2 \times (\frac{\pi}{180} \times \alpha R^2 - 2 \times \sqrt{R^2 - 0.2^2} \times 0.2 \times \frac{1}{2}) \times 3.5 \\
&= 2 \times (\frac{\pi}{180} \times \arccos\frac{0.2}{2} \times 2^2 - 2 \times \sqrt{2^2 - 0.2^2} \times 0.2 \times \frac{1}{2}) \times 3.5 \\
&= 2 \times (5.88 - 0.40) \times 3.5 \\
&= 38.36
\end{aligned}$$

(3)检查井开挖土方量:
$V/\text{m}^3 = V_1 + V_2 = 2921.1 + 38.36 = 2\ 959.46$
清单工程量计算见表 6.11。

表6.11 清单工程量计算表

项目编码	项目名称	项目特征描述	计量单位	工程量
040101002001	挖沟槽土方	三类土,深3.5m	m³	2 959.46

◆例6-2

某沟槽的横断面如图6.15所示,沟槽利用推土机推土,四类土,弃土置于槽边1 m之处,采用人工装土,已知沟槽全长600 m,运距3 km,采用自卸汽车运土,试计算该工程挖土方工程量及运土工程量。

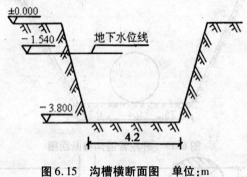

图6.15 沟槽横断面图 单位:m

【解】

清单工程量:

(1)挖土方工程量:

$V/m^3 = (4.2 + 3.8 \times 0.25 \times 2) \times 600 \times 3.8 = 13\ 908$

(2)运土方工程量:

$V/m^3 = (4.2 + 3.8 \times 0.25 \times 2) \times 600 \times 3.8 = 13\ 908$

清单工程量计算见表6.12。

表6.12 清单工程量计算表

序号	项目编码	项目名称	项目特征描述	计量单位	工程量
1	040101002001	挖沟槽土方	四类土,深3.8 m	m³	13 908
2	040103002001	余方弃置	运距3 km	m³	13 908

6.2 道路工程工程量计算

【基 础】

◆路基处理(编码:040201)

工程量清单项目设置及工程量计算规则,应按表6.13的规定执行。

表6.13 路基处理(编码:040201)

项目编码	项目名称	项目特征	计量单位	工程量计算规则	工程内容
040201001	强夯土方	密实度	m^2	按设计图示尺寸以面积计算	土方强夯
040201002	掺石灰	含灰量	m^3	按设计图示尺寸以体积计算	掺石灰
040201003	掺干土	1.密实度 2.掺土率	m^3	按设计图示尺寸以体积计算	掺干土
040201004	掺石	1.材料 2.规格 3.掺石率	m^3	按设计图示尺寸以体积计算	掺石
040201005	抛石挤淤	规格	m^3	按设计图示尺寸以体积计算	抛石挤淤
040201006	袋装砂井	1.直径 2.填充料品种	m	按设计图示以长度计算	成孔、装袋砂
040201007	塑料排水板	1.材料 2.规格	m	按设计图示以长度计算	成孔、打塑料排水板
040201008	石灰砂桩	1.材料配合比 2.桩径	m	按设计图示以长度计算	成孔、石灰、砂填充
040201009	碎石桩	1.材料规格 2.桩径	m	按设计图示以长度计算	1.振冲器安装、拆除 2.碎石填充、振实
040201010	喷粉桩	1.桩径 2.水泥含量	m	按设计图示以长度计算	成孔、喷粉固化
040201011	深层搅拌桩	1.桩径 2.水泥含量	m	按设计图示以长度计算	1.成孔 2.水泥浆搅拌 3.压浆、搅拌
040201012	土工布	1.材料品种 2.规格	m^2	按设计图示尺寸以面积计算	土工布铺设

续表 6.13

项目编码	项目名称	项目特征	计量单位	工程量计算规则	工程内容
040201013	排水沟、截水沟	1. 材料品种 2. 断面 3. 混凝土强度等级 4. 砂浆强度等级	m	按设计图示以长度计算	1. 垫层铺筑 2. 混凝土浇筑 3. 砌筑 4. 勾缝 5. 抹面 6. 盖板
040201014	盲沟	1. 材料品种 2. 断面 3. 材料规格	m	按设计图示以长度计算	盲沟铺筑

◆道路基层(编码:040202)

工程量清单项目设置及工程量计算规则,应按表 6.14 的规定执行。

表 6.14 道路基层(编码:040202)

项目编码	项目名称	项目特征	计量单位	工程量计算规则	工程内容
040202001	垫层	1. 厚度 2. 材料品种 3. 材料规格	m²	按设计图示尺寸以面积计算,不扣除各种井所占面积	1. 拌和 2. 铺筑 3. 找平 4. 碾压 5. 养生
040202002	石灰稳定土	1. 厚度 2. 含灰量	m²	按设计图示尺寸以面积计算,不扣除各种井所占面积	1. 拌和 2. 铺筑 3. 找平 4. 碾压 5. 养生
040202003	水泥稳定土	1. 水泥含量 2. 厚度	m²	按设计图示尺寸以面积计算,不扣除各种井所占面积	1. 拌和 2. 铺筑 3. 找平 4. 碾压 5. 养生
040202004	石灰、粉煤灰、土	1. 厚度 2. 配合比	m²	按设计图示尺寸以面积计算,不扣除各种井所占面积	1. 拌和 2. 铺筑 3. 找平 4. 碾压 5. 养生
040202005	石灰、碎石、土	1. 厚度 2. 配合比 3. 碎石规格	m²	按设计图示尺寸以面积计算,不扣除各种井所占面积	1. 拌和 2. 铺筑 3. 找平 4. 碾压 5. 养生

续表6.14

项目编码	项目名称	项目特征	计量单位	工程量计算规则	工程内容
040202006	石灰、粉煤灰、碎(砾)石	1.材料品种 2.厚度 3.碎(砾)石规格 4.配合比	m²	按设计图示尺寸以面积计算,不扣除各种井所占面积	1.拌和 2.铺筑 3.找平 4.碾压 5.养生
040202007	粉煤灰	厚度	m²	按设计图示尺寸以面积计算,不扣除各种井所占面积	1.拌和 2.铺筑 3.找平 4.碾压 5.养生
040202008	砂砾石				
040202009	卵石				
040202010	碎石				
040202011	块石				
040202012	炉渣				
040202013	粉煤灰三渣	1.厚度 2.配合比 3.石料规格	m²	按设计图示尺寸以面积计算,不扣除各种井所占面积	1.拌和 2.铺筑 3.找平 4.碾压 5.养生
040202014	水泥稳定碎(砾)石	1.厚度 2.水泥含量 3.石料规格	m²	按设计图示尺寸以面积计算,不扣除各种井所占面积	1.拌和 2.铺筑 3.找平 4.碾压 5.养生
040202015	沥青稳定碎石	1.厚度 2.沥青品种 3.石料粒径	m²	按设计图示尺寸以面积计算,不扣除各种井所占面积	1.拌和 2.铺筑 3.找平 4.碾压 5.养生

◆ 道路面层(编码:040203)

工程量清单项目设置及工程量计算规则,应按表6.15的规定执行。

表6.15 道路面层(编码:040203)

项目编码	项目名称	项目特征	计量单位	工程量计算规则	工程内容
040203001	沥青表面处治	1.沥青品种 2.层数	m²	按设计图示尺寸以面积计算,不扣除各种井所占面积	1.洒油 2.碾压
040203002	沥青贯入式	1.沥青品种 2.厚度	m²	按设计图示尺寸以面积计算,不扣除各种井所占面积	1.洒油 2.碾压
040203003	黑色碎石	1.沥青品种 2.厚度 3.石料最大粒径	m²	按设计图示尺寸以面积计算,不扣除各种井所占面积	1.洒铺底油 2.铺筑 3.碾压

续表6.15

项目编码	项目名称	项目特征	计量单位	工程量计算规则	工程内容
040203004	沥青混凝土	1. 沥青品种 2. 石料最大粒径 3. 厚度	m²	按设计图示尺寸以面积计算,不扣除各种井所占面积	1. 洒铺底油 2. 铺筑 3. 碾压
040203005	水泥混凝土	1. 混凝土强度等级、石料最大粒径 2. 厚度 3. 掺和料 4. 配合比	m²	按设计图示尺寸以面积计算,不扣除各种井所占面积	1. 传力杆及套筒制作、安装 2. 混凝土浇筑 3. 拉毛或压痕 4. 伸缝 5. 缩缝 6. 锯缝 7. 嵌缝 8. 路面养生
040203006	块料面层	1. 材质 2. 规格 3. 垫层厚度 4. 强度	m²	按设计图示尺寸以面积计算,不扣除各种井所占面积	1. 铺筑垫层 2. 铺砌块料 3. 嵌缝、勾缝
040203007	橡胶、塑料弹性面层	1. 材料名称 2. 厚度	m²	按设计图示尺寸以面积计算,不扣除各种井所占面积	1. 配料 2. 铺贴

◆ 人行道及其他(编码:040204)

工程量清单项目设置及工程量计算规则,应按表6.16的规定执行。

表6.16 人行道及其他(编码:040204)

项目编码	项目名称	项目特征	计量单位	工程量计算规则	工程内容
040204001	人行道块料铺设	1. 材质 2. 尺寸 3. 垫层材料品种、厚度、强度 4. 图形	m²	按设计图示尺寸以面积计算,不扣除各种井所占面积	1. 整形碾压 2. 垫层、基础铺筑 3. 块料铺设
040204002	现浇混凝土人行道及进口坡	1. 混凝土强度等级、石料最大粒径 2. 厚度 3. 垫层、基础;材料品种、厚度、强度	m²	按设计图示尺寸以面积计算,不扣除各种井所占面积	1. 整形碾压 2. 垫层、基础铺筑 3. 混凝土浇筑 4. 养生

续表 6.16

项目编码	项目名称	项目特征	计量单位	工程量计算规则	工程内容
040204003	安砌侧（平缘）石	1. 材料 2. 尺寸 3. 形状 4. 垫层、基础;材料品种、厚度、强度	m	按设计图示中心线长度计算	1. 垫层、基础铺筑 2. 侧(平、缘)石安砌
040204004	现浇侧（平缘）石	1. 材料品种 2. 尺寸 3. 形状 4. 混凝土强度等级、石料最大粒径 5. 垫层、基础;材料品种、厚度、强度	m	按设计图示中心线长度计算	1. 垫层铺筑 2. 混凝土浇筑 3. 养生
040204005	检查井升降	1. 材料品种 2. 规格 3. 平均升降高度	座	按设计图示路面标高与原有的检查井发生正负高差的检查井的数量计算	升降检查井
040204006	树池砌筑	1. 材料品种、规格 2. 树池尺寸 3. 树池盖材料品种	个	按设计图示数量计算	1. 树池砌筑 2. 树池盖制作、安装

◆交通管理设施(编码:040205)

工程量清单项目设置及工程量计算规则,应按表 6.17 的规定执行。

表 6.17 交通管理设施(编码:040205)

项目编码	项目名称	项目特征	计量单位	工程量计算规则	工程内容
040205001	接线工作井	1. 混凝土强度等级、石料最大粒径 2. 规格	座	按设计图示数量计算	浇筑
040205002	电缆保护管铺设	1. 材料品种 2. 规格 3. 基础材料品种、厚度、强度	m	按设计图示以长度计算	电缆保护管制作、安装

续表6.17

项目编码	项目名称	项目特征	计量单位	工程量计算规则	工程内容
040205003	标杆	1.材料品种 2.规格 3.基础材料品种、厚度、强度	套	按设计图示数量计算	1.基础浇捣 2.标杆制作、安装
040205004	标志板	1.材料品种 2.规格 3.基础材料品种、厚度、强度	块	按设计图示数量计算	标志板制作、安装
040205005	视线诱导器	类型	只	按设计图示数量计算	安装
040205006	标线	1.油漆品种 2.工艺 3.线形	km	按设计图示以长度计算	画线
040205007	标记	1.油漆品种 2.规格 3.形式	个	按设计图示以数量计算	画线
040205008	横道线	形式	m^2	按设计图示尺寸以面积计算	画线
040205009	清除标线	清除方法	m^2	按设计图示尺寸以面积计算	清除
040205010	交通信号灯安装	型号	套	按设计图示数量计算	1.基础浇捣 2.安装
040205011	环形检测线安装	1.类型 2.垫层、基础;材料品种、厚度、强度	m	按设计图示以长度计算	1.基础浇捣 2.安装
040205012	值警亭安装	1.类型 2.垫层、基础;材料品种、厚度、强度	m	按设计图示数量计算	1.基础浇捣 2.安装
040205013	隔离护栏安装	1.部位 2.形式 3.规格 4.类型 5.材料品种 6.基础材料品种、强度	m	按设计图示长度计算	1.基础浇筑 2.安装
040205014	立电杆	1.类型 2.规格 3.基础材料品种、强度	根	按设计图示数量计算	1.基础浇筑 2.安装

续表6.17

项目编码	项目名称	项目特征	计量单位	工程量计算规则	工程内容
040205015	信号灯架空走线	规格	km	按设计图示以长度计算	架线
040205016	信号机箱	1.形式 2.规格 3.基础材料品种、强度	只	按设计图示数量计算	1.基础浇筑或砌筑 2.安装 3.系统调试
040205017	信号灯架	1.形式 2.规格 3.基础材料品种、强度	组	按设计图示数量计算	1.基础浇筑或砌筑 2.安装 3.系统调试
040205018	管内穿线	1.规格 2.型号	km	按设计图示以长度计算	穿线

【实　　务】

◆城市道路工程量计算有关问题说明

(1)道路各层厚度都以压实后的厚度为准。

(2)道路的基层和面层的清单工程量都以设计图示尺寸以面积"m^2"计算,不扣除各种井所占面积。

(3)道路基层和面层都按不同结构分别分层设立清单项目。

(4)路基处理、人行道及其他、交通管理设施等的不同项目分别按《建设工程工程量清单计价规范》(GB 50500—2008)规定的计量单位和计算规则计算清单工程量。

(5)为方便道路清单项目工程量计算,将施工图中各类材料的常用图例编列于下,见表6.18。

表6.18　道路常用材料图例

序号	名称	图例	序号	名称	图例
1	细粒式沥青混凝土		12	石灰粉煤灰	
2	中粒式沥青混凝土		13	石灰粉煤灰土	

续表 6.18

序号	名称	图例	序号	名称	图例
3	粗粒式沥青混凝土		14	石灰粉煤灰碎砾石	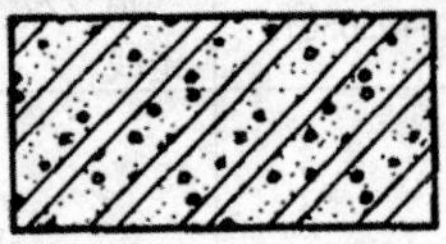
4	沥青碎石	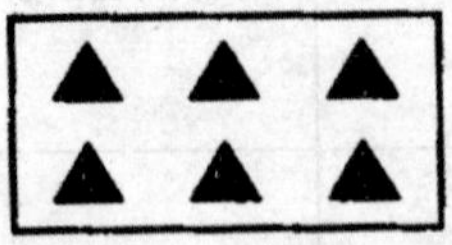	15	泥结碎砾石	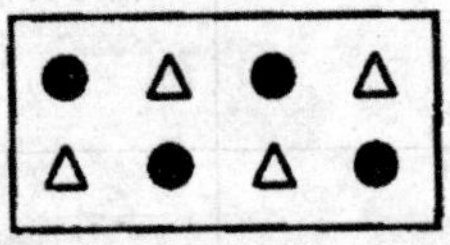
5	沥青贯入碎砾石	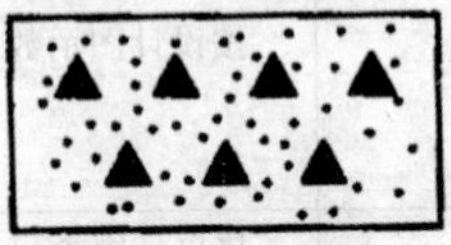	16	泥灰结碎砾石	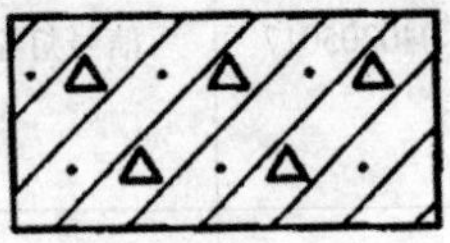
6	沥青表面处治		17	级配碎砾石	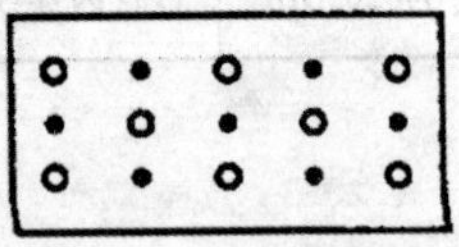
7	水泥稳定土	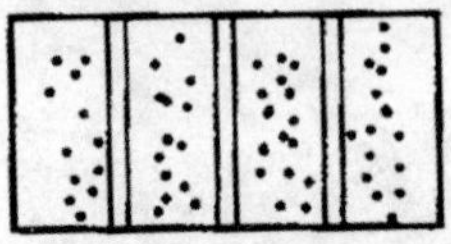	18	填隙碎石	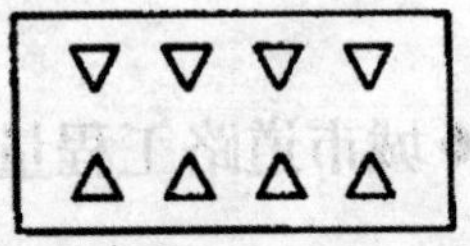
8	水泥稳定砂砾	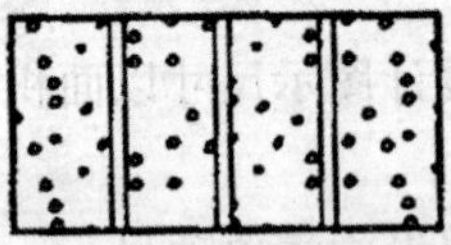	19	天然砂砾	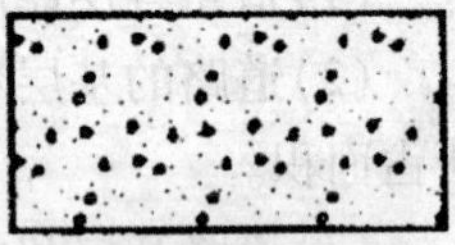
9	水泥稳定碎砾石	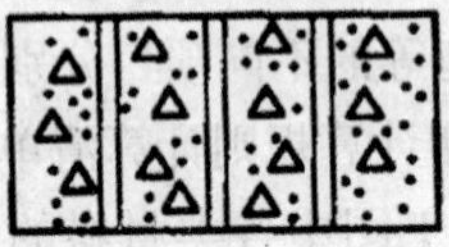	20	干砌片石	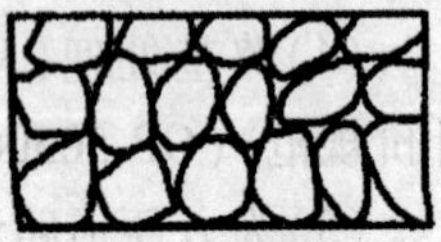
10	石灰土	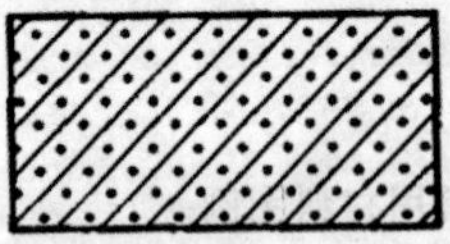	21	浆砌片石	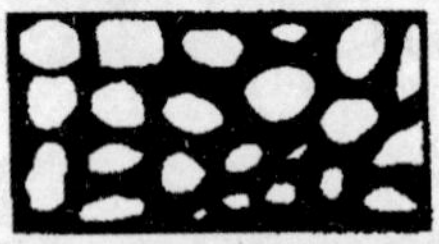
11	石灰粉煤灰	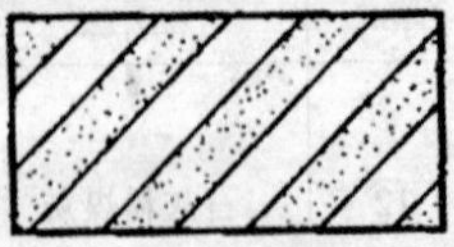	22	浆砌块石	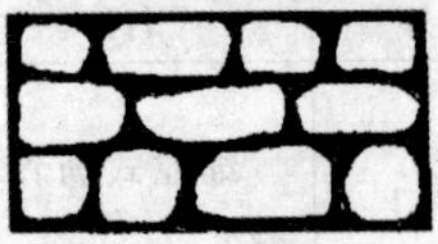

【例　题】

◆例 6-3

某一级道路为沥青混凝土结构($K_2+100 \sim K_2+1\ 000$),结构如图 6.16 所示,路面宽度为

16 m,路肩宽度为 1.5 m,路基两侧各加宽 50 cm,其中 $K_2+550 \sim K_2+600$ 之间为过湿土基,用石灰砂桩进行处理,按矩形布置,桩间距为 100 cm。石灰桩示意图如图 6.17 所示,试计算道路工程量。

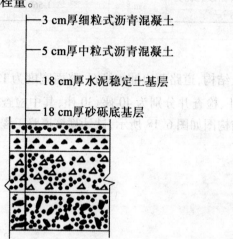

图 6.16 道路结构图

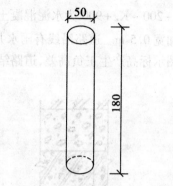

图 6.17 石灰桩示意图 单位:cm

【解】
清单工程量:
(1)砂砾底基层面积/m^2:
$16 \times 900 = 14400$
(2)水泥稳定土基层面积/m^2:
$16 \times 900 = 14400$
(3)沥青混凝土面层面积/m^2:
$16 \times 900 = 14400$
(4)道路横断面方向布置桩数/个:
$16 \div 1 + 1 = 17$
(5)道路纵断面方向布置桩数/个:
$50 \div 1 + 1 = 51$
(6)所需桩数/个:
$17 \times 51 = 867$
(7)总桩长度/m:
$867 \times 1.8 = 1560.6$
清单工程量计算见表 6.19。

表 6.19 清单工程量计算表

序号	项目编码	项目名称	项目特征描述	计量单位	工程量
1	040202008001	砂砾石	18 cm 厚砂砾底基层	m^2	14 400
2	040202003001	水泥稳定土	18 cm 厚水泥稳定土基层	m^2	14 400
3	040203004001	沥青混凝土	5 cm 厚中粒式石油沥青混凝土,石料最大粒径 40 cm	m^2	14 400
4	040203004002	沥青混凝土	3 cm 厚细粒式石油沥青混凝土,石料最大粒径 20 cm	m^2	14 400

续表 6.19

序号	项目编码	项目名称	项目特征描述	计量单位	工程量
5	040201008001	石灰砂桩	桩径为 50 cm,水泥砂石比为 1:2.4:4,水灰比 0.6	m	1 560.6

◆例 6 – 4

某道路 $K_3+200 \sim K_3+900$ 为水泥混凝土结构,道路两边铺侧缘石,路面宽度为 12 m,且路基两侧分别加宽 0.5 m。道路沿线有雨水井、检查井分别为 40 座、30 座,其中检查井与雨水井均与设计图示标高产生正负高差,道路结构图如图 6.18 所示,试计算该道路工程的清单工程量。

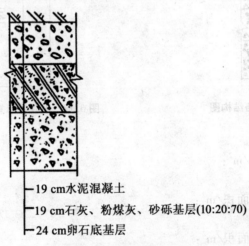

—19 cm 水泥混凝土
—19 cm 石灰、粉煤灰、砂砾基层(10:20:70)
—24 cm 卵石底基层

图 6.18 道路结构图

【解】
清单工程量。
(1)卵石底基层面积/m^2:
$700 \times 12 = 8\ 400$
(2)石灰、粉煤灰、砂砾基层面积/m^2:
$700 \times 12 = 8\ 400$
(3)水泥混凝土面层面积/m^2:
$700 \times 12 = 8\ 400$
(4)路缘石长度/m:
$700 \times 2 = 1\ 400$
(5)雨水井与检查井的数量为 70 座。
清单工程量计算见表 6.20。

表6.20 清单工程量计算表

序号	项目编码	项目名称	项目特征描述	计量单位	工程量
1	040202009001	卵石	24 cm厚卵石底基层	m²	8 400
2	040202006001	石灰、粉煤灰、砂砾	19 cm厚石灰、粉煤灰、砂砾基层(10:20:70)	m²	8 400
3	040203005001	水泥混凝土	19 cm厚水泥混凝土面层	m²	8 400
4	040204003001	安砌侧(平、缘)石	C 30混凝土缘石安砌	m	1 400
5	040504002001	混凝土检查井	C 30混凝土检查井	座	30
6	040504003001	雨水进水井	C 30混凝土雨水进水井	座	40

6.3 桥涵护岸工程工程量计算

【基　　础】

◆ 桩基(编码:040301)

工程量清单项目设置及工程量计算规则,应按表6.21的规定执行。

表6.21 桩基(编码:040301)

项目编码	项目名称	项目特征	计量单位	工程量计算规则	工程内容
040301001	圆木桩	1.材质 2.尾径 3.斜率	m	按设计图示以桩长(包括桩尖)计算	1.工作平台搭拆 2.桩机竖拆 3.运桩 4.桩靴安装 5.沉桩 6.截桩头 7.废料弃置
040301002	钢筋混凝土板桩	1.混凝土强度等级、石料最大粒径 2.部位	m³	按设计图示桩长(包括桩尖)乘以桩的断面积以体积计算	1.工作平台搭拆 2.桩机竖拆 3.场内外运桩 4.沉桩 5.送桩 6.凿除桩头 7.废料弃置 8.混凝土浇筑 9.废料弃置

续表 6.21

项目编码	项目名称	项目特征	计量单位	工程量计算规则	工程内容
040301003	钢筋混凝土方桩（管桩）	1.形式 2.混凝土强度等级、石料最大粒径 3.断面 4.斜率 5.部位	m	按设计图示桩长（包括桩尖）计算	1.工作平台搭拆 2.桩机竖拆 3.混凝土浇筑 4.运桩 5.沉桩 6.接桩 7.送桩 8.凿除桩头 9.桩芯混凝土充填 10.废料弃置
040301004	钢管桩	1.材质 2.加工工艺 3.管径、壁厚 4.斜率 5.强度	m	按设计图示桩长（包括桩尖）计算	1.工作平台搭拆 2.桩机竖拆 3.钢管制作 4.场内外运桩 5.沉桩 6.接桩 7.送桩 8.切割钢管 9.精割盖帽 10.管内取土 11.余土弃置 12.管内填心 13.废料弃置
040301005	钢管成孔灌注桩	1.桩径 2.深度 3.材料品种 4.混凝土强度等级、石料最大粒径	m	按设计图示桩长（包括桩尖）计算	1.工作平台搭拆 2.桩机竖拆 3.沉桩及灌注、拔管 4.凿除桩头 5.废料弃置
040301006	挖孔灌注桩	1.桩径 2.深度 3.岩土类别 4.混凝土强度等级、石料最大粒径	m	按设计图示以长度计算	1.挖桩成孔 2.护壁制作、安装、浇捣 3.土方运输 4.灌注混凝土 5.凿除桩头 6.废料弃置 7.余方弃置

第6章 市政工程清单工程量计算规则及应用

续表 6.21

项目编码	项目名称	项目特征	计量单位	工程量计算规则	工程内容
040301007	机械成孔灌注桩	1. 桩径 2. 深度 3. 材料品种 4. 混凝土强度等级、石料最大粒径	m	按设计图示桩长(包括桩尖)计算	1. 工作平台搭拆 2. 成孔机械竖拆 3. 护筒埋设 4. 泥浆制作 5. 钻、冲成孔 6. 余方弃置 7. 灌注混凝土 8. 凿除桩头 9. 废料弃置

◆现浇混凝土(编码:040302)

工程量清单项目设置及工程量计算规则,应按表6.22的规定执行。

表 6.22 现浇混凝土(编码:040302)

项目编码	项目名称	项目特征	计量单位	工程量计算规则	工程内容
040302001	混凝土基础	1. 混凝土强度等级、石料最大粒径 2. 嵌料(毛石)比例 3. 垫层厚度、材料品种、强度	m³	按设计图示尺寸以体积计算	1. 垫层铺筑 2. 混凝土浇筑 3. 养生
040302002	混凝土承台	1. 部位 2. 混凝土强度等级、石料最大粒径	m³	按设计图示尺寸以体积计算	1. 混凝土浇筑 2. 养生
040302003	墩(台)帽				
040302004	墩(台)身				
040302005	支撑梁及横梁				
040302006	墩(台)盖梁				
040302007	拱桥拱座	混凝土强度等级、石料最大限度粒径	m³	按设计图示尺寸以体积计算	1. 混凝土浇筑 2. 养生
040302008	拱桥拱肋	混凝土强度等级、石料最大限度粒径	m³	按设计图示尺寸以体积计算	1. 混凝土浇筑 2. 养生

续表6.22

项目编码	项目名称	项目特征	计量单位	工程量计算规则	工程内容
040302009	拱上构件	1.部位 2.混凝土强度等级、石料最大粒径	m³	按设计图示尺寸以体积计算	1.混凝土浇筑 2.养生
040302010	混凝土箱梁	1.部位 2.混凝土强度等级、石料最大粒径	m³	按设计图示尺寸以体积计算	1.混凝土浇筑 2.养生
040302011	混凝土连续板	1.部位 2.强度 3.形式	m³	按设计图示尺寸以体积计算	1.混凝土浇筑 2.养生
040302012	混凝土板梁	1.部位 2.形式 3.混凝土强度等级、石料最大粒径	m³	按设计图示尺寸以体积计算	1.混凝土浇筑 2.养生
040302013	拱板	1.部位 2.混凝土强度等级、石料最大粒径	m³	按设计图示尺寸以体积计算	1.混凝土浇筑 2.养生
040302014	混凝土楼梯	1.形式 2.混凝土强度等级、石料最大粒径	m³	按设计图示尺寸以体积计算	1.混凝土浇筑 2.养生
040302015	混凝土防撞护栏	1.断面 2.混凝土强度等级、石料最大粒径	m³	按设计图示尺寸以长度计算	1.混凝土浇筑 2.养生
040302016	混凝土小型构件	1.部位 2.混凝土强度等级、石料最大粒径	m³	按设计图示尺寸以体积计算	1.混凝土浇筑 2.养生

续表 6.22

项目编码	项目名称	项目特征	计量单位	工程量计算规则	工程内容
040302017	桥面铺装	1. 部位 2. 混凝土强度等级、石料最大粒径 3. 沥青品种 4. 硬度 5. 配合比	m^2	按设计图示尺寸以面积计算	1. 混凝土浇筑 2. 养生 3. 沥青混凝土铺装 4. 碾压
040302018	桥头搭板	混凝土强度等级、石料最大粒径	m^3	按设计图示尺寸以体积计算	1. 混凝土浇筑 2. 养生
040302019	桥塔身	1. 形状 2. 混凝土强度等级、石料最大粒径	m^3	按设计图示尺寸以体积计算	1. 混凝土浇筑 2. 养生
040302020	连系梁	1. 形状 2. 混凝土强度等级、石料最大粒径	m^3	按设计图示尺寸以实体积计算	1. 混凝土浇筑 2. 养生

◆ 预制混凝土(编码:040303)

工程量清单项目设置及工程量计算规则,应按表 6.23 的规定执行。

表 6.23 预制混凝土(编码:040303)

项目编码	项目名称	项目特征	计量单位	工程量计算规则	工程内容
040303001	预制混凝土立柱	1. 形状、尺寸 2. 混凝土强度等级、石料最大粒径 3. 预应力、非预应力 4. 张拉方式	m^3	按设计图示尺寸以体积计算	1. 混凝土浇筑 2. 养生 3. 构件运输 4. 立柱安装 5. 构件连接

表6.23 预制混凝土(编码:040303)

项目编码	项目名称	项目特征	计量单位	工程量计算规则	工程内容
040303002	预制混凝土板	1. 形状、尺寸 2. 混凝土强度等级、石料最大粒径 3. 预应力、非预应力 4. 张拉方式	m³	按设计图示尺寸以体积计算	1. 混凝土浇筑 2. 养生 3. 构件运输 4. 安装 5. 构件连接
040303003	预制混凝土梁				
040303004	预制混凝土桁架拱构件	1. 部位 2. 混凝土强度等级、石料最大粒径	m³	按设计图示尺寸以体积计算	1. 混凝土浇筑 2. 养生 3. 构件运输 4. 安装 5. 构件连接
040303005	预制混凝土小型构件				

◆ 砌筑(编码:040304)

工程量清单项目设置及工程量计算规则,应按表6.24的规定执行。

表6.24 砌筑(编码:040304)

项目编码	项目名称	项目特征	计量单位	工程量计算规则	工程内容
040304001	干砌块料	1. 部位 2. 材料品种 3. 规格	m³	按设计图示尺寸以体积计算	1. 砌筑 2. 勾缝
040304002	浆砌块料	1. 部位 2. 材料品种 3. 规格 4. 砂浆强度等级	m³	按设计图示尺寸以体积计算	1. 砌筑 2. 砌体勾缝 3. 砌体抹面 4. 泄水孔制作、安装 5. 滤层铺设 6. 沉降缝
040304003	浆砌拱圈	1. 材料品种 2. 规格 3. 砂浆强度	m³	按设计图示尺寸以体积计算	1. 砌筑 2. 砌体勾缝 3. 砌体抹面
040304004	抛石	1. 要求 2. 品种规格	m³	按设计图示尺寸以体积计算	抛石

◆ 挡墙、护坡(编码:040305)

工程量清单项目设置及工程量计算规则,应按表6.25的规定执行。

表6.25 挡墙、护坡(编码:040305)

项目编码	项目名称	项目特征	计量单位	工程量计算规则	工程内容
040305001	挡墙基础	1.材料品种 2.混凝土强度等级、石料最大粒径 3.形式 4.垫层厚度、材料品种、强度	m³	按设计图示尺寸以体积计算	1.垫层铺筑 2.混凝土浇筑
040305002	现浇混凝土挡墙墙身	1.混凝土强度等级、石料最大粒径 2.泄水孔材料品种、规格 3.滤水层要求	m³	按设计图示尺寸以体积计算	1.混凝土浇筑 2.养生 3.抹灰 4.泄劲水孔制作、安装 5.滤水层铺筑
040305003	预制混凝土挡墙墙身	1.混凝土强度等级、石料最大粒径 2.泄水孔材料品种、规格 3.滤水层要求	m³	按设计图示尺寸以体积计算	1.混凝土浇筑 2.养生 3.构件运输 4.安装 5.泄水孔制作、安装 6.滤水层铺筑
040305004	挡墙混凝土压顶	混凝土强度等级、石料最大粒径	m³	按设计图示尺寸以体积计算	1.混凝土浇筑 2.养生
040305005	护坡	1.材料品种 2.结构形式 3.厚度	m²	按设计图示尺寸以面积计算	1.修整边坡 2.砌筑

◆ 立交箱涵(编码:040306)

工程量清单项目设置及工程量计算规则,应按表6.26的规定执行。

表6.26 立交箱涵（编码：040306）

项目编码	项目名称	项目特征	计量单位	工程量计算规则	工程内容
040306001	滑板	1.透水管材料品种、规格 2.垫层厚度、材料品种、强度 3.混凝土强度等级、石料最大粒径	m³	按设计图示尺寸以体积计算	1.透水管铺设 2.垫层铺筑 3.混凝土浇筑 4.养生
040306002	箱涵底板	1.透水管材料品种、规格 2.垫层厚度、材料品种、强度 3.混凝土强度等级、石料最大粒径 4.石蜡层要求 5.塑料薄膜品种、规格	m³	按设计图示尺寸以体积计算	1.石蜡层 2.塑料薄膜 3.混凝土浇筑 4.养生
040306003	箱涵侧墙	1.混凝土强度等级、石料最大粒径 2.防水层工艺要求	m³	按设计图示尺寸以体积计算	1.混凝土浇筑 2.养生 3.防水砂浆 4.防水层铺涂
040306004	箱涵顶板				
040306005	箱涵顶进	1.断面 2.长度	kt·m	按设计图示尺寸以被顶箱涵的质量乘以箱涵的位移距离分节累计计算	1.顶进设备安装、拆除 2.气垫安装、拆除 3.气垫使用 4.钢刃角制作、安装、拆除 5.挖土实顶 6.场内外运输 7.中继间安装、拆除
040306006	箱涵接缝	1.材质 2.工艺要求	m	按设计图示止水带长度计算	接缝

第6章 市政工程清单工程量计算规则及应用

◆ **钢结构(编码:040307)**

工程量清单项目设置及工程量计算规则,应按表6.27的规定执行。

表6.27 钢结构(编码:040307)

项目编码	项目名称	项目特征	计量单位	工程量计算规则	工程内容
040307001	钢箱梁	1. 材质 2. 部位 3. 油漆品种、色彩、工艺要求	t	按设计图示尺寸以质量计算(不包括螺栓、焊缝质量)	1. 制作 2. 运输 3. 试拼 4. 安装 5. 连接 6. 除锈、油漆
040307002	钢板梁				
040307003	钢桁梁				
040307004	钢拱				
040307005	钢构件				
040307006	劲性钢结构				
040307007	钢结构叠合梁				
040307008	钢拉索	1. 材质 2. 直径 3. 防护方式	t	按设计图示尺寸以质量计算	1. 拉索安装 2. 张拉 3. 锚具 4. 防护壳制作、安装
040307009	钢拉杆	1. 材质 2. 直径 3. 防护方式	t	按设计图示尺寸以质量计算	1. 连接、紧锁件安装 2. 钢拉杆安装 3. 钢拉杆防腐 4. 钢拉杆防护壳制作、安装

◆ **装饰(编码:040308)**

工程量清单项目设置及工程量计算规则,应按表6.28的规定执行。

表6.28 装饰(编码:040308)

项目编码	项目名称	项目特征	计量单位	工程量计算规则	工程内容
040308001	水泥砂浆抹面	1. 砂浆配合比 2. 部位 3. 硬度	m^2	按设计图示尺寸以面积计算	砂浆抹面
040308002	水刷石饰面	1. 材料 2. 部位 3. 砂浆配合比 4. 形式、厚度	m^2	按设计图示尺寸以面积计算	饰面

续表6.28

项目编码	项目名称	项目特征	计量单位	工程量计算规则	工程内容
040308003	剁斧石饰面	1.材料 2.部位 3.形式 4.厚度	m²	按设计图示尺寸以面积计算	饰面
040308004	拉毛	1.材料 2.砂浆配合比 3.部位 4.厚度	m²	按设计图示尺寸以面积计算	砂浆、水泥浆拉毛
040308005	水磨石饰面	1.规格 2.砂浆配合比 3.材料品种 4.部位	m²	按设计图示尺寸以面积计算	饰面
040308006	镶贴面层	1.材质 2.规格 3.厚度 4.部位	m²	按设计图示尺寸以面积计算	镶贴面层
040308007	水质涂料	1.材料品种 2.部位	m²	按设计图示尺寸以面积计算	涂料涂刷
040308008	油漆	1.材料品种 2.部位 3.工艺要求	m²	按设计图示尺寸以面积计算	1.除锈 2.刷油漆

◆其他(编码:040309)

工程量清单项目设置及工程量计算规则,应按表6.29的规定执行。

表6.29 其他(编码:040309)

项目编码	项目名称	项目特征	计量单位	工程量计算规则	工程内容
040309001	金属栏杆	1.材质 2.规格 3.油漆品种、工艺要求	t	按设计图示尺寸以质量计算	1.制作、运输、安装 2.除锈、刷油漆
040309002	橡胶支座	1.材质 2.规格	个	按设计图示数量计算	支座安装
040309003	钢支座	1.材质 2.规格 3.形式	个	按设计图示数量计算	支座安装

续表 6.29

项目编码	项目名称	项目特征	计量单位	工程量计算规则	工程内容
040309004	盆式支座	1. 材质 2. 承载力	个	按设计图示数量计算	支座安装
040309005	油毛毡支座	1. 材质 2. 规格	m²	按设计图示尺寸以面积计算	制作、安装
040309006	桥梁伸缩装置	1. 材料品种 2. 规格	m	按设计图示尺寸以延长米计算	1. 制作、安装 2. 嵌缝
040309007	隔音屏障	1. 材料品种 2. 结构形式 3. 油漆品种、工艺要求	m²	按设计图示尺寸以面积计算	1. 制作、安装 2. 除锈、刷油漆
040309008	桥面泄水管	1. 材料 2. 管径 3. 滤层要求	m	按设计图示以长度计算	1. 进水口、泄水管制作、安装 2. 滤层铺设
040309009	防水层	1. 材料品种 2. 规格 3. 部位 4. 工艺要求	m²	按设计图示尺寸以面积计算	防水层铺涂
040309010	钢桥维修设备	按设计图要求	套	按设计图示数量计算	1. 制作 2. 运输 3. 安装 4. 除锈、刷油漆

【实 务】

◆桥涵护岸工程清单项目有关问题说明

(1)桩基包括了桥梁常用的桩种,清单工程量以设计桩长计算,只有混凝土板桩以体积计算。这与定额工程量计算是不同的,定额一般桩以体积计算,钢管桩以重量计算。清单工程内容包括了从搭拆工作平台起到竖拆桩机、制桩、运桩、打桩(沉桩)、接桩,送桩,直至截桩头和废料弃置等全部内容。

(2)现浇混凝土清单项目的工程内容包括混凝土制作、运输、浇筑和养生等全部内容。混凝土基础还包括垫层在内。

(3)预制混凝土清单项目的工程内容包括制作、运输、安装和构件连接等全部内容。

(4)砌筑、挡墙及护坡清单项目的工程内容都包括泄水孔、滤水层及勾缝在内。

(5)所有脚手架、支架和模板均划归措施项目。

【例 题】

◆例 6-5

某桥梁基础为矩形两层台阶形式,采用 C20 混凝土,石料最大粒径 20 mm,如图 6.19 所示,计算该基础的清单工程量。

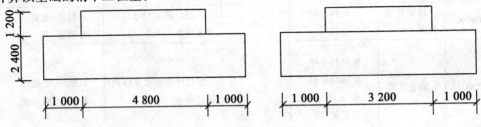

图 6.19 矩形桥梁基础

【解】
清单工程量:
$$V/m^3 = 4.8 \times 3.2 \times 1.2 + (4.8 + 1 + 1) \times (3.2 + 1 + 1) \times 2.4$$
$$= 103.30$$
清单工程量计算见表 6.30。

表 6.30 清单工程量计算表

项目编码	项目名称	项目特征描述	计量单位	工程量
040302001001	混凝土基础	C20 混凝土,石料最大粒径 20 mm	m³	103.30

◆例 6-6

某桥梁工程中所采用的桥墩如图 6.20 所示为圆台柱式,采用 C20 混凝土,石料最大粒径 20 mm,计算其清单工程量。

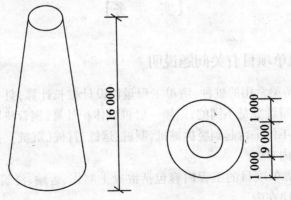

图 6.20 圆台式桥墩

【解】
清单工程量:
$$V_{圆台}/m^3 = \frac{1}{3}\pi l(r^2 + R^2 + r \times R)$$

$$= \frac{1}{3} \times 3.14 \times 16 \times (4.5^2 + 5.5^2 + 4.5 \times 5.5)$$
$$= 1260.19$$

清单工程量 计算见表 6.31。

表 6.31 清单工程量计算表

项目编码	项目名称	项目特征描述	计量单位	工程量
040302004001	墩(台)身	桥墩墩身,C20 混凝土,石料最大粒径 20 cm	m³	1 260.19

6.4 隧道工程工程量计算

【基 础】

◆隧道岩石开挖(编码:040401)

工程量清单项目设置及工程量计算规则,应按表 6.32 的规定执行。

表 6.32 现浇混凝土基础(编码:040401)

项目编码	项目名称	项目特征	计量单位	工程量计算规则	工程内容
040401001	平洞开挖	1. 岩石类别 2. 开挖断面 3. 爆破要求	m³	按设计图示结构断面尺寸乘以长度以体积计算	1. 爆破或机械开挖 2. 临时支护 3. 施工排水 4. 弃渣运输 5. 弃渣外运
040401002	斜洞开挖	1. 岩石类别 2. 开挖断面 3. 爆破要求	m³	按设计图示结构断面尺寸乘以长度以体积计算	1. 爆破或机械开挖 2. 临时支护 3. 施工排水 4. 洞内石方运输 5. 弃渣外运
040401003	竖井开挖	1. 岩石类别 2. 开挖断面 3. 爆破要求	m³	按设计图示结构断面尺寸乘以长度以体积计算	1. 爆破或机械开挖 2. 施工排水 3. 弃渣运输 4. 弃渣外运
040401004	地沟开挖	1. 断面尺寸 2. 岩石类别 3. 爆破要求	m³	按设计图示结构断面尺寸乘以长度以体积计算	1. 爆破或机械开挖 2. 弃渣运输 3. 施工排水 4. 弃渣外运

◆岩石隧道衬砌(编码:040402)

工程量清单项目设置及工程量计算规则,应按表6.33 的规定执行。

表6.33 岩石隧道衬砌(编码:040402)

项目编码	项目名称	项目特征	计量单位	工程量计算规则	工程内容
040402001	混凝土拱部衬砌	1.断面尺寸 2.混凝土强度等级、石料最大粒径	m³	按设计图示尺寸以体积计算	1.混凝土浇筑 2.养生
040402002	混凝土边墙衬砌				
040402003	混凝土竖井衬砌				
040402004	混凝土沟道				
040402005	拱部喷射混凝土	1.厚度 2.混凝土强度等级、石料最大粒径	m²	按设计图示尺寸以面积计算	1.清洗岩石 2.喷射混凝土
040402006	边墙喷射混凝土				
040402007	拱圈砌筑	1.断面尺寸 2.材料品种 3.规格 4.砂浆强度等级	m³	按设计图示尺寸以体积计算	1.砌筑 2.勾缝 3.抹灰
040402008	边墙砌筑	1.厚度 2.材料品种 3.规格 4.砂浆强度等级	m³	按设计图示尺寸以体积计算	1.砌筑 2.勾缝 3.抹灰
040402009	砌筑沟道	1.断面尺寸 2.材料品种 3.规格 4.砂浆强度	m³	按设计图示尺寸以体积计算	1.砌筑 2.勾缝 3.抹灰
040402010	洞门砌筑	1.形状 2.材料 3.规格 4.砂浆强度等级	m³	按设计图示尺寸以体积计算	1.砌筑 2.勾缝 3.抹灰
040402011	锚杆	1.直径 2.长度 3.类型	t	按设计图示尺寸以质量计算	1.钻孔 2.锚杆制作、安装 3.压浆
040402012	充填压浆	1.部位 2.浆液成分强度	m³	按设计图示尺寸以体积计算	1.打孔、安管 2.压浆

续表6.33

项目编码	项目名称	项目特征	计量单位	工程量计算规则	工程内容
040402013	浆砌块石	1. 部位 2. 材料 3. 规格 4. 砂浆强度等级	m³	按设计图示回填尺寸以体积计算	1. 调制砂浆 2. 砌筑 3. 勾缝
040402014	干砌块石				
040402015	柔性防水层	1. 材料 2. 规格	m²	按设计图示尺寸以面积计算	防水层铺设

◆ 盾构掘进(编码:040403)

工程量清单项目设置及工程量计算规则,应按表6.34的规定执行。

表6.34 盾构掘进(编码:040403)

项目编码	项目名称	项目特征	计量单位	工程量计算规则	工程内容
040403001	盾构吊装、吊拆	1. 直径 2. 规格型号	台次	按设计图示数量计算	1. 整体吊装 2. 分体吊装 3. 车架安装
040403002	隧道盾构掘进	1. 直径 2. 规格 3. 形式	m	按设计图示掘进长度计算	1. 负环段掘进 2. 出洞段掘进 3. 进洞段掘进 4. 正常段掘进 5. 负环管片拆除 6. 隧道内管线路拆除 7. 土方外运
040403003	衬砌压浆	1. 材料品种 2. 配合比 3. 砂浆强度等级 4. 石料最大粒径	m³	按管片外径和盾构壳体外径所形成的充填体积计算	1. 同步压浆 2. 分块压浆
040403004	预制钢筋混凝土管片	1. 直径 2. 厚度 3. 宽度 4. 混凝土强度等级、石料最大粒径	m³	按设计图示尺寸以体积计算	1. 钢筋混凝土管片制作 2. 管片成环试拼(每100环试拼一组) 3. 管片安装 4. 管片场子内外运输

续表 6.34

项目编码	项目名称	项目特征	计量单位	工程量计算规则	工程内容
040403005	钢管片	材质	t	按设计图示质量计算	1.钢管片制作 2.风管片安装 3.管片场内外运输
040403006	钢混凝土复合管片	1.材质 2.混凝土强度等级、石料最大粒径	m^3	按设计图示尺寸以体积计算	1.复合管片钢壳制作 2.复合管片混凝土浇筑 3.养生 4.复合管片安装 5.管片场内外运输
040403007	管片设置密封条	1.直径 2.材料 3.规格	环	按设计图示数量计算	密封条安装
040403008	隧道洞口柔性接缝环	1.材料 2.规格	m	按设计图示以隧道管片外径周长计算	1.拆临时防水环板 2.安装、拆除临时止水带 3.拆除洞口环管片 4.安装钢环板 5.柔性接缝环 6.洞口混凝土环圈
040403009	管片嵌缝	1.直径 2.材料 3.规格	环	按设计图示数量计算	1.管片嵌缝 2.管片手孔封堵

◆管节顶升、旁通道(编码:040404)

工程量清单项目设置及工程量计算规则,应按表 6.35 的规定执行。

表 6.35 管节顶升、旁通道(编码:040404)

项目编码	项目名称	项目特征	计量单位	工程量计算规则	工程内容
040404001	管节垂直顶升	1.断面 2.强度 3.材质	m	按设计图示以顶升长度计算	1.钢壳制作 2.混凝土浇筑 3.管节试拼装 4.管节顶升
040404002	安装止水框、连系梁	材质	t	按设计图示尺寸以质量计算	1.止水框制作、安装 2.连系梁制作、安装

续表6.35

项目编码	项目名称	项目特征	计量单位	工程量计算规则	工程内容
040404003	阴极保护装置	1. 型号 2. 规格	组	按设计图示数量计算	1. 恒电位仪安装 2. 阳极安装 3. 阴极安装 4. 参变电极安装 5. 电缆敷设 6. 接线盒安装
040404004	安装取排水头	1. 部位(水中、陆上) 2. 尺寸	个		1. 顶升口揭顶盖 2. 取排水头部安装
040404005	隧道内旁通道开挖	土壤类别	m³	尺寸以体积计算数量计算	1. 地基加固 2. 管片拆除 3. 支护 4. 土方暗挖 5. 土方运输
040404006	旁通道结构混凝土	1. 断面 2. 混凝土强度等级、石料最大粒径	m³	尺寸以体积计算数量计算	1. 混凝土浇筑 2. 洞门接口防水
040404007	隧道内集水井	1. 部位 2. 材料 3. 形式	座	按设计图示数量计算	1. 拆除管片建集水井 2. 不拆管片建集水井
040404008	防爆门	1. 形式 2. 断面	扇	按设计图示数量计算	1. 防爆门制作 2. 防爆门安装

◆隧道沉井(编码:040405)

工程量清单项目设置及工程量计算规则,应按表6.36的规定执行。

表6.36 隧道沉井(编码:040405)

项目编码	项目名称	项目特征	计量单位	工程量计算规则	工程内容
040405001	沉井井壁混凝土	1.形状 2.混凝土强度等级、石料最大粒径	m³	按设计尺寸以井筒混凝土体积计算	1.沉井砂垫层 2.刃脚混凝土垫层 3.混凝土浇筑 4.养生
040405002	沉井下沉	深度	m³	按设计尺寸以井筒混凝土体积计算	1.排水挖土下沉 2.不排水下沉 3.土方场外运输
040405003	沉井混凝土封底	混凝土强度等级、石料最大粒径	m³	按设计图示尺寸以体积计算	1.混凝土干封底 2.混凝土水下封底
040405004	沉井混凝土底板	混凝土强度等级、石料最大粒径	m³	按设计图示尺寸以体积计算	1.混凝土浇筑 2.养生
040405005	沉井填心	材料品种	m³	按设计图示尺寸以体积计算	1.排不沉井填心 2.不排水沉井填心
040405006	钢封门	1.材质 2.尺寸	t	按设计图示尺寸以质量计算	1.钢封门安装 2.钢封门拆除

◆ 地下连续墙(编码:040406)

工程量清单项目设置及工程量计算规则,应按表6.37的规定执行。

表6.37 地下连续墙(编码:040406)

项目编码	项目名称	项目特征	计量单位	工程量计算规则	工程内容
040406001	地下连续墙	1.深度 2.宽度 3.混凝土强度等级、石料最大粒径	m³	按设计图示长度乘以宽度乘以深度以体积计算	1.导墙制作、拆除 2.挖土成槽 3.锁口管吊拔 4.混凝土浇筑 5.养生 6.土石方场外运输
040406002	深层搅拌桩成墙	1.深度 2.孔径 3.水泥掺量 4.型钢材质 5.型钢规格	m³	按设计图示尺寸以体积计算	1.深层搅拌桩空搅 2.深层搅拌桩二喷四搅 3.型钢制作 4.插拔型钢
040406003	桩顶混凝土圈梁	混凝土强度等级、石料最大粒径	m³	按设计图示尺寸以体积计算	1.混凝土浇筑 2.养生 3.圈梁拆除
040406004	基坑挖土	1.土质 2.深度 3.宽度	m³	按设计图示地下连续墙或围护桩围成的面积乘以基坑的深度以体积计算	1.基坑挖土 2.基坑排水

◆ 混凝土结构(编码:040407)

工程量清单项目设置及工程量计算规则,应按表6.38的规定执行。

表6.38 混凝土结构(编码:040407)

项目编码	项目名称	项目特征	计量单位	工程量计算规则	工程内容
040407001	混凝土地梁	1.垫层厚度、材料品种、强度 2.混凝土强度等级、石料最大粒径	m³	按设计图示尺寸以体积计算	1.垫层铺设 2.混凝土浇筑 3.养生
040407002	钢筋混凝土底板				
040407003	钢筋混凝土墙	混凝土强度等级、石料最大粒径	m³	按设计图示尺寸以体积计算	1.混凝土浇筑 2.养生
040407004	混凝土衬墙				
040407005	混凝土柱				
040407006	混凝土梁	1.部位 2.混凝土强度等级、石料最大粒径	m³	按设计图示尺寸以体积计算	1.混凝土浇筑 2.养生

续表6.38

项目编码	项目名称	项目特征	计量单位	工程量计算规则	工程内容
040407007	混凝土平台、顶板	1. 混凝土强度等级 2. 石料最大粒径	m³	按设计图示尺寸以体积计算	1. 混凝土浇筑 2. 养生
040407008	隧道内衬弓形底板				
040407009	隧道内衬侧墙				
040407010	隧道内衬顶板	1. 形式 2. 规格	m²	按设计图示尺寸以面积计算	1. 龙骨制作、安装 2. 顶板安装
010407011	隧道内支承墙	1. 强度 2. 石料最大粒径	m³	按设计图示尺寸以体积计算	1. 混凝土浇筑 2. 养生
040407012	隧道内混凝土路面	1. 厚度 2. 强度等级 3. 石料最大粒径	m²	按设计图示尺寸以面积计算	1. 混凝土浇筑 2. 养生
040407013	圆隧道内架空路面				
040407014	隧道内附属结构混凝土	1. 不同项目名称,如楼梯、电缆构、车道侧石等 2. 混凝土强度等级、石料最大粒径	m³	按设计图示尺寸以体积计算	1. 混凝土浇筑 2. 养生

◆沉管隧道(编码:040408)

工程量清单项目设置及工程量计算规则,应按表6.39的规定执行。

表6.39 沉管隧道(编码:040408)

项目编码	项目名称	项目特征	计量单位	工程量计算规则	工程内容
040408001	预制沉管底垫层	1. 规格 2. 材质 3. 厚度	m³	按设计图示尺寸以沉管底面积乘以厚度以体积计算	1. 场地平整 2. 垫层铺设
040408002	预制沉管钢底板	1. 材质 2. 厚度	t	按设计图示尺寸以质量计算	钢底板制作、铺设
040408003	预制沉管混凝土板底	混凝土强度等级、石料最大粒径	m³	按设计图示尺寸以体积计算	1. 混凝土浇筑 2. 养生 3. 底板预埋注浆管
040408004	预制沉管混凝土侧墙	混凝土强度等级、石料最大粒径	m³	按设计图示尺寸以体积计算	1. 混凝土浇筑 2. 养生

续表6.39

项目编码	项目名称	项目特征	计量单位	工程量计算规则	工程内容
040408005	预制沉管混凝土顶板	混凝土强度等级、石料最大粒径	m^3	按设计图示尺寸以体积计算	1. 混凝土浇筑 2. 养生
040408006	沉管外壁防锚层	1. 材质品种 2. 规格	m^2	按设计图示尺寸以面积计算	铺设沉管外壁防锚层
040408007	鼻托垂直剪力键	材质	t	按设计图示尺寸以质量计算	1. 钢剪刀键制作 2. 剪刀键安装
040408008	端头钢壳	1. 材质、规格 2. 强度 3. 石材最大粒径	t	按设计图示尺寸以质量计算	1. 端头钢壳制作 2. 端头钢壳安装 3. 混凝土浇筑
040408009	端头钢封门	1. 材质 2. 尺寸	t	按设计图示尺寸以质量计算	1. 端头钢封门制作 2. 端头钢封门安装 3. 端头钢封门拆除
040408010	沉管管段浮运临时供电系统	规格	套	按设计图示管段数量计算	1. 发电机安装、拆除 2. 配电箱安装、拆除 3. 电缆安装、拆除
040408011	沉管管段浮运临时供排水系统	规格	套	按设计图示管段数量计算	1. 泵阀安装、拆除 2. 管路安装、拆除
040408012	沉管管段浮运临时通风系统	规格	套	按设计图示管段数量计算	1. 进排风机安装、拆除 2. 风管路安装、拆除
040408013	航道疏浚	1. 河床土质 2. 工况等级 3. 疏浚深度	m^3	按河床原断面与管段浮运时设计断面之差以体积计算	1. 挖泥船开收工 2. 航道疏浚挖泥 3. 土方驳运、卸泥
040408014	沉管河床基槽开挖	1. 河床土质 2. 工况等级 3. 挖土深度	m^3	按河床原断面与槽设计断面之差以体积计算	1. 挖泥船开收工 2. 沉管基槽挖泥 3. 沉管基槽清淤 4. 土方驳运、卸泥

续表 6.39

项目编码	项目名称	项目特征	计量单位	工程量计算规则	工程内容
040408015	钢筋混凝土块沉石	1.工况等级 2.沉石深度	m³	按设计图示尺寸以体积计算	1.预制钢筋混凝土块 2.装船、驳运、定位沉石 3.水下铺平石块
040408016	基槽抛铺碎石	1.工况等级 2.石料厚度 3.铺石深度	m³	按设计图示尺寸以体积计算	1.石料装运 2.定位抛石 3.水下铺平石料
040408017	沉管管节浮运	1.单节管段质量 2.管段浮运距离	kt·m	按设计图示尺寸和要求以沉管管节质量和浮运距离的复合单位计算	1.干坞放水 2.管段起浮定位 3.管段浮运 4.加载水箱制作、安装、拆除 5.系缆柱制作、安装、拆除
040408018	管段沉放连接	1.单节管段重量 2.管段下沉深度	节	按设计图示数量计算	1.管段定位 2.管段压水下沉 3.管段端面对接 4.管节拉合
040408019	砂肋软体排覆盖	1.材料品种 2.规格	m²	按设计图示尺寸以沉管顶面积加侧面外表面积计算	水下覆盖软体排
040408020	沉管水下压石	1.材料品种 2.规格	m³	按设计图示尺寸以顶、侧压石的体积计算	1.装石船开收工 2.定位抛石、卸石 3.水下铺石
040408021	沉管接缝处理	1.接缝连接形式 2.接缝长度	条	按设计图示数量计算	1.按缝拉合 2.安装止水带 3.安装止水钢板 4.混凝土浇筑
040408022	沉管底部压浆固封充填	1.压浆材料 2.压浆要求	m³	按设计图示尺寸以体积计算	1.制浆 2.管底压浆 3.封孔

【实　务】

◆隧道工程工程量计算有关问题说明

(1)岩石隧道开挖分为平洞、斜洞、竖井和地沟开挖。平洞是指隧道轴线与水平线之间的夹角在5°以内的;斜洞是指隧道轴线与水平线之间的夹角在5~30°;竖井是指隧道轴线与水平线垂直的;地沟是指隧道内地沟的开挖部分。隧道开挖的工程内容包括开挖、临时支护、施工排水、弃渣的洞内运输和外运弃置等全部内容。清单工程量按设计图示尺寸以体积计算,超挖部分由投标者自行考虑在组价内。是采用光面爆破还是一般爆破,除招标文件另有规定以外,均由投标者自行决定。

(2)岩石隧道衬砌包括混凝土衬砌和块料衬砌,按拱部、边墙、竖井和沟道分别列项,清单工程量按设计图示尺寸计算,若设计要求超挖回填部分要以与衬砌同质混凝土来回填的,则这部分回填量由投标者在组价中考虑。若超挖回填设计用浆砌块石和干砌块石回填的,则按设计要求另列清单项目,其清单工程量按设计的回填量以体积计算。

(3)隧道沉井的井壁清单工程量按设计尺寸以体积计算。工程内容包括制作沉井的砂垫层、刃脚混凝土垫层、刃脚混凝土浇筑、井壁混凝土浇筑、框架混凝土浇筑和养生等全部内容。

(4)地下连续墙的清单工程量按设计的长度乘以厚度乘以深度以体积计算。工程内容包括导墙制作拆除、挖方成槽、锁口管吊拔、混凝土浇筑、养生和土石方场外运输等全部内容。

(5)沉管隧道是新增加的项目,其实体部分包括沉管的预制,河床基槽开挖,航道疏浚、浮运、沉管、下沉连接、压石稳管等都设立了相应的清单项目。但是预制沉管的预制场地这次没有列清单项目,沉管预制场地一般有用干坞(相当于船厂的船坞)或船台来作为预制场地,这属于施工手段和方法部分,这部分可列为措施项目。

(6)市政隧道通常用于越江、地铁和水工工程方面,如图6.21(a)、(b)、(c)所示。

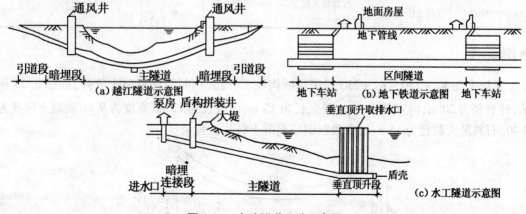

图6.21　市政隧道几种示意图

【例　题】

◆例6-7

某隧道工程施工段 $K_1+350\sim K_1+900$ 段,断面尺寸如图6.22所示,石料最大粒径20 mm,混凝土强度等级C20,试求拱部衬砌清单工程量。

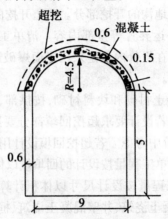

图6.22　混凝土拱部衬砌示意图　单位:m

【解】

清单工程量:

$V/\mathrm{m}^3 = (1\,900 - 1\,350) \times 3.14 \times (5.1^2 - 4.5^2) \div 2 = 4\,973.76$

清单工程量计算见表6.40。

表6.40　清单工程量计算表

项目编码	项目名称	项目特征描述	计量单位	工程量
040402001001	混凝土拱部衬砌	石料最大粒径20 mm,混凝土强度等级C20	m³	4 973.76

◆例6-8

某隧道在 $K_1+130\sim K_1+230$ 段采用盾构施工,设置预制钢筋混凝土管片,如图6.23所示,外直径为20 m,内直径为16m,外弧长为15 m,内弧长为13 m,宽度为9 m,混凝土强度为C40,石料最大粒径为15 mm,求预制钢筋混凝土管片工程量。

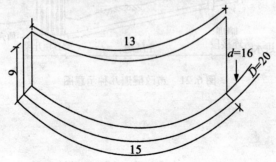

图6.23　预制钢筋混凝土管片示意图　单位:m

【解】

清单工程量/m³：

$$V = \frac{1}{2} \times (15 \times \frac{20}{2} - 13 \times \frac{16}{2}) \times 9 = 207$$

清单工程量计算见表 6.41。

表 6.41 清单工程量计算表

项目编码	项目名称	项目特征描述	计量单位	工程量
040403004001	预制钢筋混凝土管片	外直径为20m，内直径为16m，混凝土强度为C40，石料最大粒径为15mm	m³	207

6.5 市政管网工程工程量计算

【基 础】

◆管道铺设（编码：040501）

工程量清单项目设置及工程量计算规则，应按表 6.42 的规定执行。

表 6.42 管道铺设（编码：040501）

项目编码	项目名称	项目特征	计量单位	工程量计算规则	工程内容
040501001	陶土管铺设	1. 管材规格 2. 埋设深度 3. 垫层厚度、材料品种、强度 4. 基础断面形式、混凝土强度等级、石料最大粒径	m	按设计图示中心线长度以延长米计算，不扣除井所占的长度	1. 垫层铺筑 2. 混凝土基础浇筑 3. 管道防腐 4. 管道铺设 5. 管道接口 6. 混凝土管座浇筑 7. 预制管枕安装 8. 井壁（墙）凿洞 9. 检测及试验

续表6.42

项目编码	项目名称	项目特征	计量单位	工程量计算规则	工程内容
040501002	混凝土管道铺设	1. 管有筋无筋 2. 规格 3. 埋设深度 4. 接口形式 5. 垫层厚度、材料品种、强度 6. 基础断面形式、混凝土强度等级、石料最大粒径	m	按设计图示管道中心线长度以延长米计算,不扣除中间井及管件、阀门所占的长度	1. 垫层铺筑 2. 混凝土基础浇筑 3. 管道防腐 4. 管道铺设 5. 管道接口 6. 混凝土管座安装 7. 预制管枕安装 8. 井壁(墙)凿洞 9. 检测及试验 10. 冲洗消毒或吹扫
040501003	镀锌钢管铺设	1. 公称直径 2. 接口形式 3. 防腐、保温要求 4. 埋设深度 5. 基础材料品种、厚度	m	按设计图示管道中心线长度以延长米计算,不扣除管件、阀门、法兰所占的长度	1. 基础铺筑 2. 管道防腐、保温 3. 管道铺设 4. 接口 5. 检测及试验 6. 冲洗消毒或吹扫
040501004	铸铁管铺设	1. 管材材质 2. 管材规格 3. 埋设深度 4. 接口形式 5. 防腐、保温要求 6. 垫层厚度、材料品种、强度 7. 基础断面形式、混凝土强度、石料最大粒径	m	按设计图示管道中心线长度以延长米计算,不扣除井、管件、阀门所占的长度	1. 垫层铺筑 2. 混凝土基础浇筑 3. 管道防腐 4. 管道铺设 5. 管道接口 6. 混凝土管座浇筑 7. 井壁(墙)凿洞 8. 检测及试验 9. 冲洗消毒或吹扫

续表 6.42

项目编码	项目名称	项目特征	计量单位	工程量计算规则	工程内容
040501005	钢管铺设	1. 管材材质 2. 管材规格 3. 埋设深度 4. 防腐、保温要求 5. 压力等级 6. 垫层厚度、材料品种、强度 7. 基础断面形式、混凝土强度、石料最大粒径	m	按设计图示管道中心线长度以延长米计算(支管长度从主管中心到支管末端交接处的中心)，不扣除管件、阀门、法兰所占的长度 新旧管连接时，计算到碰头的阀门中心处	1. 垫层铺筑 2. 混凝土基础浇筑 3. 混凝土管座浇筑 4. 管道防腐、保温 5. 管道铺设 6. 管道接口 7. 检测及试验 8. 消毒冲洗或吹扫
040501006	塑料管道铺设	1. 管道材料名称 2. 管材规格 3. 埋设深度 4. 接口形式 5. 垫层厚度、材料品种、强度 6. 基础断面形式、混凝土强度等级、石料最大粒径 7. 探测线要求	m	按设计图示管道中心线长度以延长米计算(支管长度从主管中心到支管末端交接处的中心)，不扣除管件、阀门、法兰所占的长度 新旧管连接时，计算到碰头的阀门中心处	1. 垫层铺筑 2. 混凝土基础浇筑 3. 管道防腐 4. 管道铺设 5. 探测线铺设 6. 管道接口 7. 混凝土管座浇筑 8. 井壁(墙)凿洞 9. 检测及试验 10. 消毒冲洗或吹扫

续表 6.42

项目编码	项目名称	项目特征	计量单位	工程量计算规则	工程内容
040501007	砌筑渠道	1. 渠道断面 2. 渠道材料 3. 砂浆强度等级 4. 埋设深度 5. 垫层厚度、材料品种、强度 6. 基础断面形式、混凝土强度等级、石料最大粒径	m	按设计图示尺寸以长度计算	1. 垫层铺筑 2. 渠道基础 3. 墙身砌筑 4. 止水带安装 5. 拱盖砌筑或盖板预制、安装 6. 勾缝 7. 抹面 8. 防腐 9. 渠道渗漏试验
040501008	混凝土渠道	1. 渠道断面 2. 埋设深度 3. 垫层厚度、材料品种、强度 4. 基础断面形式、混凝土强度等级、石料最大粒径	m	按设计图示尺寸以长度计算	1. 垫层铺筑 2. 渠道基础 3. 墙身砌筑 4. 止水带安装 5. 渠盖浇筑或盖板预制、安装 6. 抹面 7. 防腐 8. 渠道渗漏试验
040501009	套管内铺设管道	1. 管材材质 2. 管径、壁厚 3. 接口形式 4. 防腐要求 5. 保温要求 6. 压力等级	m	按设计图示管道中心线长度计算	1. 基础铺筑(支架制作、安装) 2. 管道防腐 3. 穿管铺设 4. 接口 5. 检测及试验 6. 冲洗消毒或吹扫 7. 管道保温 8. 防护
040501010	管道架空跨越	1. 管材材质 2. 管径、壁厚 3. 跨越跨度 4. 支承形式 5. 防腐、保温要求 6. 压力等级	m	按设计图示管道中心线长度计算,不扣除管件、阀门、法兰所占的长度	1. 支承结构制作、安装 2. 防腐 3. 管道铺设 4. 接口 5. 检测及试验 6. 冲洗消毒或吹扫 7. 管道保温 8. 防护

续表 6.42

项目编码	项目名称	项目特征	计量单位	工程量计算规则	工程内容
040501011	管道沉管跨越	1. 管材材质 2. 管径、壁厚 3. 跨越跨度 4. 支承形式 5. 防腐要求 6. 压力等级 7. 标志牌灯要求 8. 基础厚度、材料品种、规格	m	按设计图示管道中心线长度计算,不扣除管件、阀门、法兰所占的长度	1. 管沟开挖 2. 管沟基础铺筑 3. 防腐 4. 跨越拖管头制作 5. 沉管铺设 6. 检测及试验 7. 冲洗消毒或吹扫 8. 标志牌灯制作、安装
040501012	管道焊口无损探伤	1. 管材外径、壁厚 2. 探伤要求	口	按设计图示要求探伤的数量计算	1. 焊口无损探伤 2. 编写报告

◆管件、钢支架制作、安装及新旧管连接(编码:040502)

工程量清单项目设置及工程量计算规则,应按表 6.43 的规定执行。

表 6.43 管件、钢支架制作、安装及新旧管连接(编码:040502)

项目编码	项目名称	项目特征	计量单位	工程量计算规则	工程内容
040502001	预应力混凝土管转换件安装	转换件规格	个	按设计图示数量计算	安装
040502002	铸铁管件安装	1. 类型 2. 材质 3. 规格 4. 接口形式	个	按设计图示数量计算	安装
040502003	钢管件安装	1. 管件类型 2. 管径、壁厚 3. 压力等级	个	按设计图示数量计算	1. 制作 2. 安装
040502004	法兰钢管件安装	1. 管件类型 2. 管径、壁厚 3. 压力等级	个	按设计图示数量计算	1. 法兰片焊接 2. 法兰管件安装

续表 6.43

项目编码	项目名称	项目特征	计量单位	工程量计算规则	工程内容
040502005	塑料管件安装	1. 管件类型 2. 材质 3. 管径、壁厚 4. 接口 5. 探测线要求	个	按设计图示数量计算	1. 塑料管件安装 2. 探测线敷设
040502006	钢塑转换件安装	转换件规格	个	按设计图示数量计算	安装
040502007	钢管道间法兰连接	1. 平焊法兰 2. 对焊法兰 3. 绝缘法兰 4. 公称直径 5. 压力等级	处	按设计图示数量计算	1. 法兰片焊接 2. 法兰连接
040502008	分水栓安装	1. 材质 2. 规格	个	按设计图示数量计算	1. 法兰片焊接 2. 安装
040502009	盲(堵)板安装	1. 盲板规格 2. 盲板材料	个	按设计图示数量计算	1. 法兰片焊接 2. 安装
040502010	防水套管制作、安装	1. 刚性套管 2. 柔性套管 3. 规格	个	按设计图示数量计算	1. 制作 2. 安装
040502011	除污器安装	1. 压力要求 2. 公称直径 3. 接口形式	个	按设计图示数量计算	1. 除污器组成安装 2. 除污器安装
040502012	补偿器安装	1. 压力要求 2. 公称直径 3. 接口形式	个	按设计图示数量计算	1. 焊接钢套筒补偿器安装 2. 焊接法兰、法兰式波纹补偿器安装
040502013	钢支架制作、安装	类型	kg	按设计图示尺寸以质量计算	1. 制作 2. 安装
040502014	新旧管连接(碰头)	1. 管材材质 2. 管材管径 3. 管材接口	处	按设计图示数量计算	1. 新旧管连接 2. 马鞍卡子安装 3. 接管挖眼 4. 钻眼攻丝
040502015	气体置换	管材内径	m	按设计图示管道中心线长度计算	气体置换

◆阀门、水表、消火栓安装(编码:040503)

工程量清单项目设置及工程量计算规则,应按表 6.44 的规定执行。

表6.44 阀门、水表、消火栓安装(编码:040503)

项目编码	项目名称	项目特征	计量单位	工程量计算规则	工程内容
040503001	阀门安装	1.公称直径 2.压力要求 3.阀门类型	个	按设计图示数量计算	1.阀门解体、检查、清洗、研磨 2.法兰片焊接 3.操纵装置安装 4.阀门安装 5.阀门压力试验
040503002	水表安装	公称直径	个	按设计图示数量计算	1.丝扣水表安装 2.法兰片焊接、法兰水表安装
040503003	消火栓安装	1.部位 2.型号 3.规格	个	按设计图示数量计算	1.法兰片焊接 2.安装

◆井类、设备基础及出水口(编码:040504)

工程量清单项目设置及工程量计算规则,应按表6.45的规定执行。

表6.45 井类、设备基础及出水口(编码:040504)

项目编码	项目名称	项目特征	计量单位	工程量计算规则	工程内容
040504001	砌筑检查井	1.材料 2.井深、尺寸 3.定型井名称、定型图号、尺寸及井深 4.垫层、基础:厚度、材料品种、强度	座	按设计图示数量计算	1.垫层铺筑 2.混凝土浇筑 3.养生 4.砌筑 5.爬梯制作、安装 6.勾缝 7.抹面 8.防腐 9.盖板、过梁制作、安装 10.井盖及井座制作、安装

续表 6.45

项目编码	项目名称	项目特征	计量单位	工程量计算规则	工程内容
040504002	混凝土检查井	1. 井深、尺寸 2. 混凝土强度等级、石料最大粒径 3. 垫层厚度、材料品种、强度	座	按设计图示数量计算	1. 垫层铺筑 2. 混凝土浇筑 3. 养生 4. 爬梯制作、安装 5. 盖板、过梁制作、安装 6. 防腐涂刷 7. 井盖及井座制作、安装
040504003	雨水进水井	1. 混凝土强度、石料最大粒径 2. 雨水井型号 3. 井深 4. 垫层厚度、材料品种、强度 5. 定型井名称、图号、尺寸及井深	座	按设计图示数量计算	1. 垫层铺筑 2. 混凝土浇筑 3. 养生 4. 砌筑 5. 勾缝 6. 抹面 7. 预制构件制作、安装 8. 井箅安装
040504004	其他砌筑井	1. 阀门井 2. 水表井 3. 消火栓井 4. 排泥湿井 5. 井的尺寸、深度 6. 井身材料 7. 垫层、基础:厚度、材料品种、强度 8. 定型井名称、图号、尺寸及井深	座	按设计图示数量计算	1. 垫层铺筑 2. 混凝土浇筑 3. 养生 4. 砌支墩 5. 砌筑井身 6. 爬梯制作、安装 7. 盖板、过梁制作、安装 8. 勾缝(抹面) 9. 井盖及井座制作、安装
040504005	设备基础	1. 混凝土强度等级、石料最大粒径 2. 垫层厚度、材料品种、强度	m³	按设计图示尺寸以体积计算	1. 垫层铺筑 2. 混凝土浇筑 3. 养生 4. 地脚螺栓灌浆 5. 设备底座与基础间灌浆

续表 6.45

项目编码	项目名称	项目特征	计量单位	工程量计算规则	工程内容
040504006	出水口	1. 出水口材料 2. 出水口形式 3. 出水口尺寸 4. 出水口深度 5. 出水口砌体强度 6. 混凝土强度等级、石料最大粒径 7. 砂浆配合比 8. 垫层厚度、材料品种、强度	处	按设计图示数量计算	1. 垫层铺筑 2. 混凝土浇筑 3. 养生 4. 砌筑 5. 勾缝 6. 抹面
040504007	支(挡)墩	1. 混凝土强度等级 2. 石料最大粒径 3. 垫层厚度、材料品种、强度	m^3	按设计图示尺寸以体积计算	1. 垫层铺筑 2. 混凝土浇筑 3. 养生 4. 砌筑 5. 抹面(勾缝)
040504008	混凝土工作井	1. 土壤类别 2. 断面 3. 深度 4. 垫层厚度、材料品种、强度	座	按设计图示数量计算	1. 混凝土工作井制作 2. 挖土下沉定位 3. 土方场内运输 4. 垫层铺设 5. 混凝土浇筑 6. 养生 7. 回填夯实 8. 余方弃置 9. 缺方内运

◆**顶管(编码:040505)**

工程量清单项目设置及工程量计算规则,应按表 6.46 的规定执行。

表6.46 顶管(编码:040505)

项目编码	项目名称	项目特征	计量单位	工程量计算规则	工程内容
040505001	混凝土管道顶进	1.土壤类别 2.管径 3.深度 4.规格	m	按设计图示尺寸以长度计算	1.顶进后座及坑内工作平台搭拆 2.顶进设备安装、拆除 3.中继间安装、拆除 4.触变泥浆减阻 5.套环安装 6.防腐涂刷 7.挖土、管道顶进 8.洞口止水处理 9.余方弃置
040505002	钢管顶进	1.土壤类别 2.材质 3.管径 4.深度	m		
040505003	铸铁管顶进	1.土壤类别 2.管径 3.深度			
040505004	硬塑料管顶进	1.土壤类别 2.管径 3.深度	m	按设计图示尺寸以长度计算	1.顶进后座及坑内工作平台搭拆 2.顶进设备安装、拆除 3.套环安装 4.管道顶进 5.洞口止水处理 6.余方弃置
040505005	水平导向钻进	1.土壤类别 2.管径 3.管材材质	m	按设计图示尺寸以长度计算	1.钻进 2.泥浆制作 3.扩孔 4.穿管 5.余方弃置

◆**构筑物(编码:040506)**

工程量清单项目设置及工程量计算规则,应按表6.47的规定执行。

表6.47 构筑物(编号:040506)

项目编码	项目名称	项目特征	计量单位	工程量计算规则	工程内容
040506001	管道方沟	1.断面 2.材料品种 3.混凝土强度等级、石料最大粒径 4.深度 5.垫层、基础:厚度、材料品种、强度	m	按设计图示尺寸以长度计算	1.垫层铺筑 2.方沟基础 3.墙身砌筑 4.拱盖砌筑或盖板预制、安装 5.勾缝 6.抹面 7.混凝土浇筑
040506002	现浇混凝土沉井井壁及隔墙	1.混凝土强度等级 2.混凝土抗渗需求 3.石料最大粒径	m³	按设计图示尺寸以体积计算	1.垫层铺筑、垫木铺设 2.混凝土浇筑 3.养生 4.预留孔封口
040506003	沉井下沉	1.土壤类别 2.深度	m³	按自然地坪至设计底板垫层底的高度乘以沉井外壁最大断面面积以体积计算	1.垫木拆除 2.沉井挖土下沉 3.填充 4.余方弃置
040506004	沉井混凝土底板	1.混凝土强度等级 2.混凝土抗渗需求 3.石料最大粒径 4.地梁截面 5.垫层厚度、材料品种、强度	m³	按设计图示尺寸以体积计算	1.垫层铺筑 2.混凝土浇筑 3.养生
040506005	沉井内地下混凝土结构	1.所在部位 2.混凝土强度等级、石料最大粒径	m³	按设计图示尺寸以体积计算	1.混凝土浇筑 2.养生
040506006	沉井混凝土顶板	1.混凝土强度等级、石料最大粒径 2.混凝土抗渗需求	m³	按设计图示尺寸以体积计算	1.混凝土浇筑 2.养生

续表 6.47

项目编码	项目名称	项目特征	计量单位	工程量计算规则	工程内容
040506007	现浇混凝土池底	1.混凝土强度等级、石料最大粒径 2.混凝土抗渗要求 3.池底形式 4.垫层厚度、材料品种、强度	m^3	按设计图示尺寸以体积计算	1.垫层铺筑 2.混凝土浇筑 3.养生
040506008	现浇混凝土池壁(隔墙)	1.混凝土强度等级、石料最大粒径 2.混凝土抗渗需求	m^3	按设计图示尺寸以体积计算	1.混凝土浇筑 2.养生
040506009	现浇混凝土池柱	1.混凝土强度等级、石料最大粒径 2.规格	m^3	按设计图示尺寸以体积计算	1.混凝土浇筑 2.养生
040506010	现浇混凝土池梁				
040506011	现浇混凝土池盖				
040506012	现浇混凝土板	1.名称、规格 2.混凝土强度等级、石料最大粒径	m^3	按设计图示尺寸以体积计算	1.混凝土浇筑 2.养生
040506013	池槽	1.混凝土抗渗需求、石料最大粒径 2.池槽断面	m	按设计图示尺寸以长度计算	1.混凝土浇筑 2.养生 3.盖板 4.其他材料铺设
040506014	砌筑导流壁、筒	1.块体材料 2.断面 3.砂浆强度等级	m^3	按设计图示尺寸以体积计算	1.砌筑 2.抹面
040506015	混凝土导流壁、筒	1.断面 2.混凝土强度等级、石料最大粒径	m^3	按设计图示尺寸以体积计算	1.混凝土浇筑 2.养生

续表 6.47

项目编码	项目名称	项目特征	计量单位	工程量计算规则	工程内容
040506016	混凝土扶梯	1. 规格 2. 混凝土强度等级、石料最大粒径	m³	按设计图示尺寸以体积计算	1. 混凝土浇筑或预制 2. 养生 3. 扶梯安装
040506017	金属扶梯、栏杆	1. 材质 2. 规格 3. 油漆品种、工艺要求	t	按设计图示尺寸以质量计算	1. 钢扶梯制作、安装 2. 除锈、刷油漆
040506018	其他现浇混凝土构件	1. 规格 2. 混凝土强度等级、石料最大粒径	m³	按设计图示尺寸以体积计算	1. 混凝土浇筑 2. 养生
040506019	预制混凝土板	1. 混凝土强度等级、石料最大粒径 2. 名称、部位、规格	m³	按设计图示尺寸以体积计算	1. 混凝土浇筑 2. 养生 3. 构件移动及堆放 4. 构件安装
040506020	预制混凝土槽	1. 规格 2. 混凝土强度等级、石料最大粒径	m³	按设计图示尺寸以体积计算	1. 混凝土浇筑 2. 养生 3. 构件移动及堆放 4. 构件安装
040506021	预制混凝土支墩				
040506022	预制混凝土异型构件				
040506023	滤板	1. 滤板材质 2. 滤板规格 3. 滤板厚度 4. 滤板部位	m²	按设计图示尺寸以面积计算	1. 制作 2. 安装
040506024	折板	1. 折板材料 2. 折板形式 3. 折板部位	m²	按设计图示尺寸以面积计算	1. 制作 2. 安装
040506025	壁板	1. 壁板材料 2. 壁板部位	m²	按设计图示尺寸以面积计算	1. 制作 2. 安装
040506026	滤料铺设	1. 滤料品种 2. 滤料规格	m³	按设计图示尺寸以体积计算	铺设
040506027	尼龙网板	1. 材料品种 2. 材料规格	m²	按设计图示尺寸以面积计算	1. 制作 2. 安装
040506028	刚性防水	1. 工艺要求 2. 材料规格	m²	按设计图示尺寸以面积计算	1. 配料 2. 铺筑

续表6.47

项目编码	项目名称	项目特征	计量单位	工程量计算规则	工程内容
040506029	柔性防水	1.工艺要求 2.材料规格	m²	按设计图示尺寸以面积计算	涂、贴、粘、刷防水材料
040506030	沉降缝	1.材料品种 2.沉降缝规格 3.沉降缝部位	m	按设计图示以长度计算	铺、嵌沉降缝
040506031	井、池渗漏试验	构筑物名称	m³	按设计图示储水尺寸以体积计算	渗漏试验

◆设备安装(编码:040507)

工程量清单项目设置及工程量计算规则,应按表6.48的规定执行。

表6.48 设备安装(编码:040507)

项目编码	项目名称	项目特征	计量单位	工程量计算规则	工程内容
040507001	管道仪表	1.规格、型号 2.仪表名称	个	按设计图示数量计算	1.取源部件安装 2.支架制作、安装 3.套管安装 4.表弯制作、安装 5.仪表脱脂 6.仪表安装
040507002	格栅制作	1.材质 2.规格、型号	kg	按设计图示尺寸以质量计算	1.制作 2.安装
040507003	格栅除污机	规格、型号	台	按设计图示数量计算	1.安装 2.无负荷试运转
040507004	滤网清污机				
040507005	螺旋泵				
040507006	加氯机	规格、型号	套	按设计图示数量计算	1.安装 2.无负荷试运转
040507007	水射器	公称直径	个	按设计图示数量计算	1.安装 2.无负荷试运转
040507008	管式混合器				
040507009	搅拌机械	1.规格、型号 2.重量	台	按设计图示数量计算	1.安装 2.无负荷试运转
040507010	曝气器	规格、型号	个	按设计图示数量计算	1.安装 2.无负荷试运转
040507011	布气管	1.材料品种 2.直径	m	按设计图示以长度计算	1.钻孔 2.安装
040507012	曝气机	规格、型号	台	按设计图示数量计算	1.安装 2.无负荷试运转

续表 6.48

项目编码	项目名称	项目特征	计量单位	工程量计算规则	工程内容
040507013	生物转盘	规格	台	按设计图示数量计算	1. 安装 2. 无负荷试运转
040507014	吸泥机	规格、型号	台	按设计图示数量计算	1. 安装 2. 无负荷试运转
040507015	刮泥机				
040507016	辊压转鼓式吸泥脱水机				
040507017	带式压滤机	设备质量	台	按设计图示数量计算	1. 安装 2. 无负荷试运转
040507018	污泥造粒脱水机	转鼓直径	台	按设计图示数量计算	1. 安装 2. 无负荷试运转
040507019	闸门	1. 闸门材质 2. 闸门形式 3. 闸门规格、型号	座	按设计图示数量计算	安装
040507020	旋转门	1. 材质 2. 规格、型号	座	按设计图示数量计算	安装
040507021	堰门	1. 材质 2. 规格	座	按设计图示数量计算	安装
040507022	升杆式铸铁泥阀	公称直径	座	按设计图示数量计算	安装
040507023	平底盖闸	公称直径	座	按设计图示数量计算	安装
040507024	启闭机械	规格、型号	台	按设计图示数量计算	安装
040507025	集水槽制作	1. 材质 2. 厚度	m²	按设计图示尺寸以面积计算	1. 制作 2. 安装
040507026	堰板制作	1. 堰板材质 2. 堰板厚度 3. 堰板形式	m²	按设计图示尺寸以面积计算	1. 制作 2. 安装
040507027	斜板	1. 材料品种 2. 厚度	m²	按设计图示尺寸以面积计算	安装
040507028	斜管	1. 斜管材料品种 2. 斜管规格	m	按设计图示以长度计算	安装
040507029	凝水缸	1. 材料品种 2. 压力要求 3. 型号、规格 4. 接口	组	按设计图示数量计算	1. 制作 2. 安装
040507030	调压器	型号、规格	组	按设计图示数量计算	安装
040507031	过滤器	型号、规格	组	按设计图示数量计算	安装
040507032	分离器	型号、规格	组	按设计图示数量计算	安装
040507033	安全水封	公称直径	组	按设计图示数量计算	安装
040507034	检漏管	规格	组	按设计图示数量计算	安装
040507035	调长器	公称直径	个	按设计图示数量计算	安装

续表6.48

项目编码	项目名称	项目特征	计量单位	工程量计算规则	工程内容
040507036	牺牲阳极、测试桩	1. 牺牲阳极安装 2. 测试桩安装 3. 组合及要求	组	按设计图示数量计算	1. 安装 2. 测试

【实　务】

◆城市燃气管道安装要求

1. 一般规定

（1）进行城镇燃气输配工程的施工单位，必须具备与工程规模相适应的施工资质；进行城镇燃气输配工程监理的单位，必须具备相应的监理资质。工程项目必须取得建设行政主管部门批准的施工许可文件后方可开工。

（2）承担燃气钢质管道、设备焊接的人员，必须具有锅炉压力容器压力管道特种设备操作人员资格证(焊接)焊工合格证书，并且在证书的有效期及合格范围内从事焊接工作。间断焊接时间超过六个月，再次上岗前应重新考试；承担其他材质燃气管道安装的人员，必须经过专门的培训，并且经考试合格，间断安装时间超过六个月，再次上岗前应重新考试和进行技术评定。当使用的安装设备发生变化时，应针对该设备操作要求进行专门培训。

（3）工程施工必须按设计文件进行，若发现施工图有误或燃气设施的设置不能满足现行国家标准《城镇燃气设计规范》(GB 50028—2006)，不得自行更改，应该及时向建设单位和设计单位提出变更设计要求，修改设计或材料代用应经原设计部门同意。

（4）工程施工所用设备、管道组成件等，应符合国家现行有关产品标准的规定，并且必须具有生产厂质量检验部门的产品合格文件。

（5）在入库和进入施工现场安装前，应对管道组成件进行检查，其材质、规格和型号应符合设计文件和合同的规定，并且应按现行的国家产品标准进行外观检查；对外观质量有异议、对设计文件或《城镇燃气输配工程施工及验收规范》(CJJ 33—2005)有要求时应进行有关质量检验，不合格者不得使用。

（6）参与工程项目的各方在施工过程中，应遵守国家和地方有关安全、文明施工、劳动保护、防火、防爆、环境保护和文物保护等有关方面的规定。

（7）城镇燃气输配工程施工及验收除应遵守《城镇燃气输配工程施工及验收规范》(CJJ 33—2005)以外，还应遵守国家现行有关强制性标准的规定。

2. 管道安装基本要求

（1）地下燃气管道埋设的最小覆土厚度应符合以下要求。

1）若埋设在车行道下，不得小于0.8 m。

2）若埋设在非车行道(或街道)下，不得小于0.6 m。

3）若埋设在庭院内，不得小于0.3 m。

4)若埋设在水田下,不得小于0.8 m。

当采取有效的防护措施后,经批准上述规定可适当降低。

(2)地下燃气管道与建筑物和其他管线间最小水平净距离,与各类地下管道交叉的最小垂直净距,与交流电力线接地体的净距不应小于有关规定的要求。

(3)与水管、热力管、燃油管和惰性气体管道在同一管架敷设时,其上、下敷设的垂直净距不宜小于250 mm,与同一管架上平行敷设的其他管道的最小水平净距不宜小于150 mm。

(4)燃气管道与输送腐蚀性介质的管道共架敷设时,应架在上方。对于容易漏气、漏油、漏腐蚀性液体的部位,例如法兰、阀门等,应在燃气管道上采取保护措施。

(5)煤气管道调压器的室外进口管处,应设置阀门,但是当调压站距中压分支管起点阀门间距小于50 m时可不设置。天燃气管道长度50 m以上通向高中压调压站或中低调压站的站外进出口管处也应设置阀门。

(6)煤气管道管径 $D_N \geqslant 500$ mm,中压管、天然气管道管径 $D_N \geqslant 300$ mm 的高中压干管上阀门的两侧宜设置放散管(孔);地下液态液化石油气管道分段阀门之间应设置放散阀,其放散管管口距地面距离不应小于2 m,地上液态液化石油气管道两阀门之间的管段上应设置管道安全阀。

(7)燃气管道所用钢管(除镀锌钢管以外)在安装前应做防腐处理,其中架空钢管的外壁应涂环氧铁红等防锈漆两遍,埋地钢管外壁应按设计要求做外防腐。若设计无规定,埋地钢管外防腐可采用环氧煤沥青或聚乙烯胶粘带,埋地镀锌钢管外壁及螺纹连接部位应做普通级防腐绝缘,螺纹连接部位的修补可用水柏油涂刷并且包扎玻璃布做三油二布处理,或用环氧煤沥青涂刷并且包扎玻璃布做二油一布处理。

(8)室外燃气钢管道焊接对焊工的要求和焊缝的无损探伤要求同室内管道。对穿越铁路、公路、跨越河流及铺设在重要道路下的管道焊口,应做100%的无损探伤。

(9)煤气管道敷设时,其坡向应符合干管坡向凝水器、支管坡向干管、小口径管坡向大口径管的原则,其坡度要求如下。

中压管不小于0.003,低压干管不小于0.004,低压支管不小于0.005,引入管不小于0.01。

(10)位于防雷保护区之外的架空燃气管道及放散管应接地,接地电阻不得大于10 Ω,接地点不得少于2点。

(11)地下燃气管道阀门的安装应平整,不得歪斜。阀门在吊装时,绳索应拴在法兰上,不得拴在手轮、阀杆或传动机构上。阀门口径 $D_N \leqslant 400$ mm 时通常选用立式,阀杆顶端离地面0.2~1.0 m,大于1.0 m时加装延伸轴;阀门口径 $D_N \geqslant 500$ mm 时通常采用卧式,通过斜齿轮进行启闭。高中压天然气钢管阀门应加设波纹管。

(12)铸铁管的连接应采用S型机械接口,接口填料使用燃气用橡胶圈,接口时两管中心线应保持在同一直线,压轮上螺栓拧紧的扭力矩为60N·m;铸铁管接口使用的橡胶圈的性能应符合燃气输送的使用要求。

(13)铸铁管与钢管之间的连接,应采用法兰连接。螺栓宜采用可锻铸铁,例如采用钢制螺栓,还应采取防腐措施。

(14)聚乙烯燃气管道采用电熔连接(例如电熔承插连接、电熔鞍形连接)或热熔连接(例如热熔承插连接、热熔对接连接、热熔鞍形连接),不得采用螺纹连接和粘接。与金属管道连接时,应采用钢塑过渡接头连接。钢塑过渡接头钢管端与钢管焊接时,应采取降温措施。

(15)钢塑过渡接头通常分为两种形式,对小口径聚乙烯管($D \leq 63$ mm),通常采用一体式钢塑过渡接头;对大口径聚乙烯管($D > 63$ mm),通常采用钢塑法兰组件进行转换连接。一体式钢塑过渡接头由钢制接头和聚乙烯管端构成,钢制接头采用螺纹式、焊接式或法兰式;钢塑法兰组件由聚乙烯法兰或专用钢法兰组成,钢法兰外包覆塑料。

(16)聚乙烯燃气管道在敷设时,宜随管道走向埋设金属示踪线;在距管顶不小于300 mm处埋设警示带,警示带上应标有醒目的提示字样。

3.管道埋设的基本要求

(1)沟槽开挖。

1)沟槽应按设计所定平面位置和标高开挖。人工开挖并且无地下水时,沟底预留值宜为0.05~0.10 m;若采用机械开挖或有地下水时,沟底预留值不小于0.15 m,管道铺设前人工清底至设计标高。

2)沟槽开挖过程中要进行监测和记录,局部超挖部分应回填夯实。若沟底无地下水时,超挖在0.15 m以内者,可用原土回填夯实,其密度不低于原土基地基天然土的密实度;若超挖在0.15 m以上者,可用石灰土或砂处理,其密度不低于95%。若沟底有地下水或沟底土层含水量较大,可用天然砂回填。

3)沟槽开挖之前应摸清地下构筑物或其他管线的情况,对地下设施比较复杂的地段应先进行手工开挖,以核实设计图纸的正确性。

4)在铸铁管、钢管单沟底组装时,管沟沟底宽度宜按表6.49执行。

表6.49 沟底宽尺寸

管的公称直径/mm	50~80	100~200	250~350	400~450	500~600	700~800	900~1 000	1 100~1 200	1 300~1 400
沟底宽度/m	0.6	0.7	0.8	1.0	1.3	1.6	1.8	2.0	2.2

5)在钢管、聚乙烯管单沟边组装时,管沟沟底宽度为:

$$a = D + 0.3 \tag{6.29}$$

双管同沟铺设时,管沟沟底宽度为:

$$a = D_1 + D_2 + S + C \tag{6.30}$$

式中 a——沟底宽度(m);

D——管道外径(m);

D_1——第一根管道外径(m);

D_2——第二根管道外径(m);

S——两管之间的设计净距(m);

C——工作宽度(m),当在沟底组装时为0.6,在沟边组装时为0.3。

6)梯形槽,如图6.24所示,其上口宽度可按下式确定:

$$b = a + 2nh \tag{6.31}$$

式中 b——沟槽上口宽度(m);

a——沟槽底宽度(按表 6.49 确定)(m);
n——沟槽边坡率(边坡的水平投影与垂直投影的比值);
h——沟槽深度(m)。

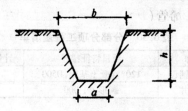

图 6.24 梯形槽断面图

(2)回填土。

1)管沟在回填土时应排除沟内积水,清除沟内杂物,先填实管底,再同时回填管道两侧,然后回填至管顶以上 0.3~0.5 m 处(未经检验的接口应留出)。天然气管道在回填至管顶以上 0.3 m 处设置警示带。

2)为保护管道防腐层,管道两侧及管顶以上 0.3~0.5 m 范围内的回填土,不得含有碎石、砖块和垃圾等杂物,也不得用冻土回填。距离管顶 0.5 m 以上的回填土,允许有少量直径不大于 0.1 m 的石块。聚乙烯管回填时,管道两侧及管顶以上 0.3 m 内用砂土或细土原状土填充,若在气温较高季节施工,应使管道冷却到土壤温度方可回填。

3)回填土应分层夯实,每层厚度 0.2~0.3 m,管道两侧及管顶以上 0.5 m 内的填土必须人工夯实,超过管顶 0.5 m 的可使用小型机械夯实,每层松土厚度为 0.25~0.4 m。

【例 题】

◆例 6-9

如图 6.25 所示为某排水工程,有一段管线长 600 m,D500 混凝土(每节 2.5 m)污水管,120°混凝土基础,采用水泥砂浆接口,共有 10 座检查井(Φ1 000 圆形检查井),求主要清单工程量。

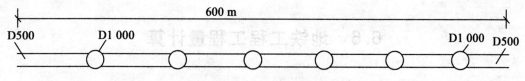

图 6.25 某排水管线示意图

【解】

清单工程量:

(1)混凝土管道基础及铺设:

$L_1 = 600$ m

(2)管道接口/个:

$600 \div 2.5 - 1 = 239$

(3)闭水试验:

$L_2 = 600$ m

(4)圆形检查井 10 座。

分部分项工程量清单见表 6.50。

表 6.50 分部分项工程量清单

序号	项目编码	项目名称	项目特征描述	计量单位	工程量
1	040501002001	混凝土管道铺设	120°混凝土基础,D500	m	1 200
2	040504001001	砌筑检查井	圆形 Φ1 000	座	10

◆**例 6-10**

在排水工程中,在预处理过程中,常使用格栅机拦截较大颗粒的悬浮物,如图 6.26 所示为一组格栅,试计算其清单工程量。

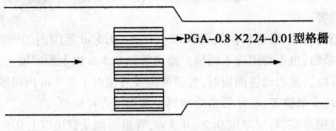

图 6.26 某格栅间简图

【解】

清单工程量:

格栅除污机:3 台

清单工程量计算见表 6.51。

表 6.51 清单工程量计算表

项目编码	项目名称	项目特征描述	计量单位	工程量
040507003001	格栅除污机	平面格栅 A 型	台	3

6.6 地铁工程工程量计算

【基　础】

◆**结构(编码:040601)**

工程量清单项目设置及工程量计算规则,应按表 6.52 的规定执行。

表 6.52 结构(编码:040601)

项目编码	项目名称	项目特征	计量单位	工程量计算规则	工程内容
040601001	混凝土圈梁	1. 部位 2. 混凝土强度等级、石料最大粒径	m³	按设计图示尺寸以体积计算	1. 混凝土浇筑 2. 养生
040601002	竖井内衬混凝土				
040601003	小导管(管棚)	1. 管径 2. 材料	m	按设计图示尺寸以长度计算	导管制作、安装
040601004	注浆	1. 材料品种 2. 配合比 3. 规格	m³	按设计注浆量以体积计算	1. 浆液制作 2. 注浆
040601005	喷射混凝土	1. 部位 2. 混凝土强度等级、石料最大粒径	m³	按设计图示以体积计算	1. 岩石、混凝土面清洗 2. 喷射混凝土
040601006	混凝土底板	1. 混凝土强度等级、石料最大粒径 2. 垫层厚度、材料品种、强度	m³	按设计图示尺寸以体积计算	1. 垫层铺设 2. 混凝土浇筑 3. 养生
040601007	混凝土内衬墙	混凝土强度等级、石料最大粒径	m³	按设计图示尺寸以体积计算	1. 混凝土浇筑 2. 养生
040601008	混凝土中层板				
040601009	混凝土顶板				
040601010	混凝土柱				
040601011	混凝土梁				
040601012	混凝土独立柱基				
040601013	混凝土现浇站台板				
040601014	预制站台板	混凝土强度等级、石料最大粒径	m³	按设计图示尺寸以体积计算	1. 制作 2. 安装
040601015	混凝土楼梯	混凝土强度等级、石料最大粒径	m²	按设计图示尺寸以水平投影面积计算	1. 混凝土浇筑 2. 养生
040601016	混凝土中隔墙	混凝土强度等级、石料最大粒径	m³	按设计图示尺寸以体积计算	1. 混凝土浇筑 2. 养生
040601017	隧道内衬混凝土	混凝土强度等级、石料最大粒径	m³	按设计图示尺寸以体积计算	1. 混凝土浇筑 2. 养生

续表6.52 结构(编码:040601)

项目编码	项目名称	项目特征	计量单位	工程量计算规则	工程内容
040601018	混凝土检查沟	混凝土强度等级、石料最大粒径	m³	按设计图示尺寸以体积计算	1.混凝土浇筑 2.养生
040601019	砌筑	1.材料 2.规格 3.砂浆强度等级	m³	按设计图示尺寸以体积计算	1.砂浆运输、制作 2.砌筑 3.勾缝 4.抹灰、养生
040601020	锚杆支护	1.锚杆形式 2.材料 3.砂浆强度等级	m	按设计图示以长度计算	1.钻孔 2.锚杆制作、安装 3.砂浆灌注
040601021	变形缝(诱导缝)	1.材料 2.规格 3.工艺要求	m	按设计图示以长度计算	变形缝安装
040601022	刚性防水层	1.材料 2.规格 3.工艺要求	m²	按设计图示以长度计算	1.找平层铺筑 2.防水层铺设
040601023	柔性防水层	1.部位 2.材料 3.工艺要求	m²	按设计图示尺寸以面积计算	防水层铺设

◆轨道(编码:040602)

工程量清单项目设置及工程量计算规则,应按表6.53的规定执行。

表6.53 轨道(编码:040602)

项目编码	项目名称	项目特征	计量单位	工程量计算规则	工程内容
040602001	地下一般段道床	1.类型 2.混凝土强度等级、石料最大粒径	m³	按设计图示尺寸(含道岔道床)以体积计算	1.支承块预制、安装 2.整体道床浇筑
040602002	高架一般段道床	1.类型 2.混凝土强度等级、石料最大粒径	m³	按设计图示尺寸(含道岔道床)以体积计算	1.支承块预制、安装 2.整体道床浇筑 3.铺碎石道床
040602003	地下减振段道床	1.类型 2.混凝土强度等级、石料最大粒径	m³	按设计图示尺寸(含道岔道床)以体积计算	1.预制支承块及安装 2.整体道床浇筑
040602004	高架减振段道床				

续表 6.53

项目编码	项目名称	项目特征	计量单位	工程量计算规则	工程内容
040602005	地面段正线道床	1. 类型 2. 混凝土强度等级、石料最大粒径	m³	按设计图示尺寸(含道岔道床)以体积计算	铺碎石道床
040602006	车辆段、停车场道床	1. 类型 2. 混凝土强度等级、石料最大粒径	m³	按设计图示尺寸(含道岔道床)以体积计算	1. 支承块预制、安装 2. 整体道床浇筑 3. 铺碎石道床
040602007	地下一般段轨道	1. 类型 2. 规格	铺轨 km	按设计图示(不含道岔)以长度计算	1. 铺设 2. 焊轨
040602008	高架一般段轨道				
040602009	地下减振段轨道	1. 类型 2. 规格	铺轨 km	按设计图示以长度计算	1. 铺设 2. 焊轨
040602010	高架减振段轨道				
040602011	地面段正线轨道	1. 类型 2. 规格	铺轨 km	按设计图示(不含道岔)以长度计算	1. 铺设 2. 焊轨
040602012	车辆段、停车场轨道				
040602013	道岔	1. 区段 2. 类型 3. 规格	组	按设计图示以组计算	铺设
040602014	护轮轨	1. 类型 2. 规格	单侧 km	按设计图示以长度计算	铺设
040602015	轨距杆	1. 类型 2. 规格	1 000 根	按设计图示以根计算	安装
040602016	防爬设备	类型	1 000 个	按设计图示数量计算	1. 防爬器安装 2. 防爬支撑制作、安装
040602017	钢轨伸缩调节器	类型	对	按设计图示数量计算	安装
040602018	线路及信号标志	对	铺轨 km	按设计图示以长度计算	1. 洞内安装 2. 洞外埋设 3. 桥上安装
040602019	车挡	对	处	按设计图示数量计算	安装

◆信号(编码:040603)

工程量清单项目设置及工程量计算规则,应按表 6.54 的规定执行。

表6.54 信号(编码:040603)

项目编码	项目名称	项目特征	计量单位	工程量计算规则	工程内容
040603001	信号机	1. 类型 2. 规格	架	按设计图示以数量计算	1. 基础制作 2. 安装与调试
040603002	电动转辙装置	1. 类型 2. 规格	组	按设计图示以数量计算	安装与调试
040603003	轨道电路	1. 类型 2. 规格	区段	按设计图示以数量计算	1. 箱、盒基础制作 2. 安装与调试
040603004	轨道绝缘	1. 类型 2. 规格	组	按设计图示以数量计算	安装
040603005	钢轨接续线	1. 类型 2. 规格	组	按设计图示以数量计算	安装
040603006	道岔跳线	1. 类型 2. 规格	组	按设计图示以数量计算	安装
040603007	极性叉回流线	1. 类型 2. 规格	组	按设计图示以数量计算	安装
040601008	道岔区段传输环路	长度	个	按设计图示以数量计算	安装与调试
040603009	信号电缆柜	1. 类型 2. 规格	架	按设计图示以数量计算	安装
040603010	电气集中分线柜	1. 类型 2. 规格	架	按设计图示以数量计算	安装与调试
040603011	电气集中走线架	1. 类型 2. 规格	架	按设计图示以数量计算	安装
040603012	电气集中组合柜	1. 类型 2. 规格	架	按设计图示以数量计算	1. 继电器等安装与调试 2. 电缆绝缘测试盘安装与调试 3. 轨道电路测试盘安装与调试 4. 报警装置安装与调试 5. 防雷组合安装与调试
040603013	电气集中控制台	1. 类型 2. 规格	台	按设计图示以数量计算	安装与调试
040603014	微机连锁控制台	1. 类型 2. 规格	台	按设计图示以数量计算	安装与调试
040603015	人工解锁按钮台	1. 类型 2. 规格	台	按设计图示以数量计算	安装与调试
040603016	调度集中控制台	1. 类型 2. 规格	台	按设计图示以数量计算	安装与调试
040603017	调度集中总机柜	1. 类型 2. 规格	台	按设计图示以数量计算	安装与调试
040603018	调度集中分机柜	1. 类型 2. 规格	台	按设计图示以数量计算	安装与调试
040603019	列车自动防护(ATP)中心模拟盘	1. 类型 2. 规格	面	按设计图示以数量计算	安装与调试

续表6.54

项目编码	项目名称	项目特征	计量单位	工程量计算规则	工程内容
040603020	列车自动防护(ATP)架	类型	架	按设计图示以数量计算	1. 轨道架安装与调试 2. 码发生器架安装与调试
040603021	列车自动运行(ATO)架	类型	架	按设计图示以数量计算	安装与调试
040603022	列车自动监控(ATS)架	类型	架	按设计图示以数量计算	1. DPU柜安装与调试 2. RTU架安装与调试 3. LPU柜安装与调试
040603023	信号电源设备	1. 类型 2. 规格	台	按设计图示以数量计算	1. 电源屏安装与调试 2. 电源防雷箱安装与调试 3. 电源切换箱安装与调试 4. 电源开关柜安装与调试 5. 其他电源设备安装与调试
040603024	信号设备接地装置	1. 位置 2. 类型 3. 规格	处	按设计列车配备数量计算	1. 接地装置安装 2. 标志桩埋设
040603025	车载设备	类型	车组	按设计列车配备数量计算	1. 列车自动防护(ATP)车载设备安装与调试 2. 列车自动运行(ATO)车载设备安装与调试 3. 列车识别装置(PTI)车载设备安装与调试
040601026	车站连锁系统调试	类型	站	按设计图示以数量计算	1. 继电连锁调试 2. 微机连锁调试
040603027	全线信号设备系统调试	类型	系统	按设计图示以数量计算	1. 调度集中系统调试 2. 列车自动防护(ATP)系统调试 3. 列车自动运行(ATO)系统调试 4. 列车自动监控(ATS)系统调试 5. 列车自动控制(ATC)系统调试

◆电力牵引(编码:040604)

工程量清单项目设置及工程量计算规则,应按表6.55的规定执行。

表6.55 电力牵引(编码:040604)

项目编码	项目名称	项目特征	计量单位	工程量计算规则	工程内容
040604001	接触轨	1.区段 2.道床类型 3.防护材料 4.规格	km	按单根设计长度扣除接触轨弯头所占长度计算	1.接触轨安装 2.焊轨 3.断轨
040604002	接触轨设备	1.设备类型 2.规格	台	按设计图示数量计算	安装与调试
040604003	接触轨试运行	区段名称	km	按设计图示以长度计算	试运行
040604004	地下段接触网节点	1.类型 2.悬挂方式	处	按设计图示数量计算	1.钻孔 2.预埋件安装 3.混凝土浇筑
040604005	地下段接触网悬挂	1.类型 2.悬挂方式 3.材料 4.规格处	处	按设计图示数量计算	悬挂安装
040604006	地下段接触网架线及调整	1.类型 2.悬挂方式 3.材料 4.规格处	条 km	按设计图示以长度计算	1.接触网架设 2.附加导线安装 3.悬挂调整
040604007	地面段、高架段接触网支柱	1.类型 2.材料品种 3.规格	根	按设计图示数量计算	1.基础制作 2.立柱
040604008	地面段、高架段接触网悬挂	1.类型 2.悬挂方式 3.材料 4.规格	处	按设计图示数量计算	悬挂安装
040604009	地面段、高架段接触网架线及调整	1.类型 2.悬挂方式 3.材料 4.规格	条 km	按设计图示数量以长度计算	1.接触网架设 2.附加导线安装 3.悬挂调整
040604010	接触网设备	1.类型 2.设备 3.规格	台	按设计图示数量计算	安装与调试
040604011	接触网附属设施	1.区段 2.类型	处	按设计图示数量计算	1.牌类安装 2.限界门安装
040604012	接触网试运行	区段名称	条 km	按设计图示以长度计算	试运行

【实　　务】

◆地铁工程清单项目工程量计算有关问题说明

(1)结构中的清单工程量都按设计图示尺寸计算,按不同的清单项目分别以体积、面积、长度计量。

(2)轨道中道床部分的清单工程量都按设计尺寸(包括道岔道床在内)以体积计量。

(3)轨道中铺轨部分的铺轨清单工程量按设计图示以长度(不包括道岔所占的长度)计算,以公里为计量单位计量。

(4)信号线路(电缆)的敷设和防护未设立清单项目的,应按《建设工程工程量清单计价规范》(GB 50500—2008)附录 C 的相关清单项目进行编制。

【例　　题】

◆例 6-11

有一地铁铺轨工程,有一般地段整体道床上铺设 60 kg 钢轨混凝土短枕轨道 2.3 km(已扣除道岔长度)和 9 号交叉渡线道岔两组(道轨加强设备部分不计)。试编制分部分项工程量清单。

【解】

分部分项工程量清单见表 6.56。

表 6.56　分部分项工程量清单

工程名称:××地铁铺轨工程　　　　　　　　　　　　　　　　　　　　　第　页　共　页

序号	项目编号	项目名称	计量单位	工程数量
1	040602007001	地下一般地段轨道 60 kg 钢轨混凝土短枕,1 840 对	km	2.3
2	040602013001	道岔(9 号交叉渡线道岔)	组	2

6.7 钢筋与拆除工程工程量计算

【基　础】

◆钢筋工程(编码:040701)

工程量清单项目设置及工程量计算规则,应按表6.57的规定执行。

表6.57　钢筋工程(编码:040701)

项目编码	项目名称	项目特征	计量单位	工程量计算规则	工程内容
040701001	预埋铁件	1.材质 2.规格	kg	按设计图示尺寸以质量计算	制作、安装
040701002	非预应力钢筋	1.材质 2.部位	t	按设计图示尺寸以质量计算	1.张拉台座制作、安装、拆除 2.钢筋及钢丝束制作、张拉
040701003	先张法预应力钢筋	1.材质 2.直径 3.部位	t	按设计图示尺寸以质量计算	1.张拉台座制作、安装、拆除 2.钢筋及钢丝束制作、张拉
040701004	后张法预应力钢筋	1.材质 2.直径 3.部位	t	按设计图示尺寸以质量计算	1.钢丝束孔道制作、安装 2.锚具安装 3.钢筋、钢丝束制作、张拉 4.孔道压浆
040701005	型钢	1.材质 2.规格 3.部位	t	按设计图示尺寸以质量计算	1.制作 2.运输 3.安装、定位

◆拆除工程(编码:040801)

工程量清单项目设置及工程量计算规则,应按表6.58的规定执行。

表6.58　拆除工程(编码:040801)

项目编码	项目名称	项目特征	计量单位	工程量计算规则	工程内容
040801001	拆除路面	1.材质 2.厚度	m²	按施工组织设计或设计图示尺寸以面积计算	1.拆除 2.运输
040801002	拆除基层				
040801003	拆除人行道				
040801004	拆除侧缘石	材质	m	按施工组织设计或设计图示尺寸以延长米计算	1.拆除 2.运输
040801005	拆除管道	1.材质 2.管径			

续表 6.58

项目编码	项目名称	项目特征	计量单位	工程量计算规则	工程内容
040801006	拆除砖石结构	1. 结构形式 2. 强度	m^3	按施工组织设计或设计图示尺寸以体积计算	1. 拆除 2. 运输
040801007	拆除混凝土结构				
040801008	伐树、挖树蔸	胸径	棵	按施工组织设计或设计图示以数量计算	1. 伐树 2. 挖树蔸 3. 运输

【实 务】

◆钢筋及拆除工程量计算有关问题说明

(1)清单工程量都按设计重量计算。设计注明搭接的应计算搭接长度;设计未注明搭接的,则不计算搭接长度。预埋铁件的计量单位为千克,其他都以吨为计量单位。

(2)钢筋工程中所列的型钢指劲性骨架,所有型钢与钢筋组合(除预埋铁件以外)的钢格栅应分型钢和钢筋分别列清单项目。

(3)先张法预应力钢筋项目的工程内容包括张拉台座制作、安装、拆除和钢筋、钢丝束制作安装等。

(4)后张法预应力钢筋项目的工程内容包括钢丝束孔道制作安装,钢筋、钢丝束制作张拉,孔道压浆和锚具。

(5)拆除项目应根据拆除项目的特征列项。路面、人行道、基层的清单工程量按设计图示尺寸以面积"m^2"计算;拆除侧缘石、管道及其基础的清单工程量按设计图示尺寸以长度"延长米"计算;拆除砖石结构、混凝土结构的构筑物的清单工程量按设计图示尺寸以体积"m^3"计算。工程内容包括拆除、运输弃置等。

(6)伐树、挖树蔸的清单项目的工程量按设计图示以"棵"计量,按不同的胸径范围分别列清单项目。工程内容包括伐树、挖树蔸、运输弃置等。

【例　题】

◆例 6 - 12

某市政水池如图 6.27 所示,长 8 m,宽 6 m,围墙高度为 800 mm,厚度为 240 mm,水池底层是 C10 混凝土垫层 100 mm,试计算拆除工程量。

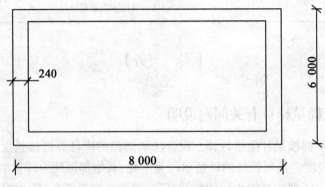

图 6.27　水池平面图

【解】
拆除水池砖砌体工程量/m³：$(8+6) \times 2 \times 0.24 \times 0.8 = 5.38$
拆除水池 C10 混凝土垫层的工程量/m³：
$(8 - 0.24 \times 2) \times (6 - 0.24 \times 2) \times 0.1 = 4.15$
拆除水池砖砌体,残渣外运工程量：5.38 m³
拆除水池 C10 混凝土垫层,残渣外运工程量：4.15 m³

第7章 市政工程造价工作的审查与管理

7.1 市政工程造价工作的审查

【基　础】

◆审查的意义

工程造价的审查是对已经确定好的单位工程概预算造价、单项工程概预算造价和建设项目总造价进行复查、复核和更改的全过程。

工程造价文件的编制是一项政策性、法规性和技术性都很强的技术经济工作。一个建设项目的造价少则几百万、几千万,多则几亿、几十亿元人民币。工程造价的确定是否正确和合理,不仅关系到国民经济建设发展的速度,而且关系到多方面的经济利益和效益。工程造价文件编制的不准确或不合理,将会造成工程投资额的失实,影响国家建设资金的合理运用。所以,一个建设项目的投资估算造价、初步设计概算造价、施工图预算造价和竣工结算造价文件编制完成后,都必须进行认真的审查。众所周知,建筑安装工程施工图预算的编制是一项十分繁琐而又必须十分细致地去对待的技术与经济相结合的计算工作,它要求编制人员不仅要具有一定的专业技术知识,还要具有较高的概预算业务素质和相应的法律法规和方针政策知识。但是,在实际工作中,高水平者也好,低水平者也好,总是难免会出现一些差错。所以,加强工程造价的审查,对于提高造价的编制质量、正确地贯彻执行党和国家工程建设方面的方针政策、降低工程成本和合理地运用建设资金等都具有重要的政治和经济意义。

（1）审查有利于促进设计的技术先进性和经济的合理性。

（2）审查有利于促进概预算编制单位严格地执行国家有关工程造价文件编制规定和各项应计取费用标准。

（3）审查有利于合理地确定工程造价、合理地分配建设资金和有效地控制建设资金的浪费。

（4）审查有利于促进设计人员树立经济观念,加强设计方案经济比较,不搞脱离国情的超前设计。

（5）审查有利于促进建筑市场的合理竞争和施工企业提高经营管理水平。

（6）审查有利于积累和分析技术经济指标,不断地提高设计水平。

◆审查的内容

工程造价级别和种类不同,审查的内容也不同,例如估算造价、概算造价、预算造价和结算造价审查的内容各异;单位工程造价、单项工程造价和建设项目总造价审查的内容也各异。以市政单位工程施工图预算为例,审查的内容相关说明如下。

1. 审查工程量计算

工程量是市政建设项目单位工程预算文件的重要组成内容,应逐项地进行审查。审查的内容主要包括审查各分部分项工程量计算尺寸和图示尺寸是否相同,计算方法是否符合工程量计算规则的规定,计算项目有无漏算、重算或错算等多计少算的现象。审查工程量要抓住那些数量大、单位价值高的分项工程。例如市政工程预算定额通用项目中的土石方工程、打拔工具桩工程、围堰工程等;道路工程中的道路基层和道路面层等;市政管网工程中的管道安装、阀门、管件安装、给排水构筑物工程、给排水机械设备安装、燃气用设备、器具安装,及桥涵隧道工程中的混凝土及钢筋混凝土结构工程等,都应进行详细的审查。同时要注意各分项工程的材料标准、构配件数量、计量单位和工程内容是否符合设计要求和定额规定等。

2. 审查定额单价套用

定额单价(基价)是一定计量单位分项工程或结构构件所需消耗工、料、机实物量的货币形式的标准,它是确定工程费用的主要因素。定额单价套用审查,就是审查定额单价的套用及换算是否正确,有没有套错或换算错定额预算单价的情况。若定额单价套错、换算错,就会使直接工程费用偏高或偏低,从而造成工程预算造价的不实。定额单价与定额计量单位有关,审查分项工程定额单价套用的过程中,还得看一看计量单位是否与定额相一致,计量单位若写错了,其单价就要相差10倍、100倍,同时还要注意定额单价的小数点有没有前后错位等。在审查市政建设项目单位建筑安装工程造价时,应着重注意以下几点。

(1)是否有错列已包括在定额内的项目。

(2)定额不允许换算的内容是否进行了换算。

(3)定额允许换算的内容其换算方法是否正确。例如市政建筑工程中的门窗玻璃厚度的换算方法是:从定额单价中扣去定额考虑的厚度价值,增加实际使用的厚度价值。其计算公式如下:

$$换算后的单价 = 定额预算单价 - 定额材料价值 + 实际使用材料价值 \tag{7.1}$$

式中

$$定额材料价值 = 定额材料消耗数量 \times 定额相应材料预算价格 \tag{7.2}$$

$$实际使用材料价值 = 某种材料定额消耗数量 \times 实际使用材料单价 \tag{7.3}$$

上述计算公式也可简化为下式计算:

$$换算后的单价 = 定额预算单价 - 定额中某种材料消耗数量 \times (定额相应材料预算单价 - 实际使用材料单价) \tag{7.4}$$

3. 审查直接工程费

审查直接工程费,就是检查根据已审查过的分项工程量和定额套用单价二者相乘之积及各个积数相加之和是否正确。直接工程费是计算措施费等相关费用的基础,审查人员务必细心、认真、逐项地检查复核。

4. 审查各项应取费用

应取费用是指按照规定的计算基础和比率计算出应列入单位工程造价内的有关费用,例如措施费、企业管理费、利润和规费等,这些费用在一个单位工程造价中占有较大比重,是单位工程造价的重要组成内容,所以在审查各项应取费用项目时,应注意以下几点。

(1)计费基础是否完备和正确。"完备"是指应包括在计算基础中费用是否都计列进去了,"正确"是指基础数值计算有无差错。

(2)采用的费用计算标准是否正确。

(3)有无多列或漏列计费项目现象等。例如早已被取消了的远地施工增加费和供电贴费在有些工程造价中仍有列人。

5. 审查利润计算

审查利润计算,就是审查利润的计算基础和选用的比率是否符合工程所在地的规定。市政工程项目利润计算基础分为"人工费+机械费"和"人工费"两种,计取比率各地均有现成规定,应按照规定执行。例如浙江省规定利润的计算方法是按工程专业类别(道路工程、桥梁工程、隧道工程等)及费率种类(一类、二类、三类)进行计算,即:利润=(人工费+机械费)×规定费率,而陕西省规定是按照市政建筑工程、市政安装工程分别计算利润,即:利润(建筑工程)=(人工费+机械费)×规定利润率(%);利润(安装工程)=人工费×规定利润率(%)。利润率各地规定不同,是审查的重点。例如浙江省规定"给排水、燃气工程"一、二、三类利润率分别为"人工费+机械费"的35%~26%、31%~23%、26%~19%,在审查时就要着重审查利润等级类别的取定是否正确。

6. 审查税金计算

税金是国家凭借其政治权力,按照法律法规的规定,强制、无偿地取得财政收入的一种形式,它体现了以国家为主体的一种再分配关系。国家规定,从1987年1月1日起,对建筑安装企业承包工程的收入征收营业税,同时以计征的营业税额为依据征收城市维护建设税和教育费附加。鉴于城市维护建设税和教育费附加都以计征的营业税额为计征依据,并且同时缴纳,其计算方法是按照建筑安装工程造价计算程序计算出完整工程造价后(即"直接费+间接费+利润+材料差价")乘以综合折算税率。由于城市维护建设税纳税地点不同,计算程序复杂,审查时应注意以下几点。

(1)计算基数是否完整。

(2)纳税人所在地的确定是否正确,例如某施工企业建制常驻地在大连市,承包工程在河北省承德市(地级)某县城,则纳税人所在地应为承德市某县,而不应确定为大连市。

(3)计税税率选用是否正确,即:纳税人所在地在市区的税费率为3.413%;在县城(镇)的为3.348%;不在市区、县城(镇)的为3.22%。但是也有的地区规定的税费率分别为纳税人所在地在市区的为3.51%;在县城(镇)的为3.44%;不在市区、县城(镇)的为3.32%,这是由于上述税费率中含有0.1%的地方税费。

7. 审查单位工程造价

市政建设项目单位建筑安装工程造价=直接费+间接费+利润+税金 (7.5)

【实　务】

◆审查的方法

市政建设项目工程造价按照实施阶段不同,主要包括投资估算造价、初步设计概算造价、施工图预算造价和竣工项目结算造价。工程造价类别不同,层次不同,内容不同,它的审查的方法也不同。下面以单位工程概算、单位工程施工图预算、竣工项目结算为例,对市政建设项目的造价审查方法进行介绍。

1. 初步设计单位工程概算审查

(1)审查内容。

1)审查单位工程概算编制依据的时效性和合法性。

2)审查单位工程概算编制深度是否符合国家或部门的规定。

3)审查单位工程概算编制的内容是否完整,有无漏算、多算或重算,各项费用取定标准、计算基础、计算程序和计算结果等是否符合规定,并且正确等。

4)审查单位工程概算各项应取费用计取有无高抬"贵手"带"水分",打"埋伏"或"短斤少两"等现象。

(2)审查方法。

初步设计概算审查可以分为编制单位内部审查和主管上级部门初步设计审查会审查两种,概算编制单位内部的审查方法主要包括以下内容。

1)编制人自我复核。

2)审核人审查,包括定额和指标的选用、指标差异的调整换算、分项工程量计算、分项工程合价、分部工程直接工程费小计,及各项应取费用的计算是否正确等。编制单位内部审核人审查是一个至关重要的审查环节,审核人应根据被审核人的业务素质,选择全面审查法、重点审查法或抽项(分项工程)审查法等进行审查。

3)审定人审查,是指由造价工程师、主任工程师或专业组长等对本单位所编概算的全面审查。它包括概算的完整性、正确性和政策性等方面的审查和核准。

(3)注意事项。

1)编制概算采用的定额、指标、价格和费用标准是否符合现行规定。

2)若概算造价是采用概算指标编制的,应审查所采用的指标是否恰当,结构特征是否与设计符合,应换算的分项工程和构件是否已经换算,换算方法是否正确等。

3)若概算造价是采用概算定额(或综合预算定额)编制的,应着重审查工程量和单价。

4)若是依据类似工程预算编制的,应重点审查类似预算的换算系数计算是否正确,并且注意所采用的预算和编制概算的设计内容有无不符之处。

5)注意审查材料差价。近年来,建筑材料(尤其是木材、钢材、水泥、玻璃、沥青和油毡等)价格基本稳定,没有什么大的波动,但是有的地区的材料预算价格未作调整,或随市场因素的影响,各地区的材料预算价格差异调整步距也很不统一,因此审查概算时务必注意这个问题。

6)注意概算造价所反映的建设规模、建筑结构、建筑面积和建筑标准等是否符合设计规定。

7)注意概算造价的计算程序是否符合规定。

8)注意审查各项技术经济指标是否先进、合理。可用综合指标或单项指标与同类型工程的技术经济指标对比,分析造价高低的原因。

9)注意审查概算造价编制中是否实事求是,有无弄虚作假,高估多算,硬留活口等现象。

2. 施工图设计单位工程预算审查

审查施工图单位工程预算应根据工程项目规模大小、繁简程度及编制人员的业务熟练程度决定。审查方法包括全面审查、重点审查、指标审查和经验审查等方法。

(1)全面审查法。全面审查法是指根据施工图纸的内容,结合预算定额各分部分项中的工程子目,一项不漏地、逐一地全面审查的方法。它的具体方法和审查过程就是从工程量计算、单价套用,到计算各项费用,求出预算造价。

全面审查法的优点是全面、细致,能及时发现错误,确保质量;缺点是工作量大,在任务重、时间紧、预算人员力量薄弱的情况下通常不宜采用。

全面审查法,对于一些工程量较小、结构比较简单的工程,尤其是由乡镇建筑队承包的工程,由于预算技术力量差,技术资料少,所编预算差错率较大,所以应尽量采用这种方法。

(2)重点审查法。重点审查法是指只审查预算书中的重点项目,其他不审的方法。重点项目,就是指那些工程量大、单价高、对预算造价有较大影响的项目,在工程预算中是什么结构,什么就是重点。例如砖木结构的工程,砖砌体和木作工程就是重点;砖混结构工程,砖砌体和混凝土工程就是重点;框架结构,钢筋混凝土工程就是重点;城市(镇)道路建设项目的路床整形、道路基层和道路面层等就是重点。重点与非重点,是相对而言,不能绝对化。在审查预算时,要根据具体情况灵活掌握。

对各种应取费用和取费标准及其计算方法等,也应重点审查。由于施工企业经营机制改革,一些费用项目被取消,费用划分内容变更,新费用项目出现,计算基础改变等,所以各种应取费用的计算比较复杂,往往容易出现差错。

重点审查法的优点是对工程造价有影响的项目得到了审查,预算中的主要问题得到了纠正;缺点是未经审查的那部分项目中的错误得不到纠正。

(3)指标审查法。指标审查法就是把被审查预算书的造价及有关技术经济指标和以前审定的标准施工图或复用施工图的预算造价及有关技术经济指标相比较。若出入不大,就可以认为本工程预算编制质量合格,不必再做审查;若出入较大,即高于或低于已审定的标准设计施工图预算的10%,就应按分部分项工程进行分解,边分解边对比,哪一部分出入大,就进一步审查哪一部分。在对比时,必须注意各分部工程项目内容及总造价的可比性。若有不可比之处,应予剔除,经过这样对比分析后,再将不可比因素加进去,即可找到出入较大的可比因素与不可比因素。

指标审查法的优点是简单易行,速度快,效果好,适用于规模小、结构简单的一般民用住宅工程等,尤其适用于一个地区或民用建筑群采用标准施工图或复用施工图的工程;缺点是虽然工程结构、规模、用途、建筑等级和建筑标准相同,但是由于建设地点不同,运输条件不同,能源、材料供应等条件不同,施工企业性质及其级别的不同,有关费用计算标准等都会有所不同,这些差别最终必然会反映到工程预算造价中来。所以,用指标法审查工程预算,有时虽与指标相符合,但是不能说明预算编制无问题;若有出入,也不一定不合理。所以,指标审查法,对某种情况下的工程预算审查质量是有保证的;而另一种情况,只能作为一种先行方法，即先用它粗略计算一下，根据结果，再决定采用哪种方法继续审查。

(4) 经验审查法。经验审查法是指根据以往的实践经验，审查那些容易产生差错的分项工程的方法。

市政建设项目中，易产生差错的分项工程包括以下内容。

1) 室内回填土方漏计。
2) 砖基础大放脚的工程量漏计。
3) 砖外墙工程量漏扣嵌入墙身的柱、梁、过梁、圈梁和壁龛的体积。
4) 道路、管沟、管道等未按中心线长度计算；砖内墙未按净长线计算工程量。
5) 框架间砌墙未按净空面积计算。(以两框架柱的中心线长度计算)
6) 框架结构的现浇楼板的长度与宽度未按净长与净宽计算。
7) 基础圈梁错套为基础梁定额单价。
8) 框架式设备基础未按规定分解为基础、柱、梁、板、墙等分别套用相应定额单价。
9) 外墙面装修工程量。
10) 各项应取费用的计算基础及费率。

审查工程预算同编制工程预算一样，也是一项既复杂又细致的工作。对某一具体工程项目，到底采用哪种方法，应根据预算编制单位内部的具体情况综合考虑确定。通常的原则是：重点、复杂，采用新材料、新技术、新工艺较多的工程要细审；对从事造价编制工作时间短、业务比较生疏的造价人员所编造价要细审；反之，则可粗略一些。

施工图单位工程造价审查方法除上述几种以外，还有分组计算审查法、筛选审查法、分解对比法等，此处不再一一介绍。

市政工程建设项目单位工程造价审查的步骤如下：做好审查准备工作(包括熟悉有关资料——图纸、定额等)→确定审查法→进行审查→调整造价数值→返回编制人(包括审查交底)。

3. 竣工项目单位工程结(决)算审查

工程竣工结算简称工程结算。它是指当一个建设项目的单位建筑、安装工程竣工后，承包人根据原施工图预算，加上补充修改预算向建设单位(业主)办理工程价款的结算文件。单位工程竣工结算不仅是调整工程计划，确定工程进度，考核工程建设投资效果和进行成本分析的依据，还是结束甲、乙双方合同关系的依据。所以，将单位工程竣工结算的审查要求、审查方法、审查内容和审查时效等分述如下。

(1) 审查要求。单位工程项目竣工结算审查的要求在某些方面与单位工程预算审查恰好相反，具体为以下内容。

1) 严禁采取抽样审查、重点审查、分析对比审查和经验审查的方法，避免审查疏漏现象发生。
2) 审查结算文件及和结算有关资料的完整性和符合性。
3) 按照施工合同约定的计价标准或计价方法进行审查，对合同中未做约定或约定不明确的，可参照签订合同时当地建设行政主管部门发布的计价标准进行审查。
4) 对工程结算中多计或重列的项目应予以扣减；对少计或漏列的项目应予以调增。
5) 对工程结算与设计图纸或现场实际施工做法事实不相符的内容，应在掌握工程事实和真实情况的基础上进行调整。工程造价咨询单位在工程结算审查时发现的工程结算与设计图纸或事实不相符的内容应约请各方履行完善的确认手续。

6)对由总承包人分包的工程结算,其内容与总承包合同主要条款不相符的,应按照总承包合同约定的原则进行审查。

7)工程结算审查文件应采用书面形式,并且应符合《建设项目工程结算编审规程》(CECA/GC 3—2010)的规定,有电子文本要求的应采用同书面形式内容一致的电子版本。

8)工程结算审查分准备、审查、审定三个工作阶段进行,并且实行编制人、校对人和审核人分别署名和盖执行专用章确认的内部审核制度。

(2)审查方法。市政建设项目单位建筑安装工程结算的审查应依据施工发承包合同约定的结算方法进行,按照施工发承包合同的类型,采用下列不同方法。

1)采用总价①合同的,应在合同价的基础上对设计变更、工程洽商及工程索赔等合同约定可以调整的内容进行审查。

2)采用单价②合同的,应审查施工图以内的各分部分项工程量,依据合同约定的方式审查分部分项工程价格,并且对设计变更、工程洽商及工程索赔等调整内容进行审查。

3)采用成本加酬金③合同的,应依据合同约定的方法审查各分部分项工程及设计变更、工程洽商等内容的工程成本,并且审查酬金及有关税费的取定。

注:①采用总价是指采用固定价。固定价是指在实施期间不因价格变化而调整。

②采用单价是指采用可调价。可调价是指在实施期间可随价格变化而调整。

③成本加酬金是指按现行规定计算出工程成本(直接费+间接费)后,再以工程成本为基数乘双方约定的比率计算出的金额与成本相加的和数。

若工程结算中涉及工程单价调整,应遵循以下原则。

1)合同中已有适用于变更工程和新增工程单价的,按已有的单价结算。

2)合同中有类似变更工程和新增工程单价的,可以参照类似单价作为结算依据。

3)合同中没有适用或类似变更工程和新增工程单价的,结算编制受托人可以同承包人或发包人商洽,提出适当的价格,经双方确认后作为结算依据。

除非已有约定,对已被列入审查范围的内容,结算应采用全面审查的方法。

(3)审查时限。单位或单项工程竣工后,承包人应在提交竣工验收报告的同时,向发包人递交竣工结算报告及完整的结算资料,发包人应按表7.1规定的时限进行核对(审查),并且提出审查意见。

表7.1　工程竣工项目结算审查时限

工程结算报告金额	审查时间
500万元以下	从接到竣工结算报告和完整的竣工结算资料之日起20天
500万元~2 000万元	从接到竣工结算报告和完整的竣工结算资料之日起30天
2 000万元~5 000万元	从接到竣工结算报告和完整的竣工结算资料之日起45天
5 000万元以上	从接到竣工结算报告和完整的竣工结算资料之日起60天

发包人收到竣工结算报告及完整的结算资料后,应按表7.1规定的审查时限(合同约有期限的,遵守合同约定)对结算报告及资料未提出意见,则视为认可。

承包人若未在规定时间内提供完整的结算资料,经发包人催促后14天内仍未提供或没有明确的答复,发包人有权依据现有资料进行审查,责任由承包人自负。

根据确认的竣工结算报告,发包人应按照约定时限向承包人支付工程价款并且保留5%左右的质量保证(保修)金。当发包人超过约定的支付时间未支付工程结算款时,承包人应及时向发包人发出要求付款通知书。发包人应在收到催款通知15天支付工程结算款,到期仍没有支付的应承担违约责任。

工程结算审查不仅是给建筑安装产品进行最终定价,还涉及甲乙双方切身经济利益的问题,所以发包人或受托人,在审查乙方提供的结算资料时应尤其注意以下几项。

1)注意把好工程量计算审核关。工程量不仅是编制工程项目竣工结算的基础,还是实施竣工结算审核的"重头戏",建筑工程工程量计算比较复杂,是竣工结算审核中工作量最大的一项工作。所以,审核人员不仅要具有较多的业务知识,而且要有认真、负责和细致的工作态度,在审核中必须以竣工图和施工现场签证等为依据,严格按照清单项目计算规则或定额工程量计算规则逐项地进行核对检查。看看有无多算、重算、冒算和错算的现象。近年来,施工企业在工程竣工结算上以虚增工程量来提高工程造价的现象普遍存在,已引起建设单位的极大关注,十分重要的一个原因就是建设单位审核人员的疏忽导致了造价的失真,使施工企业有机可乘。他们在竣工结算中只增项不减项或只增项少减项,尤其是少数私营建筑安装企业和城镇街道建筑安装企业。他们抱着侥幸心理——一旦建设单位查到了就核减,没查到就获利,由于想多获利,在竣工结算中能算尽量多算,不能算也要算,人为的给工程量审核工作带来了很多的困难。所以,审核人员必须注意到把竣工图等依据上的"死数据"同施工现场调查了解的"活资料"进行对比分析,找出差距,挤出工程量中的"水分",确保竣工结算造价的真实性和可靠性。

2)注意把好现场签证审核关。现场签证是指施工图中未能预料到而在实际施工过程中出现的有关问题的处理,而需要建设、施工和设计三方进行共同签字认可的一种记事凭证。它是编制竣工结算的重要基础依据之一。它通常是引起工程造价增加的主要原因。有些现场施工管理人员怕麻烦或责任心不强,随意办理现场签证,而签证手续并不符合管理的规定;使虚增工程内容或工程量扩大了工程造价。所以,在审核竣工结算时要认真审核各种签证的合理性、完备性、准确性和规范性——看现场三方代表(设计、施工和监理)是否签字,内容是否完备和符合实际,业主是否盖章,承包方的公章是否齐全,日期是否注明,有无涂改等。具体方法如下:先审核落实情况,判定是否应增加;先判定是否该增加费用,然后再审定增加多少。

办理现场签证应根据各建设单位或业主的管理的规定进行,通常办理现场签证必须具备下列四个条件。

1) 与合同比较是否已造成了实际的额外费用增加。
2) 造成额外费用增加的原因不是因为承包方的过失。
3) 按合同约定不应由承包方承担的风险。
4) 承包方在事件发生后的规定时限内提出了书面的索赔意向通知单。

符合上述条件的，即可办理签证结算，否则不予办理。

3) 注意把好定额套用审核关。市政工程预算定额是计算定额项目直接工程费的依据。由于《全国统一市政工程预算定额》不仅包括工、料、机消耗指标，还有基价，同时各地区还编有单位估价表，所以在审核竣工结算书工程子目套用地区单位估价表基价时，因为地区估价表中的"基价"具有地区性特点，所以应注意估价表的适用范围及其使用界限的划分，分清哪些费用在定额中已作考虑，哪些费用在定额中未做考虑，需另行计算等。以防止低费用套高基价定额子目或已综合考虑在定额中的内容，却以"整"化"零"的办法又划分成几个子目重复计算等。所以，审查定额基价的套用，掌握设计要求，了解现场情况等，对提高竣工结算的审核质量，具有重要指导意义。

4) 注意严格把好取费标准审核关。取费标准，又称应取费用标准。它是指建筑安装企业为了生产建筑安装工程产品，除了在该项产品上直接耗费一定数量的人力和物力外，为组织管理工程施工还需要耗用一定数量的人力和物力，这些耗费的货币表现就称为应取费用。按照应取费用的性质和用途的不同，它可以划分为措施费、间接费、利润和税金等，这些费用是建筑安装工程产品价格构成的重要组成部分，所以在审核建筑安装工程（产品）最终造价时，必须对这些构成费用的计算进行严格审核把关。建筑安装工程造价中的应取费用的计算不仅有取费标准的不同，而且还有一定的计算程序，若计算基础或计算先后程序错了，其结果也就必然错了。同时，应计取费用的标准是同该结算所使用的预算定额相配套的，采用谁家的定额编制结（决）算，就必须采用谁家的取费标准，不能互相串用，反之，应予纠正。

因为工程竣工结算的审核工作具有政策性、技术性、经济性强，可变性、弹塑性大，涉及面广等特点，同时，又涉及业主和承包商切身利益。所以，承担工程结算审核的人员，应具有思想和业务素质高，敬业奉献精神强；具有经济头脑和信息技术头脑；具有较强的法律观念和较高的政策水平，能够秉公办事；掌握工程量计算规则，熟悉定额子目的组成内容和套用规定；掌握工程造价的费用构成、计算程序及国家政策性、动态性调价和取费标准等，才能胜任工程竣工结算的审核工作。这是由于工程项目施工时涉及面广、影响因素多、环境复杂、施工周期长、政策性变化大，材料供应市场波动大等因素会给工程竣工结算带来一定困难。所以，建设单位或各有关专业审核机构，都应选派（指定）和配备职业道德过硬、业务水平高、具有奉献精神和责任心强的专业技术人员担负工程竣工结算的审核工作，使人为的失误造成的损失减少到零，准确地确定出建筑工程产品的最终实际价格。

7.2 市政工程合同价款的约定与支付

【基　　础】

◆ **合同的概念**

合同也称契约。广义上是指发生一定权利和义务的协议,狭义专指双方或多方当事人关于订立、变改、终止民事法律关系的协议,我国《民法通则》第八十五条规定:"合同当事人之间设立、变更、终止民事关系的协议",第二条规定:"中华人民共和国民法调整平等主体的公民之间、法人之间、公民和法人之间的财产关系和人身关系";而《合同法》则规定:"合同是平等主体的自然人、法人、其他组织之间设立、变更、终止民事权利义务关系的协议。"这两部法律对合同概念的确定虽然不尽相同,但是含义是一致的。建设工程合同作为发包人和承包人之间的协议,不仅明确了建设双方享有的权利和应承担的义务,而且为建设活动的履行提供了标准和依据。

建设工程合同作为民事法律关系的一种协议,由三个不可分割的部分组成,即权利的主体、权利的客体和内容。在建设工程合同中,承包人的主要义务是按照合同的约定进行工程建设,即进行工程的勘察、设计和施工等工作;发包人的最基本义务是向承包人支付相应的工程价款。

◆ **工程合同价款的约定**

《建设工程工程量清单计价规范》(GB 50500—2008)第4.4.1条指出:"实行招标的工程合同价款应在中标通知书发出之日起30天内,由发、承包双方依据招标文件和中标人的投标文件在书面合同中约定。不实行招标的工和合同价款,在发、承包双方认可的工程价款基础上,由发、承包双方在合同中约定。"类似上述内容的规定在我国《招标投标法》、原建设部令第107号文件及"财建[2004]369号"文件中都有规定,但是由于诸多原因的存在致使上述规定在实际工作中未能兑现,从而导致了业主恶意拖欠工程价款和承包商拖欠农民工工资的现象时有发生或大量存在。

实行招标的工程,合同约定不得违背招、投标文件中关于工期、造价和质量等方面的实质性内容。若存在招标文件与中标人投标文件不一致的地方,以投标文件为准。通常招标人和中标人签订合同价款时,其中的标价,就是合同价。但是实行工程量清单计价的工程,宜采用单价合同。单价合同是指合同约定的工程价款中所包含的工程量清单项目综合单价在约定条件内是固定的,不予调整,工程量允许调整,合同应包括下列内容。

(1)预付工程款的数额、支付时间和抵扣方式。

(2)工程计量与支付工程进度款的方式、数额和时间。

(3)工程价款的调整因素、方法、程序、支付和时间。

(4)工程索赔与现场签证的程序、金额确认与支付时间。

(5)约定承担风险的内容、范围及超出约定的内容、范围的调整方法。

(6)发生工程价款争议的解决方法和时间。
(7)工程竣工价款结算编制、核对、支付和时间。
(8)工程质量保证(保修)金的数额、预扣方式和时间。
(9)与履行合同、支付价款有关的其他事项等。
发、承包双方在合同中没有约定或约定不明的,由双方协商确定;若协商不能达成一致的,应按照《建设工程工程量清单计价规范》(GB 50500—2008)及《招标投标法》、《合同法》、建标[1999]1号文件、财建[2004]369号文件等有关条款执行。

【实 务】

◆工程价款的支付

中华人民共和国建设部"建标[1999]1号"文件指出:"坚持实施预付款制度。甲方应按施工合同条款的约定时间和数额,及时向乙方支付工程预付款,开工后按合同条款约定的扣款办法陆续扣回。"《建设工程工程量清单计价规范》(GB 50500—2008)也指出:"发包人应按照合同约定支付工程预付款。支付的工程预付款,按照合同约定在工程进度款中抵扣"。下面将工程价款的结算方式、工程预付款的计算、工程进度款的支付等分别作以下介绍。

1. 工程价款的主要结算方式

根据我国工程价款结算管理制度规定,工程价款结算的方式主要包括以下两种。

(1)按月结算与支付。即实行按月支付进度款,竣工后清算的办法。合同工期在两个年度以上的工程,在年终进行工程盘点,办理年度结算。

(2)分段结算与支付。即当年开工、当年不能竣工的工程按照工程进度,划分不同阶段支付工程进度款,具体划分在合同中明确说明。

除上述两种主要方式,还可以双方约定其他结算方式。

2. 工程价款结算的依据

工程价款结算应按照建设工程施工合同约定办理,合同未作约定或约定不明的,发、承包双方应依照下列规定和文件协商处理。

(1)国家有关法律、法规和规章制度。

(2)国务院建设行政主管部门,省、自治区、直辖市或有关部门发布的工程造价计价标准和计价办法等有关规定。

(3)建设项目的合同、补充协议、变更签证和现场签证,及经发、承包人认可的其他有效文件。

(4)其他可依据的材料。

3. 工程预付款及其计算

施工企业承包工程,通常都实行包工包料,这就需要有一定数量的备料周转金。在工程承包合同条款中,通常要明文规定发包人在开工前拨付给承包人一定限额的工程预付款。此预付款构成施工企业为该承包工程项目储备主要材料和结构件所需的流动资金。

按照2004年10月20日财政部、原建设部以"财建[2004]369号"文印发的《建设工程价款结算暂行办法》的规定,在具备施工条件的前提下,发包人应在双方签订合同后的一个月内或不迟于约定的开工日期前的7天内预付工程款,发包人不按约定预付,承包人应在预付时间到期后10天内向发包人发出要求预付的通知,发包人收到通知后仍不按要求预付,承包人可在发出通知14天后停止施工,发包人应从约定应付之日起向承包人支付应付款的利息(利率按同期银行贷款利率计),并且承担违约责任。

工程预付款仅用于承包人支付施工开始时与本工程有关的动员费用。若承包人滥用此款,发包人有权立即收回。在承包人向发包人提交金额等于预付款数额(发包人认可的银行开出)的银行保函后,发包人按规定的金额和规定的时间向承包人支付预付款,在发包人全部扣回预付款之前,该银行保函将一直有效。当预付款被发包人扣回时,银行保函金额相应递减。

(1)工程预付款的数额。包工包料工程的预付款按照合同约定拨付,原则上预付比例不低于合同金额的10%,不高于合同金额的30%,对重大工程项目,按照年度工程计划逐年预付。计价执行《建设工程工程量清单计价规范》(GB 50500—2003)(GB 50500—2008的前身)的工程,实体性消耗和非实体性消耗部分应在合同中分别约定预付款比例。

在实际工作中,工程预付款的数额,要根据各工程类型、合同工期、承包方式和供应体制等不同条件而定。例如,工业项目中钢结构和管道安装占比重较大的工程,其主要材料所占比重比一般安装工程要高,因而工程预付款数额也要相应提高;工期短的工程比工期长的要高,材料由承包人自购的比由建设发包人主要材料的要高。

对于只包定额工日(不包材料定额,一切材料由发包人供给)的工程项目,则可以不预付备料款。

工程预付款数额的计算公式如下:

$$\text{工程预付款的金额} = \frac{\text{工程造价} \times \text{材料费比重}}{\text{合同工期}} \times \text{材料存储天烽} \quad (7.6)$$

式中

$$\text{某种材料存储天数} = \frac{\text{经常存储量} \times \text{安全存储量}}{\text{平均日需用量}} \quad (7.7)$$

计算出各种材料的储备天数后,取其中最大值,作为工程预付款金额公式中的材料储备天数。在实际工作中,为了简化计算,工程预付款金额,可按下列公式计算:

$$\text{工程预付款的金额} = \text{工程总造价} \times \text{工程预付款额度} \quad (7.8)$$

(2)工程预付款的扣回。发包单位拨付给承包单位的工程预付款属于预支性质,在工程实施后,随着工程所需主要材料储备的逐渐减少,发包单位应以抵充工程价款的方式陆续扣回,抵扣方式必须在合同中约定。对于工程预付款的扣还首先应解决工程预付款的起扣造价和起扣时间。

1)工程预付款的起扣造价。它是指工程预付款起扣时的工程造价,即工程累计进行到什么时候就应该开始起扣工程预付款。因为随着工程所需主要材料储备量的减少,所以当未完工程所需主要材料的价值等于或基本等于工程预付款额时,即可开始扣还。即:

$$\text{预付工程款} = (\text{合同造价} - \text{已完工程价款}) \times \text{材料费占造价的比重} \quad (7.9)$$

式中

$$\text{材料费占造价的比重} = \text{未完工程造价} \div \text{工程合同造价} \quad (7.10)$$

上述公式经变换,则为:

第7章 市政工程造价工作的审查与管理

$$预付工程款的起扣造价 = 1 - \frac{工程预付的额度}{材料费占造价批重} \times 100\% \quad (7.11)$$

2）工程预付款的起扣时间。它是指工程施工进度达到何种程度时，就应该进行扣回预付工程款。其计算公式如下：

$$预付工程款的起扣时间(进度) = \frac{预付工程的起扣造价}{合同约定工程总造价} \times 100\% \quad (7.12)$$

在实际工作中，对于工程预付款的扣回点和扣回时间，按照管理制度规定在工程合同中都有规定，不需另行计算，但是作为一名造价工作者，对于预付工程款扣回起点的确定方法必须掌握。同时，建设部《招标文件范本》中规定，在承包人完成金额累计达到合同总价的10%后，由承包人开始向发包人还款，发包人从每次应付给承包人的金额中扣回工程预付款，发包人至少在合同规定的完工期前三个月将工程预付款的总计金额按逐次分摊的办法扣回。若发包人一次付给承包人的余额少于规定扣回的金额，其差额应转入下一次支付中作为债务结转。

在实际经济活动中，情况比较复杂，有些工程工期较短，就无需分期扣回。有些工程工期较长，例如跨年度施工，工程预付款可以不扣或少扣，并于次年按应付工程预付款调整，多退少补。具体来讲，跨年度工程，若预计次年承包工程价值大于或相当于当年承包工程价值，可以不扣回当年的工程预付款，若小于当年承包工程价值，应按实际承包工程价值进行调整，在当年扣回部分工程预付款，并将未扣回部分，转入次年，直到竣工年度，再按上述办法扣回。总之，由于工程规模大小、繁简程度和施工周期长短等的不同而各异，但是大多数大、中型建设项目预付工程款的起扣点为70%~80%。

（3）工程价款支付账单。发、承包双方办理工程预支款项，不得以打借条和收条等方式进行现金支收，而必须按照金融机构规定的"工程价款预支账单"的统一格式，见表7.2，通过银行办理。其具体做法是承包方预支工程款时，应根据合同约定或工程进度填写工程价款预支账单(一式两份)，分别送交发包单位和经办银行各一份办理付款手续。

表7.2 工程价款预支账单

建设单位名称： 　　　　　年　月　日　　　　　　　　　　单位：元

单项工程项目名称	合同预算价值	本旬(或半月)完成数	本旬(或半月)预支工程款	本月预支工程款	应扣预收款项	实支款项	说明
1	2	3	4	5	6	7	8

施工企业：_____（盖章）　　　　　　　财务负责人：_____（盖章）

说明：1. 本账单由承包单位在预工程款时编制，送建设单位和经办行各一份。
2. 承包单位在旬末或月中预支款项时，应将预支数额填入第4栏内；所属按月预支，竣工后一次结算的，应将每次预支款额填入第5栏内。
3. 第6栏"应扣预支款项"包括备料预支款。

◆ 工程进度款的支付

工程进度款是建设单位（业主）按照工程施工进度和合同的规定，按时向施工单位（承包方）支付的工程价款。

工程进度款支付又称中间结算。以按月结算为例，工程进度款的支付步骤如图7.1所示。

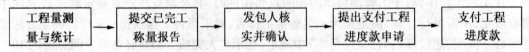

图7.1 工程进度款支付步骤

工程进度款的支付，通常是本月初支付上月（期）完成的工程进度款，此进度款额应等于施工图预算中所完成分项工程项目费之和或实际完成分项工程量×预算单价之和（对于实际完成分项工程量的计量应按《建设工程工程量清单计价规范》(GB 50500—2008)第4.4.2、4.5.3条及《建设工程价款结算暂行办法》第十三条第"（二）"办理）。当完成分项工程项目费用总和达到扣还工程预付款的起扣造价时，就要从每期工程进度款中减去应扣还的数额。其方法按下式计算：

$$P = Q_e - i \tag{7.13}$$

式中　P——本期应支付的工程进度款额；

Q_e——本期完成分项工程费用总和[$\sum$（分项工程量×单价※）]

i——本期分项工程费用中材料费。

注：上式中"※"表示可为综合单价或工料单价。

实行工程预付款结算，承包人应按照合同的约定，向发包人递交已完工程量报告，已完工程报告可参考表7.3编制。发包人应在接到报告后14天内核实已完工程量，并且在核实前一天通知承包人，承包人应提供条件并且派人参加核实，承包人收到通知后不参加核实，以发包人核实的工程量作为工程价款支付的依据。

表7.3　已完工程月报表

建设单位名称：　　　　　　　　　年　月　日　　　　　　　　　　　单位：元

单项工程项目名称	施工图预算（或计划投资额）	建筑面积	开竣工日期		实际完成数		说明
			开工日期	竣工日期	至上月止已完工程累计	本月份已完工程	
1	2	3	4	5	6	7	8
施工企业：　　　（签章）						编制日期　年　月　日	

说明：本表作为本月份结算工程价款的依据，送建设单位和经办行各一份。

工程进度款的支付，按照现行规定，承包人向发包人提出支付工程进度款的申请14天内，发包人应按照不低于工程价款的60%，不高于工程价款的90%向承包人支付工程进度款。发包人超过约定的支付时间不支付工程进度款，承包人应及时地向发包人发出要求付款的通知，发包人收到承包人的通知后仍不能按要求付款，可与承包人协商签订延期付款协议，经承包人同意后可延期支付,协议应明确延期支付的时间和从工程计量结果确认后第 15 天起计算应付款的利息(利率按同期银行贷款利率计)。发包人不按合同的约定支付工程进度款,双方又未达成延期付款协议,导致施工无法进行,承包人可停止施工,由发包人承担违约责任。

7.3 市政工程竣工结算

【基 础】

◆竣工结算的概念

竣工结算是由施工企业按照合同规定的内容全部完成所承包的工程,经建设单位和相关单位验收质量合格,并且符合合同要求之后,在交付生产或使用前,由施工单位根据合同价格和实际发生的费用增减变化(变更、签证和洽商等)情况进行编制,并经发包方或委托方签字确认的,正确地反映该项工程最终实际造价,并且作为向发包单位进行最终结算工程款的经济文件。

◆竣工结算的内容

竣工结算由直接费、间接费、计划利润和税金四部分组成。竣工结算以竣工结算书的形式表现,包括单位工程竣工结算书、单项工程竣工结算书及竣工结算说明书等。

竣工结算书中主要应体现量差和价差的基本内容。

量差是指原计价文件所列工程量与实际完成的工程量不符而产生的差别。

价差是指签订合同时的计价或取费标准与实际情况不符而产生的差别。

◆竣工结算的主要作用

(1)工程竣工结算是承包人核算生产成果和考核工程成本的依据。

(2)在工程竣工结算时,承、发包双方通过银行办理工程价款(拨付)的依据,同时,也是双方了结合同关系和经济关系的依据。

(3)工程竣工结算是发包人编制建设项目竣工结算和考核投资效果的依据。

【实　　务】

◆竣工结算的编制

1. 竣工结算的编制原则

工程项目竣工结算不仅要正确贯彻执行国家和地方基建部门的政策和规定,还要准确地反映施工企业完成的工程价值。在进行工程结算时,应遵循以下原则。

(1)必须具备竣工结算的条件,要有工程验收报告,对于未完工程、质量不合格的工程,不能结算;需要返工重做的,应返工修补合格后,才能结算。

(2)严格执行国家和地区的各项有关规定。

(3)实事求是,认真地履行合同条款。

(4)编制依据充分,审核和审定手续完备。

(5)竣工结算要本着对国家、建设单位和施工单位认真负责的精神,做到既合理又合法。

2. 竣工结算的编制依据

(1)工程竣工报告、工程竣工验收证明、图纸会审记录、设计变更通知单及竣工图。

(2)经审批的施工图预算、购料凭证、材料代用价差和施工合同。

(3)本地区现行预算定额、费用定额、材料预算价格及各种收费标准和双方有关工程计价协定。

(4)各种技术资料(技术核定单、隐蔽工程记录和停复工报告等)及现场签证记录。

(5)不可抗力和不可预见费用的记录及其他有关文件的规定。

3. 竣工结算的编制方法

(1)合同价格包干法。在考虑了工程造价动态变化的因素后,合同价格一次包死,项目的合同价即为竣工结算造价。其计算公式如下:

结算工程造价 = 经发包方审定后确定的施工图预算造价 × (1 + 包干系数)　　　(7.14)

(2)合同价增减法。在签订合同时商定合同价格,但是没有包死,结算时以合同价为基础,按实际情况进行增减结算。

(3)预算签证法。按双方审定的施工图预算签订合同,所有在施工过程中经双方签字同意的凭证都作为结算的依据,结算时以预算价为基础按所签凭证内容调整。

(4)竣工图计算法。在结算时根据竣工图、竣工技术资料和预算定额,依据施工图预算编制方法,全部重新计算,最终得出结算工程造价。

(5)平方米造价包干法。双方根据一定的工程资料,事先协商好每平方米造价指标,结算时以下式确定应付的工程价款,即:

结算工程造价 = 建筑面积 × 每平方米造价指标　　　(7.15)

(6)工程量清单计价法。以业主与承包方之间的工程量清单报价为依据,进行工程结算。

办理工程价款竣工结算的一般公式为：
竣工结算工程价款 = 预算（或概算）或合同价款 +
施工过程中预算或合同价款调整数额 -
预付及已结算的工程价款 - 未扣的保修金   (7.16)

4. 竣工结算的编制程序

(1) 承包方进行竣工结算的程序和方法。

1) 收集和分析影响工程量差、价差和费用变化的原始凭证。

2) 依据工程实际对施工图预算的主要内容进行检查和核对。

3) 依据收集的资料和预算对结算进行分类汇总，计算量差和价差，进行费用调整。

4) 依据查对结果和各种结算依据，分别归类汇总，填写竣工工程结算单，编制单位工程结算。

5) 编写竣工结算说明书。

6) 编制单项工程结算。目前国家没有统一地规定工程竣工结算书的格式，各地区可结合当地情况和需要自行设计计算表格，供结算使用。

(2) 业主进行竣工结算的管理程序。

1) 业主接到承包商提交的竣工结算书后，应以单位工程为基础，对承包合同内规定的施工内容，包括工程项目、工程量、单价取费和计算结果等进行检查和核对。

2) 核查合同工程的竣工结算，竣工结算应包括以下几方面。

① 开工前准备工作的费用是否准确。

② 土石方工程和基础处理有无漏算或多算。

③ 钢筋混凝土工程中的钢筋含量是否按规定进行了调整。

④ 加工订货的项目的规格、数量和单价等与实际安装的规格、数量和单价是否相符。

⑤ 特殊工程中使用的特殊材料的单价有无变化。

⑥ 工程施工变更记录与合同价格的调整是否相符。

⑦ 实际施工中有无与施工图要求不符的项目。

⑧ 单项工程综合结算书与单位工程结算书是否相符。

3) 若核查过程中发现的不符合合同规定情况，例如多算、漏算或计算错误等，都应予以调整。

4) 将批准的工程竣工结算书送交有关部门审查。

5) 工程竣工结算书经过确认后，办理工程价款的最终结算拨款手续。

◆竣工结算的审查

(1) 自审：竣工结算初稿编定后，施工单位内部先组织审查和校核。

(2) 建设单位审查：施工单位自审后编印成正式结算书送交建设单位审查，建设单位也可委托有关部门批准的工程造价咨询单位审查。

(3) 造价管理部门审查：甲乙双方有争议并且协商无效时，可以提请造价管理部门裁决。

各方对竣工结算进行审查的具体内容包括：

核对合同条款、检查隐蔽工程验收记录、落实设计变更签证、按图核实工程数量、严格按照合同约定计价、注意各项费用计取及防止各种计算误差。

7.4 市政工程造价的管理

【基 础】

◆ **工程造价管理的概念**

工程造价管理是指运用科学、技术原理和方法，在统一目标、各负其责的原则下，为确保建设工程的经济效益和有关各方面的经济权益而对建设工程造价及建筑安装工程价格所进行的全过程、全方位的，符合政策、法律法规和客观规律的全部业务行为和组织活动。它是工程项目管理科学中很重要的组成内容之一。市政工程造价管理是对工程项目的投资和工程造价的计价与确定进行预测、计划、控制、反馈和审查等一系列的管理活动。

◆ **工程造价管理的内容**

工程造价管理的内容主要是合理地确定工程造价和有效地控制工程造价两个方面。

(1)合理地确定工程造价是指在工程建设基本工作程序的各个阶段，合理地确定投资估算造价、初步设计概算造价、施工图预算造价、招标工程标底价、投标报价和工程竣工结(决)算价等。所谓"合理地确定"，就是在建设项目的各个实施阶段，要根据工程设计的深度和内容，严格地执行国家有关的方针、政策和制度，实事求是地对工程所在地的建设条件，包括自然条件和施工条件等可能影响造价的各种因素，进行认真的调查研究，在此基础上正确地选用指标、定额、费用标准和价格等各项编制依据。与此同时，要根据有关部门发布的价格调整指数，考虑建设期间价格变动等因素，做到估算价、概算价和预算价能够完整地反映设计内容，合理地反映工程所在地的经济条件和施工条件等，准确地确定出建设项目的工程造价。

(2)有效控制工程造价是指在优化建设方案、设计方案的基础上，在工程建设工作程序的各个阶段，采用一定的方法和措施把工程造价的发生控制在合理的范围和经核定的造价限额以内。所以，市政建设工程造价管理的内容主要包括以下几点。

1)在建设项目前期工作阶段对建设方案要认真地优选评价，编好投资估算，考虑各种风险因素，打足投资。

2)做好建设项目的招标工作，从中优选设计单位、承建单位、监理单位和设备材料供应单位。

3)合理选定工程项目的建设标准、设计标准、节能措施和防震抗震措施，贯彻执行国家的建设方针和相应的法律法规及制度。

4)积极、合理地采用新技术、新工艺、新材料和新设备，优化设计方案，编好初步设计概算，定好投资的最高限额。

5)按照就近就地取材的原则，择优采购设备和建筑安装材料，进而达到节约运杂费用的目的。

6）协调好与各方面的关系，合理地处理配套工作（包括拆迁、征地、赔偿和安置等）中的经济关系。

7）严格依照批准的初步设计概算内容和范围编好施工图预算，用好、管好建设资金，保证资金合理、有效地使用。

8）严格合同管理，做好工程索赔价款结算工作。

9）强化工程项目法人责任制，落实项目法人对工程造价管理的主体地位，在项目法人组织内建立同造价紧密结合的经济责任制。

10）造价部门要强化服务意识，强化基础工作（定额、指标、价格、工程量和造价等信息资料）的建设，为建设工程造价的合理确定提供动态的、可靠的依据。根据原建设部关于《开展建筑工程实物工程量与建筑工种人工成本信息测算和发布工作》的通知要求，目前有些省、区、市已经进行了此项工作。

11）完善造价工程师执业资格考试、注册、执业、监督管理及继续教育制度，促进工程造价管理人员素质和工作水平的不断提高。

【实　　务】

◆ 工程造价管理的目标

市政建设工程造价的管理和控制贯穿于建设项目的全过程，即建设项目的决策阶段、设计阶段、施工招标与施工阶段和竣工阶段。市政工程造价管理的目标就是按照经济规律的要求，根据社会主义市场经济的发展形势，利用科学的管理方法和先进的管理手段，合理地确定造价和控制造价，以提高投资效果和建筑安装企业经营效益。

市政建设工程造价管理是为确保控制的目标服务的。目标的设置应该是严肃的，并且具有科学依据的。投资目标的设置随着工程建设进程的不断深入而分段设置，具体来讲，投资估算造价应该是市政建设工程项目前期阶段项目决策的投资管理目标；设计概算应该是进行初步或扩大初步设计阶段方案、流程选择的管理控制目标；施工图设计预算或工程承包合同价则是项目施工阶段投资管理控制目标。

综上所述，市政建设项目造价管理的目标，从投资估算造价、设计概算造价、施工图设计预算造价、中标合同价到竣工结（决）算价，整个过程是一个由粗到细、由浅到深，最后确定工程造价的有机联系的过程。在这一过程中各个实施阶段的管理目标相互制约，相互补充，前者制约后者，后者补充前者，共同组成市政建设工程造价管理的目标系统。但是工程造价构成的内容实质上却是相同的。

◆ 工程造价管理的任务

建设项目工程造价管理工作虽然千头万绪，但是归结起来我国现阶段工程造价管理的主要任务是：加强工程造价的全过程动态管理，强化工程造价的约束机制，维护各有关方面的经济利益，规范建设市场，规范价格行为，进一步开放建设市场，完善《建设工程工程量清单计价规范》，完善工程建设各类工程定额，促进微观效益和宏观效益的统一，达到政府宏观调控、企业自主报价、市场形成价格的管理目标。

◆ 工程造价管理的分工

我国工程造价管理的组织分工，是指为了实现工程造价管理目标而进行的有效组织活动，及与造价管理功能相关的有机群体。它是工程造价动态的组织活动过程和相对静态的造价管理部门的统一。具体来讲，主要是指国家、地方（部门）和基层之间管理权限和职责范围的划分。目前，我国建设工程造价管理的组织可以分为如图7.2所示三级。

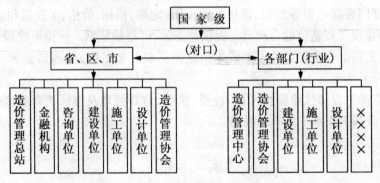

图7.2　建设工程造价管理分工示意图

按照我国实行的"集中领导、分级管理"原则，及我国地域辽阔，东西南北各地经济发展差异的存在，工程造价管理方面的方针、政策、标准、规范、规程、规定、条例和办法等，由国家工程建设主管部门制定、批准和发布；省、自治区、直辖市和国务院其他主管部门的造价管理机构在其管辖范围内行使相应的管理职能。这一级管理属于政府管理系统。政府在工程造价管理中既是宏观管理主体，也是政府投资项目的微观管理主体。基层设计、建设、施工、金融和咨询等单位，在国家宏观政策指导下，认真地、负责地做好工程造价的确定、控制和信息资料等的积累工作，及工程造价队伍的建设培养和继续教育等工作。这样，就形成了我国工程建设管理中的上下、左右相互联系、相互区别，既有集中，又有分散；既有宏观，又有微观的工程造价管理体系。

附录 市政工程常用图例

一、常用建筑材料图例

市政工程施工图常用建筑材料图例见表1。

表1 常用建筑材料图例

序号	名称	图例	备注
1	自然土壤		包括各种自然土
2	夯实土壤		—
3	砂、灰土		靠近轮廓线绘较密的点
4	砂砾石、碎砖三合土		—
5	石材		—
6	毛石		—
7	普通砖		包括实心砖、多孔砖、砌块等砌体
8	饰面砖		包括铺地砖、人造大理石等
9	焦渣、矿渣		包括与水泥、石灰等混合而成的材料
10	混凝土		(1)本图例指能承重的混凝土及钢筋混凝土。 (2)包括各种强度等级、集料、添加剂的混凝土。
11	钢筋混凝土		(3)在剖面图上画出钢筋时,不画图例线。 (4)断面图形小,不易画出图例线时,可涂黑
12	木材		—
13	金属		包括各种金属

二、其他图例

市政工程施工图其他图例见表2。

表2 市政工程其他图例

序号	名称	图例	备注
1	拆除的建筑物		用细实线表示
2	坐标	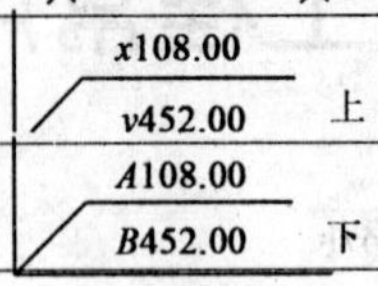 x108.00 / y452.00 上 A108.00 / B452.00 下	上图表示测量坐标 下图表示建筑坐标
3	方格网交叉点标高	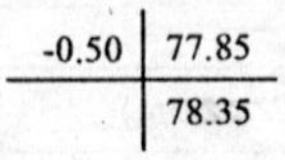 -0.50 | 77.85 / 78.35	"78.35"为原地面标高 "77.85"为设计标高 "-0.50"为施工高度 "-"表示挖方（"+"表示填方）
4	填方区、挖方区、未整平区及零点线	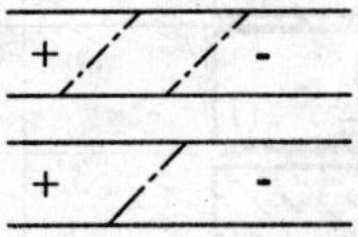	"+"表示填方区 "-"表示挖方区 中间为未整平区 点画线为零点线
5	填挖边坡	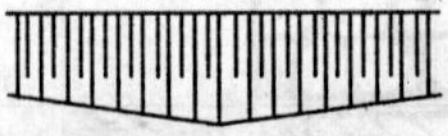	（1）边坡较长时，可在一端或两端局部表示。 （2）下边线为虚线表示填方
6	护坡	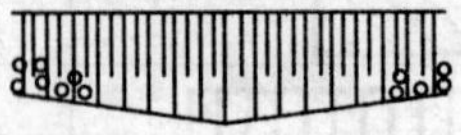	
7	分水脊线与谷线	 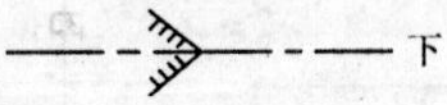 上 下	上图表示脊线 下图表示谷线
8	洪水淹没线		阴影部分表示淹没区
9	地面排水方向		—
10	截水沟或排水沟	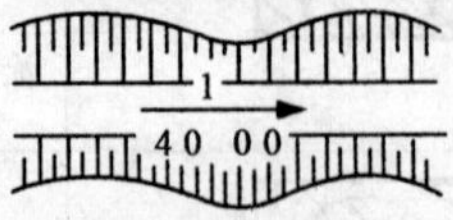 1 40.00	"1"表示1%的沟底纵向坡度，"40.00"表示边坡点间距离，箭头表示水流方向
11	排水明沟	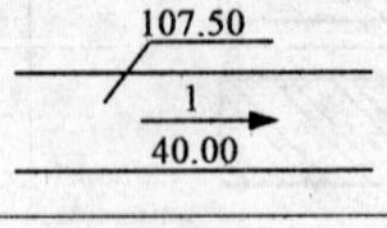 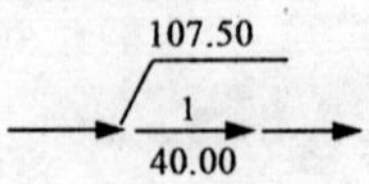 107.50 / 1 / 40.00 107.50 / 1 / 40.00	1.上图用于比例较大的图画，下图用于比便较小的图面。 2."1"表示1%的沟底纵向坡度，"40.00"表示边坡点间距离，箭头表示水流方向。 3."107.50"表示沟底标高

续表2

序号	名称	图例	备注
12	铺砌的排水明沟	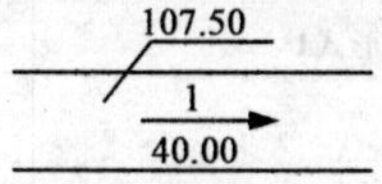 (上图：107.50 1/40.00 箭头) (下图：107.50 1/40.00 箭头)	1. 上图用于比例较大的图画,下图用于比便较小的图面。 2. "1"表示1%的沟底纵向坡度,"40.00"表示变坡点间距离,箭头表示水流方向。 3. "107.50"表示沟底标高
13	有盖的排水沟	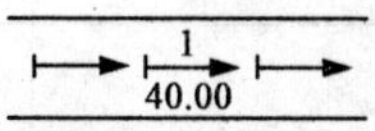 (上图：1/40.00) (下图：1/40.00)	1. 上图用于比例较大的图画,下图用于比便较小的图面。 2. "1"表示1%的沟底纵向坡度,"40.00"表示边坡点间距离,箭头表示水流方向。
14	雨水口	▭	—
15	道路曲线段	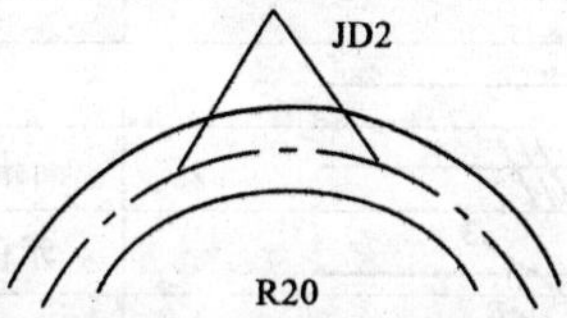 JD2 R20	"JD2"为曲线转折点编号。 "R20"表示道路中心曲线半径为20 m

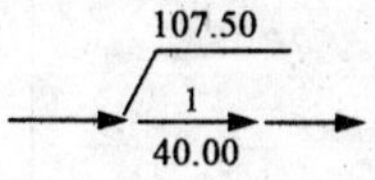

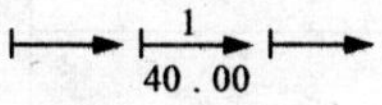

三、路灯工程图例

城市(镇)路灯工程施工图图例见表3。

表3 路灯工程施工图图例

序号	名称	图例	备注
1	双绕组变压器	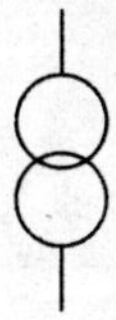 形式1	—
		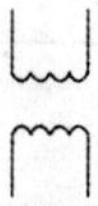 形式2	瞬时电压的极性可以在形式2中表示
		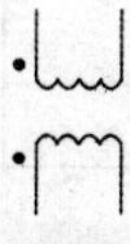 形式3	示出瞬时电压极性的双绕组变压器流入绕组标记端的瞬时电流产生助磁通

续表3

序号	名称	图例	备注
2	三绕组变压器	形式1 / 形式2	—
3	自耦变压器	形式1 / 形式2	—
4	导线、导线组、电线、电缆、电路、传输通路、线路、母线一般符号	3 / n / =110V / $2\times120\ mm^2AL$	示例：三根导线 示例：三根导线 示例：n 根导线 示例：直流电路110V，2根铝导线，导线截面均为 $120\ mm^2$
	柔性导线		—
	屏蔽导线		—
	电缆中的导线	形式1 / 形式2 3	示出3根
	综合导线		示出2根
	导线或电缆的终端未连接		—
	导线或电缆的终端未连接，并有专门的绝缘		—
5	地下线路		—

续表3

序号	名称	图例	备注
6	水下(海底)线路	〰	—
7	架空线路	─○─	—
8	管道线路	─○─ / ─⌀⁶─	示例:6孔管道的线路
9	具有埋入地下连接点的线路	─⏚─	—
10	灯的一般符号	⊗	(1)靠近符号处标有代码时,表示颜色,即: RD－红　　YE－黄 GN－绿　　BU－蓝 WH－白 (2)靠近符号处标有代码时,表示灯的类型,即: Ne－氖　　Xe－氙 Na－钠气　Hg－汞 I－碘　　　IN－白炽 EL－电发光　ARC－弧光 FL－荧光　　IR－红外线 UV－紫外线　LED－发光二极管
11	闪光型信号灯	⊗	—
12	荧光灯	├──┤	一般符号
		├═══┤	三管荧光灯
		├─5─┤	五管荧光灯

续表3

序号	名称	图例	备注
13	投光灯	⊗→	一般符号
14	聚光灯	⊗→	—
15	泛光灯	⊗	—
16	航空地面灯(立式)	□	一般符号
17	航空地面灯(嵌入式)	○	一般符号
18	障碍灯,危险灯	■⊓	红色闪光,全向光束
19	航空地面灯	□⊓	白色闪光,全向光束

参考文献

[1] 中华人民共和国住房和城乡建设部.(GB 50500—2008)建设工程工程量清单计价规范[S].北京:中国计划出版社,2008.

[2] 建设部标准定额研究所.《建设工程工程量清单计价规范 GB 50500—2008》宣贯辅导教材[M].北京:中国计划出版社,2008.

[3] 中华人民共和国建设部.(GYD 301—308—1999)全国统一市政工程预算定额[S].北京:中国计划出版社,1999.

[4] 北京市建设委员会.(GYD 309—2001)全国统一市政工程预算定额 第九册 地铁工程[S].北京:中国计划出版社,2002.

[5] 中华人民共和国建设部.(GB/T 50353—2005)建筑工程建筑面积计算规范[S].北京:中国计划出版社,2005.

[6] 国家技术监督局,中华人民共和国建设部.(GB 50162—1992)道路工程制图标准[S].北京:中国标准出版社,1992.

[7] 中华人民共和国建设部.(CJJ/T 78—1997)供热工程制图标准[S].北京:中国建筑工业出版社,1998.

[8] 刘镇.工程造价控制[M].北京:中国建材工业出版社,2010.

[9] 陈伯兴.市政工程工程量清单计价与实务[M].北京:中国建筑工业出版社,2010.

[10] 王云江.市政工程定额与预算[M].2版北京:中国建筑工业出版社,2010.